리바이어던의

재건

REBUILDING LEVIATHAN:

Party Competition and State Exploitation in Post-communist Democracies

by Anna M. Grzymała-Busse

리바이어던의 재건

안나 M. 그지마와 부세 지음
Anna M. Grzymała-Busse

이태영
옮김

REBUILDING LEVIATHAN

회화나무

차례

일러두기

1. 이 책은 Anna M. Grzymała-Busse의 *Rebuilding Leviathan: Party Competition and State Exploitation in Post-communist Democracies*(Cambridge University Press, 2007)를 우리말로 옮긴 것이다.

2. 외국어의 우리말 표기는 국립국어원의 외래어 표기법을 따랐다.

3. 본문에 나오는 정당과 인물, 기관 명 등의 원어는 옮긴이가 해당 국가의 언어로 병기했다.

4. 본문에 나오는 주요 인물의 생몰연도는 옮긴이가 넣은 것이다.

5. 저자의 원주는 원서 그대로 번호를 달아 각 장의 후주로 처리하고, 독자의 이해를 돕기 위해 옮긴이가 삽입한 주는 본문에 •로 표시했다.

감사의 말

이 책은 친구·동료·가족들의 친절과 관대함이 없었다면 집필할 수 없었을 것이다.

이 책의 주요 연구의 상당 부분은 야첵 차푸토비츠Jacek Czaputowicz, 다체 단체Dace Dance, 우르슐라 크라솝스카Urszula Krassowska, 토마스 크라우제Tomasz Krause, 야첵 크비친스키Jacek Kwieciński, 마리아 라스페라Maria Laatspera, 모니카 사르만Monika Saarman, 아델라 세이드로바Adéla Seidlová, 마르틴 슬로시아릭Martin Slosiarik의 도움으로 가능했다.

원고 전체를 읽어주신 분들께 깊은 감사를 드린다. 제시카 아이나-피사노Jessica Allina-Pisano, 우무트 아이딘Umut Aydin, 조슈아 버크Joshua Berke, 짐 카포라소Jim Caporaso, 에리카 존슨Erica Johnson, 스티브 핸슨Steve Hanson, 요시코 에레라Yoshiko Herrera, 폴린 존스 뤼옹Pauline Jones Luong, 마거릿 레비Margaret Levi, 빅토리아 무리요Vicky Murillo, 이식 외젤Işık Özel, 루칸 웨이Lucan Way, 에릭 위벨스Erik Wibbels. 발레리 번스Val Bunce, 윌리엄 클라크Bill Clark, 키스 다든Keith Darden, 에비 이네스Abby Innes, 오릿 케다

르Orit Kedar, 켈리 맥만Kelly McMann, 로버트 미키Rob Mickey, 그리고레 폽-엘레체스Grigo Pop-Eleches, 신디 스카흐Cindy Skach, 베리 와인가스트Barry Weingast, 레베카 와이츠-샤피로Rebecca Weitz-Shapiro, 다니엘 지블렛Daniel Ziblatt이 책의 각 장을 읽고 내용을 크게 발전시켜줬다.

그 과정에서 제이크 바워스Jake Bowers, 팀 콜튼Tim Colton, 그제고시 에케르트Grzegorz Ekiert, 베넬린 가네프Venelin Ganev, 도널드 그린Don Green, 피터 홀Peter Hall, 알렌 히켄Allen Hicken, 게리 킹Gary King, 오릿 케다르, 켄 콜만Ken Kollman, 카지메시 모즈난스키Kaz Poznanski, 제임스 브릴랜드Jim Vreeland, 베리 와인가스트는 모두 매우 유용한 비평과 조언을 제시했다. 게리 바스Gary Bass, 헤더 게르켄Heather Gerken, 제니퍼 피츠Jennifer Pitts는 마지막 단계에서 큰 도움을 줬다. 다니엘 홉킨스Daniel Hopkins는 여론 데이터를 분석했고, 벤자민 로리스Ben Lawless, 제시 슉Jesse Shook, 슈브라 소리Shubra Sohri는 연구를 지원해줬다.

루이스 베이트맨Lew Bateman은 격려와 비판을 아끼지 않은 완벽한 편집자였다. 특히 시리즈 편집과 시애틀의 워싱턴대학교에서 열린 원고 워크숍을 주선했을 뿐만 아니라, 훌륭한 멘토링을 해준 마거릿 레비께 감사드린다. 나는 그녀의 관대함과 지원으로 혜택받은 많은 학자 중한 명이다.

미시간대학교, 하버드대학교 유럽연구센터Center for European Studies at Harvard University, 하버드아카데미Harvard Academy, 예일대학교는 연구하고 생각하며 글을 쓸 수 있는 좋은 환경이었다. 재정적·지적 지원을 아끼지 않은 국제연구교환위원회International Research & Exchanges Board, IREX, 국립유라시아및동유럽연구위원회National Council for Eurasian and East European Research, NCEEER, 예일대학교 사회정책연구소Institution for Social and Policy

Studies, 예일대학교 국제및지역연구센터Yale Center for International and Area Studies, 미시간대학교 국제연구소International Institute에 감사를 표한다. 이 책의 아이디어는 2001년 폴린 존스 루옹Pauline Jones Luong과 내가 예일 대학교에서 주최한 "탈공산주의 국가에 대한 재고" 콘퍼런스에서 처음 떠올랐다. 이 원고의 일부가 UC버클리, 시카고대학교, 코넬대학교, 하버드대학, 맥길대학교, 매사추세츠공과대학교MIT, 미시간대학교, 위스콘신-매디슨대학교, 세계은행World Bank, WB, 예일대학교에서 발표되면서 그 아이디어는 더욱 확장됐다. 이 기관의 세심한 독자와 청자들은 내가 논지를 다듬고 생각을 명확히 하는 데 도움을 줬다.

언제나 그렇듯이 훌륭한 부모님과 형제들은 영감과 사랑, 관점을 제공해줬다. 마지막으로 현명함과 유머 감각, 열정을 보여준 조슈아 버크에게 가장 큰 감사를 표한다. 내가 이 책을 마무리할 무렵 첫 번째 공식적인 공동 작업이 시작됐다. 버크 부모님의 사랑을 담아 이 책을 그에게 바친다.

약어 목록

약어	기관	번역	국가
AWS	Akcja Wyborcza Solidarność	선거행동연대	폴란드
BSP	Balgarska Socialisticheska Partija	불가리아 사회당	불가리아
ČSSD	Česká Strana Sociálně Demokratická	체코 사회민주당	체코
Dem OS	Demokratična opozicija Slovenije	슬로베니아 민주야당	슬로베니아
DP	Darbo Partija	노동당	리투아니아
DÚ	Demokratická Únia	민주연맹	슬로바키아
EK	Eesti Keskerakond	에스토니아 중앙당	에스토니아
Fidesz-MPP	Fiatal Demokraták Szövetsége–Magyar Polgári Párt	청년민주동맹-헝가리시민당	헝가리
FKgP	Független Kisgazda-Földmunkás-és Polgári Párt	독립소농·경작자시민당*	헝가리
HZDS	Hnutie za Demokratické Slovensko	민주슬로바키아를위한운동	슬로바키아
JL	Jaunais Laiks	신시대	라트비아
KDU-ČSL	Křesťanská a Demokratická Unie – Československá Strana Lidová	기독민주연맹-체코슬로바키아 인민당	체코
LC	Latvijas ceļš	라트비아의길	라트비아
LDDP	Lietuvos demokratinė darbo partija	리투아니아 민주노동당	리투아니아
LDS	Liberalna Demokracija Slovenije	슬로베니아 자유민주당	슬로베니아
MDF	Magyar Demokrata Fórum	헝가리 민주포럼	헝가리
MIÉP	Magyar Igazság és Élet Pártja	헝가리 정의와삶	헝가리
MSzP	Magyar Szocialista Párt	헝가리 사회주의당	헝가리
НДСВ	Национално Движение Симеон Втори	시메온2세국민운동	불가리아
PC	Porozumienie Centrum	중앙협약	폴란드

• Kisgazda는 소농·소작농을, Földmunkás는 농사를 짓는 노동자, 즉 농업노동자를 뜻한다. 이 책에서는 정당의 성격을 반영해 '소농정당Smallholders Party'으로 번역했다.

약어	기관	번역	국가
PCTVL (ЗаПЧЕЛ)	Par cilvēka tiesībām vienotā Latvija (За Права Человека в Единой Латвии)	통일라트비아에서의 인권을 위해*	불가리아
PiS	Prawo i Sprawiedliwość	법과정의	폴란드
PO	Platforma Obywatelska	시민연단	폴란드
PSL	Polskie Stronnictwo Ludowe	폴란드 인민당**	폴란드
PZPR	Polska Zjednoczona Partia Robotnicza	폴란드 통일노동자당	폴란드.
NS	Naujoji Sajunga	신연맹	리투아니아
ODA	Občanská Demokratická Aliance	시민민주동맹	체코
ODS	Občanská Demokratická Strana	시민민주당	체코
OF	Občanské Fórum	시민포럼	체코
SDK	Slovenská Demokratická Koalícia	슬로바키아 민주연합	슬로바키아
CДC	Съюз на Демократичните Сили	민주세력연맹	헝가리
SdRP	Socjaldemokracja Rzeczypospolitej Polskiej	폴란드 사회민주당	폴란드
SLD	Sojusz Lewicy Demokratycznej	민주좌파연맹	폴란드
SLS	Slovenska Ljudska Stranka	슬로베니아 인민당	슬로베니아
SzDSz	Szabad Demokraták Szövetsége	자유민주주의동맹	헝가리
TS/LK	Tėvynės sajunga/ Lietuvos konservatoriai	조국연맹/ 리투아니아 보수당	리투아니아
UD	Unia Demokratyczna	민주연맹	폴란드
US	Unie Svobody	자유연합	체코
UW	Unia Wolności	자유연맹	폴란드
VPN	Verejnosť Proti Násiliu	폭력을반대하는민중	슬로바키아
ZRS	Združenie Robotníkov Slovenska	슬로바키아 노동자조합	슬로바키아

---

* 라트비아에서 소수민족인 러시아인의 권익을 추구하는 정당이다.
** 이 책의 저자는 정당의 성격을 반영해 '폴란드 농민당'이라고 의역했다.

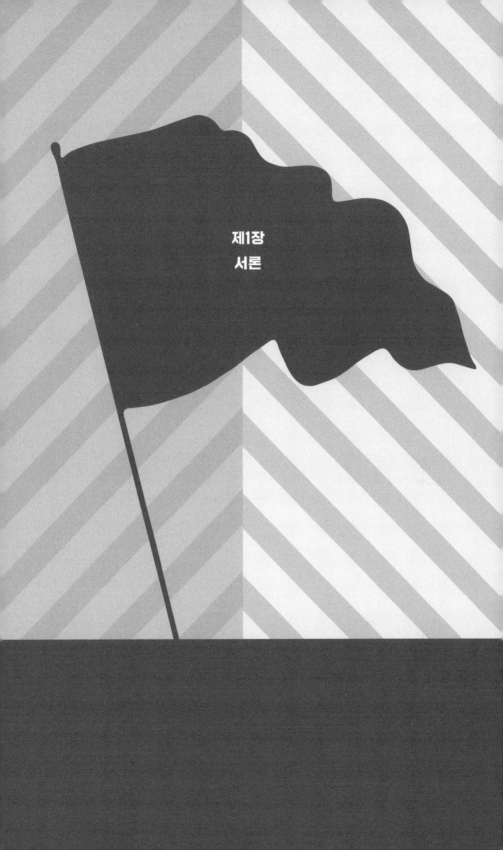

제1장
서론

행복한 가정은 모두 비슷하지만,
불행한 가정은 저마다의 이유로 불행하다.

레프 톨스토이, 『안나 카레니나』

왜 어떤 정당은 국가로부터 자유롭게 사적 이득을 취하고, 어떤 정당은 그러한 수취extract를 통제하는가? 1989~1991년 동유럽과 소련에서 공산주의가 붕괴한 후 빠르게 늘어난 주권 국가들은 이에 대해 놀라운 답을 제공하고, 이는 정당·정당 간 경쟁·국가 간의 관계 등을 재조명하게 한다. 이들 국가는 집권 정당이 국가의 공적 자산으로부터 사적 이익을 얻을 수 있는 정도가 **강고한 경쟁**robust competition, 즉 정권 교체라는 위협으로 통치 연합을 압박하는, 선명하고 타당하며 비판적 통치 대안을 제시하는 야당에 의해 제한된다는 사실을 보여준다. 이러한 경쟁의 가능성은 정권 교체를 경계하는 정부가 행동을 절제하고, 공식적인 국가 제도를 창설하며, 권력을 공유하여 국가 자원의 유용을 막는 안전장치를 구축하도록 유도한다. 따라서 야당은 재량권discretion을 제한하고, 의도치 않게 국가를 건설할 수 있다.

탈공산주의 국가의 발전 과정에서 알 수 있듯이, 이러한 경쟁은 신생 민주주의 국가에서 중요하다. 공산권 해체 이후 민주적 집권 정당은 시장과 민주주의 제도를 확립하면서 동시에, 국가 기구—정책을 시행하고 사법 제재를 집행하는 일련의 공식 기관—를 기회주의적으로 재건했다.[1] 일찍이 국가에 대한 권위주의적 억압[2]을 일소하고자 했던 민주주의 정당들은 이후 국가 기관을 재건하며 이익을 취하고, 국가 자원에 지속해서 접근할 수 있는 상황에 대단히 만족했다. 그 결과는 국가 제도의 착취적 재건exploitative reconstruction, 간단히 말해 **국가 자원의 전용**轉用—국가 자원의 직접적 유용과 이를 위한 새로운 채널의 구축—이었다. 탈공산주의 국가들의 민주주의 정당들은 국가 자원을 전용할 동기·수단·기회가 서로 비슷했다. 그에 반해 어째서 민주주의만으로는 국가 자원의 전용을 막을 수 없었는지, 어째서 어떤 정당이 다른 정당보다 너 많은 제약을 받았는지는 정치 경쟁의 차이로 설명할 수 있다. 따라서 탈공산주의 리바이어던—국가 구조—의 재건은 경쟁과 전용이라는 양자로 이뤄졌다.

탈공산주의 민주주의 국가에서 정당과 국가

대다수의 탈공산주의 국가는 (더는 공산주의 국가가 아니었음에도) 여전히 권위주의적이었지만,[3] 불가리아·체코·에스토니아·헝가리·라트비아·리투아니아·폴란드·슬로바키아·슬로베니아에서는 어엿한 의회민주주의가 발전하기 시작했다. 이들은 자유시장, 다원주의적 정당 정치, 민주적 의회가 잘 작동하는 민주주의 국가라는 "행복한 가정"의 일원이 됐다. 다만 이들은 경제적·민주적 체제 전환이라는 험난한 지형을 헤쳐 나가는 와중에도 국가 행정과 제도·기관을 재건하는 과정에 착수했다. 그러나 국가의 발전을 입증하는 것 못지않게 중요한 점은, 국내의 정치 분석가들이나 국제기구들이 경제적·민주적 전환에는 세심한 관심을 기울인 데 반해, 이러한 변화에는 크게 주목하지 않았다는 사실이다.

세간의 이목 밖에서 민주주의 정당들은 자신들의 생존 역량—선거에서 승리하고, 공직에 진출할 수 있는 장기적인 능력—을 확보하고자 노력했다. 톨스토이의 말과 달리, 탈공산주의 민주주의 국가의 정당들은 국가와의 관계에서 다른 민주주의 국가의 정당들과 큰 차이를 보였다. 이들은 이전에 서유럽이나 라틴아메리카의 민주주의 국가들에서 널리 관찰됐던 생존 전략—광범위한 대중정당 조직을 통해 유권자를 "포섭"해 충성스러운 지지층을 쌓거나, 클럽재club goods*를 교환하는 후견 네트워크를 구축해 유권자의 지지를 얻는 등—을 이용하지 않았다. 탈공산주의 국가의 정당들은 호소력 있는 정강을 가지고 있었지만, 그러한 정강에 기대어 장기적으로 선거에서 경쟁할 수 있는 능력을 확보하지 않았다. 그들은 공공재를 제공하는 새로운 국가 제도를 수립하지 않거나, 가능한 국가 자원을 많이 전용함으로써 국가를 그저 먹잇감으로 삼지도 않았다. 그들은 또한 정치 경쟁을 일소하고 국가와 집권정당을 융합해온 과거 공산주의자들의 전략 역시 명백히 거부했다.

대신에 탈공산주의 민주주의 국가에서 정당들은 국가를 기회주의적으로 재건—접근 가능한 국가 자원에 장기적으로 접근할 수 있는 수단의 확보—하는 데 몰두했다. 이러한 재건은 공산주의 시대의 낡고

---

* 배제성은 있으나 경합성은 없는 재화. 이 책에서는 당원에게만 배타적으로 제공되는 특혜를 지칭하는 듯하다.

허술한 국가 제도를 개혁하고, 시장과 민주적 경쟁을 위한 새로운 사법 및 규제 틀을 만드는 것을 의미했다. 새로운 제도들은 대개 기존 공산주의 국가의 구조 위에 세워졌다. 가령 공무원법은 기존 노동법을 보완한 것이었다. 집권 정당은 공공재를 제공하는 완전히 새로운 국가 제도를 수립하기도 했다. 기관과 부처를 신설하고, 국가의 시장 감독·규제 범위를 규정했으며, 새로운 경제 및 정치 질서를 도입했다. 따라서 국가 재건은 공산주의 국가 구조의 남은 자재와 새로운 제도적 벽돌을 모두 사용해 만든 브리콜라주bricolage˙와 같았다.⁴

또한 정당들은 가능한 한 국가 자원을 최대한 전용했다.⁵ 정당들은 자신들의 이익을 위해 국가 자산의 민영화와 분배를 정치화했고, 규제받지 않고 제한되지 않은 정당 자금이라는 더 큰 체제 속에서 국가 자산을 직접적으로 유용했다. 이들은 공식적인 국가 감독·규제 제도를 지체시키거나 무력화했으며, 재량에 따르는, 즉 통제당하지 않고 감시받지 않는 국가 행정 부문—공적 감독에서 제외된 비정규예산이나 국가 기관 등—을 확대했다. 이러한 새로운 제도 대부분은 경제적·정치적 개혁에 따라 수립됐다. 따라서 표면적으로 개혁은 민주주의와 시장의 건설로 보였지만, 그 내용은 국가 자원의 전용 및 그것을 수행하는 정치 행위자의 부수적 이익과 떼려야 뗄 수 없었다. 그들이 취할 상품賞

• 구조주의 인류학자 레비스트로스Claude Lévi-Strauss(1908~2009)가 그의 저서 『야생의 사고La pensée sauvage』 에서 원시사회에서 나타나는 지적 활동의 성격을 설명하기 위해 제시한 조어다. 현대사회의 엔지니어는 작업에 필요한 재료와 도구를 합목적적으로 이용한다. 반면 원시사회의 브리콜뢰르bricoleur(손재주꾼)는 한정된 재료와 도구로 다양한 작업을 수행하는 임시변통에 능하다. Claude Lévi-Strauss; translated by Jeffrey Mehlman and John Leavitt; with annotations by John Leavitt, *Wild Thought: A New Translation of La Pensée sauvage*. The University of Chicago Press, 2021, pp. 20-26(esp. p. 21); Claude Lévi-Strauss, *La pensée sauvage*, Paris: Plon, 1962, p. 26, pp. 26-33(esp. p. 27)

品에는 미래의 수익을 가능하게 해줄 고정 채널built-in channel, 재정 이전, 공공계약이 포함됐다.[6]

이러한 전용을 제약하는 핵심적인 요소는 강력한 정당 간 경쟁이었다. 야당이 선명하고 타당한 통치 대안이자 강력한 비판자일 때, 집권 정당은 국가 재건 과정에서 사적 이득을 얻을 기회를 충분히 활용하지 못했다. 그들이 민영화 과정에서 얻는 이익은 적었다. 대신에 그들은 신속하게 공적 감독·감시 제도를 수립하고, 국가 행정의 팽창을 통제했다. 야당이 모호하고 타당하지 않으며 비판적이지 않을 때, 집권 정당은 미래에 유용을 가능하게 할 막대한 재량권을 형성하고, 자원을 직접 확보함으로써 더 자유롭게 국가 자원을 전용했다.

따라서 불가리아·체코·에스토니아·헝가리·라트비아·리투아니아·폴란드·슬로바키아·슬로베니아 등 확립된 탈공산주의 민주주의 국가와 자유시장에서는 국가 자원 전용의 양상이 뚜렷하게 나타난다. 통치 연합이 직접 통제하는 세 개의 핵심적인 국가 영역에는 뚜렷한 차이가 있다. 첫째로 그들은 국가의 공식적 감시·감독 제도를 수립했으며 둘째, 비정규예산과 기관의 증가 등 국가 행정과 관련된 고용을 재량—감시 및 규제받지 않는—에 따라 증대했고 셋째, 규제받지 않는 공적 보조금과 민영화 이익을 전용했다. 여론조사와 세계은행 거버넌스 순위에서도 비슷한 양상이 나타난다.[7] 표 1.1의 단순가법지수는 이 세 영역의 차이를 간략하게 보여준다.

표 1.1에서 알 수 있듯이, 일찍이 1993년에 두 개의 군집이 형성됐다. 불가리아·구舊 체코슬로바키아·라트비아가 있는 군집에서는 집권 정당이 물질적 이득을 취하고, 국가 자산에 대한 감시 및 규제의 도입을 의도적으로 지연시키면서, 국가를 더 합리적인 관료 조직으로 바꾸

표 1.1 1990~2002년 국가 자원 전용 개요

국가	공식 국가 제도 (1998년부터 시행된 EU 가입 조건)	1990~2002년 국가 행정직 고용 증가율(%)	정당 자금 규정	대략적인 전용 지수
헝가리	1997년 시행	138	기부자 제한 강력한 규제	1.4
에스토니아	1996년 시행	158	기부자 제한 강력한 규제	1.6
슬로베니아	1997년 시행	214	기부자 제한 강력한 규제	2.1
리투아니아	1996년 시행	239	기부자 제한 강력한 규제	2.4
폴란드	1998년 시행	244	기부자 제한 점차 규제	4.4
체코	1998년 시작	400	출처 제한 없음 규제 없음	7.0
슬로바키아	2001년 시작	300	출처 제한 없음 2000년 이후 규제	6.0
불가리아	2000년 시작	431	출처 제한 없음 규제 없음	8.3
라트비아	2000년 시작	467	출처 제한 없음 규제 없음	8.7

지수: 합산 및 무가중치. 점수: 1998년 EU 가입 조건이 확립된 이후 공적 국가 제도를 수립하기 시작한 경우 2점 + 국가 행정직 고용 증가/100(평균: 287%) + 정당 자금 지원 조달 2점(출처 제한이 없는 경우 1점, 규제가 없는 경우 1점). 평균: 4.61. 표준 편차: 2.93. 분산: 8.62

려는 노력을 기울이지 않았다.[8] 국가의 효율성과 투명성을 의도적으로 저해했다는 비난이 제기됐다.[9] 이들 정당은 막대한 비정규예산과 기관들을 설립하고, 재량에 따라 고용함으로써 국가 행정직을 증대했다. 또한 민영화 수익에서 이익을 빼돌리고, 고의로 느슨한―투명하지도 규제받지도 않는―정당 자금 제도를 수립했다. 지방정부가 그랬던 것처럼 국영기업들 역시 종종 정당 금고를 채우는 데 이바지했으며, 국가 소유의 은행들은 특혜 대출을 제공했다. 이 4개국 모두 유럽연합(이하 EU)이 국가 행정 개선을 가입 조건으로 내건 1998년까지 국가 개혁에 착수하지 않았다.

에스토니아·헝가리·슬로베니아를 선두로 한 다른 군집에는 리투아니아와 폴란드가 포함된다. 이들 국가의 정당들은 국가 재원에 접근할 수 있는 재량권을 제한하는 국가 차원의 감시·감독 제도를 빠르게 수립했다. 항상 (리투아니아나 폴란드처럼) 완전히 성공한 것은 아니지만, 이들 국가는 훨씬 더 일찍, 그리고 더 야심 찬 공식적인 국가 제도 개혁에 착수하고, 권력을 지방으로 분권화했다. 그 결과 정당 자금은 광범위하게 규제됐고, 국가 행정직 고용은 크게 늘지 않았다. 이들은 공식적인 감시·감독 제도를 도입하고, 국가 행정을 재량에 따라 확장하는 것을 제한하며, 정당 재정을 더 규제되고 투명하게 만든 최초의 국가들이었다.[10] 요컨대 정치·경제 개혁은 대략 비슷한 수준이었지만, 정당들은 에스토니아·헝가리·리투아니아·폴란드·슬로베니아에서보다 체코·라트비아·슬로바키아에서 국가 자원을 더욱더 전용할 수 있었다.

따라서 우리는 탈공산주의 민주주의 국가에서 자기 잇속만 챙기는 국가 재건 양상을 공통으로 볼 수 있고, 국가 자원을 전용하는 정도에 상당한 편차가 있다는 것도 알 수 있다. 탈공산주의 민주주의 국가에서 정당들 사이에서 드러나는 차이, 즉 정당에 의한 국가 자원 전용을 제한하려는 의지에서의 차이는, 민주주의 그 자체만으로는 국가 자원 전용 문제를 해소할 수 없음을 시사한다.

공통된 동기·수단·기회

새로운 시장, 민주주의, 국가 기구를 건설하는 동시에 새로운 민주주의 질서의 보증인으로서 자신들의 생존을 확보하는 것은, 공산권 해체 이후 집권한 신생 민주주의 국가의 정당들로서는 만만찮은 도전이었다. 스테파노 바르톨리니Stefano Bartolini(1952~)가 지적했듯이 "정당 건설, 표를 얻기 위한 경쟁, 정권 수립 또는 수호라는 서로 다른 요구는 대체로 양립할 수 없는 것"이었다.[11] 민주주의로의 전환을 통해 이들 정당은 수행해야 할 역할 간 균형을 유지하면서 국가 자원을 전용할 동기·수단·기회를 창출했다.

국가 자원을 전용하려는 주요 **동기**는 단기적으로는 생존, 장기적으로는 민주주의에 헌신하기 위함이었다. 신생 민주주의 정당은 엄청난 불확실성에 직면했고, 물질적 지원이나 선거 지원을 보장받지 못했다. 다음 장에서 살펴보겠지만 이들 신생 정당은 극도로 취약했고, 당원이나 지역 조직이 없었으며, 높은 선거 변동성Electoral volatility*과 씨름해야 했다. 비용이 많이 드는 미디어 선거운동 시대에 물적 자원도, 확실한 수입원도 없었다. 또한 광범위한 조직 네트워크를 형성할 능력도 없었기에 후견관계 같은 다른 생존 전략을 추구할 수도 없었다. 국가 자원은 선거운동과 정당 유지에 필요한 가장 안정적인 자금원이었다.

동시에 이 신생 민주주의 정당들에 가장 큰 두려움이자, 가장 큰 도전은 경제와 정치 모두 권위주의적 독점으로 회귀하지 않도록 하는 것이었다. 이들은 "모든 것이 사라져버리는 악몽, 즉 민영화뿐만 아니라 민주주의까지 끝장낼 공산주의 기구의 재집권"에 직면했다.[12] 그 결과 신생 민주주의 정당은 치열한 새로운 정치 경쟁에 뛰어들어야 했고, 그 경쟁에서 살아남아야 한다는 딜레마에 빠졌다. 자신들이 통치하는

---

* 선거 시 유권자의 투표 변동에 따른 정당 득표의 순변화.

국가를 약탈raid하고, 미래에도 이 자원에 재량으로 접근할 방안을 확보하려는 유혹도 분명했지만, 민주주의 제도를 보존해야 한다는 의무감 역시 명백했다.

막중한 정책 결정 역할은 정당들이 자신들 뜻대로 할 수 있는 **수단**이었다. 정당은 자신들의 국가를 공산주의의 수렁에서 꺼내어 까다롭고 어마어마한 제도적·정치적 변화를 이끌 책임이 있었다.[13] 정당은 공식적인 국가 제도를 재건하고, 국가 자원을 분배함으로써 공산권 해체 이후 정책 결정과 국가 건설에서 중심적 역할을 했다. 시민사회, 대통령,[14] 기존 법률 제도의 취약성, **그리고** 의회 제도가 정당에 부여한 막강한 권한 덕분에 집권 정당은 경제를 자유화하고, 국가 자산을 민영화하며, 국가 구조를 개혁할 방법과 이러한 제도들이 어떠한 형태를 취할 것인지를 자유롭게 결정했다. 요컨대 국가 자원을 전용할 수 있는 바로 그 민주주의 주체들이 국가 재건을 담당했다.

전용의 **기회**는 공산주의 국가에서 기인한 약점과 정당 활동을 제약하는 외부적 장치가 부재하다는 두 가지 요인에서 비롯했다. 다른 나라의 통치자들은 규제 제도를 물려받았지만, 탈공산주의 정치 행위자들은 우선 경제적·정치적 독점부터 해체해야 했다. 근 50년간 통치를 하면서 공산당은 국가 행정부를 개인 영지처럼 운영했다. 국가는 정당의 주요 은행 계좌이자 정치 도구였으며, 공공부조와 사적 이익의 원천이었다. 공식 법률과 병렬적인 조직 계층은 정당이 국가를 통제할 수 있도록 뒷받침했다.[15] 국가는 공식적인 법률과 이에 상응하는 조직 계층을 통해 정당을 통제했다. 당 관료aппaратчик들이 대다수 국가 기관을 운영했기에 "진정한" 관료는 존재하지 않았고, 계획 경제는 대다수 노동자를 국가의 피고용인으로 만들었다.[16] 경제와 국가에 대한 당의 직접적인 통제 정도는 다양했지만,[17] 일반적으로 국가와 당의 기능이 분화되지 않았으므로 "정치적 영향력이 경제 통제의 토대"[18]가 됐다. 공산주의 억압의 시대는 국가를 "고갈시켰고", 국가 제도를 취약하게 만들었으며, 국가 제도가 착취적 침범을 막을 수 없게 만들었다.[19]

1989~1991년 공산주의의 몰락으로 권위주의적인 집권 정당과 국가의 오랜 결합은 공식적으로 폐지됐다. 공산당은 스스로 권력에서 물러날 수밖에 없었고, 다당제 민주주의에 적응하는 고된 과정을 시작했다.[20] 국가 자원에 대한 그들의 독점은 끝났다. 신생 민주 정부는 경제와 정치에 대한 국가의 통제를 폐지하는 야심 찬 기획에 착수하면서 국가 자산을 민영화하고, 국영기업을 매각했으며, 수고로운 경제 계획을 폐기하는 데 진념했다. 이는 국가 기구를 억압하는 권위주의적 독점자가 없다면, 국가 기구는 더 비정치적이고 더 효과적인 행정 기구가 될 수 있고, 권위주의로 추락하지 못하도록 막는 완충제 역할을 할 수 있으리라 기대했기 때문이었다.[21]

그러나 한편 국제 자문가와 국내 정책입안자들은 모두 국가 기구보다 민주주의와 경제 체제의 전환이라는 도전에 집중했다.[22] 다수의 개혁가·국제 자문가·국제기구는 경제와 제도 발전을 별개의 문제로 보았고, 국가 기구 자체를 비효율과 부패의 원인으로 여겼다.[23] 수많은 연구가 대의제 및 헌법 기관의 발전은 다뤘지만 국가 (재)건설에는 별다른 관심을 보이지 않았고,[24] "초기 과도기 동안 개혁가들과 그 자문가들 사이의 지배적 견해는 [국가] 제도 발전에는 시간이 걸릴 수밖에 없으므로 우선 정치 자유화와 경제 민영화에 집중하는 것이 최선이라는 것이었다".[25] 이제는 오히려 국가가 공무원과 그 기능을 축소하여[26] 민주주의와 시장의 번영을 촉진할 것[27]이라는 막연한 가정이 널리 퍼져 있었다. 국제통화기금IMF이나 세계은행 같은 금융 기구나 EU 같은 유력한 지역 조직은 시장과 민주주의를 확립하는 데는 도움이 됐지만, 탈공산주의 시대가 도래한지 훨씬 후인 1996~1997년 무렵까지도 국가 행정에는 관심을 기울이지 않았다. 요컨대 잔존하는 공산주의 국가 기구를 해체하는 거대한 기획은 정치 행위자들의 국가 기구 침범에 대항하지 못했으며, 국가 자원의 전용을 막을 수 있는 외부의 제약도 없었다.

편차에 대한 설명-강고한 경쟁

기존의 제도적 안전장치나 국제적 관심 또는 국내 감시가 없다면, 주요 제약은 정당 자체와 정당 간의 상호작용, 특히 정당 간 경쟁에서 생겨날 수밖에 없다. 그러나 이러한 경쟁은 종종 정당들이 경쟁 우위를 확보하고자 국가 자원을 장악하도록 이끈다. 그렇다면 경쟁은 어떻게 정치 행위자들이 국가를 보호하도록 유도하는가? 이 질문은 민주적 경쟁에 대한 이론적 논의와 실증적 분석에서 가장 중요하다.[28]

경쟁은 교체 가능성으로 집권 정당을 위협할 수 있는 경우에만 전용을 억제할 수 있었다. 그러려면 경쟁은 경쟁 체제 자체에 위협이 되지 않으면서 연정 동반자와 유권자 모두에게 신뢰할 수 있는 대안을 제시해야만 했다. 야당이 강력할수록 집권 정당은 지대 추구 행위rent seeking*를 완화하고, 공식적인 제약이 도입되어 공직에서 축출될 가능

---

* 이득을 얻기 위하여 비생산적이고 부당한 활동에 경쟁적으로 자원을 낭비하는 행위.

성을 예상하게 되며, 야당을 끌어들여 권력을 공유함으로써 특정 개별 정당이 국가로부터 사적 이익을 취할 능력을 제한할 가능성이 컸다.[29] 요컨대 그러한 야당은 국가 자원 전용에 따른 집권 정당의 비용을 증대시키고, 잠재적 이익을 감소시킴으로써 국가 자원 전용을 제한했다.

이러한 **강고한 경쟁**은 선명하게 식별할 수 있고, 통치 대안으로서 타당하며, 지속해서 정부의 행위를 감시·감독하고 강력하게 비판하는 야당을 특징으로 한다.[30] 경쟁의 이 세 가지 측면이 정부를 위축시키는 정권 교체 가능성이란 위협을 구성한다.

경쟁의 **선명성**은 쉽게 식별할 수 있는 야당 진영이다. 선진 민주주의 국가에서는 지역·종교·계급에 따른 역사적 분열 등을 통해 선명한 정당 진영이 형성될 수 있다. 시모어 립셋Seymour Lipset(1922~2006)과 스타인 로칸Stein Rokkan(1921~1979)에 따르면, 선진 민주주의 국가에서는 국가가 역사적으로 지역·종교·계급 등을 기반으로 분열되면서 선명한 정당 진영이 형성될 수 있었다. (경쟁의 선명성을 평가할 수 있는-옮긴이) 잠재적 척도 가운데 하나는 정당 간 차이의 정도에 대한 유권자의 평가이다. 그러나 이 지표는 탈공산주의 맥락에는 없는, 수십 년에 걸친 민주주의 경험과 충분히 전개된 역사적 분열에 의존하는 경향이 있다. 대신 이 새로운 민주주의 국가들에서는 과거 공산주의 통치 세력과 야당 세력 사이의 체제 차이가 선거에서 표를 가르는 핵심 요소였다. 공산당이 스스로 혁신할수록—민주주의의 승리자로 귀환하기 위해 권위주의적 구체제에 대한 조직적·이념적·상징적 애착을 버릴수록—경쟁은 더욱 치열해졌다. 다음 장에서 살펴보겠지만, 공산당 후계 정당들은 일시적으로 탈공산주의 정치의 욕받이 노릇을 했다. 이들은 상대 정당에 대한 강한 반감을 불러일으켰고, 그들에 대한 선명한 대안이기도 했다. 따라서 이 책에서는 경쟁의 선명성을 공산당을 계승한 정당의 혁신 정도를 기준으로 평가한다.

강고한 경쟁 정당은 집권 정당으로서도 **타당**plausible하다. 이런 정당은 적어도 하나 이상의 다른 정당과 연정을 구성할 수 있으며, 의회에서 배척되거나 모든 잠재적 연정에서 사전에 배제되지 않는다.[31] 타당한 경쟁자가 없는 경우, 선거나 탈당으로 쉽사리 대안 집권 연정을 구성할 수 없다는 사실을 알기에 집권 정당은 안심할 수 있다. 따라서 타당한 야당이 더 많은 의석을 차지할수록 대안이 될 수 있는 잠재적 연정의 수가 많아진다.[32] 타당성은 **다른 모든 원내 정당**이 잠재적 연정 동반자로 배제하지 않은 정당이 보유한 의회 의석 점유율로 측정된다. 배척된 정당의 의석 점유율이 높을수록 집권 정당의 안정성이 높아진다.[33]

마지막으로 격렬한 비판 또한 강고한 경쟁의 특징이다. 야당은 언론과 원내 위원회에서 집권 정당을 감시하고 비판함으로써 집권 정당에 대한 유권자의 인식을 바꾼다. 그러면 집권 정당은 자신들의 허물 때문에 선거 결과가 나빠질 것을 두려워한다. 따라서 이러한 비판은 현 집권 세력이 자신들의 수탈 행위를 자제하고, 후임 세력이 국가 자원을 전용하지 못하도록 국가 제도를 더 신속하고 성실하게 수립하게 하는 유인이 된다.[34]

이 분석에서는 각 정당의 의원이 한 해 동안 의회에서 공식적으로 질의한 평균 횟수를 직접적 척도로 이용해 야당의 비판을 분석했다. 정부 정책과 정책 제안에 대한 질의에는 광범위한 준비가 필요하다. 이러한 질의 대부분(약 80퍼센트)은 야당에서 제기했다. 질의의 주제는 유권자를 대신한 구체적 질의부터 민영화 결정, 정부 법안, 장관의 행동, 예산 및 정책의 불일치에 대한 날카로운 질문까지 다양했다. 이러한 질의는 각 정당의 선거운동과 언론 평가에서도 반복적으로 제기된 문제들이었다. 각 정당은 소속 의원이 질문한 횟수와 자신들이 어떻게 정부를 압박해 스스로 해명하게 했는지를 문서로 기록했다.[35] 또한 대정부 질문은 언론에 자주 보도됐는데, 언론인들은 사소한 질문이나 지역 사안에 지나치게 집중한 질문을 조롱하기도 했다. 요컨대 의회 질의는 야당의 활력과 야당이 국가 권력을 장악할 준비가 되어 있는지를 나타내는 지표였다. 당연히 의회 질의는 야당의 "기본적 수단"으로 여겨졌다.[36] 이러한 질의는 정부에 책임을 묻고, 야당이 지속해서 정부를 감시하고 있음을 보여줬다. 질의가 많을수록 비판적 야당임을 의미한다.

이 점수를 모두 합하면 집권 정당에 대한 감시와 교체 위협이 어느 정도인지 알 수 있다. 표 1.2에 제시된 강고한 경쟁 지수는 이러한 편차를 요약한 결과다. 우리는 국가 자원 전용이 높은 집단과 낮은 집단에 해당하는 두 개의 군집이 출현하는 것을 볼 수 있다. 한 군집에서는 유권자들에게 선명한 대안이 제시되고, 모든 정당이 다른 정당과 잠재적 연정 대상이 될 수 있으며, 의원들이 의회에서 서로를 격렬하게 비판한다. 다른 군집에서는 대안 정당의 제안이 선명하지 않고, 연정의 동반자로 고려되지 않는 정당이 많으며, 의회의 비판도 훨씬 소극적이다.

체코·불가리아·라트비아·슬로바키아처럼 경쟁이 덜 강고한 곳에서는 기존 정당이 더 자유롭게 자원을 유용하고, 더 많은 국가 자원의 전용을 가능하게 하는 공식적인 제도를 새롭게 수립할 수 있었다. 에스토니아·헝가리·리투아니아·폴란드·슬로베니아처럼 야당이 더 강고한 경우, 집권 정당은 국가 재건에 내재하는 기회를 크게 이용할 수 없었다.

강고한 경쟁은 국가 자원 전용과 강한 음의 상관관계(-.85)가 있지

표 1.2 강고한 경쟁 개요

		선명한가 공산주의 개혁 (0: 없음, 1: 부분, 2: 완전)	타당한가 타당한 정당의 평균 의석수	결정적인가 의원당 평균 질의 횟수	경쟁 요약 지수
헝가리		2: MSzP는 신속하게 즉시 재창당해 두 번째 선거에서 승리	.99	2.30	3/3
에스토니아		0: 공산당 잔류파 소멸	1.00	3.54	2/3
슬로베니아		2: LDS는 신속하게 즉시 재창당해 두 번째 선거에서 승리	1.00	4.42	3/3
리투아니아		2: LDDP는 신속하게 즉시 재창당해 두 번째 선거에서 승리	1.00	3.00	3/3
폴란드		2: SdRP는 신속하게 즉시 재창당해 두 번째 선거에서 승리	.97	3.78	3/3
체코		0: KSČM는 재창당하지 않음	.79	.97	1/3
슬로바키아		1: SDĽ은 재창당 후 선거에서 승리하지 못함	.81	.94	1/3
불가리아		1: BPS는 첫 선거 승리 후 서서히 점진적으로 개혁	.99	1.54	1/3
라트비아		0: 공산당 잔류파 소멸	.82	.84	0/3
평균차 검정*		n/a	P = .014 T = 3.14	P = .001 T = 5.43	n/a

코딩: 질의·의원·1년 지표가 2 이상이면 1점(평균: 2.37, 경쟁이 강고한 국가의 평균: 3.41, 경쟁이 강고하지 않은 국가의 평균: 1.07), 배척된 정당의 비중이 5% 미만이면 1점, 공산주의로의 부분적 복귀는 1점, 완전한 복귀는 2점. 타당성은 선거 전 정당 선언을 통해 측정했다. 다른 모든 정당이 연정 고려 대상에서 공개적으로 배제한 정당은 타당하지 않은 것으로 코딩했다. 공산주의 정당은 a) 당명 및 상징 변경 b) 조직 해체 및 재창당 c) 자산의 국가 귀속 d) 마르크스주의, 공산주의 체제, 경제 국유화에 대한 이념적·강령적 부정 등의 조건을 모두 충족하는 경우 재창당한 것으로 코딩했다.

* 양측검정, 귀무가설(H0): 평균차=0. 가설 검정(Ha): 평균차 0. Pr (|T|>|t|)=P

출처 외국 방송 정보 서비스Gazeta Wyborcza, Rzeczpospolita, Mladá Fronta Dnes, Lidové Noviny, Sme, Hospodářské noviny. 각 의원의 평균 질의 횟수에 관한 의회 및 기관 데이터베이스. 대정부 질문 및 질의 형식으로 제기한 모든 공식 질의를 포함했다. 토론 중 비공식 질의는 포함하지 않았다.

만, 민주주의 및 시장 발전 지표와의 상관관계는 그다지 높지 않은 것으로 나타났다.[37] 이 지수의 다른 세부 항목들은, 야당이 약한 국가에서는 민주주의와 경제 개혁을 옹호하는 세력조차 국가 자원을 과도하게 전용할 수 있다는 결론을 보여준다.[38] 이 지수를 통해 알 수 있는 또 다른 구체적인 결론은, 야당이 약한 국가에서는 민주주의와 경제 개혁에 성공한 경우에도 국가 자원 전용이 심할 수 있다는 사실이다.

원칙적으로 강고한 경쟁이라는 개념은 연속적이지만, 여기서 살펴본 사례에서는 두 개의 서로 다른 집단이 형성된다. 각 속성은 서로 독립적이다. 타당한 정당도 비판적이지 않을 수 있고, 이력이 선명한 정당도 타당하지 않을 수 있다.[39] 그러나 강고한 경쟁의 세 측면 각각은 어느 하나 충분하지 않았지만, 집권 정당에 대한 제약을 강화했다. 야당이 선명하지 않으면 야당은 집권 정당을 대체할 수 있는 믿음직한 대안이 될 수 없다. 야당이 배척된다면 내각에 들어갈 수 없고, 따라서 교체 위협도 되지 못한다. 야당이 비판적이지 않다면 통치 대안이라고 주장할 근거가 없다. 마지막으로 개별 야당이 선명하고 비판적이며 타당하더라도, 경쟁이 강고해지려면 야당들은 연정이 확실한 교체 위협이 되는 데 필요한 의회 의석을 확보해야 한다. 따라서 대부분의 다당제 의회 체제에서 경쟁의 강고함은 개별 정당의 특징이 아니라, 정당 체계 자체의 특징이다.

강고한 경쟁의 원천

강고한 경쟁의 중심에는 민주적 정당의 상호 의심이 자리 잡고 있다. 모든 정당이 규범을 준수하고 행동 강령에 따름으로써 공직자가 비난받지 않는 일부 훌륭한 국가를 제외하면, 대다수 정치체는 정당들이 서로의 잘못을 상호 폭로하는 데 의존해 지대 추구를 억제할 수밖에 없다. 모든 관련 행위자가 민주주의를 위해 아무리 헌신한다 해도, 경쟁하는 정당은 서로의 행동을 조사하고 공개적으로 밝혀낼 의지와 능력이 있어야 한다. 이러한 정당 간 경쟁은 민족적·문화적 다원주의, 산업 생산 이력 및 경제적 불평등, 노조나 종교와 같이 사회를 구성하고 있는 조직 등 다양한 요소들을 기반으로 한다.[40] 이러한 분열은 각 정당이 그들 고유의 이력을 개발하고, 비판의 동기를 첨예화하도록 한다. 이러한 분열은 정당이 보유한 언론이나 대중조직처럼 정당이 비판을 공론화할 수 있는 통로를 제공할 수도 있다. 이러한 분열이 발전하기 위해서는 수 세기는 아니더라도 수십 년의 민주주의 경험이 필요하다.

그러나 대다수 탈공산주의 국가들에서 강고한 경쟁이 존재할 수 있었던 것은 대부분 공산당 계승 정당, 즉 온건하고 전문적인 민주적 경쟁자로 변신하는 데 성공한 전직 권위주의 통치자들 덕분이었다. 혁신한 공산당 계승 정당들—다음 장에서 자세히 설명하겠지만, 선명하고 타당하며 비판적인—은 만만찮은 상대였다. 그들은 탈공산주의 국가의 정치 조직 중 가장 의심스러운 존재이자, 가장 회의적인 존재이기도 했다. 그들은—에스토니아의 사례에서 알 수 있듯이—강고한 경쟁을 일으키는 유일한 세력은 아니었지만, 다른 정당과 달리 여타 정당들을 자극할 수 있었다. 이는 공산당 이외의 정당들은 할 수 없는 일이었다.

매우 역설적인 결과 중 하나는 권위주의 체제가 성공적인 민주적 경쟁자를 배출할 수 있었고, 과거 국가 자원을 전용했던 엘리트들이 이제는 바로 그 국가 제도의 강력한 보호자 역할을 하게 됐다는 점이다. 논리는 간단하다. 공산당이 실각할 때까지 민주적 경쟁은 일어날 수 없다. 공산당이 스스로 신속하고 광범위하게 변화하지 않는 한, 새로운 사회민주주의 정당이 공고해질 때까지 정치 스펙트럼—대략 '좌파'로 묘사되는—에는 거대한 공백이 생긴다. 수십 년간의 공산주의 통치 이

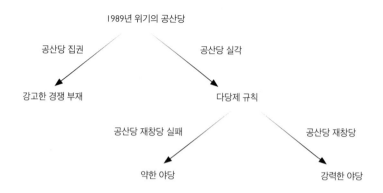

그림 1.1 공산당 실각이 정당 간 경쟁에 미치는 영향

1989년 위기의 공산당

공산당 집권   공산당 실각

강고한 경쟁 부재   다당제 규칙

공산당 재창당 실패   공산당 재창당

약한 야당   강력한 야당

후 좌파는 정치적 대안으로 신뢰받지 못했고, 체코에서처럼 비공산주의 좌파 정당이 등장하는 데 수년이 걸릴 수도 있다. 그림 1.1은 공산당 실각, 재창당, 강고한 경쟁 사이의 관계를 요약한 것이다.

제약의 기제

강고한 경쟁은 국가 자원 전용을 제한하는 세 가지 기제를 통해 작동하며, 이 세 가지 기제는 다음 장에서 자세히 설명하는 **완화·기대·협조**로 요약할 수 있다. 첫째, 비판은 집권 정당의 행동을 완화한다(적어도 드러내놓고 하지 못하게 만든다). 앞으로 살펴보겠지만, 이 비공식적 기제는 국가 기관과 행정부의 확대를 억제하는 데 특히 큰 영향을 미쳤다. 의회 및 선거에서의 폭로와 그에 따른 처벌이 두려운 집권 정당은 국가 자원에 대한 기회주의적 유용을 억제한다.

둘째, 집권 정당이 기존 재량권을 후임자가 자신들에게 불리하게 사용할 것을 경계하게 될 때, 공적 제약을 수립하려는 유인은 더욱 강해진다. 그 결과 강고한 경쟁은 집권 정당의 국가 자원 전용 **역량**을 제한하고, 전용이 발생하기 이전에 재량권을 제한하는 공식적인 국가 제도를 수립하려는 유인이 된다. 헝가리·폴란드·슬로베니아에서는 공산권 해체 시기 협상 과정에서, 실용주의적인 공산당과 결단력 있는 야당 대표들이 의회에 참가할 수 있는 다양한 제도적 통로를 개발하면서 이러한 기대 기제가 매우 일찍 등장했다.

셋째, 강고한 경쟁은 집권 정당이 권력을 나누고 비판자들을 최대한 포섭하도록 유도한다. 의회에서 비공식적인 규정이 발전하면서 야당은 집권 정당뿐 아니라, 모든 정당에 유리한 정당자금법과 주요 입법 위원회에서의 대표성 및 주도권을 포함해 더 많은 권한을 얻게 됐다. 또한 강고한 경쟁은 잠재적 기부자들이 자신들의 "안전을 보장"받기 위해 여러 정당에 기부하도록 이끌어 정부가 재원을 독점하지 못하도록 했다.

이러한 제약이 모두 의도하거나 신중히 고안된 전략이었다는 것은 아니다. 정당들은 국가를 건설해야 한다는 명확한 인식이 아니라, 조직적으로 살아남고 지속해서 번영할 수 있는 안정적 질서, 즉 민주주의를 확고히 하려는 열망을 따른 의도치 않은 국가 설계자들이었다. 이를테면 정당들의 강령에는 국가와 행정부에 대한 언급이 없었다.[41]

강고한 경쟁이 우리가 관찰한 편차의 원인이라면, 가장 먼저 살펴보아야 하는 점은 강고한 경쟁의 수준과 국가 자원 전용의 정도 간 상관관계이며, 기존 국가 기구의 결점, 공산주의 체제의 유산, 국제기구의 요구 등 여타 설명 요인은 이 분석과 무관하다. 이보다 더욱 중요하게 고찰해야 하는 것은 집권 정당에 대한 격렬한 비판이다. 정부는 이

러한 비판—그리고 그것이 의미하는 정권 교체 위협—에 대응하고자
자신들의 행동을 완화하고, 모든 정당을 구속하는 공식 제약을 강화하
며, 야당과 권력을 공유하고자 한다. 집권 정당이 이러한 위협에 대처
하고 있는 경우에는 이데올로기나 외부의 압력과 상관없이, 집권 정당
이 공식적인 제도를 도입해 재량권을 축소하고자 하는지를 살펴봐야
한다. 제도가 도입되려면 오랜 입법 절차를 거쳐야 하므로, 제도는 정
당 자금 조달과 같은 비공식적 영역보다 경쟁의 변화에 대응하는 속도
가 느릴 수 있다. 또한 경쟁은 정당의 존재감이 훨씬 적은 지방보다, 정
당이 참여하는 전국적인 규모의 의회 차원에서 가장 강력한 영향을 미
칠 것이다.

시사점

국가 자원 전용을 억제하는 강고한 경쟁의 역할은 세 가지 측면에서
뜻밖의 문제를 제기한다. 첫째, 탈공산주의 경로에 대한 우리의 이해에
의문을 제기한다. 공산권 해체 이후 경제·정치·사회 개혁은 동시에 진
행되는 경향이 있었다. 수많은 학자가 경제 개혁과 민주주의 개혁 사이
의 놀라운 상관관계에 주목했다.[42] 표 1.3과 표 1.3의 공분산 행렬에서
볼 수 있듯이, 시장과 민주주의의 발전 사이에는 매우 밀접한 상관관계
가 있다. 2000년 시장 및 민주주의 순위의 경우 상관계수는 0.91에 달
한다. 그러나 시장 및 민주주의 성과와 국가 재건의 상관관계(-.48부터
-.65까지)는 그보다 훨씬 약하다. 체코나 라트비아처럼 시장 개혁과 민
주주의 개혁을 광범위하게 시행한 몇몇 국가에서는 국가 자원의 전용

표 1.3 탈공산주의 민주주의 국가

국가	프리덤하우스 2004년 민주주의 점수	프리덤하우스 2000년 민주주의 점수	프리덤하우스 2000년 시장 개혁 점수	EU 가입
폴란드	1.75	1.44	1.67	2004. 05. 01.
슬로베니아	1.75	1.94	2.08	2004. 05. 01.
에스토니아	1.92	2.06	1.92	2004. 05. 01.
헝가리	1.96	1.75	1.75	2004. 05. 01.
슬로바키아	2.08	2.5	3.25	2004. 05. 01.
리투아니아	2.13	2.0	2.83	2004. 05. 01.
라트비아	2.17	2.06	2.5	2004. 05. 01.
체코	2.33	1.75	1.92	2004. 05. 01.
불가리아	3.25	3.31	3.75	기대
루마니아	3.58	3.19	4.17	기대
크로아티아	3.83	4.19	3.67	기대
몬테네그로	3.83	5.5	5.33	기대
세르비아	3.83	5.5	5.33	가능
마케도니아	4.0	3.44	4.58	가능
알바니아	4.13	4.38	4.5	가능
보스니아	4.29	5.13	5.58	가능
그루지야	4.83	4.0	3.67	불가능
몰도바	4.88	3.88	4.0	불가능
우크라이나	4.88	4.31	4.58	불가능
아르메니아	5.0	4.5	3.58	불가능
러시아	5.25	4.25	4.33	불가능
코소보	5.5	5.5	5.33	불가능
아제르바이잔	5.63	5.5	5.0	불가능
키르기스스탄	5.67	5.88	3.83	불가능
타지키스탄	5.71	5.69	6.0	불가능
카자흐스탄	6.25	5.38	4.5	불가능
우즈베키스탄	6.46	6.44	6.25	불가능
벨라루스	6.54	6.44	6.25	불가능
투르크메니스탄	6.88	6.94	6.42	불가능

출처   프리덤하우스, 2004; 프리덤하우스. 2000. *Nations in Transit*, 1999~2000. Washington: 프리덤하우스. 2004년에는 시장 개혁 점수를 더 이상 산정하지 않았다.

표 1.3의 공분산 행렬

	국가 자원 전용	강고한 경쟁	2004년 민주주의	2000년 민주주의	2000년 시장
국가 자원 전용	1.0				
강고한 경쟁	-.85	1.0			
2004년 민주주의	.65	-.51	1.0		
2000년 민주주의	.48	-.50	.83	1.0	
2000년 시장	.52	-.65	.75	.91	1.0

이 더욱 심했다. 그렇다면 국가·시장·민주주의 간에 강력한 상관관계가 나타나지 않는 이유는 무엇인가?

분석해야 할 것은 공산권 해체 이후에 일어난 "대전환"이다. 민주주의 개혁과 경제 개혁 사이의 상관관계가 높더라도, 국가 개혁이 반드시 같은 궤적을 따르는 것은 아니다. 좋은 일들이 한꺼번에 일어나는 법은 아니다. 자유시장 지도자들도 자유화에 태만한 사람들처럼 국가 자원을 쉽게 전용할 수 있으며, 민주주의 자체는 강력한 제약이 아닌 것으로 드러났다. 대중의 요구, 국제적 압력, 광범위한 엘리트 간 합의는 모두 경제 개혁과 민주주의 개혁을 뒷받침했지만, 국가 개혁에는 소홀했다. 오직 정당 간 강고한 경쟁만이 국가 자원의 전용을 막았다.

또한 탈공산주의 민주주의 국가에서의 국가 자원 전용은 정치 경쟁 **기제**에 대한 재고를 요구한다. 탈공산주의 국가의 헌신적인 민주주의자들은 국가를 이용했을 뿐만 아니라, 그들의 행동은 정당 간 경쟁이 국가 자원 전용을 어떻게 제약하는지에 대한 우리의 기존 이해를 거스른다. 앞으로 살펴보겠지만, 정권 교체나 분열 등 정당 간 경쟁을 나타내는 종래의 지표에 따르면, 정치 경쟁이 왕성하더라도 상당한 국가 자원 전용이 일어나는 사례를 발견할 수 있다. 이러한 강력한 지표들로는 야당이 집권 정당에 가할 수 있는 위협이나, 그에 따라 국가 자원 전용을 완화하는 효과를 포착할 수 없다. 경쟁이 지대 추구를 제한할 수 있다고 주장하는 사회과학의 전통을 넘어서기 위해서는, 어떤 **종류**의 경쟁이 중요한지, 그리고 경쟁이 **어떻게** 그러한 일을 수행할 수 있는지를 해명할 필요가 있다. 특정 유형의 경쟁만이 지대 추구 행위와 수탈을 제한한다. 따라서 이 책은 정당의 의석 점유율, 집권 기간, 이데올로기의 차이 등을 분석하는 대신, 정당이 실제로 의회에서 어떻게 행동하는지, 그리고 서로 비판하고 협력·협조하는 방식을 분석하고자 한다.

이 연구는 정당이 생존을 보장하고자 어떤 전략적 선택을 내리는지에 관해서도 설명한다. 후견과 약탈predation에 관한 기존 연구는 장기적인 경제 및 정치 조건에 주목하는 경향이 있지만, 이 책은 정당의 전략을 더 즉각적이고 직접적으로 제약하는 조건에 주목한다. 핵심은 민주주의에의 헌신과 조직적 특성이 이데올로기 전통이나 선거 분열만큼—때로는 그 이상으로—정당의 전략 선택에 영향을 미칠 수 있다는 점이다. 권위주의로의 후퇴에 대한 두려움 때문에 탈공산주의 국가의 정당들은 국가를 먹잇감으로 삼거나, 다시 집권 정당과 융합하려 하지 않았다. 또한 당원이 부족하고 자원이 빈약한 신생 정당들은 대중정당처럼 유권자를 포섭하거나, 후견을 통해 선별적 유인을 지급하는 방식으로 생존을 기대할 수 없었다. 따라서 탈공산주의 국가의 정당들은 이탈리아의 기독민주당이나 일본의 자유민주당(이하 자민당), 멕시코의 제도혁명당Partido Revolucionario Institucional, PRI의 전략을 따르지 않았다.[43] 초기의 높은 불안정성으로 인해 (탈공산주의 국가의 정당들은-옮긴이) 필요한 장기 계약을 맺는 것이 불가능했고, 따라서 담합이나 양보 교환을 신뢰하지도 전념할 수도 없었다. 대신 그들은 시장 및 민주주의 체제로 전환하는 과정에서 제도를 수립하는 역할을 활용해 국가 자원을 확보했다.

더 근본적으로 정당을 국가 건설자로 규정하는 개념은 정당을 단순히 공직을 노리는 엘리트 집단으로 규정하고 분석하는 것과 상당히 다르다.[44] 정당은 공직을 놓고 경쟁하는 공식 집단이기는 하지만, 정당의 공직 유지 전략이 순전히—심지어는 대체로—선거를 위한 것만은 아니다. 게다가 정당을 경쟁자로 분석하는 오늘날의 연구는 기존 경쟁의 규칙, 연계 전략, 정당의 정책적 역할을 가정한다. 그러나 탈공산주의 국가의 정당은 이러한 것들을 당연시할 수 없었다. 공산권 해체 이후 간신히 구성된 민주주의 정당은 선거 규칙, 선거구 관계, 기능하는 시장과 민주주의를 동시에 수립해야 했다.

마지막으로 탈공산주의 국가에서 나타나는 전용의 편차는 공산당이 국가를 더 이상 식민화하지 않으면, 신생 국가는 더 효율적이고 중립적인 행정가가 되리라는 예측과 신생 국가는 공산주의의 유산—비대하고 비효율적인 국가—을 극복할 수 없으리라는 두 가지 예측을 모두 거스른다.[45] 국가가 뒤로 물러나고, 경제와 정치에서 국가의 기능이 급격하게 바뀌었지만, 전용에 대한 저항력은 높아지지 않았다. 집권 정당은 계속해서 국가로부터 사적 이익을 유용하고, 이러한 유용을 더욱 촉진하고자 국가 제도를 재구성했다.[46] 게다가 "수용적" 공산주의 체제 유형이 고도로 정치화된 국가 기구를 배태하리라 예상했던 곳—헝가리나 폴란드처럼—에서 오히려 국가 자원 전용이 더 적게 일어났다.[47] 당면한 경쟁 상황이 국가 발전의 역사적 유산보다 중요했다.

일반적으로 국가 건설에 관한 연구는 전쟁처럼 국가 건설로 이어지는 외부 갈등이나, 그로 인해 발생하는 조세·징병·헌법 제정에 필요한 국가 제도에 대한 요구에 광범위하게 주목해왔다.[48] 서유럽에서 나타난 이러한 양상의 결과는 주로 국가 제도의 점진적 발전과 확장·증대로 이어졌다.[49] 그러나 탈공산주의 국가 건설 시대에는 국가 제도의 건설을 강제하는 외부 갈등이 현저히 적었다.[50] 국가 형성에 대한 외부 압력이나 제약은 없었다. 공산주의 시대에 물려받은 제도는 취약했고 방치됐으며, 국가 개혁의 우선순위를 정해야 한다는 국내 압력도 없었고, 국제 행위자들은 국가 개혁에 대체로 무관심했으며, 학계는 경제 및 민주주의 변화에 주목했다. 오히려 국가라는 결실을 결정지은 갈등은 전쟁을 벌이는 군주가 아니라, 경쟁하는 정당들로 이뤄진 내부 갈등이었다.

탈공산주의 민주주의 국가에서 기회주의적 국가 재건의 주동자와 수혜자는, 국가의 자율성과 역량에 주목한 분석에서 등장하는 주인공과도 다르다.[51] 이를 다룬 저명한 연구들은 사회와 다른 선호를 공식화하고 실행할 수 있는 독자적 단일 행위자로서 국가에 주목한다. 그러나 이 책이 제시하는 기회주의적 재건에 관한 분석은 국가를 보호하는 세력이 **엘리트** 행위자—**사회적** 대표자가 아니라—의 침범으로부터 국가를 어떻게 보호하는지에 주목한다. 또한 이 책은 국가의 단일성이나 국가의 "행동" 능력을 전제하지 않고 엘리트가 국가를 유용하게 되는 결정 요인에 주목하며, 이러한 유용이 국가의 각기 다른 부문에서 상이한 비율로 발생한다고 주장한다.

사례 선정

이 책은 국가 자원 전용의 편차를 설명하기 위해 많은 관찰자가 민주주의와 시장이 공고해진 시기로 여긴, 공산권 해체(1989년)부터 EU 가입(2004년)까지 15년간[52]의 공고해진 탈공산주의 민주주의 국가들──불가리아·체코·에스토니아·헝가리·라트비아·리투아니아·폴란드·슬로바키아·슬로베니아──을 조사했다. 이들 사례는 국가 자원 전용과 상관관계가 있을 수 있는 기존 경쟁 지표의 편차를 기준으로 선정됐다. 조사 대상 9개국 모두 EU로부터 국가 행정을 개혁하라는 상당한 압력을 받았다. 이들은 모두 의회민주주의 국가이며, 따라서 정당이 경쟁하고 정책 결정에서 중요한 역할을 차지하고 있을 수 있다.[53] 이들 국가는 부패와 상관관계가 있는 경제 발전 수준도 대체로 비슷하다.[54] 불가리아 이외의 국가들에서는 1989년 공산당이 강제로 정권에서 물러났기 때문에 집권을 이어가며 개혁을 막지 못했다. 이들 국가는 국가 자원 전용에 영향을 미칠 수 있는 요인인 선거 제도가 유사하다.[55] 그러나 EU의 호의(및 압력), 민주주의 및 경제 발전 수준, 선거 제도의 유형이 비슷함에도 국내 경쟁과 국가 자원 전용의 양상은 상당히 다르다.

이 인과성 명제는 체코·헝가리·폴란드·슬로바키아 4개국을 기준으로 개발됐으며, 불가리아·에스토니아·라트비아·리투아니아·슬로베니아의 데이터를 통해 추가 검증을 거쳤다. 이 국가들은 경쟁에 관한 표준 척도로 분석한다면 실상과 정반대인 결과가 예측되는 "까다로운" 사례들이다. 이러한 사례는 강고한 경쟁이 국가 자원 전용을 제한한다는 인과 기제를 더욱 배제하게 만든다. 슬로베니아는 수년간 정권 교체 지표가 낮았음──1992~2000년 내내 같은 정당이 집권──에도 불구하고, 우리가 예상하는 것보다 국가 자원 전용이 훨씬 적었음을 보여준다. 불가리아는 정권 교체 지표가 높으나 국가 자원 전용이 심했고, 1997년까지 실질적인 개혁을 시작하지 않았다. 정권 교체와 분열 지표로 측정한 라트비아는 정당 간 경쟁과 국가 자원 전용이 모두 높은 수준인 것으로 나타났다. 마지막으로 에스토니아에서는 공산당이 재창당 되기는커녕 사라졌지만, 경쟁은 강고했다. 이 분석은 이러한 공고해진 탈공산주의 민주주의 국가들을 모두 포함함으로써, 단일 국가 연구에서는 볼 수 없는 비교 맥락과 설명력 있는 관점을 제공하며, 이는 그 자체로도 가치가 있다.[56]

물론 세르비아나 러시아를 비롯한 다수의 과거 소비에트공화국처럼 국가 자원 전용이 훨씬 더 많은 (그리고 거의 재건되지 못한) 정치체도 적지 않다. 그러나 이들 국가는 민주주의 국가가 아니며, 자유경쟁이 이뤄지지 않는 "수식어가 붙는 민주주의 국가democracies with adjectives"[57]에 해당한다. 마찬가지로 루마니아·몰도바·우크라이나가 취한 비민주적 우회로에서는 민주적 경쟁이 국가 발전에 지속해서 영향을 미치는 기제를 조사할 수 없었다. 예측된 상관관계는 여전히 존재하지만, 이러한 사례로는 경쟁이 국가 자원 전용을 **어떻게** 제약하는지를 조사할 수 없다.

요컨대 이 연구의 분석 대상과 마찬가지로, 정당이 권력을 놓고 경쟁하며, 정치 영역에서 생존을 보장할 수 있는 국가 제도를 수립하는 여타의 **민주적** 국가 재건 사례에도, 이 연구의 결론을 곧바로 적용할 수 있다.

측정 및 데이터

정당이 국가를 건설하고, 국가로부터 이익을 얻는 정도를 측정할 수 있는 단일하고 직접적인 수단은 존재하지 않는데, 이는 특히 정치 행위자들이 공식 절차보다는 비밀 합의, 자원, 네트워크를 활용해 **비공식적으로** 국가 기구를 전용하기 때문이다.[58] 이 책에서는 국가 자원 전용을 살펴보기 위해 세 가지 주요 영역, 즉 국가 감시·감독을 위한 공식 기관의 창설, 국가 행정 고용·기금·기관·제도의 확대, 민영화 이익 및 기타 보조금의 채널링channeling에 주목한다.[59]

1. 증권거래위원회, 민원조사관Ombudsman,* 독립적인 국가 감사 기관 등 공식 국가 감독 기관의 도입은 국가 자원 전용을 막는 공식적인 장벽으로 작용할 수 있다. 국가 자원을 전용하고자 정당은 재량권을 행사하거나, 공식 감시·감독 기관의 수립을 지연시킬 수 있다.[60] 반면에 이러한 제도가 도입되면 민간 행위자들이 국가 자원에 접근하는 일이 줄어들고, 국가 자원을 보편적이고 투명하게 분배하는 데 도움이 되므로 그 자체가 국가 자원 전용을 제동하는 장치가 된다.[61] 이러한 제도는 어떤 경우에는 즉시 시행됐지만, 어떤 경우에는 크게 지연됐다.[62]

2. 중앙 국가 행정 기관의 수와 행정직 고용 증가율로 측정한 **국가 행정 확장**에 따르면, 정당이 통제하는 공공자원의 비중이 높아진다. 국가 행정의 성장은 그 자체로 기능상의 결함이나 새로운 요구에 대한 대응일 수 있다. 그렇다면 그것은 국가의 독립성 또는 광범위한 시장 규제와 연관되어 있음이 분명하다. 반면 그

---

* 권력 남용이나 부당행위 등으로 정부 기관에 의해 국민의 권리나 이익이 침해되었을 때, 그것을 신속하게 구제하자는 취지로 운영되는 직책.

렇지 않고 정당이 공무원 규정이나 기타 제약이 없는 상황에서 새로운 기관을 늘리고, 공무원을 마음대로 임명한다면, 국가 행정직 고용의 증가는 국가 자원을 전용하기 위한 재량권을 의미한다. 따라서 국가 행정부를 확대하는 것은 국가 자원에 대한 정당의 통제 범위를 확대하는 전략이다. 의견 조사는 국가직 채용에 대한 응답자의 개별 경험을 추가로 조사한다.

3. **정당 자금 조달 양상**은 정당이 공식적으로 통제되는 방식과 자금의 비공식 출처로 구성된다. 다른 감시 또는 감독 기관과 달리 정당 자금 조달 규정은 정당 자체를 직접적으로 제약한다. 정당의 자금 조달에 관한 규제가 느슨하면 국가 자원 전용을 자극한다. 국영기업이나 은행과 같은 국가 기관이 정당에 자금을 지원하는 것을 허용하고, 정당이 재정을 불투명하게 운영하도록 방치하며 제재하지 않는다. 마찬가지로 중요한 것은 간접적이고 비공식적인 정당 자금의 출처이다. 민영화 과정의 차이에 따라 민영화는 "비공식적 지원"을 받을 분명한 기회로 바뀌었다.

이러한 것들이 탈공산주의 국가에서 일어나는 국가 자원 전용의 주요 형태다. 세금 징수나 군사적 보호와 달리 이는 국가의 구성 요소가 아니라,[63] 정당이 자신들의 생존을 보장하기 위한 영역이다. 이 세 영역에서 정당의 전략은 서로를 강화했다. 가령 수익성 높은 민영화 거래와 리베이트를 통한 정당 자금 조달은 공식 감시·감독 기관의 부재로 인해 더 쉬워졌다. 국가 고용에 대한 재량권을 통해 다양한 준국가 기관과 국영기업의 감독위원회는 또 다른 정당 자금 조달원으로 전환됐다. 공식 공무원법과 재정 감독 기관의 부재로 국가 기관과 재량에 따른 채용이 확대됐다.

국가 기관의 전용은 공공재를 사적 이익을 위해 사용하는 부패와 분석 차원에서 구별된다.[64] 부패 개념은 공사公私 구분을 전제로 하는데, 국가 자원이 공식적으로 인민의 소유인 환경(공산주의 체제-옮긴이)에서는 이러한 구분이 항상 뚜렷한 것은 아니었다. 그러나 국가 자원 전용은 그에 따른 부패 **가능성**에 직접적으로 영향을 미치는데, 국가 형성과 재건 과정에서 사적 영역과 공적 영역이 구분되고, 후자에 대한 접근성이 확립되기 때문이다. 또한 국가 자원 전용은 사소한 부패나 국가 포획state capture처럼 경제 주체와 국가 주체 간의 개별 상호작용과는 구별된다.[65] 다음 장에서 살펴볼 것처럼, 국가 자원 전용은 약탈, 후견, 정당과 국가의 권위주의적 융합과도 다르다.

질적·양적 데이터는 모두 강고한 경쟁이 국가 자원의 전용을 제약한다는 핵심 주장을 입증한다. 이 책은 야당의 양상, 국가 자원 전용의 기제 및 그에 대한 제약을 규명하고자 문서고 기록, 의회 속기록, 정부 문서와 통계, 광범위한 엘리트 인터뷰, 정당 강령, 연정 행사 기록 등을 활용했다. 문서 자료는 전당대회, 원내 위원회 회의(가능한 경우), 의회 회기의 녹취록으로 구성되어 있다. 연정 행사 기록과 언론 보도는 의회 정당 간 비판의 정도를 자세히 보여준다. 마지막으로 전용과 그에 대한 제약은 비공식 네트워크와 도구에 의존하는 경우가 많으므로, 정당 및 국가 정부 대표와의 광범위한 인터뷰가 그들의 역할을 확증하는 데 도움이 됐다.

국가 기관의 출현을 조사하고자 나는 65개 이상의 공식 국가 감시·감독 기관과 설립 날짜, 기관의 출현을 이끈 주요 정책 압력, 규제 권한에 대한 데이터베이스를 새롭게 구축했다. 각 기관의 설립과 기능에 대한 데이터는 제안 및 통과된 법률의 의회 기록과 국내 언론 보도에서 수집했다. 이러한 결과를 보완하고자 체코·폴란드·슬로바키아에서 여론조사를 시행하여 국가와 정당의 재량권에 대한 개인의 경험을 측정했다. 설문조사에서는 부록 C에 설명된 대로 각 국가에서 유효한 개인 간 비교를 가능하게 하는 "비네트 고정법anchoring vignettes"을 사용했다.

본문 구성

강고한 경쟁이 국가 자원 전용을 제약한다는 주장을 발전시키기 위해 2장에서는 정당 간 경쟁의 구성과 그것이 정당 전략에 미치는 영향을 살펴보고, 정당 간 경쟁에 관한 종래의 분석이 얼마나 부적절한지를 밝힌다. 3장에서는 공식 국가 감독 및 통제 기관의 부상과 이러한 기관을 도입하라는 외부의 압력을 국내 경쟁이 어떻게 이겨냈는지 분석한다. 이러한 제도들은 이후 정당이 국가를 통치하고 전용할 수 있는 중요한 공식적 틀을 제공했다. 4장에서는 정당이 통제할 수 있는 재정 자원을 늘리기 위해 국가 행정부의 행정직을 늘리고, 그 자리를 채웠음을 강조한다. 집권 정당은 비공식적인 비정규예산 기관을 만들어 국가를 확장·건설하며 자신들의 미래 이익을 보장했다. 5장에서는 민영화와 국가 기관의 설립이 어떻게 정당 자금 조달의 주요 원천이 됐는지, 즉 과거 공식적인 제도의 틀이 허술하게 수립되어 있어 집권 정당이 국가 자산을 직접 유용하기 더 쉬웠던 사례를 제시한다. 마지막으로 결론에서는 정당과 국가 건설 및 체제 전환 사이의 관계가 시사하는 바를 살펴본다.

주

1   이러한 제도들은 시민의 의무(세금·병역 등)와 공적부조(기반시설·법치·복지·국방 등)를 관리하는 공식적
    인 규칙과 구조로 구성된다. 국가의 정치적 통제는 (정부가 행하는 바에 따라) 바뀔 수 있지만, 국가의 행정
    기구는 집행 틀로서 유지된다. Lawson, Stephanie. 1993. "Conceptual Issues in the Comparative Study
    of Regime Change and Democratization", Comparative Politics 25, 2 January: 183 – 205 참조.

2   1989년 이후 많은 민주주의 정당은 처음에는 공산주의 정권에 대항해 생겨났다.

3   프리덤하우스Freedom House는 27개 국가 중 15개 국가를 권위주의적이거나 일부 민주적 관행과 비민주
    적 결과가 혼합된 "혼합형"으로 분류했다. Freedom House. 2004. Nations in Transit, 2004. Washing-
    ton: Freedom House.

4   Grzymała-Busse, Anna, and Jones Luong, Pauline. 2002. "Reconceptualizing the Post-Communist
    State", Politics and Society, 30, 4 December: 529-554.

5   Kopecký, Petr. 2006. "Political Parties and the State in Post-Communist Europe: The Nature of the
    Symbiosis", Journal of Communist Studies and Transition Politics, 22, 3 September: 251-273.

6   Suleiman, Ezra N. 2003. Dismantling Democratic States. Princeton: Princeton University Press, p. 245.

7   가령 여론조사에 따르면, 슬로바키아에서는 응답자의 58퍼센트, 루마니아에서는 74퍼센트, 불가리아
    와 체코에서는 49퍼센트, 헝가리에서는 48퍼센트, 폴란드에서는 40퍼센트가 의회가 부패했다고 답했
    다(USAID public opinion poll, Radio Free Europe/Radio Liberty broadcast, 10 November 1999, Slovakia). Kaufman,
    Daniel, Kraay, A., and Mastruzzi, M. 2005. Governance Matters IV: Governance Indicators 1996-2004.
    Washington: World Bank 참조. 통치성 문제Governance Matters 데이터 세트는 에스토니아·헝가리·슬로
    베니아가 법치 및 규제 수준, 부패 방지, 정부 효율성 등의 범주에서 일관되게 가장 높은 순위를 차지
    하고 있음을 보여준다. 불가리아·라트비아·슬로바키아의 순위는 상당히 낮은 경향이 있으며, 체코와
    폴란드는 중간 순위를 차지한다. 이 순위는 해마다 바뀌고 있다(이 데이터 세트는 1996·1998·2000·2002·
    2004년에 복수의 싱크탱크와 전문가를 대상으로 시행한 설문조사 결과를 집계한 것이다).

8   Rice, Eric. 1992. "Public Administration in Post-Socialist Eastern Europe", Public Administration Re-
    view, 52, 2 (March/April): 116-124.

9   1996년에서 1998년 체코 언론과 1998년에서 1999년에 슬로바키아 언론에서 다룬 스캔들 참조.

10 2장에서 살펴볼 것처럼 폴란드는 국가 자원 전용을 제한하는 데는 성공하지 못했지만, 신속하게 공적
    제도를 수립하고, 국가 정부의 행정부 규모를 서서히 확장하며, 투명하게 정당 자금을 조달한 표 1.1의
    군집에 속한다.

11 Bartolini, Stefano. 1999 – 2000. "Collusion, Competition, and Democracy", Journal of Theoretical Poli-
    tics, 11, 4: 435 –70; 12, 1: 33 –65.

12 Frydman, Roman, Murphy, Kenneth, and Rapaczynski, Andrzej. 1998. Capitalism with a Comrade's Face.
    Budapest: Central European University Press, p. 34.

13 출발점은 매우 중요했다. 그러나 이것이 경로 의존성을 의미하지는 않는데, 그 출발점에는 강화나 구속
    기제가 존재하지 않았기 때문이다. 따라서 초기의 경쟁은 국가 출현의 궤적을 설정하긴 했으나 그 궤
    적을 결정하지는 못했다.

14 대통령이 더 강력한 역할을 한 나라는 폴란드였으나, 1995년 이후에야 대통령이 강력한 역할을 할 수
    있었다. 1995년까지 대통령의 권한은 엄격하게 제한됐고, 대통령의 지위는 대체로 의례적인 것에 불과
    했다.

15 가령 일정 수준 이상의 모든 국가 행정직의 채용은 지역 및 중앙 당 위원회의 심사를 거쳤다. Kaminski,
    Antoni. 1992. An Institutional Theory of Communist Regimes. San Francisco: ICS Press, p. 164. 참조.

16 당은 또한 노멘클라투라номенклатура—당에서 심사하는 광범위한 직책 목록—를 통제했다.

17 헝가리에서는 1980년대에 정치권력과 법적 권한이 분리되면서 국가 공무원이 사법 틀 내에서 행동하

46

는 한 정당 관리들이 그들의 결정 하나하나에 미치는 영향력이 줄어들었다.

18 Comisso, Ellen. 1986. "State Structures, Political Processes, and Collective Choice in CMEA States" in Comisso, Ellen, and Tyson, Laura D'Andrea, eds. *Power, Purpose, and Collective Choice: Economic Strategy in Socialist States*. Ithaca: Cornell University Press, p. 32.

19 엘리트에 의한 국가 약탈에 대한 설명은 미발간 원고 Ganev, Venelin. 2005. *Preying on the State: State Formation in Post-Communist Bulgaria(1989-1997)*를 참조할 것.

20 Grzymała-Busse, Anna. 2002. Redeeming the Communist Past. New York: Cambridge University Press 참조.

21 Schamis, Hector E. 2002. *Re-Forming the State: The Politics of Privatization in Latin America and Europe*. Ann Arbor: University of Michigan Press, p. 169.

22 Elster, Jon, Offe, Claus, and Preuss, Ulrich K. 1998. *Institutional Design in Post-Communist Societies*. Cambridge: Cambridge University Press; Zielonka, Jan. 1994. "New Institutions in the Old East Bloc", *Journal of Democracy*, 5: 87 - 104 또한 참조할 것. 주목할 만한 예외는 Bunce, Valerie. 2001. "Democratization and Economic Reform", *Annual Review of Political Science*, 4: 43 - 65; Cirtautas, Arista. 1995. "The Post-Leninist State: A Conceptual and Empirical Examination", *Communist and Post-Communist Studies*, 28, 4: 379 - 392; Ekiert, Grzegorz. 2001. *The State After State Socialism: Poland in Comparative Perspective*. Manuscript, Harvard University, 2001; McFaul, M. 1995. "State Power, Institutional Change, and the Politics of Privatization in Russia", *World Politics*, 47, 2: 210 - 243; Staniszkis, Jadwiga. 1999. *Post-Socialism*. Warsaw: PAN 참조.

23 Herrera, Yoshiko. 2001. "Russian Economic Reform, 1991 - 1998" in *Russian Politics*, Barany, Zoltan, and Moser, Robert, eds. Cambridge: Cambridge University Press, 135 - 173.

24 Stepan, Alfred, Skach, Cindy. 1993. "Constitutional Frameworks and Democratic Consolidation: Parliamentarianism Versus Presidentialism", *World Politics*, 46, 1: 1 - 22; Benoit, Kenneth, and Hayden, Jacqueline. 2004. "Institutional Change and Persistence: The Evolution of Poland's Electoral System, 1989 - 2001", *Journal of Politics*, 66, 2 :396 - 427; Mainwaring, Scott. 1993, July "Presidentialism, Multipartism, and Democracy: The Difficult Combination", *Comparative Political Studies*, 26, 2 July: 198 - 228; Frye, Timothy. 1997. "A Politics of Institutional Choice: Post-Communist Presidencies", *Comparative Political Studies*, 30: 523 - 52; Elster et al. 1998 참조.

25 Raiser, Martin, Di Tommaso, Maria, and Weeks, Melvyn. 2000. "The Measurement and Determinants of Institutional Change: Evidence from Transition Economies", European Bank for Reconstruction and Development EBRD Working Paper No. 60. 시장 민영화와 개혁에 대한 논쟁에서 국가 기관의 태만을 훌륭하게 분석한 연구로는 Herrera 2001을 참조할 것.

26 Kochanowicz, Jacek. 1994. "Reforming Weak States and Deficient Bureaucracies" in Nelson, Joan M., Kochanowicz, Jacek, Mizsei, Kalman, and Munoz, Oscar, eds. *Intricate Links: Democratization and Market Reforms in Latin America and Eastern Europe*. New Brunswick: Transaction, pp. 194 - 206 참조.

27 Roland, Gerard. 2001. "Ten Years After ⋯ Transition and Economics", IMF Staff Papers, No. 48. Washington: International Monetary Fund, p. 34; Przeworski, Adam. 1997. "The State in a Market Economy" in Nelson, Joan, Tilly, Charles, and Walker, Lee, eds. *Transforming Post-Communist Political Economies*. Washington: National Academy Press, pp. 411 - 431; Shleifer, Andrei, and Vishny, Robert W. 1998. *The Grabbing Hand: Government Pathologies and Their Cures*. Cambridge, MA: Harvard University Press; Holmes, Stephen. 1996. "Cultural Legacies or State Collapse: Probing the Post-communist Dilemma" in Mandelbaum, Michael, ed. *Post-communism: Four Perspectives*. New York: Council on Foreign Relations; Przeworski, Adam, et al. 1995. *Sustainable Democracy*. Cambridge: Cambridge University Press, p. 37. 이전 학자들은 큰 국가와 지대 추구 기회 사이의 연관성을 지적한 바 있다. Habermas, Jürgen. 1975. *Legitimation Crisis*. Boston: Beacon; Stigler, George. 1975. *The Citizen and the State*. Chicago: University of Chicago Press 참조.

28 Wittman, Donald. 1995. *The Myth of Democratic Failure*. Chicago: University of Chicago Press; Schumpeter, Joseph. 1948. *Capitalism, Socialism, and Democracy*. Chicago: University of Chicago Press;

Rose-Ackerman, Susan. 1978. *Corruption*. New York: Academic Press; idem. 1999. *Corruption and Government: Causes, Consequences, and Reform*. Cambridge: Cambridge University Press; Demsetz, Harold. 1982. *Economic, Legal, and Political Dimensions of Competition*. Amsterdam: North-Holland; Stigler, George. 1972. "Economic Competition and Political Competition", *Public Choice*, 13: 91 –106.

29 다음 장에서 살펴볼 수 있듯이, 정권 교체 위협은 국가 자원 전용과 곡선관계curvilinear relationship(회귀분석 등에서 기준변인과 종속변인 간의 관계가 직선적이지 않은 관계-옮긴이)이다. 즉 경쟁이 집권 정당을 완전히 없앨 정도로 위협적이면 정당은 국가 기구를 장악할 것이다. 한편 경쟁이 아예 없다면 정당은 국가와 완전히 융합할 수 있다.

30 Grzymała-Busse, Anna. 2004. "Political Competition and the Post-Communist State: Rethinking the Determinants of State Corruption", Annual Meeting of the American Political Science Association, Chicago, p. 2 –5 September 2004, 그리고 "Informal Institutions and the Post Communist State", Conference on "The Role of Ideas in Postcommunist Politics: a Re-Evaluation", Havighurst Center, Luxembourg, p. 5 –9 July 2004을 참조. 다른 사람들은 이원적bimodal이고 분열되지 않은nonfragmented 정당 간 경쟁을 나타낼 때 "강고한 경쟁"이라는 개념을 활용했다. O'Dwyer, Conor. 2004. "Runaway State Building", *World Politics*, 56, 4: 520 –553 참조.

31 또한 그러한 배척은 연정의 다양성을 제한하여 개혁을 지연하는 경향이 있다. Hellman, Joel. 1998. "Winners Take All: The Politics of Partial Reform", *World Politics*, 50, 2 January: 203 –234 참조.

32 Ferejohn, John. 1986. "Incumbent Performance and Electoral Control", *Public Choice*, 30: 5 –25. 타당성이 대안 통치 연정에 미치는 영향은 이념이나 최소승리연합 규모와 무관하다.

33 한 가지 반론은 정부나 야당 모두 타당하지 않은 정당에 의존할 수는 없으므로 타당하지 않은 정당이 정부 안정에 아무런 영향도 미치지 않는다는 것이다. 그러나 타당하지 않은 정당은 잠재적 대안 정부의 범위를 제한하므로, 타당하지 않은 정당은 야당의 연정 구성 능력을 제한해 현 정부의 집권 연장을 더 확실하게 한다.

34 Laver, Michael, and Shepsle, Kenneth. 1999. "Government Accountability in Parliamentary Democracy" in Stokes, Susan, Przeworski, Adam, and Manin, Bernard, eds. *Democracy, Accountability, and Representation*. Cambridge: Cambridge University Press, pp. 279 –96. See also Diermeier, Daniel, and Merlo, Antonio. 2000. "Government Turnover in Parliamentary Democracies", *Journal of Economic Theory*, 94: 46 –79.

35 가령 *Gazeta Wyborcza*, 9 October 1993, 11 July 2002; *Respekt*, 22 January 1996 참조.

36 *Gazeta Wyborcza*, 9 October 1993.

37 강고한 경쟁은 2004년 프리덤하우스의 민주주의 순위와는 -.51, 2000년 민주주의 순위와 시장 순위와는 각각 -.50, -.65의 상관관계가 있다(표 1.3의 공분산 행렬 참조).

38 강고한 경쟁의 필요조건인 공산당 퇴출은 첫 번째 선거에서 공산당이 승리한 불가리아를 제외한 모든 경우에 존재한다. 구성 요소를 더하고 값을 곱하면 "질문 수" 변수를 0에서 1로 정규화할 때와 마찬가지로 같은 순위가 산출된다. 이러한 지수를 형성하는 데 관련된 개념적 문제에 관해서는 특히 Munck, Gerardo, and Verkuilen, Jay. 2002. "Conceptualizing and Measuring Democracy: Evaluating Alternative Indices", Comparative *Political Studies*, 35, 1: 5 –34 참조.

39 마지막으로 주의할 점은 여기에 보고된 수치가 민주주의 초기 15년 동안의 평균값이라는 점이다. 그러나 본격적으로 논의하는 장들에서 알 수 있듯이, 경쟁의 강도는 시간에 따라 변화했으며, 이는 국가 자원 전용에 즉각적인 영향을 미쳤다. 따라서 슬로바키아는 1998년 이후로, 체코는 2002년 이후에 경쟁의 강도가 증대됐고, 헝가리는 1998년에서 2002년까지 그 강도가 감소했다.

40 이에 대한 검토는 Strøm, Kaare. 2000. "Delegation and Accountability in Parliamentary Democracies", *European Journal of Political Research*, 37: 261 –289를 참조할 것.

41 가령 폴란드에서는 정부 및 행정 효율성과 관련된 정당 문제가 모든 정당의 강령 전체에서 3.1퍼센트를 차지했다. Bukowska, Xymena, and Cześnik, Mikołaj. 2002. "선거 강령 내용 분석Analiza treści programów wyborczych" in Markowski, Radoław. ed. *System Partyjny i Zachowania Wyborcze*. Warsaw: ISP PAN 참조.

42 Fish, M. Steven. 1998. "The Determinants of Economic Reform in the Postcommunist World", *East European Politics and Societies*, 12: 31 –78; Bunce, Valerie. 1999. "The Political Economy of Postsocial-

ism", *Slavic Review*, 58, 4: 756-793.

43 비교적 짧은 기간일지라도 강고한 야당의 부재는 해로운 영향을 미칠 수 있다. 1982년부터 1996년까지 집권한 에스파냐의 펠리페 곤살레스Felipe González(1942~)가 이끄는 사회당과 1979년부터 1997년까지 8년간 집권한 영국의 보수당은 모두 국가 자원을 전용했다는 비난을 받았다.

44 Schumpeter 1948; Downs, Anthony. 1957. *An Economic Theory of Democracy*. New York, Harper and Row; Aldrich, John. 1995. *Why Parties?*Chicago: University of Chicago Press.

45 Albats, Yevgenia. 2003. *The State Within a State: The KGB and Its Hold on Russia*. Ph.D. Dissertation, Harvard University.

46 물론 무소불위의 공산주의 통치자가 국가 자원 대부분을 사실상 소유하고, 그 분배에 관한 재량권을 가졌던 공산주의 정권과는 차이가 있다. 대조적으로 새로운 민주주의 정당은 민영화 과정에 대한 통제권이나 새로운 국가 기관의 설립 등 국가 자원에 접근하고, 엘리트 및 선거 지지자의 새로운 네트워크에 접근하고자 분투한다. Ganev, Venelin. 2000. "Postcommunism as a Historical Episode of State Building, or Explaining the Weakness of the Postcommunist State", Paper presented at the Twelfth International Conference of Europeanists, Chicago; 28 - 30 March. McFaul 1995.

47 "민족-포용적" 공산주의 정권은 사회에 호응하고 야당과 협상하려는 의지가 강했으며, 종종 소비재로 사회를 매수하고 자율적 관료제를 수립하지 않는 것이 특징이다. Kitschelt, Herbert, Mansfeldová, Zdenka, Markowski, Radoslaw, and Toka, Gábor. 1999. *Post-Communist Party Systems*. Cambridge: Cambridge University Press.

48 이에 해당하는 고전적 연구로는 Tilly, Charles. 1990. *Coercion, Capital, and European States*. Cambridge: Blackwell; Spruyt, Hendrik. 1992. *The Sovereign State and Its Competitors*. Princeton: Princeton University Press; Levi, Margaret. 1988. *Of Rule and Revenue*. Berkeley: University of California Press; North, Douglass, and Weingast, Barry. 1989. "Constitutions and Commitment: The Evolution of Institutional Governing Public Choice in Seventeenth-Century England", *Journal of Economic History*, 4 December: 803 - 832가 있다.

49 예외로서 주목할 만한 혁명적 에피소드들도 있다.

50 Grzymała-Busse and Luong 2002를 참조할 것.

51 Krasner, Stephen. 1984. "Approaches to the State: Alternative Conceptions and Historical Dynamics", *Comparative Politics*, 16, 2 January: 223 - 246; Evans, Peter, Rueschemeyer, Dietrich, and Skocpol, Theda, eds. 1985. *Bringing the State Back In*. Cambridge: Cambridge University Press.

52 불가리아만 아직 EU에 가입하지 않았다.

53 러시아와 우크라이나 같은 대통령제 국가에서는 대통령과 올리가르히 정치인이 사적 이익을 위해 공공재를 빼돌린다. 알바니아·크로아티아·마케도니아·몰도바·세르비아는 국가 수립 과정이 민주적이지 않았다.

54 Montinola, Gabriella, and Jackman, Robert. 2002. "Source of Corruption: A Cross-Country Study", *British Journal of Political Science*, 32, 1 January: 147 - 70, p. 149. 국가별 회귀분석 결과, 체코와 슬로바키아는 국내총생산GDP이 예측보다 훨씬 더 심각한 상황에 있는 것으로 나타났다. Gros, Daniel, and Suhcrke, Marc. 2000. August. "Ten Years After: What Is Special About Transition Countries?" EBRD Working Paper No. 56.

55 모두 의원내각제이며 대부분 비례대표제를 채택하고 있고, 리투아니아와 헝가리는 소선거구제와 비례대표제를 혼합한 제도를 택했다. 논쟁은 대통령의 권력, 정당 지도자, 감시 비용, 선거구 규모를 매개 변수 삼아 지대 추구를 자극하는 비례대표제와 소선거구제의 성향에 주목한다. unicová, Jana, and Rose-Ackerman, Susan. 2005. "Electoral Rules and Constitutional Structures as Constraints on Corruption", *British Journal of Political Sciences*, 35: 573 - 606; Lijphart, Arendt. 1999. *Patterns of Democracy: Government Forms and Performance in Thirty Six Countries*. New Haven: Yale University Press; Myerson, Roger. 1993. "Effectiveness of Electoral Systems for Reducing Government Corruption", *Games and Economic Behavior*, 5: 118 - 132. Persson, Torsten, and Tabellini, Guido. 1999. "The Size and Scope of Government: Comparative Politics with Rational Politicians", *European Economic Review*, 43: 699 - 735; Persson, Torsten, Tabellini, Guido, and Trebbi, Francesco. 2001. "Electoral Rules and Corruption",

National Bureau of Economic Research NBER Working Paper No. 8154 참조.

56 가령 Meyer-Sahling, Jan-Hinrik. 2006. "The Rise of the Partisan State? Parties, Patronage, and the Ministerial Bureaucracy in Hungary", Journal of Communist Studies and Transition Politics, 22, 3 September: 274 – 297 참조. Meyer-Sahling은 헝가리에서도 국가 자원이 전용되었다고 주장하지만, 대부분의 탈공산주의 민주주의 국가보다는 훨씬 덜 전용되었기 때문에, 이는 사실이면서도 불완전한 결론이다.

57 Collier, David, and Levitsky, Steven. 1997. "Research Note: Democracy with Adjectives: Conceptual Innovation in Comparative Research", World Politics, 49, 3: 430 – 451.

58 이러한 비공식 관행에는 정당 비밀 자금 조달, 국가 행정부의 비공식 직원 배치, 정당 네트워크 활용 등이 있다. Hellman, Joel, Jones, Geraint, and Kaufmann, Daniel. 2000. "Seize the State, Seize the Day", Paper presented at the World Bank Annual Conference on Development Economics, 18 – 20 April 2000; Geddes, Barbara, and Neto, Artur Ribeiro. 1992. "Institutional Sources of Corruption in Brazil", Third World Quarterly, 4: 641 – 642. Della Porta, Donatella, and Vannucci, Alberto. 1997. "The 'Perverse Effects' of Political Corruption", Political Studies, 45, 3: 516 – 538 참조.

59 물론 국제 행위자들과 국내 경제 엘리트들도 국가 자원을 전용할 수 있지만, 국가 건설에 미치는 영향력은 훨씬 적다. 또한 여기서는 정당의 생존 전략과 국가가 정당의 장기적 생존에 필요한 자원을 어떻게 제공하는지에 주목한다.

60 Winiecki, Jan. 1996. "Impediments to Institutional Change in the Former Soviet System" in Lee Alston et al., eds. Empirical Studies in Institutional Change. Cambridge: Cambridge University Press; Olson, Mancur. 1993. "Dictatorship, Democracy and Development", American Political Science Review, 87 (3 September): 567 – 576.

61 따라서 이것은 국가 자원 전용에 관한 직접적인 지표가 아니라 국가 자원 전용 통제에 관한 척도다.

62 따라서 국가의 "전제적" 권력이 아니라 국가의 "기반 시설" 역량에 주목한다. Mann, Michael. 1988. States, War, and Capitalism. Oxford: Basil Blackwell; idem. 1986. "The Autonomous Power of the State" in John Hall, ed. States in History. Oxford: Basil Blackwell.

63 Levi 1988; Levi, Margaret. 1997. Consent, Dissent, and Patriotism. Cambridge: Cambridge University Press.

64 Rose-Ackerman 1978; Montinola and Jackman 2002; Della Porta, Donatella. 2000. "Political Parties and Corruption: 17 Hypotheses on the Interactions Between Parties and Corruption", European University Institute EUI Working Paper No. 2000/60; Della Porta, Donatella, and Meny, Yves, eds. 1997. Democracy and Corruption in Europe. London: Pinter; Heidenheimer, Arnold J., Johnston, Michael, and Levine, Victor, eds. 1989. Political Corruption. New Brunswick: Transaction; Scott, James. 1972. Comparative Political Corruption. Englewood Cliffs: Prentice Hall; Waterbury, John. 1973, July. "Endemic and Planned Corruption in a Monarchical Regime", World Politics, 25, 4 July: 533 – 555; Miller, William, Grødeland, Ase, and Koshechkina, Tatyana. 2001. A Culture of Corruption? Coping with Government in Post-Communist Europe. Budapest: CEU Press; Treisman, Daniel. 2000. "The Causes of Corruption: A Cross-National Study", Journal of Public Economics, 76: 399 – 457.

65 국가 포획은 기업이 이권을 얻기 위해 공무원에게 뇌물을 주는 것을 의미한다. 헬먼Joel S. Hellman 등이 공동으로 작성한 2000년 보고서에서는 영향력(기업이 뇌물 없이도 법률 형성에 영향을 미치는 것)과 행정 부패(공무원이 기업을 규제하여 자신들의 이권을 챙기는 것)도 조사했다.

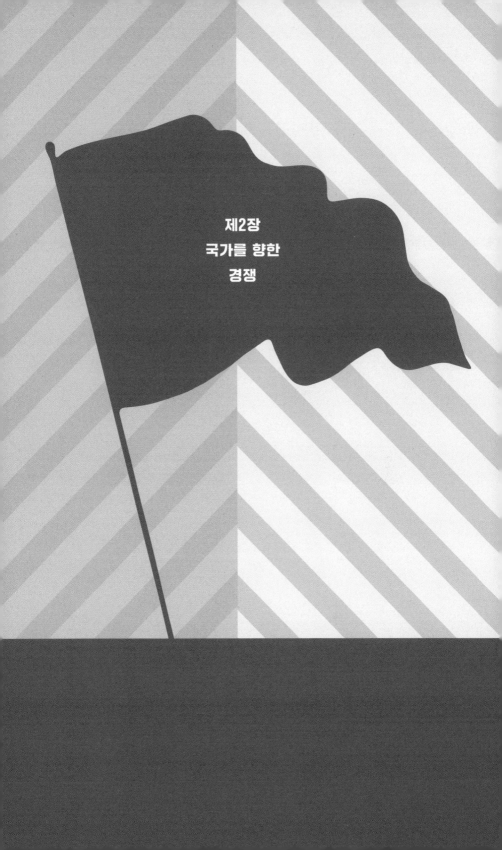

제2장
국가를 향한
경쟁

내가 먼저 승리하고자 하는 침착성이 없는 풍조,

그것을 어떻게 해서도 막을 수 없다는 것이 민주국 공통의 폐해이다.

나카에 조민中光 兆民, 『**삼취인경륜문답** 三醉人経綸問答』

탈공산주의 국가에서 정당들은 어째서 국가 자원을 전용하고자 했는
가? 그리고 그 후속 단계에서 편차가 드러나는 이유는 무엇인가? 첫
번째 질문에 답하기 위해 이 장에서는, 민주주의에의 헌신과 조직 차원
의 자원이 어떻게 정당으로 하여금 국가 기구를 이용해 특정 생존 전
략을 채택하게 했는지 분석한다. 이 둘은 상황에 따라 어떤 정당은 국
가 자원을 유용할 방법으로 후견을 선택하고, 또 어떤 정당은 국가를
먹이로 삼거나, 국가 행정부와 정당 조직을 당-국가 체제로 융합해 국
가를 통제하는 요인이 됐다.

　이 장에서는 전용에서 편차가 나타나는 이유를 설명하기 위해 정
치 경쟁의 개념을 의석수나 정권 교체가 아니라, 의회 **행동**으로 분석하
고 재개념화해 살펴본다. 경쟁이 지대 추구에 미치는 영향은 논란의 여
지가 있다. 한편으로 치열한 경쟁은 각 정당이 미래의 성공을 보장하기
위해 자원을 확보하려는 유인을 형성한다.[1] 따라서 경쟁이 치열할수록
우리는 더 많은 전용이 관찰될 것이라 예상할 수 있다. 다른 한편으로

경제학과 정치학의 오랜 전통은 경쟁이 기회주의와 초과 이윤 또는 사적 이익의 추구를 저해한다고 주장한다.[2] 몇몇 분석에서는 경쟁에 따른 제삼자 이익이 심지어 경쟁을 정당화하는 주요 근거가 되기도 한다. 따라서 우리는 정당 간 경쟁이 정당의 기회주의적 행태를 제한할 것으로 예상할 수 있다. 이 논쟁은 두 가지 질문을 던진다. 어떤 **종류**의 정당 간 경쟁이 국가 자원의 전용을 억제할 수 있는가? 그리고 **어떻게** 그렇게 할 수 있을까, 다시 말해 경쟁이 지대 추구를 감소시키는 기제는 무엇인가?

이 장에서는 우선 정당이 어떤 생존 전략을 결정하는지 살펴본 다음, 탈공산주의 국가에서 정당들이 왜, 그리고 어떻게 전용이란 전략을 선택했는지 분석한다. 탈공산주의 국가에서 정당들은 민주주의에 대한 헌신과 조직 차원의 자원으로 인해 전용 이외의 다른 전략은 배제했다. 전용 이후의 편차를 설명하려는 여러 시도가 있었으나, 관찰된 차이를 적절하게 설명하지는 못했다. 마찬가지로 정당 간 경쟁에 대한 종래의 지표는 국가 자원 전용과의 상관관계나 인과관계를 보여주지 못한다. 반면 정당 행동을 통해 분석한 강고한 경쟁은 전용 수준에 따라 변동하며, 양자 사이의 뚜렷한 인과관계를 보여준다. 이 장은 탈공산주의 민주주의 국가에서의 경쟁 구성을 살펴보는 것으로 마무리한다.

정당의 생존 전략

집권당이 물질적 자산을 추구하는 경우 국가 기구는 여지없이 그들의 표적이 된다. 기업과 부유한 기업가, 당원과 지지자, 사회주의 인터내

셔널과 같은 국제 정당 조직을 비롯한 국제 행위자, 노동조합, 교회 또는 기타 비정부단체와 같은 시민사회 대표 등 국가 기구 이외에도 (물적 자산의-옮긴이) 원천은 다양하다. 그러나 비국가적 지원에 의존하는 정당 또한, 자신들을 지지하는 유권자에게 유리하도록 국가 자원을 재분배하는 등의 혜택을 국가로부터 취하는 경향을 보인다. 따라서 비록 이 장에서는 국가 자원을 유용하는 **직접적** 형태만을 다루지만, 국가란 모든 정당의 간접적인 목표물이자 그들의 지원자이다. 그리고 탈공산주의 국가에서 정당들이 가장 수익성 높고 쉽게 구할 수 있는 물질적 자원의 원천 역시 국가였다.

동시에 국가 기구를 통한 생존 전략도 상당히 다양하다. 정당의 전략적 선택은 기본적으로 민주적 경쟁 규칙에 대한 정당의 헌신 정도와 정당이 활용할 수 있는 지역 조직 자원이라는 두 가지 힘으로 결정된다. **민주주의에의 헌신**Democratic commitment이란 정당이 야당의 생존권을 존중하고, 민주적 선거에 참여하며, 그 결과를 준수하고, 정부에서 자신의 역할을 이용해 반대파를 제거하지 않는 등 민주주의 게임 규칙을 구성하고 영속화하려는 의지라고 정의할 수 있다. 이는 각 정당이 선거에서 승리하여 선거판을 장악하고 싶어 하지 않는다는 의미가 아니라, 선거에서 승리하려고 게임의 규칙까지 바꾸려 하지는 않는다는 의미다. 탈공산주의 이후 형성된 조건에서는 이러한 민주주의에의 헌신이 반드시 투명한 거버넌스에 비슷한 수준으로 헌신하는 것으로 이어지지 않았다.

지역 조직의 자원은 당원이나 강력히 제도화된 수직적 계층 구조 또는 지역 정당 조직, 활동가, 소속 정당 브로커의 집중화, 그리고 이들이 유권자를 직접 동원하거나, 국가를 완전히 장악할 가능성을 제공하는 지역 정당의 입지로 구성되지 않는다. 당원 자체는 그들이 지휘하는 조직 네트워크를 통해 개별 유권자에게 다가갈 수 있는 정당의 능력보다 덜 중요하다.

민주주의에의 헌신과 조직 자원의 원천은 다양하다. 민주적 경쟁을 없앰으로써 신생 정당이 존재할 수 없는 체제로 후퇴할 수 있다는 두려움은, 탈공산주의 국가의 정당들이 민주주의에 헌신하는 주요 동기였다. 공산당의 지속적인 활동, 과거 공산주의 엘리트 네트워크의 경제력, 그리고 때때로 공산당이 소비에트(그리고 오늘날 러시아) 인근 국가에 미치는 영향력이 재확인되면서 권위주의 통치로 회귀할 가능성이 커 보였다. 탈공산주의 민주주의 국가가 아닌 환경에서는 민주적 경쟁의 기존 선통이나 국가를 민주적 경쟁과 동일시하는 관념 등이 민주주의에 헌신하는 원천이 될 수 있다.

마찬가지로 조직 자원을 어떻게 동원할지 결정하는 요인은 정당의 이념—가령 공산당과 사민당은 전통적으로 현지에서의 폭넓은 입지 강조—부터 가용할 수 있는 선거운동 기술—예컨대 19세기 대중정당은 선거를 위해 많은 유권자 동원 시도—에 이르기까지 다양하다. 탈공산주의 국가라는 조건에서 정당들은 자신들에게 주어진 환경, 즉 여러 정당의 급격한 부상과 정당들이 직면한 선거와 의회라는 엄청난 도전 때문에 광범위한 조직 투자를 이루지 못했다. 이어지는 전국 단위 미디어 캠페인의 지배적 영향력으로 정당들은 대중조직을 통한 충성스러운 유권자 포섭보다 자금 확보에 훨씬 더 매력을 느꼈다. 게다가 대중조직을 조직하는 데는 시간이 걸렸다. 당시 대다수 정당은 창당 후 몇 달 안에 첫 번째 자유선거를 치러야 하는 상황에 놓여 있었다.

민주주의에의 헌신과 조직 자원만이 정당 전략에 영향을 미치는

표 2.1 국가로부터 자원을 유용하는 정당 전략

	민주주의에의 헌신 높음	민주주의에의 헌신 낮음
조직 자원 많음	후견	정당과 국가의 융합
조직 자원 적음	기회주의적 재건-전용	약탈

것은 아니다. 가령 경제 현대화, 국가 소유의 정도와 유형, 민족적 이질성이라는 양상이 후견의 **수위**에 영향을 미치는 것으로 드러났다.[3] 이념, 사회적 불평등, 정당 전통 등과 같은 강력한 힘도 정당의 세부적인 선거 및 의회 전략에 영향을 미칠 수 있다. 기존 국가 구조와 다양한 국제 상황에 따른 조건도 정당에 다양한 기회를 제공한다.

그러나 민주주의에의 헌신과 조직 자원은 기본적으로 정당이 무엇을 **하고 싶고**, 무엇을 **할 수 있는지**를 각각 규정한다. 이들은 다양한 경제적·정치적 상황에서 정당이 어떠한 자원 유용 전략을 선택할지를 제약하는 요인이 된다. 표 2.1은 이들의 영향을 요약한 것이다. 정당이 민주주의에 헌신하지 않는다면, 정당의 조직 자원은 국가를 직접 먹이로 삼을지, 아니면 정당과 국가의 광범위한 조직을 융합해 당-국가 체제로 만들지에 영향을 미친다. 민주주의에 헌신하는 정당의 경우 정당의 조직 자원은 정당이 후견을 추구할지, 또는 전용을 추구할지에 영향을 미친다.

이러한 모든 전략은 강령을 통한 호소 또는 기타 선거에서의 호소와 양립할 수 있다. 다시 말해 강령적·인격적 호소는 **유권자**를 대상으로 하는 전략이며, 이는 **국가**로부터 물질적 이익을 끌어내는 전략인 후견, 약탈, 정당과 국가의 융합 또는 전용과 함께 사용될 수 있다. 물론 정당-국가의 융합 및 약탈의 경우 이러한 양립성은 매우 짧게 지속될

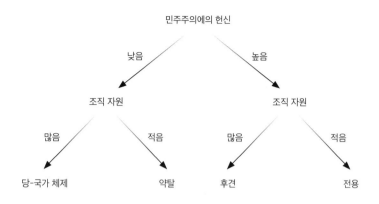

그림 2.1 민주주의에의 헌신과 조직 자원의 영향

민주주의에의 헌신

낮음 / 높음

조직 자원 / 조직 자원

많음 / 적음 / 많음 / 적음

당-국가 체제 / 약탈 / 후견 / 전용

수 있다. 후견에 대한 보상으로 재화를 제공하는 데 필요한 조직 투자와 강령 경쟁 사이에 상충관계가 있다고 상정하더라도,[4] 실제로는 이러한 전략이 공존하는 경우가 많다.[5] 정당은 협소재narrow goods*로 개별 유권자의 충성을 확보하면서 동시에 강령으로 경계선상의 유권자를 확보하려고 할 수 있다.[6] 아르헨티나의 정의당Partido Justicialista, PJ처럼 명시적으로 후견에 의존하는 정당도 강령적 호소를 유지하고 있다.[7]

그렇다면 민주주의에의 헌신과 지역 조직의 입지에 따라 정당의 생존 전략은 어떻게 달라지는가? 첫 번째이자 기본적인 결정 요인은 정치가 이뤄지는 게임 규칙인 민주주의에의 헌신 여부이다. 두 번째 요인은 환경이 민주적이든 비민주적이든, 정당이 이 게임을 수행할 장비로 광범위한 조직 네트워크를 구축해 인적 자원 중심의 동원을 추구하

• 배재성을 지닌 재화로, 특정 집단만 접근할 수 있는 재화를 지칭할 때 정치학에서 사용하는 용어인 듯하다.

는지 여부이다. 그림 2.1은 이러한 결정의 순서를 보여준다.

결과적으로 정당의 두 가지 생존 전략은 민주주의에의 헌신에 의존하지 않는다. 정당이 국가 행정부를 장악하거나, **정당과 국가를 당-국가 체제로 융합하는 것**은 공산당과 파시스트 정당이란 사례를 통해 이미 익숙한 전략이다. 이 전략은 정치 행위자 간의 다원주의나 경쟁을 배제하므로, 민주주의에의 헌신과 양립할 수 없다. 그러나 모든 국가 기관을 예속시켜 지배하고, 정당의 이익과 통제에 복종하도록 하기 위해서는 지역에서의 영향력을 광범위하게 다져야 한다. 정당과 국가의 융합을 추구하는 정당은 지방정부 층위부터 직장과 주거 단위 층위까지 도달할 수 있는 지역 조직과 활동가로 구성된 밀집된 네트워크를 개발한다. 이러한 정당 조직은 지침을 내리고 지방정부 기관을 감시하며, 모든 층위의 공무원을 지명하고, 개별 근로자에게 주택·교육·휴가·의료 등의 국가 복지 서비스를 제공(또는 제한)하면서 국가 행정 기관에 대한 정당의 우위를 확보했다.[8] 투르크메니스탄과 우즈베키스탄은 탈공산주의 세계에서 당-국가 체제를 보여주는 사례다.[9]

엘리트에 의한 **약탈**은 광범위한 정당 조직이나 민주주의에의 헌신에 좌우되지 않는다. 이것은 통치자의 이익을 위해 자원을 직접 유용하며, 지지자들에게 재화를 재분배하거나, 장기적으로 지속되는 정치 또는 경제 제도를 수립하지 않는다. 말하자면 1980년대와 1990년대 나이지리아나 1990년대 짐바브웨처럼 엘리트 집단이 일방적으로 자산을 유용하는 방식이다. 약탈적 엘리트가 현지 권력 브로커와 임시 동맹을 맺을 수는 있지만, 엘리트 전략으로서 현지에서의 폭넓은 입지에 의존하지는 않는다. 따라서 형식만 갖춘 아프리카의 정당 조직은 1인 운영 방식이며,[10] 때로는 유권자를 모집하기도, 때로는 협박하기도 하는 지역 지도자와 임시 연합을 하는 경우를 제외하면, 지역과 국가 간에는 어떠한 관계도 존재하지 않는다." 정당들은 존립을 위해 지역 차원에서는 지지자를 매수하기도 하지만, 국가 차원에서는 약탈을 통한 자원 유용에 의존한다. 약탈적 엘리트들이 정치를 독점해온 소수의 가문에 의지해 가산제 국가patrimonial state*로부터 특권을 획득한 필리핀이 이에 해당한다.[12] 민주주의에 헌신한다고 해서 약탈이 없는 것은 아니며, 오히려 집권과 실각이 되풀이될 수 있음을 예상하지 못하는 경우 정당과 다른 행위자들은 국가를 더 쉽게 먹잇감으로 삼을 수 있게 된다. 근시안적인 의원들은 임기가 끝나면 어떻든 간에 정계를 떠날 사람들이므로, 표를 대가로 주어지는 뇌물을 거절할 이유가 없다.[13]

그러나 초기 탈공산주의 민주주의 국가에서는, 신생 민주주의 징당이 자신들의 생존을 보장할 하나의 체제로서 민주적 다원주의에 헌신하면서, 동시에 정당과 국가를 융합하거나 약탈할 수는 없었다. 잠재적 경쟁자를 체계적으로 제거함으로써 확립되고 유지됐던 수십 년간의 권위주의 통치에서 막 등장한 신생 정당들에는, 자신들(의 이해관계, 즉 민주적 다원주의 원칙-옮긴이)을 쉽게 배신하고 새로운 단일 정당 헤게모니를 배태할 수 있는 전략을 추구할 유인이 없었다. 제2차 세계대전 이후 공산당이 정권을 장악하자 반체제 인사들이 기소당했듯이, 그런 체제하에서는 민주주의 정당인 그들 역시 기소당할 것이라 예상됐다. 최소한 그들이 축적해온 모든 이득을 새로운 권위주의 통치자들이 수탈할 것이었다. 따라서 탈공산주의 민주주의 국가에서 정당들은 다음

─────────

* 국가가 군주의 세습재산으로 여겨지는 정치체.

선거에서 정권을 잃을 것으로 예상되더라도, 단기적인 약탈보다는 장기적으로 정권을 유지할 수 있는 전략을 선호했다. 같은 이유로 그들은 국가로부터 자원을 취하는 것에 거리낌이 없었음에도 정당과 국가의 융합을 비난했다. 민주주의 국가만이 EU에 가입할 수 있다는 EU의 확고한 입장은 이러한 (민주주의에의-옮긴이) 헌신을 더욱 강화했다.

민주주의와 양립할 수 있는 정당 전략 중 **후견**은 특정 선거구 또는 개인에게 사적 재화를 제공하고, 그 대가로 선거에서 지지를 얻는 전략이다. 이는 현지에서의 폭넓은 입지에 의존하지만, 민주주의에의 헌신 및 다원주의 경쟁과 양립할 수 있다. 후견은 정당의 생존에 필요한 국가 자원을 확보하기 위한 전략 중 친숙하고 널리 퍼진 전략이다. 가령 라틴아메리카에서 선거에 성공한 모든 정당—심지어 더 이데올로기적인 정당도—은 기층에서 후견관계를 수립하는 방법을 잘 알고 있었다.[14] 정치적 생존 전략으로서 후견은 행정적 충성도와 대중적 지지라는 이중의 과제를 스스로 시행할 수 있는 해법을 제공한다.[15]

후견은 잘 발달된 정당 조직, 즉 관청에서 정당으로, 정당에서 선거구로 상품을 전달하고, 유권자를 감시하여 지지하겠다는 약속의 이행을 담보하는 기제로 기능할 조직 네트워크의 구축이 필요하다.[16] 이러한 지역 조직은 고전적인 계층적 대중정당 조직, 즉 지역 정당의 보스가 개인의 행동을 면밀히 감시하고 동원하는 데 매우 효과적인 집단 장치에 의존할 수 있다.[17] 이러한 대중정당의 후견은 두 주요 정당이 공공행정, 교육 체계, 그리고 방대한 국영산업 부문의 모든 층위에서 일자리와 계약을 말끔하게 나눈 오스트리아 비례대표제의 특징이었다.[18]

후견 거래는 또한 표를 동원하는 지역 활동가와 브로커의 훨씬 더 느슨하게 조직된 네트워크에 의존할 수 있다. 가령 아르헨티나의 페론주의자Peronista, 볼리비아 민족혁명운동Movimento Nacionalista Revolucionário, MNR, 멕시코 제도혁명당, 페루 아메리카인민혁명동맹Alianza Popular Revolucionaria Americana, APRA은 광범위하나 매우 유연한 조직과 안정적인 관료 구조, 비공식 활동가가 주도하는 지역 네트워크에 의존하는 대규모 조직망을 갖춘 포퓰리즘 정당으로, 특정 공약을 전달하는 역할을 했다.[19] 마찬가지로 제2차 세계대전 후 이탈리아 기독민주당은 당원 구조가 취약하여 일반 당원들이 정당 조직과 접촉하지 못했다. 대신 각 지구당에 배치된 5~6명의 정당 활동가가 주로 정당을 이끌었다. 이들 중 상당수는 급여를 받는 공직을 맡고 있었기에 정당을 위해 상근할 수 있었고, 따라서 정당의 상근 당직자 필요성이 크게 줄어들었다.[20] 마지막으로 일본 자민당의 후견 구조는 거대하고 헌신적인 당원이 아니라, 각종 지역 축제와 특별 행사에 기부금을 내는 지역 후보자 선거구 조직인 후원회에 의존했다.[21] 정치인마다 하나씩은 의무적으로 조직해야 했기 때문에 개별 선거구마다 5~6개의 자민당 조직이 서비스를 제공하고, 자민당 지지로 이어질 수 있는 사회적 네트워크(여성 클럽·커뮤니티 활동 등)를 형성했다.[22] 대중정당은 의회 밖에서 대중을 동원하며, 후견에 의존하지 않는다는 마틴 셰프터Martin Shefter(1943~2023)의 강력한 주장과는 반대로, 이러한 정당은 대규모 조직 덕분에 후견관계를 형성할 수 있는 세력으로 성공할 수 있는 유리한 위치에 있다.[23]

후견 전략은 민주적 경쟁과 민주주의에의 헌신 모두와 완전히 공존할 수 있다. 실제로 경쟁은 후견을 통한 교환을 강화하여 민족과 계급 동원을 강화하고, 정치인이 유권자를 끌어들이기 위해 상상할 수 있는 모든 전략을 사용하도록 유도한다.[24] 유권자들은 자신의 지지를 경매품 삼아 후견 네트워크를 조직하는 정치인들 간에 경쟁을 부추겨 높은 입찰가를 제시하게 만들기도 한다. 더 일반적으로 후견은 대중이 민주주의와 민주주의의 일상적 기능을 지지하도록 뒷받침한다. 가령 오스트리아가 비례대표제로 돌아선 것은 전후 새로운 민주주의 공약―1955년까지 연합군의 점령으로 시행―의 결과였다.[25] 양대 집권당인 오스트리아 사회민주당Sozialdemokratische Partei Österreichs, SPÖ과 오스트리아 인민당Österreichische Volkspartei, ÖVP 간의 후원금 분할 체제는 부분적으로 바이마르 시대의 반민주적 분열과 갈등을 피하고자 확립됐다. 마찬가지로 이탈리아에서도 후견을 통한 거래를 통해 새로운 민주주의 체제가 공고해졌다. 제2차 세계대전 직후 민주주의에 대한 대중의 지지는 기독민주당의 공약과 민주적 견고함 때문이 아니라, 정당이 사회에 제공한 구체적인 혜택에 기반한 것이었다.[26]

전후 여러 민주주의 국가에서 후견으로 정당이 집권에 성공한 것과 탈공산주의 국가에서 후견으로 정당의 정치적 미래를 보장하는 것은 무관했다. 첫째, 탈공산주의 민주주의 국가에서는 당원과 조직이 부족하고 이를 구성하기도 어려웠다.[27] 급속한 상황 전개, 선거 등록 최소 요건, 현대적인 선거운동 기법 등으로 인해 정당은 현지에서의 입지를 다지거나 대규모 당원을 확보하지 못했다.[28] 그림 2.2에서 볼 수 있듯이, 탈공산주의 국가에서 정당 조직률은 실제로 서유럽 정당에 비하면 매우 낮았다.[29] 정당 가입률은 3.0퍼센트 미만으로 서유럽 평균인 8.2퍼센트의 절반에도 미치지 못했으며, 오스트리아나 스웨덴 같은 국가의 정당 가입률의 10분의 1에 불과했다. 또 다른 예로 아르헨티나 정의당PJ의 촘촘한 조직망은 제곱킬로미터당 평균 1.8개의 기본 단위로 구성되어 있으며, 당원 수만 유권자의 18퍼센트에 달했다.[30] 반면 탈공산

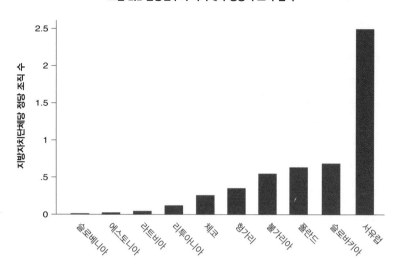

그림 2.2 탈공산주의 국가에서 정당의 조직 입지

세로축: 지방자치단체당 정당 조직 수

가로축: 슬로베니아, 에스토니아, 라트비아, 리투아니아, 체코, 헝가리, 불가리아, 폴란드, 슬로바키아, 서유럽

주의 민주주의 국가들에서 가장 밀집된 조직망을 보유한 체코의 보헤미아·모라비아공산당Komunistická strana Čech a Moravy(이하 KSČM)*의 조직망은 제곱킬로미터당 평균 0.09개 단위로 집계됐으며, 3퍼센트 미만의 유권자들로 구성됐다. 탈공산주의 민주주의 국가에서 제곱킬로미터당 정당 조직을 **모두** 합쳐도 여전히 아르헨티나 정의당보다 적다.[31]

따라서 탈공산주의 국가에서 정당들은 후견 전략을 위한 조직 자원을 개발하지 않았다. 탈공산주의 민주주의 국가에서 후견이 발생하지 않은 것은 선출직 공무원이 약해서도, 공공 부문 예산이 줄어서도, 엘리트들이 옛 공산당의 지위를 (전국 단위에서-옮긴이) 지방정부로 전환해서도 아니다.[32] 탈공산주의 국가에서 선출직 공무원은 강력한 정책

---

* 체코슬로바키아 공산당Komunistická strana Československa, KSČ의 후신.

입안자였으며, 공공 부문 예산―특히 강력한 공식 제도에 의해 제약받지 않는 경우―은 줄어들지 않았다(그림 4.2 참조). 엘리트들은 지방정부에 집중되어 있지 않고, 다양한 경제 및 정치 환경으로 분산됐다. 4장에서 살펴보겠지만, 정당 엘리트에게 일자리를 제공하는 것은 정당 조직을 조직하거나, 유권자에게 보상을 제공하기보다는 국가에 대한 정당의 통제력을 증대하기 위한 전략이었다. 탈공산주의 국가에서 정당이 후견 네트워크를 개발하고 싶어도―그리고 불안정한 선거 및 물질적 지위를 고려할 때, 그렇게 할 유인이 분명히 있었다고 해도―그렇게 할 시간도 인력도 없었다.

요컨대 탈공산주의 국가에서 정당들은 민주주의에 헌신하면서 약탈 및 정당과 국가의 융합을 막았고, 부족한 조직 자원 때문에 후견을 추구할 수 없었다. 대신 탈공산주의 국가에서 정당들은 국가 재건 과정에서 국가 자원을 전용하는 쪽으로 방향을 전환했고, 민주주의·자유시장·더 많은 자원을 유용할 국가 기관을 구성하면서 국가 자원을 유용했다.

전용 선택하기?

민주주의에의 헌신과 부족한 조직 때문에 탈공산주의 국가에서 정당은 국가를 통한 전용을 다른 생존 전략보다 더 쉽게 따를 수 있었다. 공산주의 국가의 결점, 정당의 막대한 정책 결정 재량권, 외부 감시나 감독의 부재 모두 전용을 더욱 수익성 있게 만들었다. 탈공산주의 국가에서 정당들은 시장·국가·민주주의 제도를 재건하고, 더 많은 이득을 보장하는 재량권과 허점을 형성했다.

　국가 재건은 왜, 그리고 어떻게 국가 자원 전용으로 이어졌을까? 과거 공산당과 그 반대파에서 생겨난 새로운 민주주의 정당들은 공산권 해체 이후 살아남기 위해 발버둥 쳤다. 공산권 해체 이후 몇 달 안에 선거가 치러졌기 때문에, 신생 정당들은 창당 직후 의회에 진출하는 데 필요한 물질적 지원과 선거에서의 지지를 얻기 위해 입지를 다져야 했다. 정당들은 자원이 필요했고, 이를 신속하게 확보해야 했다. 공산권 해체 이후 몇 달 만에 치러진 탈공산주의 국가에서의 선거는 대부분 비용이 많이 드는 전국 단위 미디어 캠페인으로 치러졌다. 의회에 진출한 정당들도 미래는 여전히 불확실했다. 정치 집단은 계속해서 균열과 분열을 거듭했다. 체코슬로바키아 연방의회는 2년 만에 정당의 수가 6개에서 20개로 늘어났다.[33] 1991년 폴란드에서 처음으로 자유선거로 선출된 의회에는 30개에 가까운 정당이 진출했으나, 그중 11개 정당은 단 1석만 차지했다. 헝가리의 경우 공산당 후신인 헝가리 사회주의당Magyar Szocialista Párt(이하 MSzP), 재야 세력의 후신인 헝가리 민주포럼Magyar Demokrata Fórum(이하 MDF), 독립소농·경작자시민당Független Kisgazda-, Földmunkás- és Polgári Párt(이하 FKgP)도 분열을 겪었다.

　조직은 취약했을 뿐만 아니라 선거를 전문으로 하는 형식뿐인 정당이었다. (이러한 정당 조직은-옮긴이) 의회를 중심으로 엘리트 집단과 그 참모들로 구성됐으며, 지역 조직이나 홍보활동은 없었다.[34] 당원은 수가 적었을 뿐만 아니라 1989년 이후 전반적인 경기 침체와 실질 소득 감소로 인해 가난했다. 마찬가지로 초기에는 신생 기업가들의 지원도 미미했다. 정당 인지도는 여전히 낮았다. 조사 대상의 3분의 1이 어떤 정당을 지지하는지 답하지 못했으며,[35] 80퍼센트 이상의 국회의원이 유권자와의 소통이 부족하다고 느꼈다.[36] 유권자의 충성도 또한 높지 않았다. 선거 변동성은 평균 18.3퍼센트였으며 1989년 이후 첫 몇 년 동안은 이보다 훨씬 높았다.[37] 1990년대 서유럽의 평균 투표율이 80퍼센트를 넘었던 것[38]에 비해 1990년부터 2003년까지 이 지역의 평균 투표율은 68퍼센트에 그쳤다.[39]

불안정하여 지원이 부족하고, 조직은 설립되지 않았으며, 비즈니스 관계도 존재하지 않는 상황에서 국가 자원은 가장 안전한 정당 지원의 원천이었다.[40] 일부 학자들은 강력한 조직을 가진 정당은 생존을 위해 공직에서 획득할 수 있는 사적 이익에 의존할 필요가 없으므로, 국가 자원을 전용할 가능성이 적다고 주장한다.[41] 그러나 광범위한 자원 기반, 안정적인 유권자 지지, 탄탄한 조직을 갖춘 정당은 1989년까지 정권을 장악했던 공산당—재건되지 않은—뿐이었으며, 이들은 국가 자원 전용의 전형을 보여줬다. 앞으로 살펴보겠지만, 전용이 오히려 정당 조직을 강화하는 사례도 있다.

그렇다면 탈공산주의 국가에서 정당은 어떻게 국가 자원 전용을 추구했을까? 기존 법과 제도의 허점을 메우고, 시장과 민주주의라는 새로운 제도를 확립하는 국가 제도 재건 과정에서 집권당은 몇 가지 전술을 통해 즉각적으로 이익을 유용流用하고, 국가 자원에 재량적으로 접근함으로써 장기적으로 이득을 얻을 수 있었다. 이러한 움직임에는 새로운 제도 수립, 공산주의 시대의 재량권 유지, 민영화와 같은 특정 개혁 시행, 종래 비공식적 정보원과의 동맹에 의지하는 것 등이 있었다.

첫째, 집권당은 시장과 정치 모두에서 자유경쟁의 핵심 설계자였다. 정책에 대한 요구는 너무나 방대했고, 국가 자체가 취약했기 때문에 1989년 이후 입법과 관련된 행정 업무의 대부분을 원내 정당이 맡았다. 내각과 국가의 역량 부족에 따른 행정 공백을 메우기 위해 의회 기능이 증대됐다.[42] 초안을 작성해야 할 법안의 양이 방대해지고, 권한 과 기능을 둘러싼 논쟁이 해결되지 않자, 정당이 정책의 결정과 집행을 지배하게 됐다. 또한 원내 정당은 관료, 구체제(공산주의-옮긴이) 경제 또 는 안보 기구의 엘리트나 다른 정치 행위자들이 할 수 없었던 방식으 로 국가 조직을 형성하고, 국가 자원에 대한 지속적인 접근을 구축할 특별한 기회를 얻었다. 이들은 국가의 공식적 조직을 지체 혹은 무력화 하거나 정치화하여 자신들에게 유리한 허점을 만들거나, 또는 강고한 경쟁으로 제약을 받는다면 조기에 강력한 공식 감시·감독 기관을 수 립하기도 했다.

둘째, 정당은 공산주의 유산이 남긴 결함을 이용했다. 공산주의 국 가에는 공무원이 없었다. 관료들은 정치적 중립성을 보장하고, 공무원 을 정치적 보복으로부터 보호해줄 공무원법이 아닌 일반 노동법의 적 용을 받았다. 각 부처는 자체적으로 행정직을 채용했으며, 1989년 이 후에도 공무원법이 도입되지 않는 한 여전히 그러했다. 또한 부문별 부 처의 다중성과 국가 계획경제 운영에 필요한 연성예산제약soft budget constraint* 때문에 예산 및 분배 편성에 상당한 재량권이 존재했다. 마지 막으로 독립적인 법원이나 규제 위원회 같은 공적 책임 구조가 존재하 지 않았다. 국가 구조는 공산당이 국영기업과 국가 기관을 통해, 또는 비공식적인 규칙과 당원들을 통해 운영했다.[43] 따라서 정당은 재량에 따른 채용 관행을 유지할 수 있었고, 다양한 비정규예산 기금과 기구를

---

* 세출결산이 세입예산을 초과하는 현상. 사회주의 경제 체제에서 기업 적자를 정부 부조로 메우는 관행 에 따른 현상.

규제하지 못했다. 그 결과 일자리, 공공사업 입찰 및 계약 또는 민영화 사업 등 국가 자원에 재량적으로 접근하고 분배할 수 있는 권한이 유지됨으로써 권력의 이점을 독점할 기회가 상당히 존재하게 됐다.

셋째, 특정 정책 기획은 국가 자원 전용의 기회를 의미했다. 집권당은 재량에 따라 해오던 공산주의 정권의 관행을 대부분 이어갈 수 있었다. 가령 공산주의 정권은 국가 자산, 자원 재분배 및 투자를 관리하고자 수많은 준독립 기관과 기금을 설립했다. 이들은 공산권 해체 이후에도 계속 생겨났지만, 관리가 제대로 이뤄지지 않았고, 진취적인 정치 행위자들이 쉽게 장악할 수 있었다. 3장에서 살펴보겠지만, 이러한 기획은 특정 부문에 대한 정당의 통제권을 확보하고, 해당 기획에 대한 추가 자금 지원을 정당화하고자 수립·확대됐다. 마찬가지로 종래 노동법이 그대로 적용되어 고용과 해고에 관한 막대한 재량권을 정당에 부여하고 있었기 때문에, 야당 외에는 공무원법을 제정하라는 압력을 가하지 않았다.

탈공산주의 국가는 감시·감독 기관이 부재했고, 공산주의 법률 제도와 시장 상황이 적합하지 않았으며, 국가 형성 초기에 계약 및 재산에 관한 권리가 취약했기 때문에 탈공산주의 국가에서 민영화와 민주화란 곧 이러한 자원을 배분하는 과정에 엄청난 재량권이 형성될 수 있음을 의미했다. 국영기업과 정당 자산이 민영화되면서 국회의원들은 국가 자원을 사적으로 활용할 수 있는 전례 없는 기회를 얻었다.[44] 이제 막대한 국유자산의 재구성·민영화·매각이 이뤄지고, 그 이익은 국가와 정치체를 재건하는 데 재투입됐다. 이 과정을 담당하는 정치 행위자들은 자신의 경제적 입지가 약화하더라도 국가가 경제에서 과도한 역할을 하는 것을 근절해야 했다. 구체적인 민영화 전략은 또한 정당에 뚜렷한 기회를 의미했다. 민영화 과정이 느리고 규제가 덜할수록 국가 자원을 전용할 기회는 더 커진다.[45]

마지막으로 정당은 공식 조직의 단점에서 이득을 취하면서 동시에 비공식 네트워크 및 동맹을 활용할 수 있었다.[46] 1987~1990년 공기업 기관장들이 자발적으로 민영화를 추진한 사례에서 볼 수 있듯이, 비공식 네트워크와 동맹은 국가로부터 자원을 확보할 정보와 접근권을 제공했다.[47] 이러한 비공식적인 정보원은 많은 경우 공식적인 정보원보다 더 신뢰할 수 있었다. 탈공산화 10년 후 탈공산주의 국가의 관리들은 어떤 국가 기관도 국가 재정을 완전히 파악하고 있지 못하다는 점을 인정했다.[48] 공공재산과 사적 이익 사이의 경계가 모호한 것은 당연했다.

다양한 설명

모든 탈공산주의 민주주의 국가에서 정당은 앞서 말한 방식으로 국가 자원을 전용할 수 있었지만, 국가 자원 전용에는 상당한 편차가 존재했다. 이러한 차이를 해명하고자 몇 가지 설명이 등장했다. 첫 번째는 새로운 국가가 기능하는 데 필요한 요건과 새로운 시장과 민주주의를 수립해야 한다는 과제로 인해 국가 기구가 증대하고, 국가 자원 전용이 발생한다는 주장이다.[49] 자본주의와 새로운 시장에 대한 규제가 제대로 시행되기 위해서는 광범위한 공공행정이 필요하다.[50] 이러한 새로운 책임과 함께 국가 기구는 증대된다. 바그너 법칙Wagner's Law*에 따르면, 국가의 규모는 경제 규모에 따라 커진다.[51] 공공재에 대한 사회적 수요의 증가, 공공정책의 복잡성, 규제자본**의 필요성 등은 국가 기구의 규모를 증대시키고, 국가 기구를 정치의 통제하에 놓이게 한다. 관료제가 증대됨에 따라 국가 기구를 정당의 동맹으로 충원하고, 점점 더 불투명해지는 국가 구조로부터 자원을 유용할 기회도 늘어난다.

그러나 탈공산주의 국가에서는 이러한 (바그너 법칙과 같은-옮긴이) 뚜렷하고 선형적인 관계가 나타나지 않는다. 오히려 정당들은 시장에 대한 규제가 **가장 적거나**, 국가 권력이 가장 많이 이양된 곳에서 자원을 가장 많이 유용했다. 헝가리와 슬로베니아에서처럼, 시장과 규제의 증대는 오히려 낮은 국가 기구 증대율 및 국가 자원 전용률과 상관관계에 있다. 여기에서 중요한 것은 국가 자원 전용을 국가 기구의 증대 자체와 구분하는 것이다. 앞으로 살펴보겠지만, 재량적이지 않고 능력주의에 따른 국가 행정직 채용에 관한 규정을 공무원법으로 명시하지 않거나, 관료의 자율성을 보장하지 않는 탈공산주의 국가에서는 행정부의 증대와 국가 자원 전용 사이에 상관관계가 존재한다. 다만 국가 행정부의 증대와 국가 자원 전용은 논리적으로 상호 전제하지 않으므로, 모든 경우에 상관관계가 성립한다고 할 수는 없다.

신생 국가에서는 국가 기능의 수행과 관련해 또 다른 필요가 존재할 수 있다. 가령 체코와 슬로바키아의 국가 자원 전용은 1993년 체코슬로바키아가 두 개의 공화국으로 분리된 후 별도의 국가를 건설해야 했기 때문일 수 있다. 많은 체코슬로바키아의 국가 기구가 사실상 체코의 국가 기구가 됐기 때문에 슬로바키아는 국가 기구를 늘려 행정 공

-     경제가 성장함에 따라 국민총생산GNP에서 공공지출의 비중이 높아지는 경향을 나타내는 용어.
- ••   해당 규제를 충족하기 위하여 확보해야 하는 자본.

백을 메워야 했다. 반면 체코는 과거 체코슬로바키아로부터 온전한 국가 기능과 정치적 노하우를 물려받았다.[52] 마찬가지로 발트 3국과 발칸 국가들'에서도 독립 후 공식적인 제도가 부재하거나 수립이 지체되고, 국가 행정이 상당히 증대되는 유사한 결함을 발견할 수 있을 것이다.

그러나 독립 전후의 슬로바키아에서는 국가 기구의 증대 **비율**에 변화가 없었다. 같은 논리대로라면 체코슬로바키아의 행정 구조를 그대로 물려받은 체코공화국의 국가 기구 증대 비율은 다른 신생 국가들보다 낮아야 했다. 1000만 명의 시민으로 구성된 공화국(체코공화국-옮긴이)이 1500만 명을 위해 설계된 (체코슬로바키아의-옮긴이) 국가 기구를 물려받았기 때문이다. 그러나 체코의 국가 기구 증대 비율은 여타 신생 국가들보다 슬로바키아에 훨씬 가까웠다. 더 중요한 사실은 에스토니아나 슬로베니아 등 다른 신생 독립 국가들에서는 국가 기구가 증대되지 않았다는 것이다. 따라서 (국가 기구에 관한-옮긴이) 이러한 요구나 (국가 기구의-옮긴이) 공백이 탈공산주의 국가 재건 과정에 추가 과제를 부여하는 것은 분명하지만, 국가 기구 증대나 국가 자원 전용의 직접적인 원인이라고 할 수는 없다.

국가 자원 전용의 두 번째 구조적 힘은 **광범위한 공산주의 정권의 유산**에 있을 수 있다. 공산주의하에서 국가의 (효율성은 아니더라도) 행정 직과 기능은 증대했다.[53] 그 결과 공산주의 몰락 후에도 이전과 같은 관료들이 행정기관을 계속 운영하(했)고, 이전과 같은 기본 절차에 따라

• 이 책에서는 과거 제2세계를 구성했던 유고슬라비아 사회주의 연방공화국의 구성국—오늘날 슬로베니아·크로아티아·보스니아 헤르체고비나·마케도니아·세르비아·(코소보)·몬테네그로—및 사회주의 공화국—오늘날 불가리아·알바니아·루마니아 등—을 지칭한다.

운영된(됐)다.[54] 인적 연속성은 특히 국가 행정부 내에 동맹이 있는 정당의 경우 국가 자원을 전용할 추가 인력을 의미했을 것이다. 헝가리와 폴란드의 자발적 민영화처럼 공산주의 말엽에 자산 수탈asset stripping•이 시작된 곳에서는 국가 자원 전용이 더 크게 일어날 것으로 예상됐다.[55] 그리고 일각에서는 원내 정당이 포괄적인 조직 변화를 시행할 정치력이나 행정자본이 부족하므로,[56] 공산주의 체제와의 뒤틀린 연속성을 예상하기도 한다.

그러나 압도적이고 부정적인 유산에 대한 이러한 예상은 공산주의 체제 간의 차이점을 무시한다. 가령 헝가리는 공무원을 채용할 때 정치적 배경보다는 기술관료로서의 기량을 중시했기 때문에 다른 국가보다 구조적으로 덜 취약할 수 있었다. 또한 공산주의 역사에서 알 수 있듯이, 인적 연속성이 존재한다고 해서 매우 다른 체제의 규범과 정책이 시행되지 않는 것도 아니다. 예컨대 1932년까지 소련 행정 직원의 절반은 과거 차르 제정의 관료 출신이었다.[57] 마지막으로 탈공산주의 엘리트 행정 관료의 정권 교체율은 비슷했지만,[58] 이어지는 국가 자원 전용과 관련해서는 상당한 편차가 있었다.

세 번째 설명은 **국가 발전의 순서와 시기**에 주목한다. 마틴 셰프터는 대중에게 참정권이 부여되기 이전에 국가 관료제가 형성되면, 정당이 국가를 쉽게 잠식할 수 없다고 주장했다.[59] 순서가 뒤바뀌면 입법부 내(원내-옮긴이)에서 형성된 간부 정당cadre party••이 국가 자원을 전용할 가장 큰 기회와 유인을 갖게 된다.[60] 1989년 대중에게 참정권이 부여되

• 보유하고 있는 자산에 비해 저평가된 기업을 인수해 그 자산을 매각하여 이익을 취하는 행태.
•• 정당 운영을 소수의 인사가 독점하고 있는 정당.

기 이전에 수립된 모든 탈공산주의 민주주의 국가들은 국가 행정을 수행했지만, 국가 자원 전용의 양상은 다양했다. 또한 앞서 언급했듯이, 의회 밖에서 설립된 정당(원외 정당-옮긴이)은 국가 자원을 쉽게 유용할 수 있다. 마지막으로 기제가 다르다. 탈공산주의 국가들은 19세기 미국이나 이탈리아와 달리, 확장되거나 새로 획득한 영토에서 국가 권위를 확립해야 할 필요가 없었다. 탈공산주의 국가는 의도된 기획이 아니라 기존의 국가 기관 위에 새로운 구조가 출현함으로써 발전했다.

끝으로 수많은 의혹에도 불구하고 국가 자원 전용은 광범위한 엘리트 담합의 산물이 아니다. 한 분석에 따르면, 탈공산주의 사회에서 부패 척결 운동clean hands movement*이 효과적이지 않은 이유 중 하나는 너무 많은 자산이 분할되어 야당조차 자신의 몫을 가져가기 때문일 수 있다.[61] 1998년 폴란드의 지방자치 제도 개혁 역시 취약한 정당 조직을 강화할 방안으로 정당들이 담합을 형성하여 후원과 지방 행정직을 크게 증대시킨 것으로 알려져 있다.[62] 그리고 일본에서 알 수 있듯이, 이러한 카르텔에는 광범위한 정당 조직이나 당원이 필요하지 않다. 대다수 탈공산주의 국가에서 정당은 유동적인 이념과 풀뿌리 기반이 취약하므로, 정당 간 카르텔 형성 전략을 구사할 수 있다.[63]

그러나 탈공산주의 민주주의 국가에서의 변동성은 이러한 합의(정당 간 카르텔 형성-옮긴이)를 비영구적이고 시행 불능이게 한다. 카르텔과 같은 정당 간의 담합과 로그롤링logrolling**을 수반하는 이면 대가side pay-

---

• 이탈리아어로 '깨끗한 손'을 의미하는 '마니 풀리테mani pulite'는 1992년부터 이탈리아에서 전개된 부패 척결 운동인데, 이에서 비롯된 관용적 표현인 듯하다.

•• 정치 세력이 상호 지원 차원에서 투표 거래나 투표 담합을 하는 행위.

ment* 모두를 가능하게 하는 두 개의 기본적인 조건은 긴 시간 지평time horizon**과 관련 행위자의 연속성이다.[64] 합의가 무기한 지속될 수 있다는 기대가 없으면, 카르텔 합의는 무너진다. 또한 같은 행위자들이 양보한 정당에 보답하고 보상할 것이라는 기대가 없다면, 정당이 양보할 이유가 없다. 그러나 탈공산주의 국가에서 정당은 조직이 약하고, 진입 장벽이 낮아 정치 행위자들 간의 연속성을 기대하기 어려웠고. 이면 대가를 제안한 정당이 합의를 어기고 다른 연정 동반자를 선택할 수 있었으므로, 이면 대가라는 제안을 신뢰할 수 없었을 것이다. 결국 정당들은 로그롤링을 강제하거나 카르텔을 유지할 수단이 없었다.[65]

이러한 담합 행위가 관찰된 곳은 경쟁이 적은 체코로, 1998년 체코 시민민주당Občanská Demokratická Strana(이하 ODS)과 체코 사회민주당Česká Strana Sociálně Demokratická(이하 ČSSD)은 야당협정Opoziční smlouva—체코공화국의 안정적인 정치 환경을 조성하기 위해 ČSSD-ODS가 체결한 협정—을 맺었다.[66] 당시 두 정당은 거대 정당에 유리하게 선거법을 바꾸고, 서로에 대한 불신임 투표를 거부했으며, 원내에서 ODS가 ČSSD를 지원하는 대가로 양원 지도부와 고위 연정 동반자에게 돌아가는 정부 내각의 여러 직책을 맞바꾸는 것에 공개적으로 합의했다. 그러나 이러한 합의조차 다음 선거를 넘기지 못했는데, 새로운 선거 참여자—ODS에서 분열된 정당 포함—가 새로운 통치 연합에 진입했기 때문이다.

---

* 계약에서 한 명 이상의 당사자가 다른 당사자의 계약 참여를 유도하기 위해 다른 당사자에게 지급하는 대가.

** 어떤 과정이 평가되거나 종료될 미래의 고정된 시점. 계획 지평planning horizon이라고도 한다.

요컨대 이런 매력적인 추론들은 우리가 관찰한 편차를 적절히 설명하지 못한다. 물려받은 약점과 기능적 결함으로 인해 국가 자원을 전용할 기회가 주어졌을 수는 있지만, 왜 일부 정당이 다른 정당보다 국가 자원을 전용할 기회를 훨씬 더 많이 활용할 수 있었는지는 설명하지 못한다.

경쟁의 결과

기능상의 요구, 계승된 제도, 발달 순서 등 구조적 요인으로 변화를 설명할 수 없다면, 1989년 이후의 변화를 주도한 **행위자**를 살펴보는 것도 한 가지 대안이 될 수 있다. 앞서 언급했듯이, 새로운 의회민주주의 국가의 주요 정책 행위자이자 설계자는 원내 정당들이었다. 그들은 국가 재건의 주체이자 정책 결정에 직접 접근할 유일한 행위자였다.

　　물론 종교, 시민사회, 경제 관련 행위자들도 모두 정책 결정에 참여할 수 있다.[67] 사법부·언론·비정부기구NGO·국제기구도 국가 자원의 전용을 감시하고, 심지어 이를 제재할 수 있다. 자유롭고 적극적인 언론은 정당이 제기하는 비판과 의견을 전파하고 알리는 데 특히 중요하며, 잠재적 유권자와 선거구민에게 다가갈 수 있는 핵심 채널 역할을 한다. 따라서 그들은 정당의 행동을 감시하고 비판할 수 있다.

　　그러나 탈공산주의 국가의 사례에서 분석가들은 시민사회의 취약성, 언론 영향력의 비일관성, 국제기구에 의한 감독의 부재에 주목했다.[68] 언론은 정당에서 유출하고 알려준 정보에 의존해 수많은 비판적인 기사를 작성했다. 또한 NGO·사법부·언론의 역할은 국가에 대한 지원과 정당 간 경쟁에 따라 결정될 수 있다.[69] 가령 체코와 슬로바키아의 집권당은 정책 결정에서 시민사회를 배제하려는 더 광범위한 노력의 일환으로,[70] 텔레비전 방송에 대한 장악력을 강화하려 했다.[71] 체코에서는 언론과 정치 엘리트 사이에 회전문 관계[72]가 깊숙이 자리 잡고 있었다. 그 결과 바츨라프 클라우스Václav Klaus(1941~)의 재임 기간 동안 대다수 체코 언론은 그의 노선을 노예처럼 따랐다. 자유로운 공개 토론은 없었다.[73] 마찬가지로 헝가리와 폴란드에서 방송 허가를 담당하는 언론감독위원회를 둘러싼 논란[74]은, 언론이 정당 간 경쟁을 효과적으로 대체하기보다는 언론이 정당 간 경쟁의 장場이 되는 경우가 많음을 시사한다.

마찬가지로 기존의 여러 설명은 유권자의 감시와 그것의 영향력에 초점을 맞췄지만,[75] 실증적 검증은 덜 확실하다.[76] 야당이 재선 의지가 있다면 여당을 비판할 동기가 발생하며, 재선 의지가 강할수록 규제개혁에 관한 추진력이 높아진다.[77] 그러나 신생 다당제 국가에서는 정부를 비판하는 정당과 정부 비판을 통해 선거에서 이득을 보는 정당이서로 다를 수 있다. 탈공산주의 국가에서 여당은 임기 중 실적이 좋지않다는 이유로 선거에서 심판받았지만,[78] 여당이나 야당 모두 어떤 개별 정당이 선거 심판론으로 이득을 볼지 예측할 수 없었다. 또한 정당이 **자당**自黨의 득표율 상승을 쉽게 예측할 수 없다면, 대중의 개혁 요구조차 개혁 시행 여부에 영향을 미치지 못할 것이다. 같은 이유로 심판론을 제기한 정당은 다른 정당을 비판함으로써 덕을 볼 수는 있겠지만, 그 자체로 정부를 효과적으로 제약할 가능성은 작다.[79] 요컨대 유권자가 직접적으로 정당의 활동에 가할 수 있는 영향은 제한적이고 간접적이다.

그러나 정당과 정당 간 상호작용을 통해 각 탈공산주의 국가에서 발생하는 전용의 편차를 해명하려면, 전용을 제한하거나 촉진하는 경쟁의 **종류**와 그 **방법**을 구체적으로 설명해야 한다. 현재 정당 간 경쟁이 정책 및 제도에 미치는 영향을 측정하는 방법에는 몇 가지가 있다. 가장 널리 사용되는 정치 경쟁에 관한 지표로는 분열과 의회 내 유효 정당 수Effective Number of Parties, ENP,[*] 선거에 의한 교체 및 정당 체제의 개방성, 이념적 양극화, 선거 변동성 등이 있다.[80] 정당 체제와 민주적 거버넌스에 관한 연구에 따르면, 이러한 요소들이 정책 결정과 결과에 영향을 미친다.[81]

첫째, 의회 **분열**은 정당 간 담합을 훨씬 더 어렵게 만들고, 선거 불확실성을 더욱 승가시켜 정당들이 상호 보증을 맺도록 유도해 전용을 제한한다고 주장되어왔다.[82] 가령 바바라 게디스Barbara Geddes(1944~)는 의회에 세력이 동등한 정당이 여럿 존재할 경우, 개혁하지 않으면 의석을 잃을 것을 경계하여 지지와 후견을 줄일 유인이 있음을 발견했다.[83] 정책 수립에는 더 오랜 시간이 걸리지만, 어느 한 정당의 이해관계가 지배할 가능성은 줄어든다.[84] 대안으로 분열은 통합 세력의 부상이나 정책의 일관성을 저해하므로, 국가 정부 및 기타 정책 개혁을 방해할 수도 있다.[85] 둘째, 선거에 의한 **정권 교체** 또는 **정당 체제의 개방성**을

---

[*] 유효 정당 수ENP는 한 국가의 정당 체계에서 조정된 정당 수를 제공하기 위해 락소Markku Laakso(1949~)와 타게페라Rein Taagepera(1933~)의 1979년 논문에서 도입한 개념이다. 이 지수의 기본 개념은 정당 수를 집계하는 동시에 상대적 강도relative strength에 따라 가중치를 부여하는 것이다. 상대적 강도란 유효 선거 정당 수effective number of electoral parties, ENEP 또는 유효 의회 정당 수effective number of parliamentary parties, ENPP에서의 의석 점유율을 뜻한다. 이 지수는 정치학 등에서 국가 간 정당 체계를 비교할 때 유용하다. 정당 수는 모든 정당이 동등한 세력을 가지고 있을 때만 유효 정당 수와 같으며, 그 외의 경우 유효 정당 수는 실제 정당 수보다 적다.

통한 새로운 정당의 진입은, 개별 정당이 임기 동안 차기 선거가 치러지기 전까지 사적 이익을 축적하는 것을 제한한다고 여겨졌다. 즉 장기 집권은 부패를 조장하고, 새로운 정당의 진입은 부패를 방지한다.[86] 정권 교체는 또한 권력 상실을 확실히 영구화할 수 있는 순수한 약탈적 행동을 제한한다.[87] 셋째, 이념적 **양극화**와 극단주의 정당의 부상은 정당 간 상호 보장의 형성을 방해하고, 개혁의 성과를 저해할 수 있다.[88] 이러한 위협에 따라 유권자와 정당이 협력하여 국가 자원을 보호할 공식적인 안전장치를 마련하는 것 또한 가능하다.[89] 넷째, **변동성**─특정 정당에 대한 유권자의 지지가 선거마다 변하는 것─은 선거 게임의 판을 키울 수 있다. 낙선이 확실시되는 정치인은 재임 동안 가능한 모든 것을 챙기려고 할 것이다.[90] 변동성은 장기적인 정체성보다는 단기적인 투표에, 충성도 높은 유권자보다는 광범위한 유권자에게 더 많이 호소하는 결과를 낳았다.[91] 결과적으로 변동성은 책임감을 떨어뜨리고, 유권자와 정당 간의 조율을 어렵게 만들 수 있다.[92] 마지막으로 **종합 측정**composite measures은 정당 간 경쟁에 관한 여러 지표를 결합한다. 예컨대 분열·변동성·정권 교체율·개방성을 결합하여 측정한 결과, 어떤 정당도 지배적이지 않다면 후견이 주도하는 국가 건설이 제한되고, 유권자는 선거에서 연정 구성에 익숙한 안정적인 정당 중 하나를 선택할 기회가 생긴다.[93] 표 2.2는 이러한 경쟁 지표를 통해 간략하게 산출한 탈공산주의 민주주의 국가들의 성적이다.

관련 연구에서 널리 사용되는 이러한 정당 간 경쟁을 나타내는 지표는 모두 정치 경쟁 양상의 중요한 경향을 제시한다. 그러나 국가 자원 전용이나 그에 대한 제약 예측 지표로서는 신뢰성이 떨어진다. 표

표 2.2 경쟁 지표

국가	강고한 경쟁	분열	유효 원내 정당[a]	재직	개방성[b]	양극화[c]	선거 변동성[d]	사표 (평균)[e]
헝가리	3	.68	3.1	.27	<1.0	11.4	25.0	13.0
에스토니아	2	.79	4.8	.36	7.2	12.0	39.5	10.1
슬로베니아	3	.84	6.2	.57	7.4	19.3	21.5	10.4
리투아니아	2	.72	3.6	.36	11.0	11.9	35.0	23.4
폴란드	3	.77	4.9	.27	15.8	31.8	29.0	14.0
체코	1	.71	3.4	.75	2.1	12.0	17.0	12.5
슬로바키아	1	.78	5.2	.50	17.1	4.9	31.5	14.6
불가리아	1	.71	2.7	.27	18.6	30.9	19.0	12.6
라트비아	0	.76	4.2	.71	24.7	14.6	44.5	10.3
평균차[f]	P=.003 t=9.0	P=.24 t=1.48	P=.19 t=1.7	P=.25 t=1.42	P=.29 t=1.28	P=.47 t=.82	P=.71 t=.41	P=.65 t=.51

a   Mair 2001, 1999 데이터. $1/S_i^2$, S_i는 의회 정당의 의석 점유율

b   이전 선거에 참여하지 않은 신생 정당/정파가 보유한 의회 의석의 평균 %. S_i/N에서 S_i는 신생 정당의 의석 점유율, N은 선거 임기 수

c   Frye 2001. 대립하는 정당 간의 대선·총선 득표율 차이로 측정

d   Mair 2002.

e   의회 진출에 실패한 정당의 득표율

f   양측검정, 귀무가설(H0): 평균차 = 0. 가설 검정(Ha): 평균차 0. Pr(|T|>|t|)=P

2.3에서 볼 수 있듯이, 기존의 정치 경쟁에 관한 지표와 국가 자원 전용이 적은 국가와 많은 국가라는 두 군집 사이에는 뚜렷한 관계가 존재하지 않는다. 우리는 국가 자원 전용에 관한 두 군집에서 분열, 정권 교체율, 경쟁에의 개방성, 양극화 또는 변동성의 평균값이 서로 크게 다르지 않다는 귀무가설을 부정할 수 없다. 국가 자원 전용이 심한 정치 집단과 덜한 정치 집단 모두에서 서로 다른 경쟁의 양상을 볼 수 있다. 그렇다고 (정치 경쟁에 관한-옮긴이) 이러한 지표가 부패 등 국가 자원의 사적 사용에 관한 다른 지표와 상관관계가 있는 것도 아니다. 표 2.4는 (탈공산주의 국가군 전반에서) 위와 같은 경쟁 척도가 국제투명성기구Trans-

표 2.3 탈공산주의 국가 사례. 부패 지수와 경쟁 척도 간의 이변량 상관관계

		강고한 경쟁	분열	ENPP[a]	정부 연속성	경쟁 개방성	양극화	변동성	사표 (평균)
부패지수	피어슨 상관계수	-8.54[b]	-.226	-.120	.476[c]	.443	-.091	-.077	.540
	유의확률 (양측)	.000	.313	.596	.025	.050	.688	.740	.025
	N	22	22	22	22	20	22	21	17

a 유효 의회 정당 수Effective Number of Parliamentary Parties, ENPP
b 상관계수는 0.01 수준(양측)에서 유의미하다.
c 상관계수는 0.05 수준(양측)에서 유의미하다.

표 2.4 민주주의 국가 사례. 부패와 경쟁의 이변량 상관관계

		강고한 경쟁	분열	ENPP	정부 연속성	경쟁 개방성	양극화	변동성	사표 (평균)
부패지수	피어슨 상관계수	-.865[a]	-.403	-.423	.183	.358	.118	.117	.531[b]
	유의확률 (양측)	.000	.122	.102	.497	.173	.664	.665	.034
	N	16	16	16	16	16	16	16	16

a 상관계수는 0.01 수준(양측)에서 유의미하다.
b 상관계수는 0.05 수준(양측)에서 유의미하다.

parency International, TI 및 세계은행 부패 등급과 상관관계가 없음을 보여
준다.[94]

마찬가지로 의회 제도와 구조 자체가 정부를 제약할 가능성은 작
다. 가령 정책 결정에 대한 야당의 공식적인 접근은 정당이 이러한 채
널을 활용하는 방법을 설명하지 못한다.[95] 표 2.5에서 볼 수 있듯이 상
임위원회 수, 위원회가 정당에 비례적으로 배분되는지, 관할권이 얼마
나 고정되어 있는지 등 탈공산주의 민주주의 국가의 의회 제도가 허용

표 2.5 정책 결정에 대한 의회 야당의 공식적인 접근 권한

	상임 위원회 수	관할권이 고정됐는가	정부 부처와 상응하는가	의원당 최대 위원회 수	비례배분	지수 점수
헝가리	1012	X	O	2 이상	O 1990~1998년 야당이 4~5개 주도	4
에스토니아	10	X	O	2 이하	O 야당이 2개 주도	4
슬로베니아	14	X	O	2 이상	O	4
리투아니아	15	O	O	2 이하	O	5
폴란드	258	X	O	2 이상	O 1993~1997년 야당이 7개 주도	4
체코	11	X	X	2 이하	O 1996~1998년 야당이 3~4개 주도	4
슬로바키아	16	O	O	보통 2	X 1994~1998년 야당 배제	4
불가리아	1420	X	1990~1991년 X 1991년 이후 O	오직 1	O 야당이 12개 주도	4
라트비아	17	X	O	2 이하	O	4

출처 Strøm 1990의 기준 및 코딩

하는 야당의 영향력 수준에는 차이가 없다. 리투아니아를 제외한 모든 국가의 점수는 5점 만점에 4점으로 같지만, 정당 행동은 상당히 다르다. 따라서 의회 제도만으로는 (국가 자원 전용에서 나타나는-옮긴이) 이러한 편차를 설명하지 못한다.[96]

둘째, 이러한 설명은 제약 **기제**를 충분히 보여주지 않는다. 분열―그리고 그 수학적 표현형인 유효 정당 수―그 자체로는 (국가 자원 전용 정도에-옮긴이) 미치는 영향을 가늠하기 어렵다. 유효 정당 수 같은 지표는 (기존 정부를 대체할-옮긴이) 대안 정부의 생존 가능성이나 기존 정부의 취약성을 평가하지 못한다.[97] 바바라 게디스의 연구에서도 알 수 있듯이, 개혁을 주도하는 것이 선거 책임성인지, 의석 점유율인지는 명확하지 않다.[98] 정권이 교체되면 특정 집권당의 자원 축적은 기계적으로 제한되지만, 국가 자원 전용이 제한되지는 않는다.[99] 가령 슬로베니아에서는 10년 동안 같은 정당이 집권했으나, 상대적으로 정치화되지 않은 국가다. 대조적으로 라트비아와 폴란드에서는 새로운 경쟁자가 등장해 선거에서 승리했으나, 전자가 후자보다 국가 자원을 더 많이 전용했다. 이념적 양극화는 특정 정당이 극단주의로 인해 연정 동반자나 당국자가 될 수 없다면, 정부에 대한 효과적인 비판자가 되지 못할 것이므로 중요하다. 그러나 이러한 양극화 자체가 (국가 자원 전용 정도에-옮긴이) 직접적인 영향을 미치는 것은 아니다. 마지막으로 기존의 종합 측정에는 개별 구성 요소가 국가 자원 전용(의 수준-옮긴이)과 상응하지 않으며, (그것이 국가 자원 전용을-옮긴이) 제약하는 논리를 명시하지 못한다는 두 가지 문제가 있다. 가령 코너 오드와이어Conor O'Dwyer(1972~)는 안정적이고 예측할 수 있는 득표율을 가진 정당은 후견에 의존하지 않으리라 예상했다. 그러나 동시에 그는 득표율이 안정적이고 예측 가능하다고 하더라도, 지배적인 정당은 후견을 사용할 것이라고 주장했다.[100] 더 기본적으로는 "유권자에게" 후견을 제공하는 "정당이 너무 많으면"[101] 코팅 결과에 많은 문제가 발생할 수 있기 때문에 "적절한" 정당의 수가 얼마인지 불분명할 수 있다.[102]

　요컨대 이러한 요소는 정치 경쟁의 중요한 측면을 포착한다. 하지만 이 요인들은 국가 자원 전용과 상관관계가 없으며, 이를 설명하지도 못한다. 이 요인들은 이익의 축적을 제한하거나 담합을 더 어렵게 만들 수는 있지만, 당사자들의 국가 자원 전용을 막기에는 충분하지 않다. 가령 낮은 정권 교체율은 야당이 약한 결과일 수 있는 등 일부는 강고한 경쟁과 관련이 있을 수 있다. 그러나 강고한 경쟁만이 제약 기제를 의미한다.

강고한 경쟁

정당 간 경쟁의 어떤 측면이 국가 자원의 전용을 제한하는 데 결정적인지 조사하려면 한 걸음 물러서서 분석해야 한다. 정치 경쟁은 지대 추구 변화에 관한 설명으로 선호되어왔으며,[103] 근래의 공공선택 이론에 따르면, 정치적 또는 경제적 경쟁의 편차가 국가 간 부패 및 기타 지대 추구 행위의 수위 차이에 영향을 미친다.[104] 몇 가지 주의 사항에도 불구하고[105] 일반적 합의는 잘 알려진 제약으로서 경쟁을 선호한다.[106] 슘페터Joseph Schumpeter(1883~1950)와 다운스Anthony Downs(1930~2021) 등이 주장했듯이, 경쟁의 정당성은 경쟁이 제삼자의 이익을 창출한다는 개념에 근거한다.[107] 그러나 정당 간 경쟁이 부패와 국가 자원 전용을 제한할 수는 있다고 해도,[108] 정당 간 경쟁 그 자체가 (부패와 국가 자원 전용을-옮긴이) 제한하는 것은 아니다.[109] 그리고 앞서 살펴본 바와 같이, 정당의 규모나 의석 점유율에 대한 기존 지표로는 여당의 행동을 제한할 경쟁자의 역량을 파악할 수 없다.[110] 그렇다면 경쟁의 핵심과 경쟁의 유익한 측면은 무엇일까? 새로운 지표는 무엇을 파악해야 하는가?

앞서 언급했듯이, 경쟁이 국가 자원 전용(또는 기타 지대 추구)을 제한하려면 여당이 교체 가능성을 경계해야 한다. 몇몇 분석가들은 경쟁과 관련된 측면이 있는 재선 가능성 자체가 선출직 공무원에 대한 제약이라고 주장하기도 한다.[111] 이러한 잠재적 정부 대체자가 더 위협적일수록 통치자의 자유도가 줄고, 유권자가 보유하게 될 소득의 증가율이 높아진다.[112] 따라서 민주적 경쟁이 없고, 기존 제도가 부재하다면 정부 행위자는 자유롭게 국가 자원을 전용할 수 있으며, 그 전용률은 주로 시간 지평에 의해 제한된다. 민주적 경쟁은 이러한 셈법 자체를 바꾼다. 선거에 대한 책임이 없는 경우—추첨을 통해 당선자가 선정되는 경우—에도, 경쟁자들은 미래의 승리 확률이 충분히 크고 보상이 충분히 크면, 스스로 행동을 절제하고 민주주의 체제를 유지할 수 있다.[113]

경쟁이 강고하면 (국가 자원에 대한-옮긴이) 유용을 제재 및 처벌과 결부하여 유용이란 보상을 더욱 낮출 수 있다. 또한 강고한 경쟁은 민주적 규칙을 보장하는 역할을 하며, 민주적 경쟁의 규칙을 요구하고 구체화한다. 야당은 현 집권당이 국가 자원을 너무 많이 전용하여 다른 정당이 혜택이나 공직에서 배제되어 그 생존이 방해받지 않도록 정부를 견제하는 것이 유리하다. 생존에 대한 확신이 낮을수록 집권당을 견제하려는 유인이 커진다. 또한 강고한 경쟁은 집권 정부가 선거 패자와 여당 모두에게 더 공평하게 혜택을 주는 공식적인 국가 제도를 설립하도록 하여 국가 자원을 전용할 가능성을 제한하고, 그 과정에서 패자가 민주적 경쟁 규칙을 더욱 준수하도록 한다. 따라서 국가 자원 전용이 경쟁을 제한하는 것이 아니라, 정치 경쟁이 국가 자원 전용을 먼저 제한한다. 요컨대 강고한 경쟁은 지대 추구 행위에 대한 유인을 줄이고 경쟁 체제 자체를 강화한다.

서론에서 정의한 바와 같이, 이러한 경쟁을 위해서는 선명하고 타당한 통치 대안이자 정부에 대한 효과적인 비판자인 야당이 필요하다. 기존 분석에서는 이러한 경쟁의 측면 중 일부를 개별적으로 강조했으나, 이 책에서는 경쟁의 세 가지 측면 모두가 지대 추구를 억제하는 데 공동의 책임이 있다고 주장한다. 이들(강고한 경쟁의 세 가지 측면-옮긴이)은 경쟁에 의한 제약의 미시적 기제와 유인을 통해 집권당이 여당과 야당 모두를 억제하는 제도를 수립하도록 한다.

야당의 이 세 가지 특성은 경쟁과 관련해 더 광범위하게 중요하다고 여겨져온 기존의 이해와도 공명한다. 선명하게 검증된 야당은 유권자와 다른 정당이 상호 의심의 대상이자 원천으로 쉽게 인식할 수 있는 정당이다. 이렇게 선명하게 구분되는 정당은 상호 적대적인 진영을 형성하며, 이러한 의심은 지대 추구를 억제하는 기본적인 역할을 한다.[114] 이러한 차별화는 윌리엄 라이커William Riker(1920~1993)와 피터 오데슈크Peter Ordeshook(1942~)가 제시한 바와 같이, 정당 간 이념적 거리나 정치 경쟁에 대한 여타의 공간적 이해에 국한되지 않는다.[115] 폴란드 자유연맹Unia Wolności(이하 UW)과 민주좌파연맹Sojusz Lewicy Demokratycznej(이하 SLD)처럼 이념적으로 매우 가까운 정당이 상호 대단히 적대적일 수 있다. 또는 체코의 ČSSD와 ODS처럼 이념적으로 상당한 거리를 두고 있는 정당이 긴밀하게 협력할 수도 있다.

타당한 야당은 지오반니 사르토리Giovanni Sartori(1924~2017)가 제시한 **적절한** 정당이라는 개념의 하위 집합이다. 적절한 정당은 과거에 정부를 구성하는 데 필요했거나, 정부 연정에 포함되지 않더라도 정책에 영향을 미칠 수 있는 정당이다.[116] 반체제 정당과 배척당한 정당을 비롯한 이러한 정당은 원심적이든 구심적이든 경쟁의 방향에 영향을 미친다. 그러나 모든 경쟁자가 아니라 여당의 행위를 제약하는 압력을 포착하고자 하므로, 신뢰도는 더 협소한 기준이 필요하다. 정당이 집권당의 전술에 영향을 미치려면, 위협이 공허하게 받아들여지지 않도록 스스로 통치 역량을 갖추고 있어야 한다. 따라서 타당한 야당은 과거에 집권했거나, 다른 의회 행위자들로부터 잠재적인 연정 동반자로 인정받아야 한다. 거버넌스에서 제외된 정당은 그러한 위협을 가하지 못하며, 연정 행동에 영향을 미칠 가능성이 훨씬 작다. 그리고 야당이 제기하는 주요 도전이 대안 정부를 구성할 능력에 있다면, 페레존John Arthur Ferejohn(1944~)이 1986년 논문에서 밝혔듯이, 타당한 야당이 더 많은 의석을 차지할수록 구성할 수 있는 대안 정부의 수는 더 많아진다.

야당이 얼마나 격렬한 비판자인지는 경쟁자 간의 이해상충을 측정하는 척도로, 이는 액슬로드Robert Marshall Axelrod(1943~)의 1970년 저작이나 데 메스키타Bruce Bueno De Mesquita(1946~)의 1974년 논문에서 제시된 경쟁에 관한 설명의 근간이다.[17] 여기서 갈등은 누가 공직을 차지해야 하는지, 또는 어떤 정책을 채택해야 하는지에 관한 것이지 게임의 규칙에 관한 것이 아니다. 실제로 일반적인 민주적 경쟁과 특히 야당이 경쟁의 효과를 발휘하기 위한 필수조건 중 하나는 모든 행위자가 민주적 규칙에 대해 같은 (수준의-옮긴이) 존중을 공유하는 것이다. 또한 이러한 정당들은 비판할 능력과 이러한 비판을 공론화할 능력을 갖춰야 한다.

강고한 경쟁의 원천

서론에서 언급했듯이, 강고한 경쟁의 **원천**은 다양하다. 그러나 여기서 살펴본 맥락에서 볼 때, 권력에서 물러나 재창당한 공산당은 강고한 경쟁자이자 강고한 경쟁을 추동할 가능성이 크다.

첫째, 대다수 국가에 존재하는 과거 공산당과 반공 재야 세력에 기원을 둔 정당 간의 체제 분할을 고려하면, 이들은 분명한 선택지이다.[118] 이들의 재창당으로 공산당에 뿌리를 둔 정당과 그에 반대한 재야 세력에 뿌리를 둔 정당이라는, 두 개의 뚜렷한 진영이 형성된다. 그리고 공산당이 온건 사회민주주의 정당으로 변신하면 선거에서 상당한 성공을 거둘 뿐만 아니라, 반공주의 재야 세력에 뿌리를 둔 정부에 대한 가상 분명하고 타당한 대안이 된다.[119]

구 공산당과 과거 공산당에 반대하던 세력은 기존의 적대감과 서로에 대한 선거 위협 때문에 서로의 잘못을 감시하고 비판할 가장 강력한 유인이 있다. 특히 공산당의 후계 정당은 자신의 존재와 과거 이력을 옹호하기 위해서라도 비판에 몰두한다.[120] 그들은 또한 비판할 **역량**을 지녔다. 공산권 해체 이후 공산당의 후계 정당은 그들이 변모할 수 있었던 바로 그 엘리트 기술 덕분에, 유능한 비평가이자 유능한 통치자가 됐다. 공산당의 재창당은 야당과 협력하고, 자유화 개혁을 실행하려는 공산주의자들의 의지에 따른 결과이다.[121] 공산당과 재야 세력 모두 수십 년은 아니더라도 수년 동안 서로를 감시하고, 비판과 정책 대안을 수립하는 경험을 쌓았다. 그 한 가지 결과는 비판적인 야당이 존재하는 모든 탈공산주의 민주주의 국가(에스토니아 제외)에서 공산주의 후계 정당이 재건됐다는 것이다(그 역도 마찬가지이다). 또 다른 결과는 공산당 후계자들이 강제로 (권력에서-옮긴이) 물러났다가 스스로 재창당한 국가에서는 국가 개혁이 반공주의의 정치적 실천인 경우가 많았다는 것이다.

반면 권력을 유지한 공산주의 정당은 계속해서 정당-국가의 융합과 국가 자산에 대한 재량적 접근을 통해 이익을 얻을 수 있으므로, 공산주의 체제와 결별할 유인이 가장 약하다. 그들은 계속해서 자신들에게 특권을 부여하고, 다른 정당을 (특권으로부터-옮긴이) 봉쇄할 수 있다. 따라서 민주화 과정의 성공은 종종 구체제 세력이 강력한 협상 지위를 유지하지 못하는 것과 관련이 있다는 키첼트Herbert Kitschelt(1955~)의 논리[122]는 보충되어야 한다. 구체제 세력은 민주주의가 뿌리내릴 수 있도록 권력에서 물러나야 하며, **그리고** 헌신적인 민주주의자로 돌아와 민주주의를 공고히 하는 데 가장 이바지해야 한다.

제약의 기제

서론에서 언급했듯이, 제약의 기본적인 기제는 의회에서 발생하며, 현 정부의 행동에 영향을 미칠 수 있는 원내 야당의 능력에 달려있다.[123] 따라서 야당이 직면한 주요 과제는 단순히 유권자에게 경쟁적인 공약을 제시하는 것보다도 대안 정부를 구성할 능력을 갖추는 것이다.

첫째, 강고한 경쟁은 국가 자원 전용에 반대한다는 상호 보장을 공식화할 유인을 창출했다. 이러한 야당을 상대하는 집권당은 정권 상실을 경계한다. 이러한 선거 불확실성은, 모든 정당이 (국가 자원 전용에 반대하도록-옮긴이) 보장하는 공식적인 제도 수립으로 이어지므로, 여당에만 유리한 것은 아니다. 여당도 정권에서 물러나면 모든 것을 잃을 것을 두려워하고, 실제로 다음 선거에서 패배할 가능성이 크다는 것을 알기 때문이다. 요컨대 비판적인 야당은 여당이 국가 자원을 전용할 기회를 제한하고, 사법 항소 절차와 독립 감독 기관을 형성할 유인을 제공한다. 그 결과 헝가리에서 감독 기관을 통합하거나, 폴란드에서 정당 자금을 더 엄격하게 규제하는 등 국가 자원 전용을 제한하는 국가 제도가 형성됐다.

욘 엘스터Jon Elster(1940~), 더글러스 노스Douglass North(1920~2015), 아담 프셰보르스키Adam Przeworski(1940~), 배리 와인가스트Barry Weingast(1952~) 등의 획기적인 연구에서도 알 수 있듯이, (특정 정치 행위 단위가-옮긴이) 장기적인 생존을 위해 단기적으로 스스로 자신을 제약하는 양상은 신생 체제에서 고전적인 제도공학institutional engineering이다. 그러나 상호 양보를 끌어내려는 강력한 행위자 간의 협상이 이를 주도하지는 않는다.[124] 오히려 이는 퇴임을 앞둔 여당이 자신과 유권자를 보호할 제도를 일방적으로 수립한 결과이다. 가령 헝가리 MDF는 1990년 공적 정당 자금 조달이 야당에도 도움이 될 수 있다는 것을 알면서도—감시를 철저히 받는다는 전제하에—관대하게 그에 동의했다. 마찬가지로 1991년 폴란드는 증권거래위원회Komisja Papierów Wartościowych i Giełd, KPWiG를, 1994년 슬로베니아는 감사원Računsko sodišče을 설립하면서 여당이 국가 자원에 접근하는 것을 제한했고, 후임자 역시 제약될 것임을 분명히 했다.

둘째, 야당은 지속적인 상호 감시를 통해 여당의 행동을 제약했다. 정당들은 의회 대정부 질문, 면책 특권 박탈 위협, 원내 위원회 등의 제도를 통해 서로의 행동에 의문을 제기했다. 이러한 공개 조사는 자유롭고 비판적인 언론과 그러한 비판을 전파하고 평가할 언론의 능력에 의존했다. 따라서 헝가리에서 야당은 조사위원회를 쉽게 요청할 수 있었고, 의심스러운 거래에 효과적으로 주의를 환기할 수 있었다.[125] 폴란드에서는 연정 동반자가 사적 이익을 위해 공직을 이용하고 있다는 내부 고발이 SLD-폴란드 인민당Polskie Stronnictwo Ludowe(이하 PSL)과 선거행동연대Akcja Wyborcza Solidarność(이하 AWS)-UW 연정 모두에 만연해 있었다.[126] 마찬가지로 슬로베니아에서도 야당에 대한 끊임없는 비판으로 인해 연립정부가 여섯 차례나 흔들렸고, 집권 중인 대통령은 연립정부 붕괴라는 위협에 시달렸다.

1990년대 초 헝가리·리투아니아·슬로베니아는 공무원 제도를 개혁하고, 에스토니아와 폴란드는 민원조사관 제도를 도입·강화함으로써 정부는 상호 감시를 통해 야당의 비판을 사전에 차단할 수 있었다. 비판적인 야당이 없었으므로 정부에 대한 조사는 이뤄지지 않았고, 야당의 조사 요구는 무시됐다. 일례로 체코에서는 야당이 1994~1997년 동안 정부의 잘못에 대한 조사를 요구했으나 허사였다.[127] 급기야 여당 의원들은 야당이 재정 비리는커녕 재무부 문지기의 거만한 행태만 물고 늘어지며 의정 활동을 허비했다고 비꼬았다.[128]

셋째, 강고한 경쟁은 정부가 더 큰 공감대를 형성하고 권력을 공유하게 했다. 여러 정부가 린든 B. 존슨의 전략을 채택하여—비록 존슨과 같은 저속한 방식은 아닐지라도—야당과 협력하려 했다.[129] 정당과 정부 전 부처 차원의 이러한 권력 공유는 시장과 국가의 건전성을 보존하여 경제적 이해관계나 기업이 국가를 장악하지 못하도록 방지했다.[130] 권력 공유의 규범이 유지되면 취약한 현직 의원들이 다음 입법 회기에서 소외되는 일을 더 즉각적으로 방지할 수 있다. 시간이 지남에 따라 야당의 비판과 그에 따른 정권 교체는 유권자들이 의회 전체가 정책 결정에 책임이 있음을 인식하고, 더 이상 정부가 아니라 정책을 통과시키고 규제하는 의회 전체를 비판한다는 것을 의미했다. 이로써 야당에서는 비판을 통해 차별화하려는 유인이, **그리고** 정부에서는 야당과 협력하고 권력을 공유하려는 유인이 커졌다.[131]

에스토니아·헝가리·리투아니아·폴란드·슬로베니아에서는 위원회의 권력을 나누고, 감독 기관을 야당에 넘기거나, 야당도 원내 위원회에서 증언하는 전문가와 정부 관리에게 질문할 수 있는 권한을 동등하게 보장하는 등의 불문율이 발전했다. 헝가리에서와 마찬가지로 (이 국가들에서도—옮긴이) 집권당들은 유권자와 다른 정당을 안심시키고자 자신들의 행동을 더 많이 감시할 수 있도록 허용했다.[132] 반면 야당의 힘이 상대적으로 약한 국가에서는 권력 공유에 대한 유인이 약했다. 가령 1994~1998년 슬로바키아와 1992~1996년 체코 정부는 야당 대표를 영향력 있는 위원회에서 정책에 별다른 영향력이 없는 위원회로 내쫓았다.

이러한 각 기제에서 중요한 것은 직면한 유인에 대한 각 행위자의 인식이다. 너무 자신감이 넘치거나 둔감하여 교체 위협을 인지하지 못하는 집권당은 제약받을 가능성이 작다. 마찬가지로 정부 조치에 대한 감시자·비판자 역할을 효과적으로 수행할 수 있는 야당의 **역량**도 유인과는 무관하다. 가령 1998년 헝가리 총선에서 MSzP가 청년민주동맹Fiatal Demokraták Szövetsége(이하 Fidesz) — 훗날 청년민주동맹 – 헝가리시민당Fidesz–Magyar Polgári Szövetség — 에 패하자, 패배한 MSzP는 이후 강도 높은 자성의 기간을 거치면서 비판의 목소리를 낮추고 정부 행동에 관심을 줄였으며, 이로써 Fidesz는 야당의 의회 감독 권한을 거부할 수 있게 됐다.[133]

마지막으로 이러한 셈법에는 이타주의가 없으며, 오히려 정부는 가능한 비판을 **예상하고** 그 위력을 줄이기 위해 행동한다. 정부 여당의 예상에 따른 반응은 야당에 힘을 실어준다.[134] 강고한 경쟁이 존재했던 국가에서도 집권당이 국가 자원을 전용할 **유인**은 여전히 존재했다. 그들 앞에는 미래에 대한 불확실성, 선출 과정에서 엘리트들이 덕을 본

당내 파벌 및 지역 지도자들의 요구 또는 배제성 있는 재화(클럽재-옮긴이)를 약속한 접전 선거구가 있기 때문이다. 그러나 그들 정당은 그렇게 할(국가 자원을 전용할-옮긴이) **역량**이 훨씬 낮았다. 야당의 지속적인 감시와 감독을 염두에 둔다면, 국가에 대대적으로 침입하고도 그냥 넘어갈 수 있는 정당은 없다. 야당이 전략적으로 행동하지 않고 전술적으로 행동하는 경우가 많았다는 점도 못지않게 중요하다. 야당이 당장 마주한 목표는 집권당이 국가 자원을 독점하여 선거에서 반복적으로 승리하는 것을 막는 것이었다. 국가 자원 전용이 덜한 국가는 강고한 경쟁의 결과이지 반드시 강고한 경쟁의 목적은 아니었다.

탈공산주의 민주주의 국가에서의 경쟁 양상

그렇다면 탈공산주의 민주주의 국가에서 정당 경쟁은 어떻게 발생했으며, 그 경쟁은 얼마나 선명하고 타당하며, 비판적이었을까? 헝가리·폴란드·슬로베니아·에스토니아에서 공산당이었던 진영과 재야 세력이었던 진영은 선명하고 타당하며, 비판적이었다. 네 국가 모두 공산당이 권력에서 물러났다. 헝가리·폴란드·슬로베니아에서는 공산주의자들이 철저히 민주적 경쟁자이자 강고한 경쟁의 핵심 요소로 신속히 변모했다. 에스토니아에서는 공산주의자들이 중앙당Eesti Keskerakond(이하 EK)과 더불어 새로운 민주 정부에 대한 격렬한 비판자였음에도, 자신들의 이력을 옹호하고 대안 정당으로서 정치 무대에서 살아남기 위해 노력함으로써 스스로 엄청난 비판을 불러일으켰다.

    헝가리에서는 1989년 뚜렷하게 차별화된 5개 야당이 등장하면서 상호 감시와 공산당 퇴진―그리고 뒤이은 공산당의 급진적 변모―이 곧장 뒤따랐다.[135] 원탁회의Ellenzéki Kerekasztal, EKA*가 시작됐을 때 각 정당은 선거에서의 인기나 미래를 확신하지 못하고 있었다. 각 정당은 상대방이 선거에서 유리한 고지를 점하지 못하게 하려 했다. 어느 쪽도 다른 쪽이 독점적으로 이익을 얻도록 허용할 여력이나 욕구가 없었기 때문에 모두 상호 제약에 동의했다. 그 후 변신한 공산당의 후신인 MSzP에 대한 수용이 급격히 증가하면서 잠재적 연정 동반자가 늘어났고, 집권당의 불확실성은 더 커졌다. 1998~2002년 3.7퍼센트의 의석을 차지한 극단주의 정당 헝가리 정의와삶Magyar Igazság és Élet Pártja, MIÉP을 제외하면 모든 정당이 (집권 가능성이라는 면에서-옮긴이) 타당한 정당이었다.[136]

그 결과 역대 모든 헝가리 정부는 (극단주의자) 이슈트반 츄르카 Csurka István(1934~2012)의 과격한 주장부터 야당의 체계적 분석까지 엄청난 비판을 마주하게 됐다.[137] 1990년과 1998년 선거에서는 반공주의 정당이, 1994년과 2002년 선거에서는 공산당의 후신인 MSzP가 승리하는 등 정당들이 번갈아 가며 정권을 장악했다. MSzP는 집권 여부와 상관없이 국가 자원 전용을 중재하고 감시했다. 1990~1994년 민족주의 보수 정당인 MDF가 주도한 첫 민주 정부는 MSzP와 Fidesz 모두로부터 공격받았는데, MSzP과 Fidesz는 민주주의 제도 질서의 한계를 시험하거나, 언론을 통제하려는 정부의 시도를 급진적이고 지능적으로 끊임없이 비판했다.[138] 1994~1998년 MSzP-자유민주주의동맹Szabad Demokraták

---

* 카다르 야노시Kádár János(1912~1989)―1956~1989년까지 헝가리 공산당Magyar Szocialista Munkáspárt, MSzMP 서기장을 역임하며 실질적인 국가 수반 역할을 했다―체제에 반대하는 세력 간 협력을 위한 장으로, 야노시 체제를 지지하는 MSzMP가 별도의 거래를 통해 야당 진영을 분열시키지 못하도록 막는 것이 목적이었다.

Szövetsége(이하 SzDSz) 연정 동안 MSzP는 절대다수가 집권당에 무임승차하는 모양새가 되어서는 안 된다고 판단했다. 마찬가지로 논란이 많은 공산주의 후계 정당과 연립정부를 구성한 SzDSz는 부정행위나 민주적이지 못한 이력으로 비난받지 않기 위해 최선을 다했다. 정부는 야당과 권력을 공유했고, 야당의 발언권을 보장하고자 주요 법안 통과에 필요한 의결 정족수를 늘렸다.[139] 요컨대 연립정부와 야당 간의 정치투쟁은 타협과 양보가 법안 개정에 반영되는 경우가 많음을 의미한다.[140]

1998~2002년 Fidesz 정부를 제외하면 (헝가리에서는-옮긴이) 집권당과 야당이 권력을 공유하는 경향이 있었다.[141] 반면 Fidesz 정부는 1998년 선거―헝가리 사회당은 가장 많은 표를 받았으나 Fidesz에 패배했다―이후 혼란을 틈타, 야당의 정보 및 권력 접근을 제한하는 몇 가지 변화를 도입하여 야당의 정부 감시 및 조정 능력을 약화했다. 또한 Fidesz는 보수 단체, 사제, 재향 군인 단체를 시민 서클이나 정당에 소속되지는 않았으나 정당과 동맹을 맺은 약 11,000개의 단체로 끌어들이는 대중 동원 전략에 착수했다. 그러나 2000년부터 MSzP와 SzDSz의 비판이 거세지기 시작하자 이 전략으로도 2002년 정당의 패배를 막을 수는 없었다.[142]

폴란드에서는 반공주의 재야 세력인 독립자치노동조합"연대"Niezależny Samorządny Związek Zawodowy "Solidarność"(이하 NSZZ"S")가 1989년 반半자유선거에서 승리한 후, 1989~1993년 사이에 5개의 연립정부가 급격히 등장했다가 사라지면서 어떤 정당이 정부를 유지할 수 있을지가 대단히 불확실해졌다. 일단 집권하게 된 정부마다 자체 연정이나 다른 정당, 개인 또는 노조로부터 엄청난 정책 압력을 받았다.[143] 야당은 정부에 끊임없이 공개적으로 의문을 제기했을 뿐만 아니라 비공식적으로 정부의 행동을 감시했고, 가능할 때마다 흔쾌히 언론에 정보를 제공했다. 연합 동반자들끼리도 서로를 감시했다.[144] 1991·1993·1997·2001년에 구 NSZZ"S" 진영과 구 공산당 진영이 번갈아 집권하게 된 것은 부분적으로 이러한 격렬한 비판의 결과였다. 공산주의의 퇴장과 그 이후 공산당의 재창당을 고려하면 야당 또한 선명했고 타당했다.

그러나 (폴란드의-옮긴이) 야당은 헝가리·에스토니아·슬로베니아 만큼 일관성이 있진 않았다. 과거 반공주의 재야 세력이 (탈공산화 이후-옮긴이) 정당으로서 일관성을 이어가지 못하자, 비판적이고 타당한 대안으로서 야당의 역량이 훼손됐다. 일례로 1993년 공산당의 후신인 SLD가 선거에서 승리한 직후 야당의 비판은 약해졌다. 과거 반공주의 재야 세력은 모순된 비판을 내놓았고, 자신들을 더 가공할 만한 상대로 만들었을 의회 규율이 부족했다. 또 다른 사례로 2001년 SLD의 승리 이후, 과거 공산당 통치에 반대하던 재야 민주 세력에서 기원한 정당들은 완전히 타당한 통치 대안이 아니었다. 야당의 3분의 1에 가까운 정당이 포퓰리즘 정당으로 구성되어 연립정당으로 인정받는 데는 한계가 있었다.[145] 그 결과 공산당 후계자들의 행동을 주로 제약한 것은 그들 자신의 결점이었다.[146] 끝으로 2005년 선거 이후 야당의 몰락으로 벌어진 혼란은 폴란드 국가 행정부와 그것의 전용에 불길한 징조였다.[147]

그랬음에도 어느 정당도 스스로 권력을 중앙집권화할 수 없었고, 그렇게 할 유인도 없었다. 다음 선거에서 정권을 잃을 가능성을 고려하면, 다음 집권 연합에도 적용되는 공식적인 제약을 수립하는 것이 더 합리적이었다.[148] 또한 모든 정당은 몇 가지 주요 개혁에 대한 공통의 동기와 합의의 필요성을 인식하고 있었고, 이러한 목표를 달성하고자 다른 정당에 기꺼이 양보할 의향이 있었다.[149] 1997년에는 의회에 공식

조사위원회를 도입하면서 조사와 비판을 제도화했다. 이후 야당이 이 준비에 착수했고, 언론사 소유권에 관한 법률을 정부에 유리하게 확보하기 위한 언론 로비(르빈 게이트)나 국영석유회사의 부적절한 경영(올렌 게이트) 의혹을 조사하기 위한 광범위한 조사가 시작됐다.[150]

폴란드인들은 이러한 경쟁의 이점을 인식했다. 한 국회의원이 주장했듯이, "우리는 무슨 수를 써서라도 체코와 같은 상황만은 면해야 한다. 체코의 두 정당, 집권당과 야당은 합의에 이르렀고, 세력권을 나눴으며, 가능한 모든 곳에서 돈을 끌어 모았다. 러시아와 우크라이나의 족벌과 올리가르히는 이의 또 다른 양상이다. 이것이 우리가 원하는 것일까?"[151] 그러나 폴란드에서의 경쟁은 헝가리나 슬로베니아에서만큼 강고하지 않았다. 반공주의 재야 세력은 내부적으로 갈등과 사적인 적대감으로 가득 차 있어서, 새로운 정당이 생겨나더라도 정부에 대한 지속적인 비판을 제기하지 못한 채 사라졌다. 따라서 체코에서는 정당들이 서로를 배척해 잠재적 동반자가 제한되어 대안 연합이 없었다면, 폴란드에서는 정당들이 선거에서 살아남거나 심지어 다음 선거까지 살아남을 수 있는 동반자를 물색하기 어려웠다. 그랬음에도 폴란드와 헝가리 유권자 중 야당을 긍정적으로 평가한 응답자는 체코보다 두 배나 많았다.[152]

슬로베니아는 슬로베니아 민주야당Demokratska Opozicija Slovenije(이하 DemOS)이 부상하고, 공산당이 독립을 지지하면서 1990년 4월까지 다원주의 경쟁과 자유선거를 거쳐 (여전히 사회주의였던) 유고슬라비아연방으로부터 독립한다. 이 선거에서 DemOS가 승리했고, 공산당은 슬로베니아 자유민주당Liberalna demokracija Slovenije(이하 LDS)으로 탈바꿈*한 뒤 이후 1992년 선거에서 승리하며 야당이 선명해질 것이 확실해졌다.

LDS는 1992년부터 2000년까지 집권했는데, 이는 탈공산주의 민주주의 국가로서는 상당히 긴 집권 기간이었다. 그러나 야당이 선명해지면서 정권 교체 위협이 확실해졌고, 이는 몇 차례의 주요 연정 위기와 붕괴로 잘 드러났다.[153] 게다가 야당은 전적으로 타당성을 인정받고 있었기 때문에 연정 동반자로 고려되지 않은 야당은 없었다.

무엇보다도 야당은 비판적이었다. 슬로베니아의 국회의원들은 다른 어느 나라보다 대정부 질문 횟수가 많았는데, 국회의원 1인당 연평균 4회 이상 대정부 질문을 했다. 이러한 대정부 질문은 공식적인 조사와 함께 신임 투표의 성격을 띠었다. 야당은 1990년대 내내 끊임없는 대정부 질문을 통해 집권당의 행동을 조사하고 비판하며 집권당의 행동에 제약을 가했다. 10명(총 90명의 국회의원 중)의 야당 의원이 정부의 행동과 의도에 관한 조사에 착수했고, 이는 표준 관행이 됐다.[154] 예를 들어 LDS 정부의 외무장관 조란 탈러Zoran Thaler(1962~)는 야당의 이런 조사를 일곱 차례 받고 결국 사임했다.

1990년부터는 야당의 비판이 직접적으로 새로운 상호 보증을 만들고, 의회의 중심 역할을 재확인하는 계기가 됐다.

• 엄밀하게 말하면 모든 공산당 조직이 LDS로 재창당한 것이 아니라, 유고슬라비아 공산주의청년동맹Zveza komunistične mladine Jugoslavije, ZKM 소속의 슬로베니아 사회주의청년동맹Zveza socialistične mladine Slovenije, ZSMS이 일련의 과정을 거쳐 LDS를 창당하게 된다. 한편 슬로베니아 집권 공산당이라고 할 수 있는 슬로베니아 공산주의동맹Zveza komunistov Slovenije, ZKS은 1990년 유고 연맹을 탈퇴 후 슬로베니아 공산주의동맹-민주개혁당Zveza komunistov Slovenije-Stranka demokratične prenove, ZKS-SDP으로 개칭한다. 1990년 선거에서 민주 야당에 패한 후 1992년 사민주의 개혁당Socialdemokratska prenova, SDP으로 개칭하고, 1993년 기존 당을 해산한 뒤 일련의 과정을 거쳐 다른 세력과 연합해 사민주의연합목록Združena lista socialnih demokratov, ZLSD을 창당했다. ZLSD는 2005년 당명을 사민당Socialni demokrati, SD으로 개칭했다

"(…) 연립정부 구성원은 서로의 움직임을 감시하여 한 명의 경쟁자가 훗날 선거에서의 큰 이득으로 이어질 수 있는 정치적 이점을 얻지 못하도록 막으려 했고, 국가는 자원의 배분과 흐름, 정책 수립, 임명 배분에 대한 절차적 규칙을 마련해야 한다고 생각했다. 모든 중요한 결정은 의회의 승인을 받아야 하므로 모든 정당에는 의사를 표명하고, 경쟁자의 발의에 대응할 기회가 동등하게 부여될 것이다."[155]

언론인과 정당 대표 간의 공식적인 대립은 이러한 정당의 비판을 더욱 공론화했다.[156]

마지막으로 리투아니아와 에스토니아는 서로 다른 구성을 바탕으로 강고한 경쟁을 전개했다. 리투아니아에서는 과거 공산당이 온건한 사회민주주의 정당으로 변신했을 뿐만 아니라, 1992년 의회 선거에서 승리하며 이 지역에서 최초로 집권에 성공했다. 이후 공산당 후신인 리투아니아 민주노동당Lietuvos demokratinė darbo partija(이하 LDDP)과 반공주의 재야 세력인 리투아니아 개혁운동Lietuvos Persitvarkymo Sąjūdis, LPS 또는 Sąjūdis의 후신인 조국연맹Tėvynės Sąjunga, TS*이 번갈아 가며 권력을 잡다가 2000년 중도좌파 신연맹Naujoji sąjunga, NS의 승리로 정권이 바뀌게 된다. 리투아니아에서는 에스토니아나 라트비아에서와 달리 소수민족 정당이 위협적인 존재로 여겨지지 않았고, 모든 정당이 연정 구성에서 소외되지 않고 포함됐다.[157] 의원들은 역대 정부에 대해 질문하고 비판했으며, 의원당 연평균 3건의 대정부 질문을 제기하여 헝가리보다 높

• 리투아니아 보수당Lietuvos konservatoriai, LK이라고도 한다.

은 비율을 보였다. 마지막으로 2001년 LDDP(공산당 후신)와 사민당Lietuvos socialdemokratų partija, LSDP이 합당할 때까지 각각 공산당과 재야 세력에서 기원한 정당 간 경계는 뚜렷하게 이어졌다.

에스토니아는 강고한 경쟁이 활발했으나, 공산당이 온건하고 성공적인 민주적 경쟁자로 거듭나는 데 실패한 유일한 국가이다. 자유시장 개혁에의 여전한 약속과 법치주의, 그리고 동맹국 핀란드의 면밀한 감독하에 이뤄진 민주적 절차 및 시장 개혁이 에스토니아 정당 간 경쟁의 특이성에 부분적으로 영향을 미쳤다. 더 중요한 것은 공산주의 시대에서 비롯된 상호 의심과 분열로 인해 경쟁이 양극화됐다는 점이다. 그러나 경쟁의 지렛목은 공산당의 후신이 아니라 반공주의 재야 세력의 후신, 특히 논란의 인물인 에드가르 사비사르Edgar Savisaar(1950~2022)와 그가 이끄는 포퓰리즘 정당 EK였다. 사비사르는 1988년부터 재야 세력인 에스토니아 인민전선Eestimaa Rahvarinne 또는 RR을 이끌었고, 에스토니아가 아직 소련의 구성국이었던 1990~1992년 총리를 역임했다. 1995년 (내무부 장관으로-옮긴이) 내각에 복귀했으나 다른 정치인과의 사적 대화를 녹음한 스캔들로 인해 사임해야 했다. 이후 사비사르는 연립 정부와 탈린시의 시정을 모두 무너뜨리겠다고 위협했다. 이러한 일화는 사비사르가 정치적 음모에 몰두하고 있음을 보여줬고, 연립정부는 권력을 유지하기 위해 필사적인 조치를 취해야 했다.[158] 2002년 EK는 선거에서 승리했으나 연립정부를 구성하지 못했고, 2005년 3월까지 야당으로 머물러 있었다.[159] 역대 정부에 대한 가장 격렬한 비판자이자 논란과 비판의 가장 큰 자석 역할을 한 EK는 야당의 원천이자 대상인 공산당의 후계 정당과 동등한 역할을 했다.

한편 야당들은 타당하면서도 매우 격렬한 비판을 광범위하게 제기했다. 게다가 1991~1992년에 통과된 제한적인 〈국적법Kodakondsuse seadus〉으로 인해 (독립-옮긴이) 초기에는 소수의 러시아계만이 투표할 수 있었다.[160] 역설적인 것은 이러한 참여 제한으로 경쟁이 강해졌고, 러시아계 소수민족 정당이 부상해 의회에서 배척당하는 일이 일어나지 않았다는 사실이다.[161] 따라서 모든 정당이 연정 대상으로 고려됐고, 대안 정부가 많아지면서 집권당에 상당한 교체 위협이 제기됐다.[162] 에스토니아에서는 정당 간 경쟁의 치열함을 고려하면 더욱 그러했다(의원들은 매년 평균 3.5건 이상의 질의를 했다). 정부는 야당이 제기하는 비판과 부정행위에 대한 비난에 시달렸고,[163] 원내 정당들은 서로의 행동을 지속해서 감시했다.

그러나 다른 곳에서는 공산당의 재창당 실패(또는 퇴진)로 인해 경쟁이 활발히 이뤄지지 못했다. 초기 체코와 슬로바키아에서는 각각 반공주의 재야 운동인 시민포럼Občanské Fórum, OF과 폭력을반대하는민중Verejnosť Proti Násiliu, VPN이 의회를 주도하고 있었다. 이후 이들은 분열됐지만, 1992년 선거부터 상기 운동의 주요 계승자들, 체코에서는 바츨라프 클라우스Václav Klaus(1941~2003)가 이끄는 ODS가, 슬로바키아에서는 블라디미르 메치아르Vladimír Mečiar(1942~)가 이끄는 민주슬로바키아를위한운동Hnutie za Demokratické Slovensko(이하 HZDS)이 각 국가의 의회를 지배했다. 1993년 체코슬로바키아가 평화적으로 두 개의 공화국으로 분리되면서 이 두 정당은 계속해서 정치를 지배했고, 이들의 통치에 반대하는 세력은 1990년대까지 사실상 소외되고 분열됐다. 같은 엘리트 집단이 8년 넘게 통치했고, 집권당인 ODS와 HZDS는 각각 세 차례 선거에서 승리했다. 재선과 실각을 거듭하며 정치적 논쟁의 조건을 공식화한[164] 그들은 야당을 불법화하고, 국가와 정당 사이의 경계를 모호하게 만들 수 있는[165] 제1당과 매우 흡사하게 행동했다.[166] 체코에서는 공산당이 권력에서 물러났지만, 스스로 재창당하지 못하면서 경쟁이 선명해지지 못했다. 집권당인 ODS는 의회에서 근소한 과반—과반에서 5석 이상(전체 200석 중 105석)을 넘지 않는—을 차지했다.[167] 그러나 의회 내에 반대 세력은 없었다. 가장 큰 두 야당인 공산주의청년동맹Komunistický Svaz Mládeže, KSM과 공화국을위한연합-체코슬로바키아공화당Sdružení pro republiku–Republikánská strana Československa Miroslava Sládka(이하 SPR-RSČ)은 모든 연정에서 선험적으로 사전에 배제됐고, 한 분석가는 주요 정당들이 의회의 5분의 1을 게임에서 밀어냈다고 결론 내렸다. 이런 점에서 체코에서는 개방성보다는 중층결정overdetermination*이 연정 구성의 특징인 듯하다.[168] 정부에 진입하지 못한 정당이 의석의 20퍼센트를 차지했기 때문에 야당은 다른 국가의 사례보다 훨씬 덜 타당했다.

또한 몇 년 동안 다른 타당하고 비판적인 야당도 없었고, ČSSD가 집권당인 ODS를 확실하게 위협할 대안을 만드는 데는 7년이 소요됐다. 1990년대 후반까지 ČSSD는 득표율 6퍼센트, 의석수는 8퍼센트 미만에 불과해 위협적인 존재가 되지 못했다. 의석 점유율에 비례하여 정당에 지급되는 넉넉한 의회 보조금이나 소속 의원들에게 의존할 수 없었기 때문이다. 따라서 1990년대 내내 깊숙이 자리 잡은 두 정치적 경쟁자를 구분하기 어려웠으며, 각각은 정부에 속하지 않고도[169] ČSSD과 ODS에서 생존할 조직력을 갖추고 있었다. 의회는 기본적으로 ODS 정책에 대한 거수기로 기능했다.[170] 당연히 1996년 이전까지 체코 의회

---

* 관찰된 단일 효과가 여러 원인—그중 하나만으로도 효과를 설명('결정')하기에 충분할 수 있는—에 의해 결정될 때 발생한다.

에서 정부 행동에 대한 조사가 착수된 것은 단 한 건에 불과했다.[171]

1996년 선거(ODS 승리) 전까지는 반反-ODS 연립정부 구성이 불가능했다. 당시에도 ČSSD는 KSČM 및 SPR-RSČ와 연립정부를 구성해야만 집권할 수 있었는데, 이는 체코의 모든 정당이 거부한 동맹이었다. 한 저명한 야당 인사는 의회에는 집권당에 대한 중도적 대안이 없다고 결론지었다.[172] 그 사이 ODS는 경제에 관한 중요한 의사 결정의 중앙 통제를 극대화하는 동시에, 경쟁자에 대한 진입장벽을 세우는 것에 초점을 맞춘 통치 전략을 취했다.[173] 1990~1992년에 잠시 시행된 비례대표 할당 관행을 깨고 11개 원내 위원회의 모든 위원장직을 연립정부 소속 의원이 맡았다. 야당 자체가 오랫동안 분열되고 일관성이 없었기에,[174] ODS가 주도하는 집권 연합은 자신 있게 권력을 집중하고, 국가 행정 개혁이나 시장 규제를 거부할 수 있었다.[175] 게다가 ODS는 정부를 장악하고 있어서 연정 동반자들이 반대해도 자신들의 의사를 밀어붙였다.[176]

ODS를 무너뜨린 것도 야당이 아니라 소속 의원들의 탈당이었다. 일부 엘리트들은 클라우스와 결별하고 자유연합Unie Svobody(이하 US)을 창당하는 등 ODS의 과도한 권한을 점점 더 용납할 수 없었다. 이러한 균열과 극단주의 야당에 대한 지속적인 거부로 인해 1998년 선거에서 사실상 교착 상태에 빠진 ODS는 집권 연립정부를 구성할 수 없었다. ČSSD도 연립정부를 구성할 수 없었고, 어느 정당도 단독으로 집권할 표를 얻지 못했다. 두 정당은 서로 반목하는 대신 ČSSD의 통치를 허용하는 정치적 불가침 조약인 야당협정을 체결했다. 두 정당은 의회 지도부를 나누어 갖고 서로를 헐뜯거나, 비판하지 않기로 합의했다. 이 정부는 투명성이 부족하고, 지원자가 한 명만 허용되는 공개 입찰 결정

을 재량으로 사용한다는 이유로 많은 비판을 받았다.[177]

다른 정당들의 항의와 대통령 바츨라프 하벨Václav Havel(1936~2011)에게 합의를 무시하라는 요구가 있었음에도 이 제도는 2002년까지 지속됐다. 이 두 정당은 의회에서 너무 많은 의석(전체 의석의 64퍼센트)을 차지하고 있었기 때문에 투표 규율을 집행하는 데 신경 쓸 필요가 없었다.[178] 대통령이 거부권을 행사한 21개 법안 중 의회에서 수정된 법안은 4개에 불과했다. 나머지는 대통령 거부권을 무효화하여 입법됐다.[179] ČSSD에 대한 불신임 투표를 지지하지 않는 대가로 ODS는 기존의 (대개 ODS와 관계가 있는) 시장 지배적 행위자[180]의 입지를 강화하는 경제 관련 법과 장관직을 받았다. 두 정당은 또한 장기적으로 우위를 확보하고자 명시적으로 다수결 선거법을 추진했다. 2001년 1월 대법원에서 해당 법률을 위헌으로 선고하긴 했으나, 이 법률로 인해 ODS가 이전에 추구했던 권력 집중과 반대 세력 제거를 공고히 할 뻔했다. 공산당은 계속 배척당했고, 의회에서 유일하게 비판적이고 타당한 반대 세력은 기독민주연맹-인민당Křesťanská a Demokratická Unie–Československá Strana Lidová, KDU-ČSL과 US였는데,[181] 이들은 총 39석, 17.5퍼센트의 의석을 차지했다. 연정이 정치 현장을 완전히 장악하고 있었고, 따라서 그들의 오만한 통치를 평가할 때 평론가들은 불변의 안정성stability of the graveyard과 실질적인 비가역성virtual unrecallability을 꼬집었다.[182] 결국 2002년 선거에서 ČSSD가 승리했을 때, 수년간의 손쉬운 전리품 획득은 부패 척결 운동과 국가 개혁 노력에 관한 그들의 주장을 무색하게 했다.

슬로바키아에는 분석하려는 기간에 선명하거나 비판적인 야당이 안정적으로 존재하지 않았다. 1998년까지 **모든** 정부는 어느 정도 탈공산주의적이었다. 전 공산당 엘리트들은 공산당에 남아 재창당하기보

다는 HZDS·슬로바키아인민당Slovenská Národná Strana, SNS·슬로바키아
노동자조합Združenie Robotníkov Slovenska(이하 ZRS)·민주연합Demokratická
Únia, DÚ, 공산당의 공식 계승 정당인 민주좌파당Strana Demokratickej
Ľavice(이하 SDĽ) 등 여러 정당으로 흩어져 활동했다. 그 결과 선명하게
제시되거나, 상호 비판적인 진영은 생겨나지 않았다. 공산주의 후계자
SDĽ은 민주적 규범을 고수했으나, HZDS 연립정부에 합류하면서 야
당으로서 기능이 약해졌다. 기독민주운동Kresťanskodemokratické hnutie,
KDH(이하 KDH)은 정부의 결함보다는 내부 투쟁에 주력했고, 헝가리 내
소수민족 정당은 1998년까지 연정 동반자로 받아들여지지 않았다. 따
라서 이들 정당은 HZDS를 위협하지 못했다. 연정 동반자였던
ZRS(1994~1998년 원내 정당)와 SNS(1990~2002년 원내 정당)는 극단주의적
관점 탓에 다른 정당들이 받아들일 수 없었으므로, HZDS의 입장에 완
전히 종속되어 있었다.

야당의 약점 덕에 메치아르의 HZDS는 제약 없이 국가 자원을 전
용할 수 있었다. 1991년과 1994년에 잠시 자리에서 물러나야 했지만,
HZDS는 지배력을 상실하지 않았다. 두 차례 모두 야당의 노력보다는
메치아르 지지자들의 탈당으로 인해 HZDS가 권력에서 밀려난 결과
였다. 이 두 시기에 야당은 더욱 약해지고 사기가 꺾인 데 반해,[183] 메치
아르는 권력을 공고히 했다. 연립정부는 모든 위원회와 지도부를 장악
하고 의회 규칙을 변경했으며, 선거법을 개정하여 원내 정당을 차별하
고, 대통령의 모든 비공식 권한을 박탈했다. 야당이 힘을 모으고 합치는
데는 수년이 걸렸고, HZDS는 야당을 사법적으로 해산시키려는 위협[184]
을 가했다. 그 결과 HZDS는 1998년 선거에서 승리했으나 연립정부를
구성하지 못해[185] 사실상 권력을 상실했다. 그제야 비로소 공무원·지역

·감독·규제 개혁이 시작됐다.

체코와 슬로바키아에서는 강력한 정당과 도전받지 않는 정당이 상대적으로 재집권을 확신하고 있었다. 이들은 공무원 개혁, 자율적인 공식 감독 기관의 강화 및 신설, 분권화를 통한 권력의 하향 이양을 통해 정당의 행동을 제약할 유인이 없었다. 이러한 모든 움직임은 상당한 의사 결정 권한과 불질적 자원을 집권당의 손에서 앗아갈 것이었다. 이 정당들은 여전히 국가를 건설하고 있었지만, 그러면서도 공식적인 감독 및 규제 제도를 지연시키고, 국가 자원을 유용할 수 있는 더 큰 재량권을 형성했다.

강고한 경쟁의 중요성은 라트비아에서 더욱 잘 드러난다. 표면적으로 라트비아의 성낭 체제는 높은 정권 교체율과 분열로 인해 경쟁이 치열하다. 그러나 체제 전환 초기에는 선명하거나 타당하거나 비판적인 야당이 없었다. 공산당이 재창당함으로써 엘리트들이 뚜렷하게 구획되지 않고, 1991년 이후 통합된 엘리트―개혁 공산주의자·과거 공산주의자·비공산주의자·이주민 라트비아인―가 정치권력을 휘둘렀다.[186] 공산권 해체 이후 모든 정부는 반공주의 민족주의 연립정부였고, 제1야당인 친러시아 성향의 통합라트비아의인권을위하여Par cilvēka tiesībām vienotā Latvijā(이하 PCTVL)*(의석의 19퍼센트 차지)의 참여는 원천적으로 배제됐다.[187] 또한 다른 조사 대상 사례에 비해 의회 비판이 적었으며, 국회의원들의 연간 대정부 질문 비율도 가장 낮았다.

라트비아의 민주주의 정당 중 하나인 라트비아의길Latvijas Ceļš(이하 LC)은 모든 민주적 연합의 핵심이자 주요 수혜자가 됐다. LC는 라트비아에서 가장 강력한 정치 행위자 중 하나가 됐다. 전직 장관을 대상으로 한 설문조사에서 복수의 응답자가 라트비아에서 가장 중요한 정치

행위자로 LC를 꼽았다.[188] LC는 5명의 총리를 배출했으며, 라트비아 영
토를 통과하는 러시아 송유관의 중요성을 고려한다면 수익성 높은 외
무부와 교통부를 모두 장악했다. 상대적으로 집권 복귀가 확실했던 LC
는 연정 협상의 일환으로 제약을 수립하거나, 요구할 유인이 없었기 때
문에 대다수 공식적인 국가 기관은 1999~2000년까지 약해지거나 지
체됐다.[189] 그 사이 LC가 교통부를 장악하고 행정 개혁을 거부함으로써
송유관 수익이 정당으로 흘러 들어가고, 행정직 채용이 무분별하게 이
뤄질 수 있었다.

불가리아—또는 루마니아와 알바니아 등 다른 나라들에서도—에
서처럼 공산당이 계속 집권한 곳에서는 야당의 입지가 더욱 좁아졌
다.[190] 통치에서 배제된 정당은 없었지만, 야당이 비판적이지도 선명하
지도 않았기 때문에 이러한 높은 지지율은 큰 의미가 없었다. 국회의원
들의 대정부 질문 횟수는 1년에 1.5회 정도에 불과했고, 야당이 정부에
대한 비판을 제기하거나 공론화할 다른 통로도 없었다. 그리고 공산당
의 후계자는 제도 수립 및 공산주의 관행의 유지와 관련해 주요 결정
이 내려졌던 중요한 이행기 동안, 스스로 변화하기는커녕 권력에서 물
러나지도 않았다.

불가리아 공산당Българска Комунистическа Партия, БКП과 그 후신
인 불가리아 사회당Balgarska Socialisticheska Partija(이하 BSP)은 야당이 없는
상황에서 계속해서 국가 자원을 유용하여 자신들에게 유리한 이점을

• 1998년에 창당했으며, 2014년 라트비아 러시아계연합(라트비아어로 Latvijas Krievu savienība, LKS, 러
  시아어로 Русский союз Латвии,РСЛ)으로 당명을 바꿨다. 정당 성격상 공식 당명도 라트비아어와 러시아
  어로 표기한다.

형성했다. 1990년 6월 민주적으로 선출된 공산주의자들은 1991년 10월 불가리아 사회당 내부의 분열과 사회 불안으로 인해 선거를 치를 때까지만 집권할 수 있었다. 새로운 야당 정부는 1년밖에 유지되지 못했고, 이를 대체한 사회당 통치는 1997년까지 이어졌다. 그 후 2001년 선거에서 시메온2세국민운동Национално движение "Симеон Втори" ―제2차 세계대전 이전 불가리아 군주제의 후손으로, 전쟁 후 망명에서 돌아온 시메온의 이름을 따서 명명―이 승리할 때까지 불가리아 사회당과 분열된 야당인 민주세력동맹Съюз на демократните сили, сдс 이 번갈아 가며 정권을 잡았다. 그러나 2001년까지 불가리아는 공산당 출신 또는 연립정부가 통치했으며, 이들은 강력한 거부권을 행사할 수 있었다.[191]

결론

탈공산주의 민주주의 국가에서 정당들이 국가 자원 전용을 선택한 이유는 민주주의에의 헌신을 위해 (국가 자원-옮긴이) 약탈 및 정당과 국가의 융합을 용납할 수 없었고, 고전적 후견을 추구할 조직 자원이 부족했기 때문이었다. 대신 탈공산주의 국가를 재건하는 과정에서 그들은 국가 자원 전용을 추구할 동기와 기회, 구체적인 수단, 즉 국가 기관과 국가 자원에 접근할 수 있는 채널을 동시에 구축할 동기와 기회를 얻었다.

이 정당들은 권위주의 체제로 후퇴하는 것을 두려워했기 때문에 강고한 경쟁이 없었더라도 집권당이 야당을 노골적으로 탄압하거나,

국가를 쉽게 먹잇감으로 삼지 않았다. 조직된 지 얼마 안 된 취약한 정당들은 정권 교체와 그에 따른 이권 박탈을 두려워했다. 이를 가장 잘 보여주는 정당은 불가리아의 BSP와 슬로바키아의 HZDS로, 각각 재창당하지 않은 공산주의 조직과 많은 관리 엘리트의 은신처로서 공산주의 체제와 가장 많은 관계를 맺고 있다. 그러나 권력이 보장되지 않는 상황에서 제도적 안정성을 구축해야 했기 때문에 이들조차도 단순하게 탐욕스러워지지는 않았다.

탈공산주의 국가에서 국가 기구 재건과 국가 자원 전용의 양상은 새로운 민주주의 국가에서 정당이 국가로부터 어떻게 이익을 추구하는지를 보여준다. 새로운 제도적 질서를 수립하는 과정에서 정당은 자신의 생존을 보장하고, 새로운 민주주의 체제를 유지하려고 노력한다. 다음 장에서 주장하듯이, 강고한 경쟁에 직면한 정당들은 서로와 국가를 위해 국가 자원 전용에 대한 공식적인 상호 보장을 조형해낼 것이다.

주

1   Rose-Ackerman 1978; Golden, Miriam, and Chang, Eric. 2001. "Competitive Corruption: Factional Conflict and Political Malfeasance in Postwar Italian Christian Democracy", *World Politics*, 53: 588-622.

2   Rose-Ackerman 1978; North, Douglass. 1981. *Structure and Change in Economic History*. New York: W. W. Norton, p. 35.

3   Kitschelt, Herbert, and Wilkinson, Steven, eds. *Forthcoming. Patrons, Clients, and Linkages*. Manuscript, Duke University.

4   Kitschelt, Herbert. 2000. "Linkages Between Citizens and Politicians in Democratic Polities", *Comparative Political Studies*, 33, 617: 845-879. 출간 예정인 Kitschelt and Wilkinson도 참조.

5   Coppedge, Michael. 2001. "Political Darwinism in Latin Americas Lost Decade" in Larry Diamond and Richard Gunther, eds. *Political Parties and Democracy*. Baltimore: Johns Hopkins Press: 173-205, p. 177.

6   Greene, Kenneth. 2004. *Defeating Dominance: Opposition Party Building and Mexicos Democratization in Comparative Perspective*. Ph.D. Dissertation, University of California at Berkeley 참조.

7   LLevitsky, Steven. 2003. *Transforming Labor-Based Parties in Latin America*. Cambridge: Cambridge University Press.

8   Kaplan, Karel. 1987. *The Short March: The Communist Takeover of Power in Czechoslovakia, 1945-1948*. New York: St. Martins Press; idem. 1993. *Aparát ÚV KSČ v letech 1948–1968. Sešity Ústavu pro Soudob Dějiny AV ČR, Sv. 10* 참조.

9   Jones Luong, Pauline. 2002. *Institutional Change and Political Continuity in Post-Soviet Central Asia: Power, Perceptions, and Pacts*. Cambridge: Cambridge University Press. 이들 국가는 민주주의에 헌신하지 않고 정당과 국가가 융합된 당-국가 체제를 유지했다.

10   Lindberg, Staffan. 2004. *The Power of Elections: Democratic Participation, Competition, and Legitimacy in Africa*. Lund: Lund University.

11   Ichino, Nahomi. 2006. *Thugs and Voters: Political Tournaments in Nigeria*. Ph.D. Thesis, Stanford University.

12   Hutchcroft, Paul. 1998. Booty Capitalism. Ithaca: Cornell University Press, p. 7.

13   Rose-Ackerman 1978, pp. 18-58. 엘리트들이 자신들의 퇴출 가능성을 믿지 않을 경우, 시간이 지남에 따라 먹잇감을 재분배할 가능성이 크다는 사실에 주목할 것.

14   Coppedge 2001, p. 176.

15   Crenson, Matthew, and Ginsberg, Benjamin. 2004. *Downsizing Democracy*. Baltimore: Johns Hopkins Press, p. 24.

16   Piattoni, Simona. 2001. "Introduction" in Piattoni, Simona, ed. *Clientelism, Interests, and Democratic Representation*. Cambridge: Cambridge University Press, p. 6. Chandra, Kanchan. 2004. *Why Ethnic Parties Succeed*. Cambridge: Cambridge University Press 참조.

17   Kitschelt, Herbert, and Wilkinson, Steven. 출간 예정. "Citizen-Politician Linkages: An Introduction" in Kitschelt and Wilkinson 출간 예정.

18   Plasser, Fritz, Ulram, Peter, and Grausgruber, Alfred. 1992. "The Decline of Lager Mentality and the New Model of Electoral Competition in Austria" in Luther, Kurt Richard, and Mller, Wolfgang, eds. *Politics in Austria: Still a Case of Consociationalism?* London: Frank Cass, p. 18.

19   Levitsky, 2003, p. 194.

20   Morlino, Leonardo. 2001. The Three Phases of Italian Parties, in Diamond, Larry, and Gunther, Richard, eds. *Political Parties and Democracy*. Baltimore: Johns Hopkins Press, pp. 109-142, p. 118.

21   Richardson, Bradley. 2001. "Japans 1995 System and Beyond" in Diamond and Gunther. *Political Parties and Democracy*. pp. 143-169, p. 147.

22   Thayer, Nathaniel. 1969. *How the Conservatives Rule Japan*. Princeton: Princeton University Press.

23   Shefter, Martin. 1994. *Political Parties and the State: The American Experience*. Princeton: Princeton University Press.

24   Kitschelt and Wilkinson forthcoming, pp. 29-30.

25   Luther and Mller 1992, p. 9.

26   Tarrow, Sidney. 1990. "Maintaining Hegemony in Italy: The Softer They Rise, the Slower They Fall!" in Pempel, T. J., ed. *Uncommon Democracies: The One-Party Dominant Regimes*. Ithaca: Cornell University Press, pp. 306-32, p. 312.

27   자세한 수치는 부록 A를 참조할 것. 불가리아 사회당BSP과 루마니아 사민당Partidul Democrației Sociale in România. PDSR은 공산당 후계자로서 조직 해산을 막으려 노력했다. 폴란드 인민당PSL도 지역 정당 조직에 자원을 투입하려 했으나 야당과 연정 동반자인 민주좌파연맹SLD의 제약을 받았다.

28   Ost, David. 1991. "Shaping a New Politics in Poland", Program on Central and Eastern Europe Working Paper Series, Center for European StudiesCES, Harvard University, No. 8; Szelenyi, Ivan, and Szelenyi, Sonya. 1991. "The Vacuum in Hungarian Politics: Classes and Parties", *New Left Review* (May-June): 121-137; Pankw, Irena. 1991. "Przemiany rodowiska społecznego Polakw w latach osiemdziesiatych", *Kultura i Społeczenstw* 1: 53-65; Lewis, Paul, and Gortat, Radzisława. 1995. "Models of Party Development and Questions of State Dependence in Poland", *Party Politics*, 4: 599-608.

29   탈공산주의 국가의 지자체당 정당 조직은 슬로베니아 0.01개, 라트비아 0.05개, 폴란드 0.64개, 슬로바키아 0.68개로 다양했다. 1989년 서유럽 정당은 지자체당 평균 2.5개의 정당 조직을 보유하고 있었다. Scarrow, Susan. 2002. "Parties Without Members?" in Dalton, Russell, and Wattenberg, Martin, eds. *Parties Without Partisans: Political Change in Advanced Industrial Democracies*. Oxford: Oxford University Press.

30   Levitsky 2003, p. 30.

31   제곱킬로미터당 모든 정당 단위의 비율은 0.19(체코)·0.09(슬로바키아)·.07(헝가리)·.05(슬로베니아 및 리투아니아)·.018(폴란드)·.010(불가리아)·.009(에스토니아)·.008(라트비아)이다.

32   Perkins, Doug. 1996. "Structure and Choice: The Role of Organizations, Patronage, and the Media in Party Formation", *Party Politics*, 2, 3: 355-375.

33   Elster et al. 1998, p. 136.

34   재건되지 않은 불가리아의 탈공산주의 정당부터 헝가리 기독민주당과 당원들의 사회화 목표에 이르기까지 예외가 있었다. Enyedi, Zsolt. 1996. "Organizing a Sub-Cultural Party in Eastern Europe", *Party Politics*, 2, 3: 377-396 참조.

35   Ilonszki, Gabriella. 1998. "Representation Deficit in a New Democracy: Theoretical Considerations and the Hungarian Case", *Communist and Post-Communist Studies*, 14: 157-170; Turner, Arthur. 1993. "Post-authoritarian Elections: Testing Expectations About First Elections", *Comparative Political Studies*, 26, 3 October: 330-349.

36   중앙유럽대학교Central European University의 가보르 토카Gábor Tóka가 기계 판독할 수 있는 데이터 형식으로 동유럽의 정당 체제와 선거구 획정에 관한 데이터베이스를 제공했다.

37   Bartolini, Stefano, and Mair, Peter. 1990. *Identity, Competition, and Electoral Availability*. Cambridge: Cambridge University Press; Lewis, Paul. 2000. *Political Parties in Post-Communist Eastern Europe*. London: Routledge. 서유럽의 비율은 평균 9퍼센트이다.

38   Mair, Peter. 1995. Political Parties, Popular Legitimacy, and Public Privilege, *West European Politics*, 18, 2 July: 4057, p. 45.

39   International Institute for Democracy and Electoral Assistance. 2005. Voter Turnout Report. Available at http://www.idea.int/vt. Accessed 20 January 2005.

40   Dyson, Kenneth. 1970. *Party, State, and Bureaucracy in Western Germany*. Sage Professional Papers in

Comparative Politics No. 01063. Beverly Hills: Sage 참조.

41 Della Porta, Donatella. 2000. *Political Parties and Corruption: 17 Hypotheses on the Interactions Between Parties and Corruption*. EUI Working Papers RSC 2000/6; O'Dwyer 2004.

42 Nunberg, B., ed. 1999. *The State After Communism*. Washington: World Bank; gh, A., ed. 1994. *The First Steps*. Budapest: Hungarian Centre of Democracy Studies.

43 Hirszowicz, Maria. 1980. *The Bureaucratic Leviathan*. Oxford: Martin Robertson, pp. 22-23; Fainsod Merle. 1958. *Smolensk Under Soviet Rule*. Cambridge: Harvard University Press; Hough, Jerry. 1969. *The Soviet Prefects*. Cambridge: Harvard University Press.

44 유사한 국가 자원의 획득은 국가 및 국가 하부구조 권력의 부상 과정에서 발생했다. Mann, Michael. 1988. *States, War, and Capitalism*. Oxford: Basil Blackwell, p. 29 참조.

45 따라서 1996년 중반까지 민간 부문이 GDP에서 차지하는 비중은 불가리아와 슬로베니아 45퍼센트, 라트비아와 폴란드 60퍼센트, 헝가리와 슬로바키아 70퍼센트, 체코는 75퍼센트에 달했다. 규제 및 감독 비율은 슬로베니아와 헝가리가 가장 높았고, 폴란드·체코·슬로바키아·라트비아·불가리아가 그 뒤를 이었다. 1999년 금융 규제 등급(1~5점 척도)은 폴란드와 헝가리 4점, 슬로베니아와 슬로바키아 3점 이상, 체코 3점, 라트비아와 불가리아는 3점이었다. European Bank for Reconstruction EBRD. 1996. Transition Report. London: EBRD 참조.

46 Humphrey, Caroline. 2002. *The Unmaking of Soviet Life*. Ithaca: Cornell University Press.

47 Stark, David, and Bruszt, Laszlo. 1998. *Post-socialist Pathways*. Cambridge: Cambridge University Press, pp. 1802. 정치 경쟁을 방해하는 방법으로 국가 행정 자원의 비공식적 사용에 대한 분석은 Allina-Pisano, Jessica. 2005. Informal Politics and Challenges to Democracy: Administrative Resource in Kuchmas Ukraine. 미발간 원고, Harvard University 참조.

48 보에치에크 미시옹크Wojciech Misiag(전직 폴란드 재정부 차관), *Wprost*, 3 June 2001.

49 Poggi, Gianfranco. 1990. *The State: Its Nature, Development, and Prospects*. Stanford: Stanford University Press, p. 117; Przeworski, Adam. 1990. *The State and the Economy Under Capitalism*. London: Harwood Academic Publishers, p. 58.

50 Goldsmith, Arthur. 1999. "Africas Overgrown State Reconsidered", *World Politics*, 4: 52046.

51 Schavio-Campo, Salvatore, do Tommaso, G., and Mukherjee, A. 1997a. "Government Employment and Pay in Global Perspective", World Bank Policy Research Working Paper No. 1771.

52 Szomolányi, Soa. 1997. "Identifying Slovakias Emerging Regime" in Szomolányi, Soa, and Gould, John, eds. *Slovakia: Problems of Democratic Consolidation*. Bratislava: Friedrich Ebert Foundation, p. 9.

53 Szoboszlai, Gyrgy. 1985a. "Bureaucracy and Social Control" in Szoboszlai, Gyrgy, ed. *Politics and Public Administration in Hungary*. Budapest: Akadmiai Kiad, p. 167.

54 Hojnacki, William. 1996. "Politicization as a Civil Service Dilemma" in Bekke, Hans, Perry, James, and Toonen, Theo, eds. *Civil Service Systems in Comparative Perspective*. Bloomington: Indiana University Press, pp. 137-164, p. 156.

55 Staniszkis 1999.

56 O'Neil, Patrick. 1998. *Revolution from Within*. Cheltenham: Edward Elgar, p. 215.

57 FFriedrich, Carl, and Brzezinski, Zbigniew. 1956. *Totalitarian Dictatorship and Autocracy*. Cambridge: Harvard University Press, p. 181.

58 1988년 노멘클라투라 권력 지위 보유자의 절반만이 1993년에 집권했다. 구체적인 비율은 체코 51.7퍼센트, 헝가리 43.1퍼센트, 폴란드 51.2퍼센트이다. Eyal, Gil, Szelnyi, Ivan, and Townsley, Eleanor. 1998. *Making Capitalism Without Capitalists*. London: Verso, p. 117.

59 Shefter 1994. Ansell, Christopher, and Burris, Arthur. 1997. "Bosses of the City Unite! Labor Politics and Political Machine Consolidation, 1870-1910", *Studies in American Political Development*, 11 Spring: 143 참조. 오드와이어는 2004년 논문에서 셰프터가 1994년 저작에서 제기한 논의를 탈공산주의에 따른 조건에 적용한다.

60 Shefter 1994.

61   Holmes 1996, p. 68.

62   O'Dwyer, Conor. 2002. "Civilizing the State Bureaucracy: The Unfulfilled Promise of Public Admin-
istration Reform in Poland, Slovakia, and the Czech Republic(1990-2000)", Berkeley Program in Soviet
and Post Soviet Studies, Occasional Paper, Spring. 그러나 정부 통계에 따르면, 이러한 직책은 만들어
진 것이 아니라 **이동된** 것으로 추정된다.

63   Della Porta 2000.

64   카르텔에는 내부 파벌을 유지하고, 위반을 단속·처벌할 능력, 수요와 공급의 침체를 극복할 능력이 더
욱 필요하다. Spar, Deborah. 1994. *The Cooperative Edge: The Internal Politics of International Cartels*. Itha-
ca: Cornell University Press 참조. 정책에 대한 선호가 불균등한 강도로 유지되고, 당사자들이 협상할
여러 이슈가 있으며, 반복적인 참여가 보장된다면 이면 대가는 지지를 매수하는 데 효과적일 수 있다.
Buchanan, James, and Tullock, Gordon. 1963. *The Calculus of Consent: Logical Foundations of Constitution-
al Democracy*. Ann Arbor: University of Michigan Press. 배리 와인가스트와 윌리엄 마셜William Marshall은
로그롤링의 시간적 측면과 교환의 비동시성을 강조한다. Weingast, Barry, and Marshall, William. 1988.
"The Industrial Organization of Congress"; 또는 "Why Legislatures, Like Firms, Are Not Organized as
Markets", *Journal of Political Economy*, 96, 1: 132-163.

65   정치적 주권은 유권자에게 있으므로, 어떤 정부도 미래의 모든 정부를 사전에 완전히 결정할 수는 없
다. Adam Przeworski. 1997. "The State in a Market Economy" in Nelson, Joan, Tilly, Charles, and
Walker, Lee, eds. *Transforming Post-Communist Political Economies*. Washington: National Academy
Press, p. 418.

66   따라서 대연정을 유권자 기만과 어리석음이라고 비난하던 두 정당의 지도자는 대연정이 정치의 안정
과 실용주의를 보장하는 최선책이라고 발표했다. *Pravda*, 2 May 2002 참조.

67   탈공산주의 국가에서 이러한 압력의 구체적인 사례는 Róna-Tas, Ákos. 1997. *The Great Surprise of the
Small Transformation*. Ann Arbor: University of Michigan Press 참조.

68   Howard, Marc Morj. 2003. *The Weakness of Civil Society in Post-Communist Europe*. Cambridge: Cam-
bridge University Press.

69   McMann, Kelly. 2003. The Civic Realm in Kyrgyzstan: Soviet Economic Legacies and Activists Expec-
tations, in Jones Luong, Pauline, ed. *The Transformation of Central Asia: States and Societies from Soviet Rule
to Independence*. Ithaca: Cornell University Press, pp. 213-45.

70   Terra, Jonathan. 2002. Political Institutions and Post-communist Transitions. 5월 부다페스트 제4회
연례 비교연구학회 대학원생 수련회 발표 논문.

71   Lewis 2000, p. 115.

72   Stein, Jonathan. 1998. Still in Bed Together, *New Presence* January. 언론인들은 신문사에서 국유재산기
금FNM으로 자리를 옮겼고, 『존중Respekt』의 편집자는 총리 요제프 토숍스키Josef Tošovský(1950~)의 특별고
문이 됐으며, ČSSD 의원들은 선거 전후로 『인민신보Lidové noviny』에 사설을 기고했다.

73   Stroehlein, Andrew. 1999. The Czech Republic 1992 to 1999, *Central Europe Review*, 13 September.

74   Czabański, Krzysztof. 2003. Rywin TV, *Wprost*, 26 October, p. 302.

75   Persson, Torsten, and Tabellini, Guido. 2002. *Political Economics*. Cambridge: MIT Press; Holmstrom,
Bengt 1982. "Managerial Incentive Problems: a Dynamic Perspective" in *Essays in Economic and Man-
agement in Honor of Lars Wahlbeck*. Stockholm: Swedish School of Economics; Geddes, Barbara. 1994.
The Politicians Dilemma. Berkeley: University of California Press; Ferejohn 1986; Przeworski 1995,
Przeworski et al. 1997, p. 426; Vachudová, Milada Anna. 2005. *Europe Undivided: Democracy, Leverage
and Integration After Communism*. Oxford and New York: Oxford University Press, ch. 1; Stepan, Alfred.
1994. "Corruption in South America" in Trang, Duc, ed. *Corruption and Democracy*. Budapest: CEU.

76   따라서 홀름스트룀Bengt Robert Holmström의 1982년 논문과 퍼슨Torsten Persson·타벨리니Guido Enrico Tabellini
의 2002년 논문은 유권자의 감시를 입증하기보다는 가정하고 있다. 이러한 가정은 기존 민주주의 국가
에서는 타당할 수 있지만, 탈공산주의 국가에서는 그렇지 않다.

77   Mattli, Walter, and Plümper, Thomas. 2002. "The Demand-Side Politics of EU Enlargement: Democ-

racy and the Application for EU Membership". *Journal of European Public Policy*, 9, 4: 550-574, p. 559. Montinola and Jackman 2002 또한 참조.

78   라트비아는 아마도 진영 내 유동성의 가장 극단적인 사례일 것이다. 선거에서 승리한 각 정당은 선거가 1년도 채 남지 않은 시점에 결성됐다. AAuers, Daunis. 2002/2003. "Latvias 2002 Elections: Dawn of a New Era?" *East European Constitutional Review*, 11/12, 4/1 (Fall/Winter): 106-110.

79   또한 제임스 피론James Fearon(1963~)이 지적했듯이, 유권자는 공직자에게 유권자에 대한 직접적인 책임을 기대하기보다는 좋은 유형을 기준으로 공직자를 선택할 수 있다. 사실상 유권자는 정책 입안자를 직접 감시하기보다는 권력을 위임하고, 책임 소재를 가리기보다는 분류 기제로서 선거에 의존한다. Fearon, James. 1999. Fearon, James. 1999. "Electoral Accountability and the Control of Politicians: Selecting Good Types Versus Sanctioning Poor Performance", Przeworski, Adam, Stokes, Susan, and Manin, Zernard. 1999. *Democracy, Accountability, and Representation*. New York: Cambridge University Press, 55-97.

80   Frye, Timothy. 2002. "The Perils of Polarization", *World Politics*, 54 April: 308-37; Orenstein, Mitchell. 2001. *Out of the Red: Building Capitalism and Democracy in Post-Communist Europe*. Ann Arbor: University of Michigan Press; Hellman 1998; Montinola and Jackman 2002, p. 151. 몬티놀라Gabriella Montinola와 잭맨Robert Jackman은 정권 교체가 중요한 역할을 한다는 가설을 세우고 야당의 자유, 정치적 권리, 의회 효과성을 종합한 척도를 사용한다; McChesney, Fred. 1987. Rent Extraction and Rent Creation in the Economic Theory of Regulation, *Journal of Legal Studies*, 16: 101-118.

81   Cotta, Maurizio. 1996. "Structuring the New Party Systems after the Dictatorship", in Pridham, Geoffrey, and Lewis, Paul, eds. *Stabilising Fragile Democracies*. London: Routledge, pp. 69-99; Olson, David. 1998. "Party Formation and Party System Consolidation in the New Democracies of Central Europe", *Political Studies*, 46, 3: 432-464; Mair, Peter. 1997. *Party System Change: Approaches and Interpretations*. Oxford: Oxford University Press; Lewis, 2000, Pettai, Vello, and Kreuzer, Marcus. 2001. "Institutions and Party Development in the Baltic States", in Lewis, Paul, ed. *Party Development and Democratic Change in Post-Communist Europe*. London: Frank Cass; Kitschelt et al. 1999; Mainwaring 1993.

82   Grzymała-Busse, Anna. 2003. "Political Competition and the Politicization of the State", *Comparative Political Studies*, 36, 10 December: 1123-1147.

83   Geddes 1994. 게디스의 설명에서 대중적 수요의 정확한 역할은 불분명하다. "여러 거대 정당이 동등하게 지지를 공유하면 개혁을 통해 선거 이익을 얻을 수 있으므로, 개혁이 이뤄질 것이다."(86쪽) "그러나 개혁에 대한 대중의 지지가 높거나 선거 대가가 대중의 요구와 같다고 하더라도 정책으로 이어지지는 않는다."(85~86쪽)

84   Remmer, Karen. 1998. "The Politics of Neoliberal Economic Reform in South America", *Studies in Comparative International Development*, 2, 2: 330.

85   Toonen, Theo. 1993. "Analysing Institutional Change" in Hesse, Joachim Jens. ed. *Administrative Transformation in Central and Eastern Europe*. London: Blackwell. Nunberg, Barbara, ed. 1999. *The State After Communism*. Washington: World Bank; Roubini, Nouriel, and Sachs, Jeffrey. 1989. "Government Spending and Budget Deficits in the Industrial Economies." NBER Working Paper No. 2919; Tsebelis, George. 1999. "Veto Players and Law Production in Parliamentary Democracies: An Empirical Analysis", *American Political Science Review*, 93, 3: 591-608 또한 참조.

86   La Palombara, Joseph. 1994. "Structural and Institutional Aspects of Corruption", *Social Research*, 61, 2 Summer: 325-350. Grzymała-Busse 2003 또한 참조.

87   Rose-Ackerman 1978.

88   Mainwaring 1993, p. 220; Frye 2002, pp. 308-37; Meyer-Sahling, Jan-Hinrik. 2006. "The Rise of the Partisan State? Parties, Patronage, and the Ministerial Bureaucracy in Hungary", *Journal of Communist Studies and Transitional Politics*, 22, 3 September: 274-297.

89   Markowski, Radosław. 2001. "Party System Institutionalization in New Democracies: Poland: A Trend Setter with No Followers" in Lewis, Paul G., ed. *Party Development and Democratic Change in Post-Communist Europe*. London: Frank Cass, pp. 74-75.

90 Birch, Sarah. 2001. "Electoral Systems and Party System Stability in Post-Communist Europe." Paper presented at the American Political Science Association APSA Annual Meeting, 30 August - 2 September, San Francisco.

91 군나르 훼블롬 Gunnar Sjöblom(1933~2010)의 인과관계 화살표는 뒤집을 수 있으며, 선거 변동성에 대한 책임은 정당 자체에 있을 수 있다. Sjöblom, Gunnar. 1983. "Political Change and Political Accountability: A Propositional Inventory of Causes and Effects" in Daalder, Hans, and Mair, Peter, eds. *West European Party Systems*. London: Sage.

92 Persson et al. 2001.

93 O'Dwyer 2004, p. 521.

94 이러한 양상은 민주주의 국가만 놓고 보았을 때와 탈공산주의 국가 전체를 놓고 보았을 때 모두 같은 맥락이다. 한 가지 차이점은 더 넓은 표본에서 실질적·통계적 유의성을 확보하면 정권이 부패와 0.48(유의 수준 0.025, 양측)의 양의 상관관계를 보인다는 점이다.

95 Strøm, Kaare. 1990. *Minority Government and Majority Rule*. Cambridge: Cambridge University Press.

96 한 가지 예외는 헝가리의 주요 법안에 대한 3분의 2 이상의 동의를 요구하는 요건인데, 이는 야당의 정책 결정에 대한 접근성을 크게 높였다.

97 유효 선거·원내 정당의 수는 의석 분산의 척도이다. $1/S_i^2$, 여기서 S_i는 i번째 정당의 의석 점유율이다. 유효 선거 정당 수는 S_i에 i번째 정당의 득표율인 V_i를 대입하여 계산한다. 이를 경쟁의 척도로 사용하는 것은 강고한 경쟁이 경쟁자의 수 및 비슷한 규모와 선형적이고 양의 상관관계가 있다고 가정하는 것이다. Stigler, George. 1972. *Economic Competition and Political Competition, Public Choice*, 13: 91-106 참조.

98 Geddes 1994.

99 오렌스타인 Mitchell A. Orenstein은 2001년 자신의 저작에서 권력의 교체가 엘리트 학습과 정책 조정의 기회를 창출한다고 주장했다. 그러나 변화의 속도가 너무 빨라 원인과 결과를 분리하거나 서로의 실수로부터 학습하는 것은 지속되기 어려웠다.

100 O'Dwyer 2004. 지배력―"시간이 지남에 따른 것인가, 상대방에 의한 것인가, 아니면 정책 결정에 의한 것인가?"―자체가 불분명하다.

101 Ibid. p. 531.

102 분열에 관한 특정 평가에서 오드와이어의 2004년 논문은 선거 연합의 모든 구성원을 개별 정당으로 간주한다. 그는 이 측정법을 사용하여 폴란드에는 슬로바키아나 체코보다 훨씬 더 분열된 정부와 야당이 있다고 주장한다. 그러나 선거 연합의 구성원을 (선거운동과 투표에서 유권자와 잠재적 연정 동반자에게 표시되는 방식대로) 하나의 정당으로 간주하면 상황은 크게 달라진다. 가령 1997년 폴란드는 경쟁이 약하다는 그의 주장에 따르면, 폴란드의 분열률은 매우 높다. 그러나 AWS를 단일 선거 선택지로 재코딩하면 분열률은 여당 1.56퍼센트, 야당 1.4퍼센트로 떨어져 각각 체코의 1.9퍼센트와 2.3퍼센트에 훨씬 못 미친다. 그러나 오드와이어는 폴란드가 체코보다 국가 행정을 훨씬 더 많이 증대하면서 국가 건설 폭주 궤도를 이어가고 있다고 주장한다. 게다가 그의 코딩을 받아들인다고 해도 정당 체제의 모든 지표에서 폴란드보다 훨씬 나은 평가를 받는 슬로바키아가 왜 훨씬 더 높은 후견율을 기록했는지 불분명하다. 마찬가지로 1992~1996년 야당이 약했던 체코는 ODS가 제1당이었고, 폴란드에서는 1997~2001년 극도로 단결된 야당과 분열된 정부가 있었다. 따라서 오드와이어가 조사한 대다수 기간에 나타난 이러한 양상은 그의 주장과는 정반대로 체코의 국가 건설 폭주와 폴란드의 제약을 예측 가능하게 한다.

103 특히 정치 경쟁은 엘리트 부패, 즉 사소한 관료주의적 부패의 일상적 경험보다는 고위직 정치 행위자와 국가 관리가 추구하고 얻는 이권을 설명한다. 후자는 체계적으로 측정되지 않았다.

104 Rose-Ackerman, Susan. 1999. *Corruption and Government: Causes, Consequences, and Reform*. Cambridge: Cambridge University Press; Tullock, Gordon. 1967. "The Welfare Costs of Tariffs, Monopolies, and Theft", *Western Economic Journal* 5: 22432; Krueger, Anne. 1974. "The Political Economy of the Rent-Seeking Society", *American Economic Review*, 64, 3: 291-303 참조.

105 Scott 1972, p. 96; Dyson, Kenneth. 1977. *Party, State, and Bureaucracy in Western Germany*. Sage Professional Papers in Comparative Politics, No. 01063. Beverly Hills: Sage; Rose-Ackerman 1978.

106 Rose-Ackerman 1978; Lancaster, Thomas D., and Montinolla, Gabriella. 2001. "Comparative Political Corruption: Issues of Operationalization and Measurement", *Studies in Comparative International Development*, 36, 3 Fall: 328; Mauro, Paolo. 1995. "Corruption and Growth", *Quarterly Journal of Economics*, 110, 3: 681-712; Ades, Alberto, and Di Tella, Rafael. 1999. "Rents, Competition, and Corruption", *American Economic Review*, 89, 4 September: 982-93.

107 Schumpeter 1948; Downs 1957; Bartolini, Stefano. 2002. "Electoral and Party Competition: Analytical Dimensions and Empirical Problems" in Gunther, Richard, Montero, Jose Ramon, and Linz, Juan, eds., *Political Parties*. Oxford: Oxford University Press, pp. 84-110; Bartolini, Stefano. 1999. "Collusion, Competition, and Democracy", *Journal of Theoretical Politics*, 11, 4: 435-470, p. 441.

108 제약으로서의 경쟁에 관한 공공선택 이론 연구에 대한 광범위한 검토를 위해서는 Rose-Ackerman 1999; Shleifer, Andrei, and Vishny, Robert N. 1993. "Corruption", *Quarterly Journal of Economics*, 108: 599-617 참조.

109 Rose-Ackerman 1978, p. 211; Ades, Alberto, and Di Tella, Rafael. 1995. *Competition and Corruption*. Applied Economics Discussion Paper Series No. 169, Oxford University.

110 그럼에도 이러한 유형론은 일당·양당·다당 체제를 구분해야 하는 분석상의 필요성에 따라 정당을 분류하려는 초기 노력의 주류를 이뤘다.

111 Rose-Ackerman 1978; Geddes and Neto 1992.

112 North 1981, p. 27.

113 Przeworski, Adam. 1999. "Minimalist Conception of Democracy: A Defense" in Ian Shapiro, Ian, and Hacker-Cordn, Casiano, eds. *Democracys Value*. Cambridge: Cambridge University Press.

114 이는 대안 정부를 더 쉽게 식별할 수 있게 하므로, 유권자에 대한 책임감을 높일 수 있다. Powell, Bingham. 2000. *Elections as Instruments of Democracy*. New Haven: Yale University Press 참조.

115 Riker, William, and Ordeshook, Peter. 1968. "A Theory of the Calculus of Voting", *American Political Science Review*, 62: 25-43. 바르톨리니는 2002년 자신의 논문에서 이 접근법을 검토했다.

116 Sartori, Giovanni. 1976. *Parties and Party Systems: A Framework for Analysis*. Cambridge: Cambridge University Press, pp. 120-125.

117 Axelrod, Robert. 1970. *Conflict of Interest*. Chicago: Markham; De Mesquita, Bruce Bueno. 1974. "Need for Achievement and Competitiveness as Determinants of Political Party Success in Elections and Coalitions", *American Political Science Review*, 68, 3: 1207-1220. 카리 스트룀Kaare Strøm(1953~)은 자신의 1989년 논문에서 데메스키타Bruce Bueno de Mesquita(1946~)는 경쟁을 갈등의 원인으로, 액슬로드Robert Axelrod(1943~)는 결과로 봤음을 지적한다. Strøm, Kaare. 1989. "Inter-Party Competition in Advanced Democracies". Journal of Theoretical Politics, 1, 3: 277-300.

118 Kitschelt et al. 1999.

119 또 다른 측정 방법은 공산당과 야당 진영의 엘리트가 혼합된 정당이 획득한 표의 비율이다. 따라서 이 측정은 비판을 무디게 하는 경향을 보이는 정당의 득세와 유권자의 수용을 모두 포착한다. 그러나 혼합 정당이 독자적인 정체성을 개발하고 유권자가 다른 경쟁자와 차별화하면, 여전히 효과적인 비판자 역할을 할 수 있다. 이 지표의 수치는 3퍼센트(슬로베니아 DeSUS), 6퍼센트(헝가리 MIEP), 7퍼센트(폴란드 UP), 8퍼센트(체코 SPR-RSČ), 12퍼센트(에스토니아 연합당), 24퍼센트[불가리아 БЗНС(유로좌파БЕЛ를 지칭 하는 듯하다-옮긴이)·BE·NS(독립조합연방КНСБ을 지칭하는 듯하다-옮긴이)], 31퍼센트[라트비아 SDP(2001년 이후)], 40퍼센트[라트비아 LC·LTF·LVP·DPS·LDLP(라트비아 사회민주주의노동자당LSDSP의 오기인 듯하다-옮긴이)], 49퍼센트(슬로바키아 HZDS·SMER-SSD·DÚ) 등 다양한 범위에서 나타난다.

120 스타니슈키스Jadwiga Staniszkis(1942~)는 1999년 저작에서 각각 공산당과 재야 세력을 계승한 세력이 공모하여 민영화 거래로 서로의 반대 세력을 매수했다고 주장한다. 그러나 이러한 고의적인 담합에 대한 경험적 증거는 없다.

121 Cf. Grzymała-Busse 2002.

122 Enyedi, Zsolt. 2006. "Party Politics in Post-Communist Transition" in Katz, Richard, and Crotty, William, eds. *Handbook of Party Politics*. London: Sage, pp. 228-238. Kitschelt et al. 1999. 참조.

123 Demsetz 1982.

124 North and Weingast 1989; Przeworski, Adam. 1991. *Democracy and Market*. Cambridge: Cambridge University Press 참조.

125 Freedom House. 2002. Nations in Transit, 2001. Washington: Freedom House, p. 201. Fidesz 주도 정부(1998~2002년)는 이 관행을 중단했고, 야당은 일곱 차례에 걸쳐 위원회를 구성할 것을 요구했으나 구성되지 않았다.

126 Rydlewski, Grzegorz. 2000. *Rządzenie Koalicyjne w Polsce*. Warsaw: Elipsa, p. 87.

127 Appel, Hilary. 2001. "Corruption and the Collapse of the Czech Transition Miracle", *Eastern European Politics and Societies*, 15, 3 Fall: 528-553, p. 534.

128 *Respekt*, 22 January 1996.

129 존슨은 J. 에드거 후버를 해고하자는 제안을 거부하며 "텐트 밖에서 오줌을 싸는 것보다 텐트 안에서 오줌을 싸는 것이 낫다"고 공개적으로 말했다. Dallek, Robert. 1998. *Flawed Giant: Lyndon B. Johnson, 1960-1973*. New York: Oxford University Press 참조.

130 Geddes 1994, 게디스Barbara Geddes, 1944 · 네토Artur Ribeiro Neto의 1992년 논문에서는 1985년 이후 브라질에서는 과도한 분열 때문에 부패율이 높아졌다고 주장한다. 또한 Hellman 1998 참조.

131 *Wprost*, 28 November 1999, "Opozycja Totalna."

132 Ferejohn, John. 1999. "Accountability and Authority: Toward a Theory of Political Accountability" in Stokes et al.

133 헝가리 Fidesz 정부(1998~2002년)는 의회 회의 주기를 매주에서 3주에 한 번으로 줄이고, 위원회 내 야당 대 정부의 균형을 유리하게 바꾸고, 헝가리 헌법재판소를 공격하기 시작했다.

134 Coppedge, Michael. 1993, April. "Parties and Society in Mexico and Venezuela: Why Competition Matters", *Comparative Political Studies* 26, 1 April: 253-274, p. 267.

135 Fidesz, FkGP, KdP, MDF, SzDSz가 바로 그것이다.

136 Bernhard, Michael. 2000. "Institutional Choice After Communism", *East European Politics and Societies*, 3: 316-347.

137 Keri, Laszlo. 1994. *Balance: The Hungarian Government 1990-1994*. Budapest: Korridor, p. 85.

138 Kiss, Csilla. 2003. "From Liberalism to Conservatism: The Federation of Young Democrats in Post-Communist Hungary", *Eastern European Politics and Society*, 16, 3, 739-763.

139 "Country Updates", *East European Constitutional Review*, Summer 1995.

140 Szab, Gábor. 1993. "Administrative Transition in a Post-Communist Society: The Case of Hungary" in Hesse, Joachim Jens, ed. *Administrative Transformation in Central and Eastern Europe*. Oxford: Blackwell, p. 91.

141 1993년 빅토르 오르반Orbán Viktor (1963~)이 Fidesz에서 정권을 잡은 후 많은 자유주의 성향의 당원들이 SzDSz로 떠났고, 정당 자체는 보수적이고 기독교적이며 민족주의적인 방향으로 나아갔다.

142 Enyedi, Zsolt. 2003. "Cleavage Formation in Hungary: The Role of Agency." Paper presented at the 2003 Joint Sessions of the European Consortium for Political Research ECPR, Edinburgh.

143 P*Polityka*, 2 July 1994.

144 SLD는 1993~1997년 동안 PSL을 지속해서 방해하고 감시한 데 반해, UW는 1997년부터 2001년까지 AWS의 개혁 약속을 매우 의심했다. *Wprost*, 25 June 2000.

145 이들은 폴란드 가족동맹Liga Polskich Rodzin, LPR(의석의 8퍼센트)과 폴란드공화국자위당Samoobrona Rzeczpospolitej Polskiej, SRP(의석의 10퍼센트)이었다. 이들은 서로를 연정 동반자로 받아들일 수 있었으나 다른 정당은 받아들이지 않았다.

146 1999년 새로운 지도자 레셰크 밀레르Leszek Miller(1946~)는 지역 유지들에게 막강한 권한을 부여함으로써 당내 권력을 강화했지만, 이들은 독립적인 권력 기반을 다진 후 지도부의 요구를 거부했으며, 2004년에 일부 의원들이 탈당해 신당을 창당하면서 당의 위기는 절정에 달했다.

147 악명 높은 카친스키 형제—레흐 카친스키Lech Kaczyński(1949~2010)와 야로스와프 카치슨키Jarosław Kaczyńs-

ki(1949~) — 는 2005년과 2006년에 각각 폴란드의 대통령과 총리가 됐다. 한편 SLD는 내부 갈등으로 인해 강력한 비판을 할 수 없었고, 또 다른 주요 야당인 시민연단Platforma Obywatelska, PO은 여야를 막론하고 어울렸다.

148 Szczerbak, Aleks. 2006. "State Party Funding and Patronage in Post-1989 Poland." *Journal of Communist Studies and Transition Politics*, 22, 3 September: 298-319 참조.

149 2003년 5월 9일, 의회에서 열린 국가 개혁 토론 Biuletyn 1829/ IV 개요 참조.

150 *Wprost*, 10 August 2005.

151 미로스와프 체코Mirosław Czech(UW 소속)와의 인터뷰, *Nowe Panstwo*, 16 March 2001.

152 야당이 잘했다고 답한 유권자가 헝가리와 폴란드에서는 각각 32퍼센트와 33퍼센트인 데 반해, 체코에서는 유권자의 17퍼센트만이 야당이 잘했다고 답했다. 야당이 잘못했다고 답한 유권자는 헝가리 39퍼센트, 폴란드 33퍼센트인 데 비해 체코에서는 56퍼센트였다. CBOS, IVVM, TARKI 여론조사, 1999년 7월.

153 연정 위기는 1991~1992년, 1993년, 1994년, 1996년, 2000년에 있었다.

154 "Country Updates", *East European Constitutional Review*, Summer 1999, 8, 3.

155 Rus, Andrej. 1996. "Quasi Privatization: From Class Struggle to a Scuffle of Small Particularisms" in Benderly, Jill, and Kraft, Evan, eds. *Independent Slovenia: Origins, Movements, Prospects*. New York: St. Martins Press, p. 241.

156 Kraovec, Alenka. 2001. "Party and State in Democratic Slovenia" in Lewis 2001, pp. 93-106, p. 101.

157 Lieven, Anatol. 1994. *The Baltic Revolution*. New Haven: Yale University Press.

158 *East European Constitutional Review*, Winter 2001.

159 ibid.; *Weekly Crier*, 15-22 March 1999. Available at http://www.balticsworldwide.com/ wkcrier/0301_0322_99.htm, accessed 9 February 2006, and Radio Free Europe/Radio Liberty(RFE/RL) Open Media Research InstituteOMRI Daily Digest Report, 29 July 1996 참조.

160 1990년대 초 제한적인 국적법이 통과된 후, 에스토니아 유권자의 90퍼센트는 에스토니아 민족이었으나 라트비아 유권자는 75퍼센트만이 라트비아 민족이었고, 25퍼센트는 비라트비아 민족이었다. 이중 상당수는 러시아계의 평등권을 옹호하는 정당을 지지했다.

161 1995년 러시아 진영인 우리집은에스토니아Meie kodu on Eestimaa가 의회에 진출했다. 그러나 1996년 말 6명으로 구성된 파벌이 분열하면서 통합 정당의 가능성은 실현되지 않았다. Pettai, Vello. 1997. "Political Stability Through Disenfranchisement", *Transition*, 3, 6 (4 April).

162 앨런 시크Allan Sikk가 지적했듯이, 에스토니아에서는 상상할 수 없는 연합 조합이 존재한다. Sikk, Allan. 2006. "From Private Organizations to Democratic Infrastructure: Political Parties and the State in Estonia." *Journal of Communist Studies & Transition Politics*, 22, 3 September: 341-361, p. 344.

163 가령 1995년 선거 이후 티트 배히Tiit Vähi(1947~) 정부가 몰락하고 배히 자신도 사임한 후, 이사마당ISAMAA Erakond의 마르트 라르Mart Laar(1960~)는 배히가 시장 가치가 없는 아파트를 민영화했으며, 배히의 딸이 그 수혜자 중 한 명이라고 폭로한 바 있다. Smith, David, Pabriks, Artis, Purs, Aldis, and Lane, Thomas. 2002. *The Baltic States*. London: Routledge, p. 100.

164 Duverger, Maurice. 1965. "Political Parties." New York: Wiley and Sons, p. 308. Arian, Alan, and Barnes, Samuel. 1974. "The Dominant Party System: A Neglected Model of Democratic Stability", *Journal of Politics*, 36, 1: 592-614 또한 참조.

165 Di Palma, Giuseppe. 1990. "Establishing Party Dominance" in Pempel, T. J., ed. *Uncommon Democracies: The One-Party Regimes*. Ithaca: Cornell University Press.

166 Di Palma 1990. 참조. 그러나 이탈리아나 일본의 정당들과는 달리 ODS나 HZDS는 자국에서 온건하거나 정치적 극단을 위임하는 정당으로 특징지을 수 없다. Levite, Ariel, and Tarrow, Sidney. 1983. "The Legitimation of Excluded Parties in Dominant Party Systems", *Comparative Politics*, 15, 3 April: 295-327 또한 참조.

167 Bruszt and Stark 1998.

168 Enyedi 2006, p. 231.

169 O'Dwyer 2002.

170 *Respekt*, 1 July 1996.

171 *Mladá Fronta Dnes*, 30 September 1996.

172 *Lidov Noviny*, 21 March 1995.

173 Terra 2002.

174 Kettle, Steve. 1995, April. "Straining at the Seams", *Transition*.

175 Kitschelt et al. 1999; O'Dwyer 2002 참조. 오드와이어는 ODS와 ČSSD가 정부에 속하지 않고도 생존할 엄청난 힘을 가지고 있었기에 국가 자원을 전용할 필요가 없었다고 주장한다. 그러나 ČSSD는 조직이 매우 약했고, 1995년까지 정당으로 간신히 살아남았다. 한편 ODS의 조직력은 국가 자원에 대한 접근성과 직접적인 관련이 있었다. 1997~1998년 핵심 지도자들이 자유연합(이후 자유연합-민주연합Unie Svobody-Demokratická unie, US-DEU-옮긴이)을 창당하고자 떠나면서 ODS 조직은 무너지기 시작했다. 그리고 1998년부터 2002년까지 ODS와 ČSSD은 정치 경쟁 관계가 아닌 야당협정에 따라 협력했다.

176 *Transition*, 9 June 1995; *Mlada Fronta Dnes*, 3 June 1996.

177 Linek, Luká. 2002. "Czech Republic", European Journal of Political Research, 41: 931-40, p. 938.

178 Linek, Luká, and Rakušanová, Petra. 2002. *Parties in the Parliament: Why, When, and How Do Parties Act in Unity?* Institute of Sociology, Czech Republic, Sociological Paper No. 02:9.

179 Terra 2002.

180 Linek 2002, p. 932.

181 이후 US는 민주연합Demokratická Unie, DEU과 통합해 US-DEU를 결성했다.

182 *Lidov Noviny*, 11 July 2001.

183 1991년 메치아르는 연정 동반자들이 메치아르의 총리직 수행에 관한 지지를 철회하자마자 HZDS를 창당했다. 1994년 외무부 장관 밀란 크냐슈코Milan Kňažko(1945~)의 탈당과 당시 연정 동반자였던 HZDS와 SNS 소속 의원 8명이 탈당하면서 불신임 투표가 이뤄졌다. 6개월 후 치러진 1994년 선거에서 SDĽ·SZS·SDSS·KDH를 포함한 교체 정부는 패배했다. 앞의 4개 정당은 25퍼센트의 득표율을 예상했으나 10퍼센트를 얻는 데 그쳤고, KDH는 한 석도 얻지 못했다.

184 1997~1999년에는 선거구 재조정과 연립정부 의석의 4분의 3을 차지할 새로운 선거구 기준을 도입했다.

185 ZRS는 의회에 진출하지 못했다. SNS는 14석으로, 150석 중 57석에 불과한 잠재적 HZDS 연립정부에 의석을 내줬다.

186 Plakans, Andrejs. 1998. "Democratization and Political Participation in Postcommunist Societies: The Case of Latvia" in Dawish, Karen, and Parott, Bruce, eds. *The Consolidation of Democracy in East-Central Europe*. Cambridge: Cambridge University Press, p. 273.

187 Lieven 1994, pp. xx, 301 참조.

188 Nrgaard, Ole, Ostrovska, Ilze, and Hansen, Ole Hersted. 2000. "State of the State in Post-Communist Latvia: State Capacity and Government Effectiveness in a Newly Independent Country." Paper presented at the 2000 ECPR Joint Sessions, Copenhagen.

189 Vanagunas, Stan. 1997. "Civil Service Reform in the Baltics." Paper presented for the conference Civil Service Systems in Comparative Perspective, Indiana University, Bloomington, 58 April 참조.

190 Karasimeonov, Georgii. 1996. "Bulgarias New Party System" in Pridham and Lewis 1996, pp. 254-65.

191 Ganev 2005, p. 43.

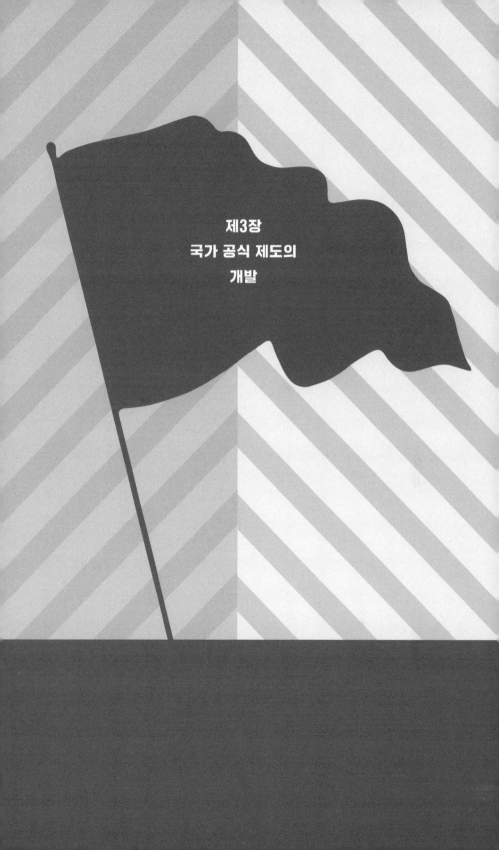

제3장
국가 공식 제도의
개발

[제도를 수립하고] 부패와 싸워야 할 시기는
늪이 형성된 후에나 올 것이다.
프라하 지방검사, 1993년[1]

공산당 통치의 붕괴로 탈공산주의 민주주의 국가의 정당들은 제약 없이 막대한 사적 이익을 취할 기회를 얻었다. 그런데 어째서 그들은 국가 자원에 접근할 수 있는 이러한 특권을 최대로 활용하지 못했는가? 이는 탈공산주의 국가에서의 국가 기구 발전과 결부된 근본적인 질문이다. 공식적인 국가 제도를 수립하는 것은 국가 재건의 핵심 과제이자 동시에 집권 정당이 자기 이익을 창출할 막대한 기회였기 때문이다.

이 장에서는 현직자들은 퇴임 가능성이 클수록 후임자가 국가 자원에 접근할 수 있도록 허용하기보다는, 현 정부와 후속 정부 모두 제약하기를 선호한다고 주장한다. 강고한 경쟁으로 인해 집권 여당이 정권 교체의 위협을 믿을 경우, 탈공산주의 정부는 의도적으로 스스로 자기 손을 묶고 국가 자원을 처분·재분배할 여지를 제한하는 방식을 택했다. 그들은 감사원·공무원법·민원조사관 등 공식 국가 감시·감독 제도를 수립해 자신들의 행동을 법률적으로 심사받았으며, 생존에 필요한 자원을 유용할 자유를 제한했다. 심지어 이러한 기관의 지휘권을 정치 경쟁자인 야당에 넘겨주기도 했다.

따라서 모든 정당이 공기업 민영화를 고려했지만, 경매·매각에 관한 독립적인 규제를 개발한 국가는 일부에 불과했다. 모든 정당이 민간 투자와 주식시장을 장려했지만, 일부 국가만이 증권거래위원회를 설립했다. 모든 정당이 민주주의와 시장을 수립했고, 모두 민주적 약속을 이행했다. 그러나 그랬음에도 일부 국가에서는 집권 정당이 자신들의 이익을 계속해서 도모할 수 있었던 반면, 다른 국가에서는 후임 정권, 야당, 그리고 집권 정당까지 스스로 제약했다.

이 장에서는 재량권—규제되지 않고 감시되지 않는 국가 자원의 사용—을 제한하는 공식 제도의 중요성과 제도 출현의 양상이, 탈공산주의 민주주의 국가마다 무엇이 달랐는지 살펴본다. 이러한 편차는 EU의 개입이 공식 국가 기관의 발전 양상을 결정했을 것이라는 예상을 뒤엎는다. 이 장에서는 강고한 경쟁이 어떻게 전용에 대한 공식적인 제약을 초래했는지를 입증하기 위해, 놀라우리만큼 서로 다른 체코와 헝가리라는 두 정치 체제에서의 제도 생성 기제를 심층적으로 살펴본다.

공식 감독 제도의 중요성

공식 감시·감독 기관은 정당 행동에 대한 통찰력과 통제력을 제공할 뿐만 아니라, 정당 행동을 판단하고 비판하며 책임을 물을 새로운 기준을 제시한다. 이러한 공식 제도는 그저 "빈말cheap talk"이 아니다. 탈공산주의 국가의 의회에서 공식 제도를 둘러싸고 엄청난 전투가 벌어졌음을 염두에 두면, 공식 제도가 탈공산주의 국가의 정당에 중요했음을 확실히 알 수 있다. 물론 "모든 성문 규정이 효과적으로 제약을 가하는 것은 아니고, 모든 효과적인 제약이 성문 규정인 것도 아니"며,[2] 일부 공식 제도는 쉽게 무시된다.[3] 그러함에도 제도의 효용성에 관한 모든 논의는 그 제도의 존재를 전제로 한다. 또한 다른 민주주의 국가에서는 민원조사관이나 국가 회계감사원 등의 제도가 관료의 책임성을 효과적으로 보장한다.[4] 이러한 제도가 완벽하게 시행되거나, 집권 여당에 의해 자율적으로 운영되지 않더라도 경쟁자·언론·비정부기구는 위법 행위에 대해 주의를 환기할 근거가 있었다.

게다가 제도 형성에서는 시간 역학temporal dynamics이 중요했다. 일부 연구자는 국가의 전통적 또는 법-합리적legal-rational 권위는 "빠르게 만들어지거나 형성되거나 부과될 수 없다"라고 주장했다.[5] 다른 분석가들에 따르면, 정책입안자들은 공식 국가 기관이 단순히 그러한 기관에 대한 시장과 대중의 요구에 따라 내생적으로 생겨난다고 여기기도 한다.[6] 그러나 이 장에서 살펴보겠지만, 강고한 경쟁이야말로 집권 여당으로 하여금 새로운 국가 활동 영역이 발생할 때 의도적으로 이를 감시하고, 그에 따라 새로운 국가 기관을 개발하도록 유도하는 예측 기제를 작동시킨다. 또한 공식 국가 감독 기관이 신속하게 설립되지 않으면 규제 권한이 제대로 발전하지 못할 수도 있다.

초기에 채택된 국가 개혁은 국내적 또는 국제적 요구에 따라 부과된 허울이기보다는, 지지자와 수혜자가 있는 정치적 행동에 대한 본격적인 제약일 가능성이 더 크다. 규제가 일찍 도입될수록 나중에 "되돌

• 게임 이론에서 행위자 사이에서 이뤄지는 게임의 승패에 직접적인 영향을 미치지 않는 의사소통을 말한다.

리기"가 더 어려운데, 규제와 감시의 잠재적 적들이 동원할 시간이 적고, 기존 및 발전된 영역에 규제를 부과하는 것보다 발생 초기에 규제를 도입하는 것이 더 효과적이기 때문이다. 따라서 불투명한 은행 업무와 불분명한 재산권이 통합된 후에 세워진 증권거래위원회보다, 주식 시장과 동시에 세워진 증권거래위원회가 소유권 및 주식 거래 규칙을 수립하는 기준을 규제하는 데 훨씬 유리한 위치에 있었다. 규제 대상 영역의 등장과 그에 대한 규제 기관 도입의 동시성이 갖는 중요성은, 일부 국가 기관이 탈공산주의 국가의 세계에서 취약하기로 악명 높은 이유 또한 설명해준다. 가령 정치화된 기존 관료제에 부과된 공무원법은 효과적이지 못한 경향이 있다.

(신생 국가에-옮긴이) 새로 도입될 가능성이 있는 공식 법적 제약은 다양했다. 민영화되어 국가의 수중에서 떠나야 하는 막대한 양의 국가 자원과 신흥 시장의 특성을 고려할 때, 독립적인 민영화위원회나 증권거래위원회 같은 시장 감독 기관은 민간 행위자가 국유재산을 쉽게 전용하지 못하도록 보장하는 데 있어 매우 중요했다. 국가 감사 기관 및 부패방지법과 같은 공공금융 제도는 국가 자원에 대한 재량적 접근을 제한했을 것이다. 시민 민원조사관과 같은 제도는 정부 조치에 대한 사회적 감독을 강화했다. 마지막으로 다음 장에서 살펴볼 것처럼, 공무원 규정은 국가 행정에서 재량적 고용을 줄였다. 요컨대 이러한 개혁은 국가 자원에 대한 정당의 접근을 자체적으로 제한하여 국유재산의 공평하고 투명한 분배를 확립하는 데 이바지한다.

탈공산주의 국가의 여당은 세 가지 방법으로 이러한 자체 제한을 피할 수 있다. 첫째, **의도적으로 제도를 설계하지 않거나, 제도 설계를 지연시켜** 사적 이익을 추구할 막대한 자격과 기회를 확보할 수 있다.

이는 "짖지 않는 개"*와 같은 경우이다. 제도 분석에 관한 대다수 기존 연구는 제도 발생 초기의 특성과 제도가 만들어지는 과정에 초점을 맞췄지만, 정치 행위자는 주어진 국가 권한 영역에서 **그 어떤** 공식적인 제도도 세우지 않을 수 있다. 그 결과 탈공산주의 국가의 여러 민주 정부는 증권거래위원회·지방정부·이해상충방지법 등과 같은 공식 국가 제도를 세우지 않았다. 국가 기관을 설치해야 한다는 요구가 없고, 의회의 압력마저 없다면, 시장 질서와 민주주의를 수립해야 한다는 압도적인 과제를 수행하는 와중에 국가 기관 설치는 간과되기 너무 쉬웠다.[7]

정치 행위자—본문에서 다루는 대상은 정당이다—는 공식적인 제도 수립을 지연시키거나, 시행하지 않는 것 외에도 제도 자체를 **정치화**할 수 있다. 이는 중립적이어야 할 공식 감시·감독 기관을 집권 정당에 충성하도록 만들어 현존하는 소수의 행위자에게 특권을 부여한다. 정치화 정도를 측정하는 한 가지 방법은, 감독 기관의 의장으로 정부 대표, 야당 대표 또는 널리 알려진 비정치적 전문가 중 누가 임명됐는지 살펴보는 것이다. 정부 대표가 감독 기관의 의장을 맡는다면, 야당

• 소설 『셜록 홈즈의 회상록 The Memoirs of Sherlock Holmes』에 실린 「실버 블레이즈 The Adventure of Silver Blaze」에서 유래한 문구이다. 이 소설에서 셜록 홈즈는 외부인의 침입이 있었다면 마구간을 지키는 개가 짖었을 텐데, 개가 짖지 않았으므로 범죄는 외부인이 아니라 내부인의 소행이라고 추리한다. 이는 어떤 명제가 참이면 그 대우 명제도 항상 참임을 이용한 추론(후건부정)이다. 다만 모든 논증이 그렇듯 논증의 타당성(논리적으로 타당한가)이 건전성(사실과 부합하는가)을 보장하지는 않는다. 상기 사건을 두고 설명하자면, 집 지키는 개가 외부인을 보면 무조건 짖는다는 명제가 항상 사실과 부합하는 명제인지부터 검증해야 한다. 본문에서는 모든 국가 기구에는 감시·감독 기구가 있을 것이므로, 국가 기구가 수립되면 국가 자원의 전용을 통제할 수 있을 것으로 기대하지만, 국가 기구 수립 과정에서부터 국가 자원의 전용을 염두에 두고 설계되었다면, 국가 기구가 수립되더라도 감시·감독 기구가 부재하거나 제 기능을 하지 못할 수 있음을 빗대어 표현한 것이다.

대표가 감독 기관의 의장을 맡는 경우보다 (정부 여당은 감시·감독 기관에 대한-옮긴이) 경계심을 낮출 수 있다. 비슷한 방법으로 감독 기관에 대한 책임을 누가 지는지 살펴볼 수 있다. 감독 기관이 정부 부처의 통제하에 있는 경우에는 의회에 전체적으로 보고하고 임기가 정해져 있으며, 예산이 책정되는 감독 기관이나 독립 기관만큼 여당의 행동을 자유롭게 제약할 수 없다. 다만 정치화된 기관일지라도 집권 여당이 채택한 법적 기준을 제시함으로써 정당의 행동을 제약하는 역할을 할 수 있으며, 따라서 이는 강고한 경쟁의 원천이 될 수 있다.

셋째, **약해진** 공식 제도의 등장을 볼 수 있다. 이러한 "포템킨Potem-kin"* 제도는 의도적으로 무력화되고 강제 조항이 없으므로, 여당의 재량권을 효과적으로 제한할 수 없다. 따라서 제도적 조치의 **범위**는 그 힘의 또 다른 척도이다. 구체적으로 에스토니아 사법부 수반처럼 해당 기관이 조사를 개시하고 벌금을 부과할 수 있는가? 정당의 행위를 직접 조사할 수 있는가? 아니면 체코 민원조사관의 경우처럼 의회의 요청에 응답하고 권고만 할 수 있는가?

---

* 예카테리나 2세의 총신 그리고리 알렉산드로비치 빠뜜긴 Григорий Александрович Потёмкин (1739~1791)이 여제의 흑해 연안 방문에 맞춰 해안 마을의 외관만 서구식으로 꾸며놓은 '빠뜜긴 마을'의 일화에서 유래했다. 사회과학 등에서는 외관을 꾸며 사람들이 상황이 실제보다 낫다고 믿게 하기 위한 구성물을 비유적으로 지칭한다. 키릴인 빠뜜긴을 알파벳으로 치환하면 '포템킨Potemkin'이 되어 서방 학계에서는 포템킨이라 부른다.

탈공산주의 국가 간 편차

탈공산주의 민주주의 국가들은 (앞서 언급한-옮긴이) 이 세 제도적 차원 각각에서 나타나는 편차에 관한 풍부한 자료와 제도적 선택이 어떻게, 왜 이뤄지는지를 검토할 기회를 제공한다. 몇몇 국가에서는 정당이 국유재산을 유용할 재량권을 엄격히 제한하는 공식 국가 기관을 수립했다. 헝가리·폴란드·에스토니아·슬로베니아·리투아니아에서는 이러한 기관이 일찍 생겨나 자율적으로 기능했으며, 정치인과 관료의 재량권을 광범위하게 조사하고 제한할 수 있었다. 이 국가들은 외부의 압력을 최소화하면서 정부의 재량권과 국가의 취약성에 대한 공식적인 제약을 "자발적으로" 채택했다. 공식 제도는 여당에 유리하지 않았고, 오히려 비공식적인 규범으로 인해 야당 대표들이 이러한 국가 구조를 빠르게 통제할 수 있었다.

반면 체코·슬로바키아·라트비아·불가리아 등 "후발latecomer" 제도 수립 국가 군집에서는 공산권 해체 이후 국유재산이 민영화되고, 새로운 법적 틀이 수립되며, 행위자들이 새로운 시장 및 규제 환경에서 경쟁하고 성공하는 방법을 배우는 중요한 10년 동안 공식 감독 기관이 부재했다. 정부 당국이 국유재산을 확보할 재량권은 훨씬 더 커졌다. 공무원법, 중앙 감독 기관, 규제 기관 등 국유재산을 집권 정당의 손아귀에서 떼어낼 개혁은 상당히 지체됐다. 일부는 첫 번째 경제 또는 정치 개혁이 이뤄진 지 10년이 지난 2001~2002년에야 통과됐으며, 이는 EU의 압력에 의해서만 가능했다.

공식 국가 제도 발전과 개혁의 시기·통제·범위는 탈공산주의 민주주의 국가마다 매우 다르다.[8] 그림 3.1은 65개 이상의 공식 감독·감시 기관에 대한 새로 구축된 데이터베이스를 사용하여 이러한 제도적 출현 양상을 나타낸 것이다. 여기에는 감사원, 증권거래위원회, 정부 조달 규정, 시민권 민원조사관, 투명성 법 등이 포함된다. 각 칸은 각기 다른 기관과 해당 기관이 생겨난 연도이다. 괄호는 제한된 범위 또는 정치적 통제를 나타낸다. 예를 들어 1996년 슬로바키아에서는 지방 행정 개혁으로 중앙정부가 정치적으로 반대하는 지역에 대한 자금을 보류할 수 있는 재량권이 강화됐다. 이 데이터베이스는 또한 공식 제도가 어떻게 채택됐는지도 보여주는데, 여기서 중요한 임계점은 1997년이다. 이 해 이전에는 공식적인 국가 기관을 수립해야 한다는 외부의 요구가 없었으며, 그러한 기관은 국제적인 강요가 아닌 국내 정치의 결과로 수립됐다.

여기서도 두 개의 군집이 등장하는데, 하나는 공식 감독·감시 기관을 조기에 열렬히 채택한 집단이고, 다른 하나는 각 정당이 공식적인 기관의 설립을 늦추고 권한을 정치화하며 그 범위를 제한한 집단이다. 체코·슬로바키아·불가리아·라트비아에서는 재량권을 제한하는 국가 개혁이 불완전하고 지체된 데 반해, 헝가리·폴란드·슬로베니아·에스토니아·리투아니아에서는 훨씬 더 열성적으로 조기에 추진되는 등 서로 다른 궤적을 밟았다.

자원 유용에 대한 재량권 설명하기

이러한 양상을 어떻게 설명할 것인가. 여러 분석에 따르면, 공식 국가 기관 개혁의 배후에 EU라는 외부의 힘이 작용한 것으로 나타났다.[9]

그림 3.1 공식 제도 개혁 및 도입 시기

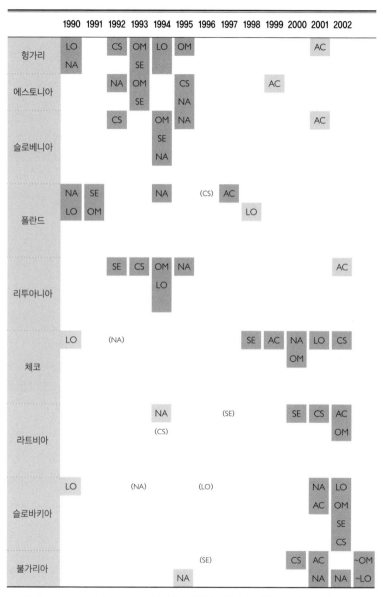

CS=공무원   LO=지방 정부   짙은 회색: 강고한 반대로 예상된 이른 시기, 덜 강고한 반대로 예상된 늦은 시기
OM=민원조사관   NA=감사원   연한 회색: 강고한 반대 또는 그것의 부재로 인해 예측할 수 없음
AC=부패방지법   SE=증권거래위원회   괄호: 정치화되고 제한된 기관

EU는 가입 협상의 일환으로 신규 회원국이 EU 법률을 시행하고 집행하면서 봉착하게 될 행정 역량 문제를 해소하는 데 상당한 노력을 기울였다. EU는 후보국이 투명성과 감시·감독 능력을 키워 국가 역량을 개발하고 집행해야 한다고 반복해서 요구했다. 이를 위해 1997년 룩셈부르크 이사회는 행정 역량을 회원국 가입의 핵심 조건으로 삼았다. "EU는 이선까지의 확대 과정에서 회원국 가입 기준으로서 행정 역량에 큰 관심을 기울이지 않았기에" 국가에 대한 이러한 관심은 전례가 없는 일이었다.[10]

이런 조건은 모든 후보국 ─ 불가리아를 제외한 모든 국가가 2004년 5월에 EU에 가입했다 ─ 에 강압적으로 적용됐다. EU는 후보국들의 행정적 결함을 보완하기 위한 지원 계획을 통해 이러한 약속을 뒷받침했다.[11] 기술 지원은 전략적 청사진과 정보유통, 특정 관료 교육으로 이뤄졌다. 결연 프로그램은 다양한 관료와 공무원에게 "모범 사례" 조언과 기술 지원을 제공하고자, 후보국 기관에 EU 국가의 "사전 자문관pre-accession adviser"을 파견했다.[12] 마지막으로 EU는 1997년부터 조세에서 영상산업 정책에 이르기까지 다양한 분야에서 후보국의 성과를 조사한 진행보고서를 발표했다.[13] EU는 1998년 가입 협력 관계를 통해 이러한 요구 사항 중 많은 부분을 공식화했다. 이러한 요구 사항의 이행은 가입 진척도를 평가하는 주요 기준이자 원조 및 기타 혜택의 주요 조건이 됐다.[14]

이러한 모든 평가와 조건 및 지원 수단은 신규 회원국이 여러 가지 공식적인 개혁을 도입해 EU 법률의 적절한 이행과 집행을 보장해야 한다는 EU의 명백한 합의를 반영했다.[15] 이후 학계의 평가에 따르면, EU 조건부 지원의 직접적 결과는 "독립적인 공무원 제도 신설, 사법부 개편, 금융시장 감독 개선, 경쟁력은 없지만 영향력은 있는 부문에 대한 구제금융 차단 등 가치 있는 개혁을 추진한 것"이었다.[16] EU에 가입하려는 후보국들의 (대체로 보답받지 못한) 열망을 고려할 때, 이러한 강력한 정책 수단은 공식적인 감독·통제 기관의 수립과 우리가 관찰하는 변화의 원인이 될 수 있다.

그러나 EU의 요구는 광범위하고 타협할 수 없는 것이었지만, 제도 채택의 양상을 설명하지는 못한다. EU가 가한 압력은 관찰된 변화를 설명하기에는 너무 늦게, 그리고 너무 일관성 없이 나타났다. EU가 국가 구조와 개혁에 대한 명시적인 강조를 본격적으로 시작한 1997년 룩셈부르크 EU 정상회의Luxembourg European Council 이전에는, EU가 국가 행정의 발전에 직접적으로 영향을 미치는 일이 없었다. 결연 프로그램, 기술 지원 계획, 후보국 진척보고서 등 새로운 우선순위를 발표한 것이 바로 이 1997년 EU 정상회의였다. 따라서 "행정 역량은 EU 회원국이 **되는 것**과 회원국**으로서** 의무를 다하기 위한 준비의 핵심 요소"[17]라는 EU의 주장은, 많은 탈공산주의 국가들이 기본 제도적 틀을 완성한 한참 후에 나온 것이었다.[18]

1997년 이전에는 "집행위원회나 여러 이사회 모두 행정이 중요하다는 진부한 인상밖에 주지 못했다".[19] 초기 가입 기준은 1993년 코펜하겐 선언의 민주주의와 자유시장 의무로 구성됐으며, 공공행정에 관한 언급은 없었다.[20] 1995년 마드리드 회의에서 유럽연합이사회EC는 회원국 후보가 EU 법률 및 규정의 요체인 공동체 기득사항acquis communau-taire*을 집행할 행정·사법 역량을 확보해야 한다고 대략적으로만 결론을 내렸다. 그러나 1997년까지 구체적인 개혁 사항은 언급되지 않았다.

1997년 이후에도 EU의 영향력은 대부분 간접적이고 소극적이었으며, 개혁을 요구했으나 반드시 그 내용을 명시하지는 않았다.[21] EU가 뒤늦게 국가 행정을 강조하기로 정한 것도, 근본적인 문제 해결에는 큰 도움이 되지 않는 마구잡이식 지침과 틀에 박힌 해결책을 의미했다. EU는 목표에 부합하는 감독이나 자원을 제공하지 않은 탓에 많은 개혁이 EU의 기대에 형식상으로는 부응했으나, 기능상으로는 그러지 못했다.[22] 그 결과 "후보국들은 성급하고 무성의하게 EU 법률을 채택했으며, 따라서 이 법률이 문자와 정신 모두 실제로 구현되기까지는 수년이 걸릴 수도 있다".[23] EU의 많은 기획은 무엇이 후보국에 도움이 되는지, 무엇이 후보국의 행정을 개선할 수 있는지 관심을 기울이지 않았다고 비판받았다. 오히려 "결연 프로그램을 통한 제도 수립"은 대체로 개별 관료들에 의한 EU 구조의 중복을 의미했다.[24]

요컨대 EU는 일부 사례에서만 직접적인 영향을 미쳤다. EU는 1997년 이후 일부 "후발" 국가에서 다양한 공식 국가 제도를 채택하는 데 영향을 미치긴 했으나, 이를 통해서는 1997년 이전 국가 자원 전용의 변화를 설명할 수 없다. 또한 EU의 조건부 가입은 관찰 대상 국가 중 많은 국가에서 공식 국가 제도가 조기에 채택된 원인을 설명하지 못하며, 제도 출현 시기와 실질의 차이도 설명하지 못한다. 또한 가입 선도국들이 단순히 향후 EU의 요구를 미리 이행하고자 했던 것도 아니었다. EU의 요구가 무엇인지 명확하지 않았고, 제도 도입이 더딘 국가들이 가입 선도국 대열에 다수 포함되어 있었기 때문이다.[25]

만약 EU에 제도적 적응에 대한 책임이 있다면, 우리는 EU의 요구

• EU의 법안 및 관행을 통틀어 칭하는 용어로, 로마조약과 그 개정 조약에 기초하여 각료이사회와 집행위원회가 통과시킨 모든 규정·지침·결정 등을 포괄한다.

에 직접적으로 대응하는 제도 발전 양상을 볼 수 있어야 한다. 그러나 EU가 어떤 종류의 제도를 지정할지 결정하기 **이전에** 여러 국가가 제도를 채택할 수 있었다는 것은, 다른 힘이 작용하고 있었음을 시사한다. 그렇다고 EU가 이 지역이나 민주주의 발전에 영향을 미치는 세력이 아니었다는 것은 아니다.[26] 소수자 권리와 같은 일부 분야에서는 직접적이고 강력한 권한을 행사하여 집권 여당이 법을 바꾸고, EU 표준을 채택하도록 이끌었다.[27] 그러나 국가 행정 수립에 체계적이거나 광범위한 영향을 미치지는 못했다.

다른 국제기구도 공식적인 국가 기관을 수립하도록 압력을 행사하지 않았다. 유럽연합이사회·EU·유럽안보협력기구OSCE·북대서양조약기구NATO는 민주주의와 경제적 변화를 조건으로 수많은 합의와 혜택을 제공했지만, 국가 기관에 초점을 맞추지는 않았다.[28] 예를 들어 유럽부흥개발은행EBRD은 많은 건의 차관을 공여하면서 감독 기관이나 행정 능력보다는, 자유선거와 같은 민주주의 요건을 충족하는 것을 조건으로 내걸었다. 반면 국제통화기금IMF의 조건부 대출은 제도적 또는 정치적 요구보다는 가격 및 무역 자유화, 제한적 통화 정책, 재정 규율fiscal discipline,˙ 민영화와 같은 경제적 목표 달성에 중점을 뒀다.[29] 다른 국제 금융 기관들도 경제적 목표에 집중하면서 제도적 기반에는 관심을 기울이지 않았다.[30]

˙ 방만한 재정 운영을 막기 위한 일련의 조치.

국내 결정 요인

국제적 압박으로 (탈공산주의 민주주의 국가에서 공식적인 제약을 수립하는-옮긴이) 이러한 변화를 설명할 수 없다면, 국내 정치 행위자 간의 상호작용을 분석하여 설명하는 두 가지 대안이 있다. 첫째로 협상 행위자 간의 힘의 균형에 따라 제도적 틀이 누구에게 이익이 될지 결정될 수 있다.[31] 탈공산주의 국가에서 나타나는 광범위한 제도 선택 양상을 설명하기 위해 학자들은 공산권 해체 과정에서 반대 세력 간에 체결된 대타협을 조사했다. 이러한 협상의 결과에는 공산당이 선거법·대의제·헌법·사법부 등을 독점하는 체제를 해체하고, 새로운 민주주의 체제를 수립하는 데 필요한 주요 제도적 결정이 포함됐다.[32]

　이 설명이 정확하다면 제도 구성은 정치적 힘의 균형을 반영하는 산물일 것이다. 특정 행위자의 협상력이 클수록 그들은 자신들이 선호하는 제도적 결과[33] ─ 의회 내 자기 지지자들의 입지에 유리하도록 선거법을 개정한다든지 ─ 를 강요할 가능성이 커진다.[34] 이러한 분석은 여러 행위자가 균등하게 협상할 때 지대 추구를 위한 재량권이 줄어들고,[35] 어떤 행위자든 국가로부터 획득한 자원을 가지고 떠날 수 있도록 허용하는 제도를 독자적으로 수립할 수 없음을 시사한다. 동등하게 강력한 다수의 정치 행위자가 공공재 제공을 촉진하여 거래 비용을 줄이고, 공직을 통한 사익 추구를 제한한다.[36] 한 가지 관찰할 수 있는 시사점은 의회에서의 분열이 권력을 분점할 수 있는 기관의 수립과 재량권 제한을 촉진한다는 것이다.

　두 번째 관점은 정책과 국가 기관을 정치로부터 분리하는 유인과 수단에 주목한다. 선거 및 입법 설계 자체는 반대자들에 의해 정책이 번복되는 것으로부터 정책을 보호하는 방법으로 제약을 공식화하는 몇 가지 유인을 창출한다. 예를 들어 테리 모Terry Moe(1949~)와 마이클 콜드웰Michael Caldwell은 분권 정부divided governmen*와 견제와 균형이라는 미국 의회 체계를 다수당의 지배와 행정과 입법의 융합이라는 영국 의회 체계와 대조한다.[37] 미국과 같은 분권 정부는 타협적인 해결책과 과도한(그리고 비효율적인) 형식화를 초래한다. 영국 의회 체계에서는 권한이 분산되어 있지 않으므로 그러한 타협안이 나오지 않으며, 제도를 공식화할 유인이 없다. 정책 결정에 대한 완전한 통제권을 가진 다음 정부가 모든 형식을 간단히 폐기할 수 있기 때문이다.[38] 대신 비공식적인 규범과 평판이 정부 행동의 영역을 제약한다. 비록 연동형 비례대표제에 대한 예측력은 약하지만 이 설명에 따르면, 연동형 비례대표제에서 권력이 연립정부 구성 정당에 분산되고, 정책에 대한 정당의 책임이 약하며, 정권 교체가 제한되고, 현상 유지가 어려워지면 정당은 재량에 대한 제약을 공식화할 것이다.[39] 공산권 해체 이후 현상은 비교적 쉽게 바뀌었다. 따라서 정부가 분열되어 있고—권력을 나누고 개별 정당의 정책 책임이 약하다—정권 교체율이 낮은 곳에서는 공식적인 제약이 도입되리라 예상할 수 있다.

이러한 관점에서 수행된 수많은 분석은 당사자와 당사자를 대신해 행동하도록 선택된 대리인 간의 책임과 위임관계에 중점을 두었다.[40] 초점은 대리인이 당사자에 대한 의무를 회피하지 않고 이행하도

---

* 통상 대통령제 국가에서 행정부와 입법부의 통제권이 각각 두 정당에 분할되는 경우를 지칭하며, 한국의 경우에는 여소야대 정국을 떠올리면 된다.

록 하는 것이 얼마나 어려운지°에 맞춰졌다. 예를 들어 정치인은 관료가 정책을 실행하도록 어떻게 보장할 것인가. 여기서 재량권이란 정당의 지시를 이행하는 과정에서 관료 대리인이 누리는 재량을 의미한다. 이 복잡하고 체계적인 분석을 단순화하자면, 이 분석의 일반적 함의란 정부는 계획의 전망이 밝다고 확신할수록 국가 대리인에게 더 많은 재량권을 허용한다는 것이다.[41] 더 구체적으로 말하자면 정책을 둘러싼 갈등이 없고, 분열 수준이 낮으며, 시민법정civil law courts과 같은 비법정nonstatutory 규제 기관이 존재하고, 정부가 분열되어 있지 않는 등의 조건에서 정당은 관료 대리인에게 최대한의 재량권을 부여하여 공식적인 제도 수립을 미루거나 회피한다.[42] 이 모든 조건은 정부가 입안한 정책이 실행될 것이며, 자신들이 계속 집권하여 추가 정책을 제안할 것이라는 정부의 확신을 강화한다. 이 중 민법 제도와 의회 (따라서 분할되지 않은) 정부는 조사한 모든 사례(탈공산주의 민주주의 국가-옮긴이)에서 볼 수 있다. 따라서 우리는 공식 감독·감시 기관은 경쟁과 갈등이 더 강한 정당 체계, 즉 더 분열되고 양극화된 정당 체계에서 발생한다고 예상할 수 있다.[43]

종합하면 협상과 분리의 조건에 초점을 맞춘 설명은 정권 교체·분열·양극화가 재량권을 제약하는 공식 제도의 도입 시기와 범위에 따라 다를 것이라고 분석한다. 그러나 표 3.1에서 볼 수 있는 지표와 공식 제도의 초기 및 후기 채택자라는 두 집단 사이에는 뚜렷한 상관관계가 존재하지 않는다. 두 군집 모두에서 상당한 정권 교체율을 보이는 국가

° 이러한 문제는 본인과 대리인 사이의 정보 비대칭으로 인해 발생하며, 이를 본인-대리인 문제principal-agent problem라고 한다.

표 3.1 정당 간 경쟁, 1990~2003년

	정부의 수[a]	평균 집권 기간(일수)[b]	분열	양극화[c]
헝가리	4	1096	.68	11.4
에스토니아	8	477	.79	12.0
슬로베니아	6	604	.84	19.3
폴란드	9	449	.77	31.8
리투아니아	7	447	.72	11.9
체코	4	869	.71	12.0
슬로바키아	6	593	.78	4.9
불가리아	6	590	.71	30.9
라트비아	10	340	.76	14.6
평균차	P = .82	P = .52	P = .24	P = .47
검정*	t = .24	t = .73	t = 1.48	t = .82

* 양측검정

출처 **a** Müller-Rommel, Ferdinand, Fettelschoss, Katja, and Harst, Philipp. 2004. "Party Government in Central East European Democracies: A Data Collection (1990-2003)," *European Journal of Political Research*, 43: 869-93.

b Müller-Rommel et al. 2004.

c Frye 2002.

를 찾을 수 있다. (공식 감독·감시 기관을 조기에 열렬히 채택한 집단에 속하는-옮긴이) 폴란드와 에스토니아는 모두 정권 교체율이 평균보다 높지만, (각 정당이 공식적인 기관의 수립을 늦추고, 권한을 정치화하며, 그 범위를 제한한 집단에 속하는-옮긴이) 라트비아도 정권 교체율이 평균보다 높다. 의회 분열이 가장 높은 국가와 가장 낮은 국가인 슬로베니아와 헝가리는 공식 감시·감독 기관을 가장 먼저 도입한 국가이다.[44] 마지막으로 제도의 성과에 따라 "후발 주자" 범주에 속하는 두 국가는 양극화 지수가 매우 높거나(불가리아) 매우 낮다(슬로바키아).[45]

예측된 기제도 관찰되지 않는다. 협상 모형은 주요 정치 행위자 간의 협상이 일어나고, 힘의 균형에 따라 결과가 결정될 것으로 예측한다. 그러나 관찰되는 것은 양자 간 협상이 아니라, 가능성 있는 정권 교체 위협에 직면해 벌어지는 일방적인 중재·기대·협조이다. 의회와 그에 수반되는 대의 기관이 설립되면, 정부는 야당에 양보하고 협조하려 노력했으나, 전면적인 협상은 하지 않았다.

너욱이 탈공산주의 국가의 제도 수립자들은 국가나 정책을 보호하는 것이 아니라 경쟁자로부터 자신을 분리하고, 경쟁자가 국가 자원에 접근하지 못하도록 막는 데 관심이 있었다. 관료제적 태만을 방지하려는 욕구가 공식 감시·감독 기관을 수립하는 주된 동기는 아니었다. 다음 장에서 살펴보겠지만, 이러한 고려가 탈공산주의 국가의 행정부에서 공산주의 공무원을 숙청하려는 시도를 촉발한 계기가 되기도 했다.[46] 대신 정당들은 주로 국가 소유 자산의 민영화 또는 재분배를 통해 여러 행위자가 이용할 수 있게 될 국가 자원에 누가 접근할 수 있는지에 집중했다.

교섭과 단절의 두 모형 모두 어떤 **종류**의 제도가 생길지는 예측하지만, 언제·어떤 제도가 생길지는 예측하지 못한다. 이 기제는 정당 간 상호작용을 위한 의회의 장이 없다("기초적 교섭" 접근법)거나, 상대방으로부터 정책 투자를 보호해야 하는 의회 내 경쟁자가 잘 확립되어 있다("정책 단절" 접근법)는 두 가지 전제 중 하나를 전제로 한다. 어느 모형도 정치 경쟁에 덜 취약하게 만들려고 노력하는 새 정부의 생존 전략으로서 제도 수립에 초점을 맞추지 않는다. 하지만 이것이 우리가 관찰한 변화의 주요 기제이다.

강고한 경쟁과 공식 제도

앞서 언급했듯이, 취약한 신생 민주주의 국가의 정당은 이념적 지향, 정치적 유산, 조직의 목표가 무엇이든 상관없이 살아남기 위해서는 상당한 자원이 필요했다. 국유재산을 어떻게 배분하고, 어떤 국가 기관을 건설할지를 정당 엘리트들이 결정했기 때문에 정당은 행정직·정부 계약·민영화 입찰 등 국가 자원에 재량적으로 접근할 수 있는 권한을 유지하고, 추가로 구축할 수 있었다. 이런 국가 자원은 빈곤한 정당에 안정적인 물질적 기반을 제공할 것이다. 반면 감독 기관은 (국가 자원에 재량적으로 접근할 수 있는-옮긴이) 이러한 기회를 차단할 것(이므로, 빈곤한 정당이 국가 건설 과정에서 굳이 감시·감독 제도를 도입하려 하지 않을 것-옮긴이)이다. 게다가 새로운 제도를 수립할 기능상의 이유도 없었는데, 공산주의의 국가 구조가 비록 결함은 있을지라도 토대로서 존재했기 때문이다.[47] 따라서 이들 집권 정당은 표면적으로는 시장과 민주주의 제도를 수립하면서 동시에 국유재산에 접근할 수 있는 통로를 구축하고, 이를 통해 이익을 얻을 수 있었다.

강고한 경쟁으로 집권 정당이 정권 교체 가능성이란 위협에 직면하면 이 셈법은 바뀐다. 정당은 다음 선거에서 패배할 위험이 크다면, 민영화나 재산권 시행 등 새로운 국가 활동 영역을 개시하고, 감시·감독 기관을 신설하여 야당을 견제하려고 할 것이다. 따라서 그들은 스스로 자신들을 제약하는 한이 있더라도, 그 어떤 후임자도 국가로부터 혜택을 취함으로써 다른 정당에 피해를 주지 못하도록 할 수 있었다. 이것은 상황을 잘못 인식하고 있거나, 대체 생존 수단—강력한 풀뿌리 조직과 같은—이 있어서 (자신들이 정권 교체 위협으로부터-옮긴이) 덜 취약하다고 느끼는 정당이 이러한 압력에 덜 예민하게 반응하고, 따라서 강고한 경쟁에 더 "무감각"해질 수 있음을 시사한다.

강고한 경쟁으로 형성된 세 가지 기제, 즉 기대·중재·협력은 공식 기관의 재량권을 어떻게 제한했는가. 첫째, 강고한 경쟁은 다음 선거에서 공직을 상실할 것으로 예상되는 정당에서 선제적으로 공식 감시·감독 제도를 채택하도록 이끌었는데, 이는 (현직자의-옮긴이) 정적政敵이 국가 자원에 접근할 수 있는 권한을 악용하여 자기 이익을 취하지 못하도록 제한하는 방법이었다. 증권거래소와 동시에 증권위원회가 설립되고, 민영화가 진행되기 전에 감사원이 설립되고, 새로운 시민권이 확립되면서 시민 민원조사관이 강화되는 등 이러한 기대 기제에 따라 공시 감독 기관이 세워졌다. 집권한 야당은 **자당**의 후임자를 견제하기 위해 이러한 제도를 더 채택하고 강화하는 경향을 보였다.[48]

둘째, 야당은 의회에서 정부 조치에 대해 의문을 제기하고 비판했으며, 집권 여당은 선거 보복을 경계해 국가 자원의 유용을 제한하고, 자신들의 행동을 정당화하는 방식으로 대응했다. 야당이 정부 조치를 지속해서 감시하고 공론화하는 경우, 집권 여당은 부정적인 공론화 때문에 표를 잃을 것을 경계해 국가 자원을 유용할 수 있는 재량권을 제한할 가능성이 크다. 따라서 강고한 경쟁은 집권 여당이 재량권에 공식적인 제약을 가하는 것을 바람직하게 여기도록 하며, 그 자체로 재량권에 대한 비공식적인 제약을 가한다. 이 두 번째 제약은 제도를 수립하기에는 덜 강력하지만, 기존 제도를 강화(또는 약화)할 수 있다.

셋째, 정권 교체 위협은 여당으로 하여금 야당을 포섭하거나 야당과 권력과 책임을 공유하도록 하기도 한다. 이를 통해 집권 여당은 정책 결과에 대한 일부 책임을 야당이 지게 함으로써 야당의 공격 강도를 누그러뜨리고, **그리고** 가장 격렬한 비판자를 감독·규제 기관에 배치함으로써 자신들의 청렴함을 입증하려고 한다. 이 기제는 공식 제도의 수립보다는 인력 배치, 규제, 권력 집중과 같은 **비공식적** 규범을 정하는 상황에서 더 두드러지게 나타났다.

강고한 경쟁이 감시·감독 기관 설치의 원인이라면, 강고한 경쟁에 직면한 정당들이 공식 감시·감독 기관의 설치를 신속하게 결정했는지 관찰해야 한다. 규제 기관은 감시해야 할 새로운 국가 활동 영역과 더불어 신설되기 마련이다. 역대 정부는 이념적 성향과 관계없이 경쟁이 강고하게 유지된다면 공식 제도를 강화할 것이다. 또한 기대·중재·협력은 정부의 수적 우위와는 무관하다. 이것들은 오히려 경쟁의 강건함, 그리고 정부 조치에 대한 야당의 조사 및 공론화 능력과 의지의 기능이다. 정당이 이러한 자극에 대응할지는 선거 취약성에 대한 인식에 따라 달라지며, 앞으로 살펴볼 것처럼 집권 여당은 재선 가능성을 오판할 수 있다. 또한 위협을 정확하게 인식하고 있으면서도 충성도가 높은 선거 지지자 네트워크를 형성하여 자신을 보호하려 할 수도 있다.[49]

경쟁이 덜 강고한 곳에서는 규제 도입이 늦어지고, 예측할 수 있는 움직임이 없으며, 공식 감시·감독 기관을 세우지 못하거나, 매우 재량적인 기관을 세우는 것을 볼 수 있다. 권력 공유나 협력은 관찰되지 않을 것이다. 이의 요인은 분열, 양극화 또는 EU의 요구와 무관하게 독립적으로 다뤄져야 한다. 요컨대 선명하고 타당하며, 비판적인 의회 야당은 정부가 야당의 집권을 예상하여 의회에서의 활동을 조절하고, 새로운 제도에 야당을 끌어들이려고 시도할 유인을 창출한다.

강고한 경쟁은 어떻게 조기에 제도를 열정적으로 채택하도록 만

표 3.2 주요 감시·감독 기관

	공무원	민원조사관	감사원	증권거래위원회
헝가리	1992년 비정치적 광범위	1993년 민원조사관 országgyűlési biztos 민원조사청 Országgyűlési Biztosok Hivatala (소수민족 권리와 정보 보호를 위한 2개의 민원조사관을 별도로 운영) 비정치적 광범위	1990년 감사원 Állami Számvevőszék, ÁSz 비정치적 1990년 권한 강화	1993년 금융감독원 Pénzügyi Szervezetek Állami Felügyelete, PSzÁF 비정치적 광범위
에스토니아	1995년 비정치적 광범위	1993년 법무부 장관 Vabariigi Õiguskantsler 광범위	1995년 감사원Riigikontroll 비정치적 광범위	1993/1997년 금융감독원 Finantsinspektsioon 1997년까지 재무부 통제
슬로베니아	1992년 비정치적 광범위	1994년 민원조사관 Varuh Človekovih Pravic 비정치적 광범위	1994년 감사원 Računsko sodišče 비정치적 광범위	1992년 금융시장감독국 Agencija za Trg Vrednostnih Papirjev, ATVP 비정치적 엄격한 보고 요구
리투아니아	1995/1999년 모호한 구체성 1999년에 개정	1994년 의회 민원조사관 Seimo Kontrolierių Įstaiga 비정치적 정당 통제	1995년 감사원 Valstybės Kontrolė 비정치적- 의회에서 소집 광범위-수사 개시 가능	1996년 증권위원회 Lietuvos Respublikos vertybinių popierių komisija, LR VPK 비정치적-의회 책임 광범위
폴란드	1996/1999년 1996년 법안이 정치화됨- SLD 동맹 보상 1999년에 법안 개정	1990년 민원조사관Rzecznik Praw Obywatelskich, RPO 비정치적 1990년 대폭 강화	1994년 감사원Najwyższa Izba Kontroli, NIK 야당 광범위-정당 통제	1991년 증권거래위원회 Komisja Papierów Wartościo- wych i Giełd 비정치적 엄격한 보고 요구-매월
체코	2002년 EU의 요구에 따라 도입	1994년 민원조사관 Varuh Človekovih Pravic 비정치적 광범위	1992/2000년 감사원 Nejvyšší Kontrolní Úřad, NKÚ 2000년까지 정부가 통제: 독자적 조사 권한 없음	1998년 증권거래위원회 Komise pro Cenné Papíry 1998년까지 재무부 제한된 범위-구속력 있 는 자본시장 규제 부재
슬로바키아	2002년	2002년 민원조사관 Veřejný Ochránce Práv 비정치적	1993년 감사원Najvyšší Kontrolný Úrad Slovenskej Republiky 정부가 통제 독자적 조사 권한 없음	2002년 금융시장 당국 Úrad pre Finančný Trh 1998년까지 주식 시장 에 대한 사전 통제 부재

	공무원	민원조사관	감사원	증권거래위원회
라트비아	1994년 정치적-러시아계 소수민족 배제	2002년 국가인권국 Valsts Cilvēktiesību Birojs, VCB	1994년 감사원Latvijas Republikas Valsts Kontrole, LRVK	2000년 금융·자본시장 위원회 Finanšu un kapitāla tirgus komisija, FKTK
불가리아	2000년 EU의 요구에 즉각적으로 대응	미채택	1995/2001/2002년 감사원Сметна Палата 재무부 통제 아래 제한된 범위-감사 개시 불가	1995년 금융거래위원회 Komisija po tsennite kniha 제한된 범위-구속력 있는 시장 규제 부재

들었나? 이 질문에 답하고자 이 장의 남은 부분에서는 먼저 사례 전반에 걸쳐 광범위한 변화를 살펴볼 것이다. 그런 다음 다른 기존 설명에 따라 제도 설계의 결과가 결정됐다면, 유사한 제도적 구성이 이뤄졌어야 하는 두 국가―헝가리와 체코―를 심층적으로 비교하는 데 집중할 것이다. 주요 감시·감독 기관, 설립 날짜, 권한은 표 3.2에 요약되어 있다.

기관 수립의 양상

사례(로 관찰한 국가들-옮긴이)에서는 전반적으로 강고한 경쟁과 공식적인 국가 기관의 조기 도입 간의 강력한 상관관계를 관찰할 수 있다. 헝가리·슬로베니아·에스토니아·폴란드·리투아니아 등 경쟁이 더 강고한 국가에서는 1997년에 채택된 공식 감독·감시 기관의 85퍼센트(그림 3.1의 34개 중 29개)가 같은 해에 설립됐다.

따라서 슬로베니아에서는 독립 후 3년 이내에 인권 민원조사관, 공무원법, 감사원, 증권거래위원회가 모두 설치됐다. 낮은 정권 교체율—1991년부터 같은 정당이 집권—에도 불구하고 경쟁은 강고했고, 경쟁의 강도로 인해 "연립정부 구성원은 서로의 움직임을 감시함으로써 단 하나의 경쟁자가 이후 선거에서 큰 이득으로 이어질 정치적 이점을 얻지 못하도록 하는 데 열중했다. 각 정당은 다른 모든 정당이 이를 통해 학습하고, 제때 대응할 수 있는 감시 기제를 모색했다".[50] 강고한 경쟁은 광범위한 규제와 제약으로 이어졌다. 1991년 슬로베니아의 민영화법은 당사자들이 "가능한 모든 우발적 상황을 고려하여 서로의 잠재적 남용으로부터 자신을 방어"함으로써, 민영화를 "과도하게 규제"한다고까지 평가됐다.[51]

정부의 행동을 바꿀 수 있는 야당의 역량과 유인은 슬로베니아의 시장 규제와 일련의 민영화 감독 결정에서 잘 드러난다. 1991년에 제안된 민영화 법안은 기업·경영자·직원에게 소유권 구조조정에 관한 완전한 재량권을 부여했다. 기독민주당SKD은 이것이 구 공산당과 그 엘리트 네트워크의 경제적 권력을 영속화할 뿐이라고 주장했다(공교롭게도 이 법안은 경제에 영향력을 행사하려는 정당의 계획도 방해할 것이었다). 그러나 법안의 초안이 의회에 제출됐을 때, 이 법안이 공산당의 영향력을 종식할 것이라는 주장은 더는 통하지 않았다. 다른 정당들은 각자의 몫을 차지하고자 서로 다투었고, SKD가 독차지하도록 두는 것을 불안해했다.[52] 그 결과 법안은 어느 정당도 부당하게 이득을 보지 못하도록 대대적으로 수정됐다. 정부의 재량권 남용 가능성에 관해서도 비슷한 우려가 제기되면서 공공재정이 통합됐다. 1991년 이전에는 전체 공공예산 지출의 5분의 1에도 못 미치는 액수가 예산으로 책정됐지만, 1991년

재정 개혁을 통해 연금 기금을 제외한 모든 기금이 통합됐다.[53]

경쟁이 강고한 다른 국가들은 공식적인 감시·감독 기관을 설치하고자 빠르게 움직였다. 폴란드는 공산당 정권이 무너진 지 2년 만에 감사원·민원조사관·이해상충방지법을 강화하거나 신설했다. 1991년에는 엄격한 보고 요건을 갖춘 증권거래위원회를 설치했으며, 기업은 분기별 수익이 아니라 월별 수익을 보고해야 했다. 마찬가지로 에스토니아와 리투아니아도 소련 붕괴 후 4년이 지난 1995년까지 민원조사관, 공무원법, 독립적인 감사원, 증권거래위원회를 설치했다. 이러한 기관은 광범위한 권한을 부여받았으며, 대부분 정치적 통제에서 독립적이었다. 단, 1997년까지 재무부 소속이었던 에스토니아 금융감독원은 예외다.

이러한 각각의 사례에서 공식 감시·감독 기관의 설립은 공산당의 부활—처음에는 공산당의 후신조차 두려워했다—과 궁극적인 퇴진에 대비하기 위한 보험의 한 형태였다. 더 일반적으로 이러한 제도는 현직자가 다른 정당의 생존을 위협하지 않도록 보장하는 데 도움이 된다. 강력한 정부조차 제약받을 수 있었는데, 일례로 야당인 자유연맹UW은 1993~1997년 집권 연립정부가 절대다수를 차지했을 때도 교육 개혁, 지방정부 재정, 은행 개혁을 계속 추진하고자 위원회를 교묘히 이용하고, 연립정부 내부 갈등을 악용하며 여론을 동원했다.[54]

이들 국가 중 헝가리와 폴란드는 기존의 공산주의 감시·감독 기관이 새 생명을 얻을 수 있었다는 특이한 이점이 있었다. 폴란드 집권 여당은 공산주의 체제 마지막 몇 년 동안 "국가와 그 대표자의 합법성 감시 및 집행이라는 명백한 목적"을 가진 여러 감독·통제 기관을 설치했다.[55] 감사원NIK은 1977년부터(이후 1980년에 의회 감독하에 배치), 민원조사관RPO은 1980년부터, 헌법재판소Trybunał Konstytucyjny, TK는 1986년 부터 운영됐다. 1980년에 설립된 상급행정법원Naczelny Sąd Administracyjny, NSA은 시민들이 법률에 어긋난다고 생각하는 행정 결정에 대한 불만을 제기하는 곳이었으며, 1982년에 설립된 국가재판소Trybunał Stanu, TS˙는 국가 최고위급 인사와 관련된 사건을 다뤘다.

이는 인과관계가 역전될 가능성, 즉 공식 감독·감시 기관이 이미 재량권을 제한한 곳에서 강고한 경쟁이 번성할 가능성으로 이어진다. 그러나 공산주의 시대의 공식 제도는 민주주의 계승국의 골격에 불과했다. (공식 제도는-옮긴이) 공산권이 무너지고 나서야 실질적인 권한을 획득했다. 먼저 새로운 영역들이 거대하게 열렸다. 가령 처음에는 상당한 회의론에 부딪혔던 민원조사관이 이제는 헌법재판소에 직접 사건을 회부하고, 대법원Sąd Najwyższy에 특별 개정을 요청하며, 정부에 입법을 권고하고, 그 권고를 대중에 공개할 수 있다. 민원조사관의 요청을 행정부가 수용하지 않은 경우는 3퍼센트에 불과했다.[56] 무엇보다 민원조사관은 이제 공산주의 체제에서처럼 단순히 교도소, 의료 또는 환경 상태만 조사하는 것이 아니라, 모든 정치 행위자의 행동을 조사할 수 있게 됐다.[57] 마찬가지로 감사원과 강화된 헌법재판소는 더는 공산당에 의해, 공산당만을 위해 임명되지 않았다. 대신 야당 의원이 감사원을 주재한다는 비공식적인 규칙이 빠르게 발전했으며, 이는 설립 당시부터 이어져온 관행이었다. 그 이유는 "정부를 조사할 가장 큰 동기는 야당에 있으므로, 야당이 정부를 투명하게 조사하면 우리 모두 더 안락해

˙ 구체적으로는 1982년에 신설된 기관이 아니라, 1921년에 설치됐다가 대조국전쟁 발발로 1939년부터 기능이 멈춘 후 복구되지 않았다가 1982년에 복구된 기관이다.

질 수 있다"는 것이었다.[58] 폴란드가 에스토니아·헝가리·슬로베니아처럼 청렴한 국가로 명성이 높은 것은 아니지만, 비판자들조차도 "집권 연정 내부의 불일치, 야당과 독립 전문가들의 비판, 헌법재판소의 판결로 인해" 재량권이 매우 제한됐다는 사실을 인정했다.[59]

경쟁이 더 약했던 체코·슬로바키아·라트비아·불가리아에서는 EU가 행정 개혁을 추진하기 전에 공식 제도가 채택된 비율이 31퍼센트(32개 중 10개)에 불과했다. 이 중 일부는 명시적으로 정치화됐거나 고의로 무력화됐다. 대다수 개혁안은 2001~2002년에 이르러서야 통과됐으며, 이는 EU의 상당한 압력에 따른 것이었다. 그 당시에도 정부는 공식 국가 기관에 대해 "비용이 많이 들고 불필요하다"라며 격렬하게 반대하는 경우가 많았다.[60] 재집권을 비교적 확신하는 정당은 공식적인 기관의 설립을 무시하거나, 권력 장악을 강화하고자 이를 약한 형태로 만들 수 있다.[61]

강고한 경쟁이 없으면 공식 국가 기관이 부재 또는 정치화되거나, 독립적인 규제 권한이 사실상 박탈된다. 슬로바키아에서는 1993년 체코슬로바키아 연방 기관의 역할을 이어받고자, 감사원Nejvyšší Kontrolní Úřad(이하 NKÚ)과 보안 기관을 감시하는 특별통제기구Osobitný Kontrolný Orgán, OKO가 감시·감독 기관으로 설립됐다. 그러나 얼마 지나지 않아 이 두 기관은 집권 여당인 민주슬로바키아를위한운동HZDS의 완전한 통제하에 놓이게 됐다. 1994년 밤새도록 진행된 의회 회의에서 비非메치아르계 인사들을 국가 행정에서 배제하는 과정에서 HZDS는 NKÚ와 OKO의 수장 및 검찰총장과 그 직원들을 소환했다. 이들 모두는 HZDS 충성파로 교체됐다. HZDS는 이러한 기관에서 야당 의원들을 완전히 배제했으며, 임기 내내 그렇게 했다.[62] 동시에 원내 위원회와 지도부에서 야당을 제거하여 야당을 실권 없는 환경위원회로 몰아넣었다.

기존 기관들은 약해졌다. NKÚ는 국가 예산 자금의 사용을 감독할 권한만 가지고 있었고, 국유재산기금Fond Národného Majetku(이하 FNM)이 주식을 보유한 조직이나 외국 출처의 자금을 감사할 수는 없었다.[63] 1991년 구 체코슬로바키아 연방에서 설립된 FNM은 HZDS 정부의 막대한 사적 이익의 원천이 됐다. FNM은 민영화를 관리하려고 만든 준準민영 주식회사였다. HZDS는 기금 경영진을 충성스러운 인사로 교체한 후 모든 민영화 결정을 FNM에 넘겼다. 그 결과 의회는 수익성 높은 민영화 과정을 감독할 권한을 갖지 못했으며,[64] HZDS의 지도자들은 수익성 있는 기업의 감사위원회에 직접 관여하게 됐다.[65]

이러한 조치로 메치아르 정부는 국유재산을 처분할 막대한 여유를 갖게 됐다. 민영화 투자자와 고위 정치인 사이의 연결고리를 키운 HZDS는, 민영화 입찰을 정당에 내는 기부금에 따라 조건부로 진행했고, 계약 자체는 당의 유착 세력에게 돌아갔다.[66] FNM은 민영화를 정부 측근들에게 보상을 주고, 부를 축적하는 수단으로 삼았다. 이 순환 고리는 "[은행] 기관에 대한 정치적 통제와 경영 환경의 후견주의 특성으로 완성됐으며, 이는 국영은행이 정치적 동기에 의한 대출을 계속 제공하고 비효율적인 기업에 상환을 요구하지 않음을 의미"했다.[67] 마지막으로 1996년의 지방 개혁은 지역이 재정적·정치적으로 HZDS에 의존하게 함으로써, 그리고 HZDS의 정치적 힘을 반영하기 위해 새로운 지역을 여당에 유리한 선거구로 조정gerrymandering함으로써 HZDS에 대한 잠재적 불만이 선거에서 드러나는 것을 막았을 뿐이다. 야당은 중요한 세력 — 헝가리계 소수민족 정당* — 이 배척당하고, 공산당의 후신이 야당의 핵심적인 역할을 하지 못해 대체로 무력했는데, 공산당의 후신인 SDĽ은 HZDS에 현혹되어 비판이 무뎌졌고, 유권자들에게 분명한 대안이 되지 못했다.

라트비아에서는 연정의 핵심인 라트비아의길LC이 이권 개입의 여지가 많은 교통부Satiksmes ministrija 등 국가의 특정 부문에 대한 통제권을 유지할 수 있었다. LC는 불편한 개혁, 특히 "자신들이 주관하는" 부문에 대한 감독을 강화하는 개혁을 무력화할 수 있었다. 그럴듯한 정권 교체 위협이 없었고, 주요 연립정당의 인질로 잡혀 있었기 때문에 여당은 공식 감시·감독 기관을 설치하지 않았다(1997년 이후에야 한 기관을 제외하고 모든 기관이 설치됐다). 라트비아의 "내각은 대개 같은 정당 소속으로 구성되는 경향이 있으므로, 이전 정부의 약속과 결정에 관한 책임을 제한적으로 느끼는 경향이 있다".[68] EU가 공식 제도의 개혁에 압력을 가하기 전까지 "정당들은 공식 국가 감독·감시 기관의 성공에 별로 관심이 없었다".[69] 〈헌법재판소법Satversmes tiesas likums〉은 1995년에야 통과됐고, 그 이전에는 의회 법률의 합헌성에 대한 사법적 검토가 없었다. 1994년에 공무원법이 제정됐지만, 이는 주로 공무원의 라트비아 국적과 언어 능력, 그리고 KGB**와의 연관성을 확인하기 위한 것이었다. 이 법은 몇몇 중요한 공공 부문(내무부 등)을 배제했고, 적합한 자격 요건을 규정하지 않아 2000년에 EU의 압력에 따라 개정됐다.

불가리아에서는 공산주의 체제가 무너지는 시기에 공산당이 퇴진하지 않았고, 야당은 종종 정부의 행위보다 당내 갈등에 더 치중했다.

- • 헝가리 공동체당Strana maďarskej komunity, SMK/Magyar Közösség Pártja, MKP. 슬로바키아 내 헝가리계의 정당으로, 슬로바키아어와 헝가리어를 모두 공식 명칭으로 사용한다.
- •• 소련의 정보기관인 국가안전위원회. 러시아어로는 КГБКомитет государственной безопасности이다.

그로 인해 몇몇 평론가들은 1990~1997년을 개혁의 시기로 평가하지 않았다. 공산당의 후신인 불가리아 사회당BSP은 계속해서 국가 자원을 전용하여 부유해졌다. 야당이 약했던 불가리아의 BSP 정부는 절대 과반 정당*이란 점을 이용해 공무원, 국가 회계, 반부패청 등 여러 가지 국가 개혁을 지체시켰다. "공공소유 자산에 대한 사실상의 통제권이 국가에서 정당의 관리로 이동"하자 재량권을 극대화하려고 했다.[70] 사법 개혁은 의도적으로 지체됐다. 일례로 1991년 헌법에 따른 3심 제도는 야당의 거듭된 발의에도 불구하고 국회 의제로 채택되지 못했다.[71] 대신 헌법재판소Конституционен съд на България가 BSP의 조치를 위헌으로 판결하자 BSP는 사법부의 예산을 삭감했다. 1995년에는 감사원Сметната Палата이 도입됐다. 그러나 감사원은 미약했고, 한 비평가는 "목표 대비 달성한 결과를 측정하는 데 전혀 중점을 두지 않는다"고 주장했다.[72] 2001년 EU의 압력을 받고 나서야 감사원은 비로소 실질적인 권한과 조사에 착수할 역량을 갖추게 됐다.

이 세 국가 모두에서 감시·규제 기관을 도입하게 된 동기는 EU였다. 슬로바키아에서 진지하게 국가 개혁에 착수한 것은 HZDS가 아닌 새로운 연합정부**가 국가 기관을 개혁하기 시작한 1999년부터이다. 1998년 선거에서 HZDS는 최다 득표***를 했지만, EU가 HZDS가 주도하는 슬로바키아를 인정하지 않을 것이 분명해지자, (어느 정당도

•   1994년 총선에서 총 240석 중 125석을 석권했다.

••   슬로바키아 민주연합Slovenská Demokratická Koalícia, SDK · SDĽ · SMK/MKP · 시민이해당Strana Občianskeho Porozumenia, SOP 등 4개 정당이 구성한 연합정부.

••• 득표율 27퍼센트(907,103표)로 150석의 의석 중 43석을 획득했다.

HZDS와 연정을 구성하려 하지 않으면서-옮긴이) 연립정부를 구성하지 못했다. 이후 공무원·지역·감독·탈정치화 개혁이 본격적으로 시작됐다. 2001년 7월 마침내 감사원은 국가 자금으로 모든 경제 주체를 감사하고 통제할 수 있게 됐다.[73] 뒤이어 2002년에는 민원조사관 제도가 시행되고, 공무원법이 제정됐다.

라트비아에서도 마찬가지로 "EU의 비판으로 인해 1999년에야 행정 개혁에 대한 관심이 다시 높아졌다".[74] 2000년에는 여러 법률이 개정됐다. 시장 감독 기관, 공무원법, 반부패청, 민원조사관 제도는 모두 2000~2002년에야 수립됐다. EU의 압력에 힘입어 추가 개혁이 이어졌다. 2001년에는 행정 중심 개혁이 채택되어 2003년에 시행됐으며, 새로운 시민 권리와 독립적인 사법 심사가 확립됐다. 2000년에는 금융·자본시장위원회FKTK가 설립됐다. 2002년에는 이해상충방지법이 통과되어 반부패기구Korupcijas Novēršanas un Apkarošanas Birojs, KNAB가 수립됐다.

1999년 마침내 EU가 불가리아에 EU 가입 협상 개시를 공식적으로 제안하자, 이반 코스토프Иван Йорданов Костов(1949~) 총리가 직접 내무부를 맡아 공식적인 제도 개혁을 위한 야심 찬 계획을 실행하기 시작했다. 정부는 행정부 조직 개편과 공공조달을 포함해 추가적인 법률 개혁을 약속했다. 1999년에 공무원법이 통과됐다. 2001년에는 국가 반부패 전략이 채택됐고, 감사원에 관한 새로운 법률도 제정됐다. 그러나 민원조사관이나 지방 행정 개혁은 도입되지 않았다. "이러한 변화를 이행하려는 집권 엘리트의 불확실한 의지"를 염두에 둔다면,[75] 불가리아에서 공식적인 제도 개혁이 뒤늦게 추진된 주요 책임은 EU에 있다고 할 수 있다.[76]

이런 경우에는 경쟁이 강고하지 않아 공식 제도의 허점을 메울 유인이 없었다. 야당의 반대가 없는 곳에서는 집권 정당이 공식 감독 기관을 설립하여 자신을 제약할 유인이 없었다. 정책 논의와 행정 결정에 다른 정당은 접근이 제한됐다. 특히 체코의 공산당KSČM이나 공화당SPR–RSČ, 라트비아의 러시아계 소수민족 정당인 PCTVL, 슬로바키아의 헝가리계 소수민족 정당인 마자르사민당Magyar Polgári Párt-Maďarská občianska strana, MPP-MOS 등 여당이 "불법"으로 규정한 야당의 경우에는 접근이 더욱더 제한됐다. 야당은 정부의 행동을 감시하거나 조사할 능력이 없었다. 또한 재집권이 상대적으로 확실하므로, 집권 여당이 행동을 자제하고, 통치에 대한 책임을 분담하려고 노력할 유인도 많지 않았다. 또한 체코 시민민주당ODS과 슬로바키아 HZDS의 선거 지배력과 라트비아 연합정부에서 LC의 중심성을 고려할 때, 이러한 정당의 비위행위가 공개되더라도 여당에 대한 지지를 철회할 유권자는 적었다. 집권 여당은 향후 승리를 충분히 확신하고 있었으므로, 계속해서 유리한 고지를 점할 수 있었다.

체코와 헝가리 비교

체코와 헝가리의 제도 발전 과정을 비교하면 강고한 경쟁의 기제가 재량권을 제한하고, 사적 이익을 취하기 위해 국가 자원을 유용하려는 행위에 대한 공식적인 제약을 가하는 데 어떻게 이바지했는지 알 수 있다. 두 국가는 제도적 성과에서 상당한 차이를 보였다. 헝가리는 1995년까지 제도 수립을 대부분 완료했지만, 체코는 1996~1997년 정부 위기를 겪을 때까지 증권거래위원회, 독립적인 감사원, 지방정부 개혁, 민원조사관, 공무원 개혁을 생각조차 하지 못했다. 이와 동시에 시간이 지남에 따라 나타난 편차도 관찰됐다. 1998~2002년 헝가리의 청년민주동맹Fidesz 정부는 여러 공식 기관(그리고 의회 자체)의 감시 및 규제 기능을 약화하고, 경쟁으로부터 자신을 제외하려고 시도했다.

이러한 차이는 둘 사이에 많은 유사점이 있다는 점을 고려하면 더욱 놀랍다. 공산권 해체 이후 두 국가 모두 광범위한 경제 및 민주주의 개혁을 단행하여 외국 투자자와 금융 기관이 선호하는 국가가 됐다. 공산주의 체제의 여러 차이에도 불구하고,[77] 두 나라는 많은 민주적 특성을 공유했다. 두 나라 모두 공산당이 퇴진했고, 처음에는 대중의 지지를 확신할 수 없었던 반공주의 야당이 등장했다.[78] 다만 헝가리 공산당Magyar Szocialista Munkáspárt, MSzMP*은 온건한 사민주의 정당인 헝가리 사회주의당MSzP으로 재창당하면서 체코에는 없는 그럴듯한 위협이자 개혁의 촉매제가 됐다.

두 나라 모두 EU 가입의 확실한 선두 주자였다. 헝가리는 1994년 4월에, 체코는 1년 반 후인 1996년에 EU 가입을 신청했다. 이 두 나라는 폴란드와 더불어 EU에 함께 가입하게 될 첫 번째 국가군임이 확실하다는 인식이 널리 퍼져 있었다. 평균 정부 재임 기간이 헝가리는 1096일, 체코는 869일로 두 국가 모두 이 지역에서 가장 오래 지속된 정부를 보유했다(체코의 최장 내각은 1455일, 헝가리는 1451일).[79] 헝가리에서 수많은 기관이 생겨난 중요한 시기인 1990~1994년에 의회 분열 비율은 각각

• 공식 명칭은 헝가리 사회주의 노동자당이다.

0.67퍼센트와 0.68퍼센트로 같았다(1990~2003년 평균은 각각 0.68퍼센트와 0.71퍼센트). 당연히 분석가들은 두 국가를 이 지역에서 가장 제도화되고 통합된 정당 체계를 갖춘 국가로 분류했다.[80]

따라서 외부로부터의 압박, 기초 협상, 정책 분리라는 세 모형에서 두 나라는 유사한 제도 발전 경로를 따를 것으로 예측할 수 있다. EU가 제도 발전에서 지배적인 힘이라면, 두 국가는 동시에 공식 제도를 개발할 것이다. 1990년 체코 시민포럼OF이 여러 정당으로 분열된 후* 두 나라에서는 정치 세력 간 힘의 균형이 비슷했으므로, 경쟁자의 재량권을 제한하는 권력 공유 제도가 개발될 것이다. 반대로 재량권에 관한 제도적 설명이 정확하다면, 이들 국가의 상대적으로 낮은 정권 교체율, 분열, 내각 지속 기간 등의 지표는 재량권에 대한 제약이 없음을 의미할 것이다. 두 나라 모두 정부가 분열되지 않았고, 헌법재판소가 기능했으므로, 두 나라 모두 재량권을 제한하지 않으리라 예상하기 더 쉽다. 하지만 두 나라는 제도 발전에서 차이를 보였다.

공산주의 국가의 제도적 유산과 신생 독립 국가라는 사실로 인해, 체코의 제도 구축 과제가 공식 제도의 수립을 지체시킬 만큼 거대해진 것은 아니었다. 첫째, 앞서 언급했듯이 헝가리나 폴란드에서도 공산주의 시대의 감시·감독 기관은 공산주의 후견국(소련-옮긴이)이 무너진 후에야 강화되고 권한을 부여받을 수 있었으며, 이러한 기관의 장점은 이들 기관에 대한 쇄신 요구 때문에 상쇄되는 경우가 많았다. 둘째, 공

---

* 시민포럼의 분열 이후 ODS와 시민운동당Občanské Hnutí, OH이 창당됐다. 엄밀히 말하면 시민포럼은 1991년 말에 해산했고, ODS와 OH는 1991년 4월에 창당했다.

산주의 유산에 관한 하나의 설명*에 따르면, 공산권 해체 이후 체코의 관료주의-권위주의적bureaucratic-authoritarian 국가 기구는, 국가 고용과 재정에 대한 규제를 완화하여 대중의 지지를 매수하려 시도한 헝가리의 민족-포용적national-accommodative 국가 기구보다 재량권을 훨씬 더 제한해야 했다."[81] 마지막으로 공산주의 유산 중심의 설명은 1998년 이후 체코 정부가 결국 제도를 수립하게 된 이유와 1998~2002년 헝가리 정부가 재량권을 확대하려고 시도한 이유 등 시간의 흐름에 따른 변화를 설명하기 어려울 수 있다. 이와 달리 정당 간 경쟁의 구성은 두 국가 간의, 그리고 시간에 따른 편차를 모두 설명한다.

헝가리

헝가리는 강고한 경쟁의 중요성과 정부 당국이 경쟁의 위협으로부터

- 서문 주 47 참조.

- 저자가 인용한 『공산주의 이후 정당 체제: 경쟁, 대표성, 정당 간 협력Post-Communist Party Systems: Competition, Representation, and Inter-Party Cooperation』(국내 미출간)에서는 공산주의 통치 방식과 그 역사적 기원을, 공식적인 관료적 통치와 공산주의 이전 정치 체제에서 공산주의자와 그 적대자 간의 권력 균형이라는 두 가지 차원을 바탕으로 세 갈래로 분류한다. 첫째는 가산제 공산주의patrimonial communism로, 공산주의 통치가 등장하기 전에 사회주의 정당과 공산당, 그리고 부르주아 세력이 대중정당으로 잘 조직된 경우, 이후 공산주의 정부는 주로 탄압에 의존하여 반체제 세력을 용납하지 않았다. 둘째는 민족-포용적 공산주의national-accommodative communism로, 사회주의-공산주의 좌파는 수적으로나 조직적으로 취약했으나 부르주아-농민 반대파가 강했던 경우, 1950년대 이후 공산당 당국은 직접 협상이나 간접적인 암묵적 거래를 통해 가상의 반대파, 때로는 실제 반대파와 해결책을 모색했다. 셋째는 관료주의-권위주의 공산주의bureaucratic-authoritarian communism로, 공산주의 이전 시대에 사회주의 좌파와 부르주아 정치 조직이 모두 약하고 농민 단체만 동원할 수 있었던 경우, 공산주의 통치자들은 엄격한 탄압과 협조를 유도하는 방법을 모두 사용하며 반체제 세력을 용납하지 않았다. Herbert Kitschelt, Zdenka Mansfeldova, Radoslaw Markowski, Gabor Toka, *Post-Communist Party Systems: Competition, Representation, and Inter-Party Cooperation*, Cambridge University Press, 1999, pp. 22-27.

자신을 보호하려는 방식을 모두 보여준다. 헝가리는 탈공산주의 국가 중 최초로 감독·감시 및 전용을 통제하는 공식 국가 기관을 설립했다. 1990~1998년 동안 정부는 이를 더욱 강화했다. 1990년 행정부가 광범위하게 분권화되고, 헌법재판소Alkotmánybíróság, AB가 정책을 심사하는 강력한 견제·감독 기관으로 활동하면서 여러 행정 결정이 중앙 정당의 손에서 벗어나게 됐다. 헝가리 정치인들에게 책임이 없는 것은 아니지만,[82] 그들의 행동은 빠르게 폭로되었고 강제 사임, 스캔들 공개, 의회의 제재는 여당을 온건하게 만드는 데 이바지했다.

정부 조사위원회 위원들은 지대 추구 행위를 억제하기 위해서는 강고한 경쟁이 필수적임을 명확히 했다. 부패와 비리는 민주적 정부 기관, 정당의 비판, 언론 유출 등 세 가지 방식으로 공개됐다.[83] 무엇보다도 경쟁자들은 "서로가 국가 자원을 정치적 목적으로 악용하는 것을 막기 위한" 제도를 수립할 막대한 유인이 있었다.[84] 이에 따라 헝가리는 탈공산주의 국가 중 최초로 공무원법과 지방분권화를 시행했다. 1990년과 1992년 공무원법은 대다수 공무원을 포함한 모든 국가 직위를 정당 가입과 양립할 수 없도록 했다. 1990년 지방정부법은 권력을 중앙에서 지방으로 이양했다. 이는 이 지역에서 가장 이르고, 가장 포괄적인 지방정부 개혁이었다.[85]

야당의 비판은 국유재산 보호로 이어졌다. 1990년 3월 민영화를 규제하고 그 이행을 감독하기 위해 국유재산청Állami Vagyonügynökség, ÁVÜ이 설립됐다. 1988~1990년 사이 경제 주체의 수는 10,000개에서 30,000개로 증가했는데, 이는 대체로 유한책임회사가 400개에서 18,000개로 늘어난 데 따른 결과였다.[86] 공산주의 말기에 "자발적 민영화"의 과잉이 발생하자, 헝가리의 첫 민주 정부는 체코나 슬로바키아의 관행과는 대조적으로 민영화 결정을 감시하고, 은행과 기업 경영자가 특별 계약을 체결하거나 국유재산을 강탈하는 것을 방지하는 엄격한 규제 체제를 수립했다.[87] 1990년 1월에는 강력한 감사원ÁSz이 국가 자금이 일부라도 지원되는 모든 기관을 예고 없이 조사하기 시작했다.[88]

1992년에는 공공재정법이 제정되고, 1994년에는 국유재산청과 국유재산지주회사Állami Vagyonkezelő Rt., ÁV Rt.를 합병*했으며, 1995년에는 공공조달법을 도입하고, 탈공산주의 국가 중 최초로 재무부를 설립하면서 공공재정은 더욱 의회의 감독하에 놓이게 됐다. 이러한 일련의 입법으로 의사 결정이 중앙집중화되고, 감독이 강화됐다. 역설적인 것은 반공주의 정당이 통과시킨 1992년 법안으로 인해 공산당이 남긴 많은 법적 제도, 즉 다수의 비정규예산 기금, 중앙 예산 기관(지출 기관) 및 지방정부의 광범위한 자율성 등이 용인되었다는 점이다.[89] 반면 탈공산주의 연립정부가 통과시킨 1995년 법안에서는 이러한 제도가 사라졌다. 새로운 법은 (공공-민간-옮긴이) 혼합 소유 형태를 없애고 (순수 민간-옮긴이) 실소유주 제도를 도입하여 재산권을 더 엄격하게 규정했다.**[90] 탈공산주의 국가의 MSzP 정부는 경쟁자들과 자신들을 위해 국가 자원에 대한 재량적 접근을 없애고 있었다.

감독 기관은 직접적이고 비정치적이며 강력한 통제권을 행사했다. 정부통제청Kormányzati Ellenőrzési Hivatal, KEHI은 1994년 "전국적인 권

• 1995년 ÁV Rt.는 기관명을 변경하고, ÁVÜ의 업무와 직원을 인수해 국가민영화·자산관리공사Állami Privatizációs és Vagyonkezelő Rt., ÁPV Rt.를 설립했다.

•• 종래의 민영화 과정에서 개별 기업에 대한 소유권과 그에 따른 경영권을 국가와 개인이 분점하고 있었다면, 해당 법률을 통해 개별 기업의 소유권을 온전히 민간에 이양함으로써 국가가 경영에 직접적으로 개입하지 못하도록 조치한 듯하다.

한을 가진 중앙 국가 기관으로서 집행 기관에 대한 예산 통제권을 행사하고, 정부가 내린 결정의 이행과 집행을 평가하고자" 설립됐다.[91] 1993년에 도입된 민원조사관은 매우 혁신적인 공식 감독 제도였으며, 각각 소수자 권리와 정보 보호를 담당하는 두 명의 민원조사관이 추가로 배치됐다. 세 명의 민원조사관은 모두 헌법재판소에 소원訴願을 제기하고, 검찰에 고소하며, 위반 기관의 수장에게 기관의 남용을 시정하도록 요구할 수 있다.

마찬가지로 정부는 권력 공유에 관한 조항을 추가해 국가 행정부에 대한 정부의 통제력을 제한하고 권력을 내려놓았다. 헝가리는 탈공산주의 국가 중 최초로 공무원법과 지방분권화를 도입한 나라이기도 하다. 1992년 공무원법은 대다수 공무원을 포함한 모든 공직을 정당 가입과 양립할 수 없도록 했다. 독특한 국무위원 제도는 국무회의 전에 이견을 명확히 하고 조율하여 정책 수립을 견제하는 역할을 했다. 정무직 국무위원은 의회 회의에서 장관을 대신하여 차관 역할을 했다. 행정직 국무위원은 무기한 임기의 비정치적 임명직으로, 특정 정부의 이익보다는 개별 부처의 행정을 대표했다. 1990년 지방정부에 관한 법률은 중앙에서 지방으로 권력을 이양했다. 이는 이 지역에서 가장 이르고 가장 포괄적인 지방정부 개혁이었다.[92]

헌법재판소·감사원 등 1989년 이전에 존재했던 기관에 새로운 권한이 부여되어 정기적으로 정부의 행동을 감시하고 조사했다. 헝가리 헌법재판소는 매우 활발하게 활동했으며, 잠재적 남용을 방지하는 매우 강력한 보호장치 역할을 했다.[93] 헌법재판소는 효과적인 제약 역할을 한 몇 안 되는 공산주의 시대에 물려받은 기관 중 하나였으며, 나머지(감시·감독 제도-옮긴이)는 강고한 경쟁을 겪으면서 수립했다. 공산당 정권 말기에 헌법재판소는 사형 제도와 주민등록번호személyi azo-nosító*의 사용을 폐지하고, 낙태법을 개정했으며, 1990년 첫 자유선거 5개월 전에 당-국가가 예산 적자를 메우고자 담보 대출금에 부과하려던 세금을 폐지했다.[94] 집권 MSzP는 법원의 모든 판결을 따랐다. 그 후 첫 5년 동안 법원은 법원에 소원이 제기된 모든 법률의 약 3분의 1을 무효화했다.[95] 법원의 가장 공적인 순간은 1995년으로, 법원은 MSzP 정부가 내놓은 긴축안의 합헌 여부를 판결하면서 해당 법안에서 공표된 사회 지출 예산 삭감을 무효화했다. 그 결과 "헌법재판소의 판결로 인해 기존 법률을 헌법에 부합하도록 대폭 수정해야 하는 일이 반복됐다".[96]

헝가리 집권 정당의 위법행위는 빠르게 드러났고, 어느 한 정당이 얻을 이득은 제한적이었다. 비평가들은 "집권 4년 동안[1990~1993, 헝가리 민주포럼MDF의] 언털Antall József 정부는 공산 정권과 관련된 국가 공직자들을 숙청하고, 관료 조직을 정치적 동조자로 채우고, 민영화 수익을 후견 자금으로 유용하고, 사법부에 간섭한 혐의로 비난받았다"고 지적했다.[97] 1991년 10월 MDF가 중앙은행Nemzeti Bank의 독립성을 정치화하려 하자[98] 야당은 의회에서 시위를 벌였다. 곧바로 언론의 비판, 공식적인 조사 요청, 과반수(따라서 야당의 지지)가 필요한 다른 법안을 보류하겠다는 위협이 제기됐다. 그 결과 중앙은행은 상당한 자율성을 부여받았고, 총리 단독이 아니라 의회 전체로부터 감사를 받아야 했다. 마찬가지로 1990~1991년 MDF가 언론감사위원회를 구성하려고

---

* 통상 személyi szám이라고 한다.

시도했을 때도 야당은 정부의 언론법안을 폐기했다.[99] 자유주의 성향의 비판 세력은 MDF 구성원들이 자신들의 "지도부를 공개적으로 비판"하게 했다.[100] 다시 말해 "진정한 선거 경쟁이 가능해지고, 헝가리 의회의 감독 역량이 신뢰할 수 있을 만큼 성장하면서 야당은 정부의 행태를 공개적으로 조사할 수 있게 됐으며, 이는 탈공산주의 국가에서 실시된 두 번째 선거에서 MDF가 참패하는 데 이바지한 요인"이 됐다.[101]

권력은 공식적·비공식적으로 광범위하게 공유됐다. 외국인 투자자부터 변호사, 공증인, 교회, 지방정부까지 다양한 주체들이 재원을 확보하기 위해 경쟁했고, "의회를 이용해 자신들의 지역주의적 이해관계를 관철"했다.[102] 그 결과 모든 국가 자원을 독점하는 강력한 수혜자는 등장하지 않았다. 비공식적인 제약도 나타났다. 1990년 초 각 정당은 원내 위원회를 야당이 득표율에 비례해 구성·주도하기로 합의했다. 1994년 이후에는 의회 5분의 1의 서면 요청에 따라 구성될 일종의 특별조사위원회가 생겨났다.

역대 정부의 이념이나 정권의 뿌리와 관계없이 예상할 수 있는 제도적 장치 마련과 권력 공유의 양상이 진화했다. 1994~1998년 MSzP-SzDSz 연립정부는 선거 후 자유주의 정당들이 의회 예산위원회를 통제하는 협정을 체결했다. 그리고 이 위원회는 "재무부 보고서를 한 줄 한 줄 면밀히 조사"하는 등 감독 활동을 확대했다.[103] 1990년 이후 야당 의원들이 위원장을 맡았으므로, 위원회가 "정부를 더 폭넓게 조사하는 데 활용"된 것은 놀라운 일이 아니다.[104] 1994~1998년 MSzP-SzDSz 연립정부가 의석의 3분의 2를 차지했음에도, 개헌 의결 정족수를 의회의 3분의 2에서 5분의 4로 늘린 이유 중 하나는 이러한 조사에 대한 기대가 컸기 때문이었다.

요컨대 1990년대 대부분과 제도가 수립되는 중요한 시기에 정부는 강고한 경쟁으로 인해 공식 제도를 도입하고 행동을 바꿨다. 그러나 헝가리는 강고한 경쟁을 위한 공식적인 경로의 한계와 야당이 가하는 비공식적인 압력이, 공식적인 압력보다 더 강력할 수 있다는 역설적 사실도 보여준다. 이러한 역설적인 상황은 의회의 공식적인 제재 및 조치 경로가 의회 활동의 까다로운 규칙과 충돌하기 때문에 벌어진다. 정부가 다수당이 되면 일시적으로나마 야당을 무시할 수 있다. 이와는 대조적으로 비공식적인 비판과 조사는 수적 우위에 의존하지 않는다.

1998~2002년 Fidesz-MPP 정부는 이전 정부가 강고한 경쟁으로 제약받았음을 인식하고 야당의 권한을 제한함으로써 이러한 강력한 비판으로부터 자신을 보호하려 했다. Fidesz는 먼저 의회 본회의 개최 주기를 매주에서 3주로 변경했다. 그 후 Fidesz는 논란이 된 포스타은행Postabank és Takarékpénztár Rt.과 국영방송Magyar Televízió Nonprofit Zrt., MTV의 재정 강화 등의 정부 조치를 조사할 특별조사위원회를 출범시키려는 야당을 방해했다.[105] 연정은 또한 1998년 선거 직후 헝가리의 이미지를 국외에 홍보하고자 국가이미지센터National Image Center(이하 NIC)*를 설립했는데, 이는 정당 충성파의 신임을 얻었고 (계약 입찰을 통해) 수익성 있는 자금원이 됐으며, 적절한 명명命名인 해피엔드Happy End, Kft. 등 여당과 유착관계에 있던 기업들에도 큰 도움이 됐다.[106] NIC는 총리실 직속 부서로 총리에게만 보고하는 기관이었다.

그러나 야당이 계속해서 정부를 비판하자, Fidesz 정부는 정당과

• 다른 기관은 해당 국가의 원어를 찾을 수 있었지만, 이 기관은 원어를 찾을 수 없었다.

연계된 기업에 자금을 지원하려는 계획을 일부 조정했다.[107] 의회 회기 수는 줄었으나, 야당이 여당과 정책에 관한 질문의 강도를 높인 덕에 대정부 질문 횟수는 크게 변하지 않았다.[108] 또한 야당은 계속해서 기자 회견을 열고 정부의 행태를 조사하고, 비난하는 문서를 발표했다. 한 신문 사설은 "야당은 정부와 같은 정보에 접근할 수 있으며, 사소하든 크든, 실제적이든 인지적이든 정치적 이득을 취할 모든 잘못에 대해 공격할 준비가 되어 있다"고 언급했다.[109]

2000년 부활한 야당은 정책과 임명에 대한 영향력을 다시금 강화했다. 2001년 봄, 세 명의 민원조사관(시민권·소수자 권리·정보 보호)을 재임명할 때가 되자,[110] Fidesz는 먼저 정보 보호 민원조사관 폐지를 제안했고, 독립소농·경작자시민당FKgP은 민원조사관을 원내 위원회로 대체할 수 있다고 주장했다. 이 제안이 의회 야당의 비판에 부딪혀 실패하자 Fidesz는 인사 결정으로 방향을 틀었다. 연립정부는 민원조사관과 부총재직을 채울 때 민원조사관 중 두 명(시민권·정보 보호)은 정부가, 두 명은 야당이 지명할 것을 제안했다. 그러나 야당은 이 제안을 거부하고 퇴임한 민원조사관을 재임명할 것을 요구했다. 교착 상태를 해결하고자 대통령 페렌츠 마들Mádl Ferenc(1931~2011)은 (소수자 권리 민원조사관 재임명을 포함한) 자체 안을 제시했고, 4건 중 3건이 통과됐다.[111] 요컨대 Fidesz 정부는 다수당을 이용해 규정을 변경함으로써 공식적인 조사와 야당의 접근을 제한할 수 있었지만, 야당이 비공식적으로 조사·비판·공론화하는 것을 막을 수는 없었다.

강고한 경쟁의 힘은 Fidesz 정부의 두 가지 대응에서 확인할 수 있다. 첫째, Fidesz 정부는 불신받는 정책과 정치인 모두를 포기할 수밖에 없었다. 1998년 9월 의원 수를 386명에서 220명으로 줄이는 안건을 통과시키려면 야당의 지지가 필요했다. Fidesz는 의회의 다른 최대 정당인 MSzP도 덕을 볼 것이라며 그들의 지지를 호소했지만, 법안 통과 정족수인 3분의 2를 충족하지 못했다. 1999년 1월에 설립된 조세·금융관리청Adó- és Pénzügyi Ellenőrzési Hivatal(이하 APEH) 산하 범죄수사국Bűnügyi Igazgatóság 국장은 (여당인-옮긴이) Fidesz 및 수상한 사업가들과 밀접한 관계를 맺고 있다는 이유로 야당의 거센 비판을 받았다. 그의 상관이었던 시미치커 러요시Simicska Lajos(1960~)는 SzDSz의 거센 비판을 받아 임명 이듬해인 1999년 9월 스스로 사임해야 했다. SzDSz는 일련의 기자회견을 열어 시미치커와 Fidesz가 거느리거나 관리하는 여러 회사 간의 개인적인 관계를 보여주는 문서를 다수 공개했다.[112]

야당의 비판은 연정 동반자인 FKgP에 가장 큰 타격을 입혔다. 농업부 장관이자 FKgP 지도자인 토르얀 요제프Torgyán József(1932~2017)는 그의 어머니와 며느리가 국영항공사와 국영대기업의 이사회에 임명되면서 친인척 채용 의혹을 샀다. 두 사람 모두 야당의 압력으로 2000년 12월에 사임했다. 농업농촌개발부Földművelésügyi és Vidékfejlesztési Minisztérium, FVM 장관을 지낸 서버디 벨라Szabadi Béla(1948~2020)는 2001년 19건의 횡령·사기·관리 부실 혐의로 체포되어 의회에서 사임해야 했다. 의회 조달위원회 위원장 세케이 졸탄Székely Zoltán(1952~)은 2000만 포린트Ft(6,5000 달러)의 뇌물을 받은 사실이 적발되어 2000년 가을에 강제로 사임해야 했다. 토르얀 자신도 소득을 부적절하게 신고하고, 뇌물을 수수한 혐의로 수개월에 걸친 야당의 수사와 기소 끝에 2001년 2월 사임했다. 2000년 초가을 야당은 토르얀의 비리를 밝히기 위해 이해상충에 관한 공식 조사 절차에 착수했다. 여당 연합이 이끄는 의회면책·이해상충위원회Az Országgyűlés Mentelmi, összeférhetetlenségi és mandátumvizsgáló bizottsága가 토르얀에 대한 조사 개시를 거부하자, 야당은 그의 보유 재산 자료를 공개하라고 압박했다. 야당 의원과 부다페스트 시장이 성명을 발표하는 등 야당이 앞장섰다. 빅토르 오르반 총리를 비롯한 정부 관리들도 뒤따랐다.[113] 토르얀이 계속해서 재정 문서 공개를 거부하자, 정부 연합은 재산 공개를 연례화하는 등 국회의원 지위에 관한 법률 개정안을 발의했다. 야당은 이를 인질로 삼았다. 토르얀이 자신의 재산 내역을 공개할 때까지 야당은 이 법안을 지지하지 않았다(개정에 필요한 정족수 3분의 2는 야당의 지지 없이 확보할 수 없었다). 정치적 압박과 자신의 재정 비리를 둘러싼 부정적인 여론으로 인해 그는 사임했고, 언론의 "사냥"에 대해 불만을 토로했다.[114]

야당의 비판과 여론의 맹공은 자신이 자행한 권력 남용을 발뺌하려는 정부 국회의원들에게도 영향을 미쳤다. 결국 1998~2002년 부패 의혹으로 인해 FKgP 의원 절반이 탈당하고, 의회에서의 정당의 역할은 완전히 무너졌다. 마찬가지로 1999년 1월 Fidesz 정부가 APEH 산하 범죄수사국을 신설했을 때, Fidesz 원내 구성원들은 곧바로 범죄에 연루된 사업가가 밀수한 보석을 구매한 혐의로 기소된 펠리칸 라슬로Pelikán László의 범죄수사국 국장 임명을 재고할 것을 APEH 청장에게 요청했다.* 야당 정치인과 언론이 정부에 대해 엄청난 부정적 여론을 조성할 것이란 우려가 Fidesz가 해임을 요구하게 된 동기였다.[115]

Fidesz는 또한 많은 자원을 투입하지 않고도 안정적이고 충성도 높은 선거구를 확보해 줄 느슨한 풀뿌리 조직을 조직함으로써, MSzP-

---

* 관련 기사는 https://www.origo.hu/itthon/19990202pelikant.html 참고.

SzDSz 야당의 선거 위협으로부터 자신을 지키려 했다. 1998년 선거 이후 처음 설립된 이 단체는 Fidesz 지지자들을 지역 단위로 묶었지만, 공식적으로 전국구 정당에 소속되거나 지도를 받지는 않았다. 2002년 까지 총원은 15만 명으로 추산됐다. 오르반의 대변인은 이 수가 "모든 원내 정당의 당원을 합친 수보다 많다"고 설명했는데, 이것이 Fidesz의 안전망이자 선거 동원의 원천이었다.[116] 2002년 선거에서 Fidesz가 패배하자, 이 시민단체는 Fidesz의 이름으로 재검표와 수사를 요구하며 항의 시위를 벌이기도 했다.

선거에서 야당을 고립시키기 위한 전략의 일환으로 Fidesz는 야당이 통제하는 지방정부보다, Fidesz-FKgP 지도부가 이끄는 지방정부에 훨씬 더 관대하게 자금을 지원하기 시작했다. 여당이 장악하고 있는 29개 지방정부는 총 85억 3000만 포린트(3000만 달러 이상)를 지원받았으며, 마을과 도시는 단위당 2억 9410만 포린트(100만 달러 이상)를 받았다. 반면 야당이 운영하는 20개 지방정부는 이 자금의 4분의 1도 채 되지 않는 총 11억 7000만 포린트(400만 달러 이상), 단위당 평균 2891만 포린트(10만 달러 이상)를 받았다.[117] 2002년에 2년 예산안을 제안하고 채택한 것 역시 선거에서 야당을 고립시키기 위한 또 다른 전략이었다. 이는 Fidesz가 2002년 다음 총선까지 필요한 경우 소수 연립정부를 구성하여 통치할 수 있게 되었음을 의미했다. 요컨대 Fidesz는 현재, 그리고 계획된 자원 유용을 제한할 것이라고 예상되는 야당으로부터 자신을 지키고자 최선을 다했다.

그러나 독립적인 지도부가 이끌고, 전체 의회로부터 감사를 받는 공식 기관은 정부의 행동을 통제하고 규제했다. 감사원은 국가 예산을 감사한 뒤, Fidesz 정부가 국유재산을 소명하지 못하고 누락시킨 국유재산 기록에 대해 신랄하게 비판했다. 야당 의원들은 대차대조표가 위조됐고, 2000년에만 약 945억 포린트(3억 5000만 달러)가 의회 승인 없이 지출됐다고 덧붙이며 비판을 이어갔다.[118] 이러한 기관 중 일부 역시 그 영역을 확장했다. 예컨대 1990년대에 들어서면서 감사원은 법에 규정되어 있지 않았음에도 불구하고, 분야별 예산과 부처 지출을 감사하기 시작했다.[119] 가장 중요한 것은 야당이 경쟁 입찰 없이 수십억 포린트 상당의 계약을 체결했다고 비난한, 논란의 여지가 있는 NIC와 NIC로부터 비경쟁 입찰 권한을 부여받은 해피엔드와 실버쉽Ezüsthajó Kft. 등 기업의 재정 비리를 조사하는 것이었다.[120]

이와는 대조적으로 Fidesz 측근들이 운영하고, 정부로부터만 감사를 받는 공식 기관—예를 들어 APEH—은 종종 정부의 비공식 의제를 추진하고, 잠재적 비판자들을 위축시켜 야당의 위협으로부터 정부를 보호하는 데 이용됐다. 한 야당 의원의 주장대로 APEH는 "현대판 공포의 집이 됐다. 누군가 정부에 관해 불만을 토로하면 APEH가 즉시 그곳에 나타난다. (⋯) 그리고 이런 결과가 초래될 것임을 국민이 깨닫길 원하는 정부는 아무것도 부인하지 않는다".[121] 마찬가지로 정부는 헝가리 국영방송사를 정치화하여 어느 비평가의 표현에 따르면, "퇴임하는 [Fidesz] 정부의 사실상 공개 선전 도구"로 만들었다.[122]

여기에도 한계가 있었다. 정부가 공식 국가 기관을 설립하거나 변경하려면 의결 정족수인 3분의 2 이상이 되어야 했기 때문에 야당의 동의가 필요했다. 그 결과 2003년 "유리지갑"법"üvegzseb" törvény이라 불리는 반부패법과 헝가리 금융감독청Pénzügyi Szervezetek Állami Felügyelete, PSzÁF—헝가리 금융·자본시장 감독청Állami Pénz- és Tőkepiaci Felügyelet, ÁPTF, 국가보험감독청Állami Biztosításfelügyelet, ÁBF, 국가연기금감독청Állami

Pénztárfelügyelet, ÁPF을 통합해 2000년에 설립—은 야당의 요구에 상당 부분 양보한 후에야 야당의 동의를 얻어 통과될 수 있었다.[123] 예를 들어 반부패법 법안에는 수많은 야당의 제안과 수정안이 포함됐다.

Fidesz 연정의 과도한 정책은 2002년 선거를 위한 것이었다. 두 주요 야당인 SzDSz와 MSzP는 고속도로 건설부터 국영농장 민영화에 이르기까지 다양한 분야에서 정부가 부패했다고 주장했다. 두 정당 모두 연립정부의 부패와 타락을 보여주는 증거로 FKgP의 부정행위, NIC의 실패, APEH의 정치화를 반복해서 언급했다. 이들의 선거운동은 행정부를 비판하는 데 초점이 맞추어져 있었다.[124] 한편 Fidesz와 MDF는 야당을 고립시키려는 그들의 노력으로 안정적인 선거구를 확보했다고 점차 확신을 갖게 됐고, 극단주의적인 정당 정의와삶MIÉP의 지지자들을 포섭하기 위해 민족주의 우파로 더 치우치려 했다. 이에 야당은 Fidesz가 무책임하고 오만하다는 혐의를 더 쉽게 제기할 수 있었다.

2002년 Fidesz 연립정부가 정권을 잃으면서 Fidesz 연립정부의 과도한 정책 중 일부가 완화됐다. NIC는 폐지됐다. 국가민영화·자산관리공사ÁPV Rt.와 헝가리 개발은행Magyar Fejlesztési Bank, MFB에 대한 감사 권한은 의회로 돌아갔고, 이 두 기관은 더 이상 총리(총리실)의 관할이 아니게 됐다. Fidesz 총리가 장관의 자율성을 축소하고, 총리의 통제력을 강화하고자 설치한 "자문단"*도 폐지됐다.

이 모든 영역에서 제도·계획·정책을 결정하는 주된 요소는 EU나 다른 외부 기관의 압력이 아니라 국내 경쟁이었다. EU가 헝가리에 관

---

*   Referencia-csoportok을 지칭하는 듯하다.

심을 돌렸을 때 제도 개혁은 이미 완료됐고, 따라서 헝가리의 경과보고서에는 비판할 만한 내용이 훨씬 적었다. 마지막으로 EU, 세계은행 및 기타 국제 금융 기구는 다른 지역과 마찬가지로 헝가리에서도 반부패 노력을 강조했다. 이에 따라 2000년 초 헝가리 법무부는 EU 가입을 준비하면서 부패 척결을 최우선 과제로 삼겠다고 발표했다.[125] 그러나 이러한 노력의 토대는 이미 초기 정당 간 경쟁의 직접적인 결과로 상당 부분 마련됐다.

체코

이와 대조적으로 체코의 ODS 정부에는 1990~1998년 내내 자신들을 스스로 제약해야 할 이유가 없었다. 원내 야당이 약했기 때문에, 중재·견제 또는 협력 기제가 작동할 수 없었다. 따라서 ODS의 감시 아래에서는 공식 제도 개혁이 이뤄지지 않았고, 바츨라프 클라우스 Václav Klaus(1941~)는 국가 감독 기관은 "관료주의를 한 겹 더 덧대는 것"에 불과하다고 비판했다.[126] 재량권을 제한할 공식 제도는 매우 취약하거나 아예 존재하지 않았다. 체코의 시장 규제는 미미했다. 은행 개혁은 늦춰지거나 불충분했고, 규제 기제는 해체됐으며, 민영화에 관한 사법적 검토는 중단됐고, 민영화 결정은 정당화되지 않았다.[127] 야당이 약세인 상황에서 "클라우스 정부는 사실상 면책 특권을 가진 채, 선거 연합 안에서 벌어진 부패를 대수롭지 않게 여기며 자신의 길을 계속 걸었다. 체코 자본시장의 투명성을 강화할 증권거래위원 설립과 기타 조치를 향한 노력은 무시됐다".[128]

수많은 개혁 시도가 정부에 의해 무산됐다. "ODS는 자신보다 약한 정치 행위자들의 공격을 회피할 수 있을 만큼 강력한 정치적 지위를 유지했으며, 행정 개혁 법안의 입법을 교묘하게 지연시켰다."[129] 또한 ODS는 원내 위원회를 장악하여—재임 동안 야당이 주재하는 위원회는 하나도 없었다—야당이 발의한 법안이 의회에 상정되지 못하도록 막았다. 그 결과 정부 행정기관은 "사실상 투명하지 않은 상태로 운영"됐다.[130]

주된 이유는 공식 제도를 수립해 재량권을 제약할 유인을 만들 야당이 1996년까지는 없었기 때문이다. 과거 공산당 통치자들과 야당 사이에는 깊은 분열이 있었기 때문에 야당은 선명했지만, 타당하지도 비판적이지도 않았다. 가장 큰 야당인 KSČM과 SPR-RSČ은 의회 의석의 20퍼센트 이상을 차지했지만,* 두 정당 모두 애초부터 모든 연정에서 배제됐다. 그 결과 ODS**의 연정 동반자들***이 ODS와의 연정을 이탈했고, ODS는 다른 야당과 대체 정부를 구성하려 해도 통치에 필요한 101석에 훨씬 못 미치는 75석만 확보할 수 있었다.[131] 또 다른 잠재적 야당 세력인 사회민주당ČSSD은 1995~1996년에야 인기를 얻었고, 1996년 선거 전까지는 8퍼센트의 의석****을 확보하는 데 그쳤으므로, ODS가 주도하는 연립정부는 정책 결정과 국가 기구 정치화 조건을 독자적으로 설정할 수 있었다. 정부를 향한 문제 제기는 없었고, 모

- 1992년 총선에서 KSČM과 SPR-RSČ은 각각 하원 200석 중 35석과 14석을 획득해 도합 49석(24.5퍼센트)을 획득했다.
- 1992년 총선에서 ODS는 76석을 획득했다.
- KDU-ČSL와 ODA는 각각 하원 200석 중 15석과 14석을 획득했다.
- 1992년 총선에서 사회민주당은 하원 200석 중 16석(6.53퍼센트)을 획득했다.

든 연정 동반자가 반대해도 ODS는 자신들의 의사를 밀어붙였다. 야당은 강력한 비판을 제기하는 대신, 민영화 스캔들과 관련해 연정 동반자인 시민민주동맹Občanská Demokratická Aliance(이하 ODA)에 합류해 "언론에 해명 보도를 요청"했을 뿐이었다.[132] 게다가 ODS 정부가 해체되자· 과거 야당 세력이었던 ČSSD가 ODS와 함께 정권을 잡으면서·· 여당과 야당 사이의 경계가 모호해졌다.

체코에서 국가 개혁의 지연은 탈공산주의 국가 중 경제·정치 변혁의 선두 주자였던 초기 체코의 인상과 극명한 대조를 이룬다.[133] 바츨라프 클라우스가 이끈 ODS 정부는 "경제 자유화"를 최우선 과제로 삼았고, 그 핵심 요소는 규제 완화였다.[134] ODS 정부는 공식 국가 감시·감독 기관은 "시장 교란"이라는 결과를 초래할 뿐이라고 여겼다.[135] 1991년 ODS 정부가 처음 출범했을 때, (전임 정부인-옮긴이) 시민포럼OF 정부가 세워 놓은 민영화 목표 중 하나는 여러 행정 기관 및 법률에 따라 절차를 통제하여 부패를 제한하는 것이었다.[136] 그러나 (ODS 정부의 수반인-옮긴이) 클라우스는 이 약속을 금방 저버렸고, 새로운 정부의 제안은 법적 구속력이 없었다. 민영화 기관은 이제 원하는 대상을, 원하는 방식으로 민영화할 수 있게 됐다.

(여야 간의-옮긴이) 포용이나 권력 공유는 없었으며, 연정 동반자 중 하나인 ODA는 FNM 등 국유재산의 분배와 감독을 담당하는 국가 기관을 단독으로 통제했다. 집권 연립정부는 민영화 속도를 높인다는 명

•   ODS가 불법 정치 자금과 연루되었다는 의혹이 불거지자, 1998년 1월 2차 바츨라프 내각이 해산되고 요제프 토숍스키Josef Tošovský(1950~) 내각이 출범해 1998년 7월 총선 전까지 국정을 운영했다.

••   2장 야당협정 참조.

목으로 1992~1993년에 국가 기관에 대한 지배력을 더욱 강화했다.[137] 1992년 클라우스가 집권하면서 민영화에 관한 기존 법률의 기능은 크게 약해졌다. 규제 기제는 체계적으로 해체됐다. 민영화 결정에 대한 사법적 검토는 중단됐고, 민영화 결정은 더 이상 공개되거나 정당화를 거치지 않았다. 그 결과 민영화 결정을 내린 사람들이 곧 그 결정의 적절성과 적법성을 평가하게 됐다. 1993년 ODS 연정이 통과시킨 새로운 법률은 이미 비밀리에 이뤄진 민영화 결정에 대한 사법적 검토는 없을 것임을 보장했으며, 정부는 이미 승인된 기획의 향후 조건과 규정을 변경할 재량권을 갖게 됐다.[138]

클라우스는 "주요 경제 사안에 관한 의사 결정의 중앙 통제를 극대화하는 동시에, 이익 경쟁에 대한 진입장벽을 세우는 데 초점을 맞춘" 통치 전략에 따라 다른 감독 기관의 출현을 지연시켰다.[139] 증권거래위원회KCP는 체코의 주식시장이 불투명하고, 재산권이 불명확하다는 명성을 얻은 지 한참이 지난 1998년에야 설립됐다. 증권거래위원회의 활동은 소유 구조를 불투명하게 했고, 재산권 또는 주주의 권리를 행사하기 어렵게 만드는 무의미하고 해로운 관료주의적 개입으로 치부됐다. 처음에는 재무부가 소속 기관인 증권센터Středisko cenných papírů, SCP를 통해 주식시장을 감독했다. 그러나 "가능한 한 효과적이고 작은 행정부를 수립한다"라는 전략으로 인해[140] 센터의 감독 권한은 제한되었고, 규제 능력도 없었다. 그 결과 1990년대 후반까지 "터널링tunneling"—민영화된 기업의 자산을 새 소유주가 빼돌리는 행위—을 적발할 수 없었다.

야당은 고전을 면치 못했다. 일례로 의회 은행상임위원회는 정부에 체코 국립은행이 정치적 영향력으로부터 독립할 수 있도록 개혁안을 마련할 것을 촉구했다(체코 국립은행 총재는 "은행에 대한 정치적 압력이 엄청나지만 동시에 우리는 입법적·제도적 공백 속에서 기능하고 있다"고 불만을 토로했다).[141] 그러나 제안된 개혁 법안은 "ODS, KDU-ČSL, ČSSD의 정치적 합의로" 빠르게 무산됐다.[142] 1996년 무렵 금융 전문가들은 체코 주식시장이 "투명하지 않다"고 비판했다.[143] 투명성 부재와 불명확한 가격 책정 기제로 인해 외국인 투자자들이 체코 투자를 기피하고 있다는 보고가 나오기 시작했다.[144] 한 자금 운용 담당자는 "변화를 초래하고 기만행위를 방지하려는 정치적 의지가 보이지 않는다"고 불평했다.[145] 압력이 커지면서 증권 거래를 광범위하게 규제하고 제재할 권한을 가진 증권거래위원회 같은 기관을 설립해야 한다는 열망도 커졌다.[146] 반면 재무부와 ODS 정부는, 이는 아무리 미약하더라도 재무부로부터 주식시장을 감독할 권한을 빼앗는 조치가 될 것이며, "자본시장 질서 확립은 정부의 임무가 아니다"라는 이유를 내세우며 이러한 압력에 맞섰다.[147] 민영화가 시작된 지 5년이 지난 1996년 12월에야 정부는 독립적인 증권거래위원회 설립에 동의했다. 이는 주로 외국인 투자자의 이탈 위협의 결과로 이뤄졌지만, 1998년까지 관련 법률은 시행되지 않았다.

헝가리 정부가 민영화 자산을 탈정치화하고 규제할 유인이 상당했다면, 체코 정부는 민영화 과정에 대한 공식 감독을 회피할 강력한 유인과 역량을 갖추고 있었다. 가장 큰 비위非違는 민영화기금privatization fund*과 관련하여 광범위하게 제기된 의혹이었다. 이 중 상당수는 정부가 증권거래위원회를 설립하겠다고 공표하자, 투자에 대한 규제를 피

---

* 국유기업과 민영화 예정 자산을 보유한 국유신탁으로 민간에 판매된다.

하기 위해 1996년 말부터 지주회사로 전환하기 시작했다. 한 비평가는 "감독을 강화하는 것 외에도 규제 없는 시장이 초래한 오랜 죄악에 대해 속죄해야 한다"고 말했다.[148] 그러나 이러한 시급성에도 불구하고 두 가지 상황으로 인해 이 기관은 무력화됐다. 첫째, 기존 증권센터, 원내 위원회, 재무부가 새 제도의 설계권을 놓고 경쟁하기 시작했다. 이 때문에 여야 의원들이 증권거래위원회 위원장을 지명할 권한을 누가 쥘지, 자금을 어떻게 조달할 것인지, 어떤 권한을 부여할지에 관해 논의하면서 도입은 더욱 늦어졌다. 결국 정부가 위원장을 지명하게 되면서 공정하지 못하다는 지적이 제기됐고, 권한도 헝가리나 폴란드에 비하면 광범위하지 못했다. 일례로 위원회는 새로운 규정을 직접 제정할 수 없었다. 둘째, 1998년까지 제도 도입이 늦어지면서 불명확한 재산 관계와 불투명한 계약의 늪에 대한 통제를 다시금 도모할 수 있게 됐다. 그러나 규제가 미약했던 수년 동안 "완전한 무정부 상태에서 거대한 금융 로비가 발생"하면서[149] 새로운 기관의 업무를 더욱 방해했다. 증권거래위원회 수립 1년 후 클라우스는 증권거래위원회가 "내 예상을 한 치도 벗어나지 않았다"며 신랄하게 비난했다. 기대도 제로였고, 결과도 제로였다.[150]

ODS가 주식시장에 대한 감독을 진지하게 고려하지 않았으므로, 공공재정에 대한 규제와 감사가 약해졌다. 1992년 1월 체코슬로바키아 연방정부가 감사원NKÚ을 설립했지만, 1993년 1월 체코슬로바키아가 두 개의 공화국으로 분리되자 (체코의-옮긴이) 집권 연립정부는 즉시 NKÚ를 해산하고 정부, 즉 ODS 통제하에 있는 기관으로 재창설했다. 그러나 헝가리나 폴란드와 달리 NKÚ는 의회에 보고하지 않았고, 감사 대상과 장소를 선택할 권한도 없었다.[151] NKÚ는 조사를 개시하거나 시민 발의에 대한 후속 조치를 취할 권한을 상실했다.[152] 조사관들은 정부가 구체적인 고발장을 제출하지 않는 한 위법행위로 고발된 사람들을 추적할 수 없었고, 범죄 의도를 입증해야 했다. 놀랍게도 이후 조사에 따르면, 공공입찰의 22퍼센트만이 경쟁 입찰이었다. 나머지는 주로 여당과 유착을 맺은 기업가들에게 넘겨졌다.[153] 1994년 말 35만 달러의 뇌물을 받은 혐의로 증서민영화센터Centra kupónové privatizace*의 책임자 야로슬라프 리즈너Jaroslav Lizner가 체포되면서 민영화 스캔들의 긴 목록이 시작됐다.[154]

NKÚ는 헝가리 감사원ÁSz보다 더 정치화되어 1993년 이후 집권 여당인 ODS 소속의 루보미르 볼레닉Lubomír Voleník(1950~2003)이 원장을 맡았다. 야당 후보는 고려되지 않았다. 볼레닉은 능숙하고 유능한 행정가로 널리 알려져 있었지만, 1997년에 한 국회의원은 NKÚ의 원장과 부원장이 모두 ODS 소속이어서, 기관이 공정하고 비당파적인 방식으로 조사하지 않는다고 주장하며 NKÚ 개혁을 요구하는 청원서를 돌리기 시작했다.[155] 더욱이 볼레닉의 임명은 정치적 임명의 선례를 세웠다. 1998년 야당협정에 따라 볼레닉은 2002년에 9년 임기로 재임명됐다. ČSSD가 부원장을 지명하기로 되어 있었다. 그러나 하벨Václav Havel(1936~2011) 대통령은 국회의원으로서 재산을 제대로 신고하지 않았다는 이유로 ČSSD 후보 프란티셱 브로직František Brožík(1955~)의 임명을 거부했다. 그 후 2003년 6월 볼레닉이 사망하자 ODS와 ČSSD는 명백한 당파적 후보를 내세웠지만, 2005년 7월까지도 부원장 자리는

---

* 증서민영화voucher privatization란 구 공산국가에서 국영기업을 민영화하는 방식으로, 국민에게 증서를 주어 민영화하는 기업의 주식과 교환토록 하는 방식을 말한다.

공석이었다.[156] 양당은 초대 NKÚ 원장이 정치인이었으므로, 후임 원장과 부원장도 정치인이어야 한다는 주장을 반복했다.[157] 2004년에 이르러서는* 집권 여당 ČSSD의 총리 스타니슬라프 그로스Stanislav Gross(1969~2015)가 정부를 지지하는 대가로 ODS에 의장직을 제안할 정도로 NKÚ는 정치화됐다.[158] 헝가리와 폴란드와 달리 (체코에서는-옮긴이) 야당에 대한 비공식적 통제 규범이 확립되지 않았다.

다른 정당과 권력을 공유하든 국가 자치 기관과 권력을 공유하든, ODS 지도부는 대체로 권력 공유에 대해 의구심을 품고 있었다. ODS는 법치주의 국가에서 불필요하고, 비용이 너무 많이 든다는 이유를 내세워 민원조사관 제도 설립에 반대했다. 대통령과 야당 의원들이 민원조사관 제도를 거듭 제안했지만 무시됐고, 입법 의제에서도 제외됐다.[159] ODS 정부는 "대통령, 총리, 각 장관, 국회의원, 어쩌면 방송"이 민원조사관 역할을 함으로써 시민들이 법원에서 자신의 권리를 행사할 수 있다고 주장했다.[160] 클라우스는 "우리 국가에는 충분한 기관이 있다고 생각한다"고 말했다.[161] 또 다른, 어쩌면 더 솔직한 비판은 민원조사관 제도가 "선거 결과를 바꾸고, 정치권력의 균형을 반영하지 않는 방법으로 정치 현장을 지배하려는 시도"가 되리라는 것이었다.[162]

그러나 1997년 금융 스캔들이 터지자 ODS 연정의 구성원들은 민원조사관 제도를 기꺼이 수용했는데, 이는 주로 ODS의 권력 남용과 연루되고 싶지 않았기 때문이었다. 1997년에 ČSSD는 몇몇 기독민주

---

* 체코 사민당은 1996년 두각을 드러내어 1998년에 제1 원내 정당이 되었으며, 2002년 선거에서도 원내 제1당을 차지했다. 그러나 2004년 유럽의회 선거에서 사민당은 처참한 득표를 보인 데 반해 ODS는 최다 득표 정당으로 약진했고, 2006년 총선에서 사민당은 결국 ODS에 원내 제1당의 자리를 내주고 만다.

당KDU-ČSL 당원들이 지지하던 안을 제출했다. ODS가 연정 규율을 재차 주장하자 이 제안은 제3 독회third reading*에서 좌절됐고, KDU-ČSL 의원들은 돌연 민원조사관 제도에 반대하여 지지자들을 경악케 했다. 2000년 마침내 민원조사관실이 설치되자 클라우스는 공개적으로 "나는 항상 민원조사관실에 맞서 싸워왔고, 지금도 싸우고 있다"고 말했다.[163]

1996년 선거에서 승리한 후 ODS는 "공공행정 개혁을 다루는 유일한 기관"이었던 법제처Úřadu pro legislativu a veřejnou správu를 폐지했다.**[164] ODS는 지방분권과 공무원법 입법 등 공식 국가 개혁을 약속했지만, 어느 것도 이행하지 않았다.[165] 한편 원내 야당은 이러한 조치에 이의를 제기하기에는 득표수가 너무 적었고, 언론에서도 야당이 이의를 제기해야 한다고 요구하지 않았다. KSČM에 대한 비판은 정통 공산주의자들을 향한 "신 포도"로 일축됐다. 한 비평가는 "사실상 면죄부를 받은 클라우스 정부는 선거 연합 내 부패를 대수롭지 않게 여기며 자신의 길을 계속 걸었다"라고 결론지었다.[166] 당연히 "돌이켜보면 1992년 6월의 연정에는 전리품 분할의 모든 징후가 있었다. ODA는 민영화 기관을, KDU-ČSL은 국방부·농업부·반독점청을, ODS는 재무부·법무부·내무부·보안정보청Bezpečnostní Informační Služba, BIS[안보 기관] 등 핵심 부처를 장악했다. 이 암묵적 상호 합의의 자연스러운 기초는 상대방을 방치하여 그들이 각자의 부처에서 젖줄을 만들 수 있도록 하는 것

• 제3 독회는 법안에 관한 모든 수정을 마친 후 입법 기관의 최종 승인을 받는 입법 과정과 다르다. 웨스트민스터 제도에 기초한 입법부(의회)의 경우, 제3 독회는 위원회에서 법안을 수정(제2 독회)한 후 시작된다. 대부분의 양원제 입법부에서 법안은 양원에서 각각 제3 독회를 통과해야 한다.

•• 관련 법률은 Zákon č. 272/1996 Sb. 참조.

이었다".[167]

　따라서 결국 ODS는 감시·감독 기관의 설치를 막는 데 성공했다. 야당은 의회 지도부에서 배제되고, 정부 행태에 대한 조사를 수행할 수 없어 정책 결정에 관여할 수 없었다. 정부에 대항할 균형추가 없었다. ČSSD는 의석수가 너무 적어서 배척받는 KSČM이나 극단적 성향의 SPR－RSČ와 연립정부를 구성할 수 없었다. 그 결과 야당은 유권자들에게 가능성 있는 대안을 제시하지 못했고, 정부를 효과적으로 견제하지도 못했다. 1996~1997년 말의 정당 자금 조달 스캔들과 그 후 수많은 ODS 의원들의 탈당으로 ODS의 권력 장악력이 약해지고 나서야 다른 정당이 집권할 수 있게 됐다.

　요컨대 정부 집행 기관은 탈공산주의 국가의 첫 10년과 국유재산 민영화의 중요한 시기 대부분 동안 "사실상 투명하지 않은 상태로 운영"[168]됐다. 이러한 규제의 부재는 역효과를 낳았다. 1990년대 후반부터 은행·민영화·정당 기부금 등 국유재산을 둘러싼 스캔들이 연이어 불거졌고, 결국 1997년 겨울에 ODS 정부가 무너졌다. 체코는 1998년 ODS가 불명예스럽게 퇴임한 후에야 국가 개혁에 본격적으로 착수했다. 물론 클라우스는 새 정부의 시도를 숨 막히는 관료적인 공산주의 통치에 비유하며 "시장 개혁은 진전되기는커녕 중단되고 다시금 규제, 명령, 금지의 방향으로 돌아서기 시작했다"고 주장했다.[169]

　1997년 가을, 정당 자금 조달 및 민영화 스캔들이 연이어 불거진 이후 ODS 연정이 몰락하자, 전 중앙은행장 미할 토숍스키가 이끄는 임시 "전문가 정부"가 피해를 복구하기 시작했다. 1998년 첫 번째 조치 중 하나로 마침내 증권거래위원회가 설립됐다.[170] 그렇지만 위원회에는 독립적인 권한이 없었다. 위원회는 재무부에 종속되어 있었으며,

시장에 대한 구속력 있는 규정을 발표할 수 없었다.[171]

1998년에 선출된 새 정부는 (ODS의 지원을 받은) ČSSD의 주도로 1999년에 공무원 및 공공행정 개혁을 위한 구상을 채택했다. 1998년 선거 이후 ČSSD는 "터널링 행위자들을 모조리 없애겠다"는 선거 공약을 이행하고자 부패 척결 프로그램에 착수했다.[172] 그러나 조사 기구의 초대 의장이었던 얀 술라Jan Sula가 자신과 가족에 대한 폭력 위협으로 인해 사임하는 등 그다지 좋은 성과를 거두지는 못했다.[173] 반부패 노력은 1999년 정부 결의안 125호 "체코 부패 척결을 위한 정부 계획"을 통해 재개됐으며, 이는 부패 사건을 조사하고 처벌하기에는 부족했던 노력을 두 배로 늘렸다. 2000년에 이르러 정부가 부패 척결 운동을 담당했으나 정기적으로 회의를 개최하지 않았고, 부정행위와 민영화 오류를 밝혀내거나 법정에 세우는 데 실패한 조정·분석단Koordinační a Analytická Skupina, KAS을 해산했다.

이러한 뒤늦은 개혁의 대부분은 EU 압력의 직접적 결과였다. EU는 1997년 이후 체코를 반복적으로 비판했을 뿐만 아니라, 행정상의 결점을 개선하고자 거버넌스·관리개선지원Support for Improvement in Governance and Management, SIGMAN과 폴란드·헝가리경제구조조정지원Poland and Hungary Assistance for Restructuring their Economies, PHARE의 후원하에 여러 기획에 착수했다. 그 결과 1998년 이후 국가 행정 개혁에 관한 공식 제안과 보고서에는 EU의 요구와 뒤늦은 개혁을 이끈 특정 기획이 명시적으로 언급됐다.[174] 따라서 새 정부는 탈공산주의 이후 첫 10년 동안 손대지 않았던 공공행정 개혁, 지방분권화, 공공재정 분야에 대한 작업에 착수했다. 엄청난 지연과 난항 끝에 2002년 4월에 공무원법이 통과됐는데, 이는 헝가리(1990~2002년)와 폴란드(1996년)에서 유사한 개혁안이 제정된 지 각각 10년과 6년 만의 일이었다. ODS는 즉시 이 법에 대한 반대를 표명했다. 지방자치단체 제도도 ODS가 수년간 지연시킨 끝에 2000년에 통과됐다. ODS 지도부는 또 다른 수준의 선출 정부를 구성하면, 다른 정당들만 생존하고 힘을 얻게 될 것이라고 경계했다.[175]

1999년 말 민원조사관 제도 설립 제안이 마침내 통과됐는데, ČSSD, KSČM, KDU-ČS는 지지한 데 반해 ODS와 대다수 자유연합US 소속 의원은 반대했다. 민원조사관실은 2000년에 기능을 시작했다. 그러나 민원조사관의 권한은 상당히 제한적이었다. 민원조사관은 상급 기관, 대중 또는 의회에 위반 사항을 보고할 수 있을 뿐이었다. 반면 폴란드와 헝가리의 민원조사관은 국가 기관에 정책 시행을 변경하도록 강제하고, 검찰청과 헌법재판소에 소송을 제기할 수 있다. 클라우스는 이미 여러 부처와 관공서가 시민의 요청과 불만을 처리하는 역할을 하고 있으므로, 민원조사관실이 필요 없다고 주장했다.[176]

지연은 내재적 약점을 의미했다. 기존의 (그리고 통합된) 관계를 규제하고 있었으므로, 이들 기관은 재산권 및 소유 구조를 규제하고자 동시에 도입된 유사한 개혁 기관(KCP·NKÚ)보다 훨씬 더 큰 도전에 직면하게 될 것이었다. 일례로 민원조사관실과 관련해 "체코의 공공행정 개혁이 이제 막 준비되고 있고, 사법부나 국가 행정부가 제대로 작동하지 않는 상황에서 민원조사관실이 실제로 어떤 역할을 할 수 있을 것인가"라는 의문이 반복적으로 제기됐다.[177]

요컨대 헝가리와 체코 정부는 경제 및 민주주의 개혁의 선두 주자로서 국가 개혁을 실행하고, 공식 국가 감시·감독 기관의 틀을 수립하여 국가 자원 전용을 저지할 역량과 유리한 전제조건을 갖추고 있었다. 그랬음에도 그들의 길은 빠르고 심오하게 엇갈렸으며, 야당이 제기한 비판·유인·정권 교체 위협이 이러한 차이를 결정짓는 핵심 요인이었다.

결론

탈공산주의 국가에서 공식 감시·감독 제도가 도입된 후 세 가지 결론이 도출됐다. 첫째, 정당들은 국가 기관을 정책 변경이나 야당의 영향력으로부터 보호하는 것보다, 선거 경쟁자로부터 자신을 보호하는 데 관심이 많았다. 그 결과 경쟁이 약한 곳에서는 (감시·감독-옮긴이) 국가 기관을 신설하려는 유인도 약했다. 설령 그러한 국가 기관이 신설되더라도 재량적이고 정치적으로 운영되는 경우가 많았다. 경쟁이 더 강고한 곳에서는 야당이 권력을 장악했을 때, 정부는 야당을 견제하고자 더 자율적이고 강력한 제도를 수립하는 방식으로 대응했다.

둘째, 공식 감시·감독 국가 기관이 시장과 민주주의 개혁에 자동으로 수반되는 것은 아니었다. 일부 학자들은 국가가 정치와 경제에서 물러나는 것 그 자체가 공식 국가 감시·감독 기관을 육성한다고 주장했다. 한 분석가는 헝가리 사례를 검토한 후, "동유럽 국가의 이행에서 수수께끼 같은 발견 중 하나는 바로 사회주의 국가가 매우 약한 국가였다는 점이다. 시장화는 주로 국가 형성 과정을 촉발함으로써 국가를 강화했다"고 말한다.[178] 그러나 시장 개혁은 정당 간 경쟁을 통해 세금을 징수하고, 계약과 재산권을 집행하며, 상충하는 요구를 판결할 공식 국가 기관의 출현으로 이어졌을 때만 이러한 유익한 효과를 거둘 수 있었다. 외부로부터의 압박도 마찬가지이다. 여러 사례에서 연합 정부는 EU가 공식 국가 기관을 요구하기 훨씬 전에 공식 국가 기관을 설립함으로써 EU의 많은 요구를 사전에 수행했다.

마지막으로 중요한 것은 공식 제도의 조기 도입이다. 제도가 조기에 수립되면 명확한 행동 준거가 제시되고, 잠재적인 국가 자원 전용에 대한 또 다른 견제 역할을 함으로써 정부의 행동을 제한하는 야당의 역량이 강화된다. 또한 제도가 규제 영역과 동시에 확립되면 훨씬 더 효과적으로 기능할 수 있다. 공식적인 기관은 재량권이 꽃피기 전에 이를 제한할 수 있다. 그렇지 않으면 다음 장에서 살펴볼 국가 행정 사례에서와 같이, 규제되지 않고 감시되지 않는 국가 자원의 사용이 뿌리를 내리게 되어 제거하기가 매우 어렵다.

주

1   Frič, Pavol, et al. 1999, *Korupce na Český Způsob*. Prague: G Plus G, p. 144.

2   Carey, John. 2000. "Parchment, Equilibria, and Institutions", *Comparative Political Studies*, 33, 6/7: 735-761, p. 736.

3   Kaufmann, Daniel. 2003. "Rethinking Governance: Empirical Lessons Challenge Orthodoxy", Working Paper. Washington: World Bank.

4   Barzelay, Michael. 1997. "Central Audit Institutions and Performance Auditing.", *Governance*, 10, 3: 235-260. Bennett, Colin. 1997. "Understanding Ripple Effects: The Cross-National Adoption of Policy Instruments for Bureaucratic Accountability", *Governance*, 10, 3: 213-233.

5   JJackman, Robert. 1993. *Power Without Force*. Ann Arbor: University of Michigan Press, p. 75.

6   Herrera 2001.

7   낮은 수준의 지대 추구와 높은 수준의 공식적인 재량권이 공존할 수 있으며, 그 반대의 경우도 마찬가지이다. 전자는 관련 행위자들의 높은 수준의 자제를 요구한다. 후자는 공식화된 약탈이다. 정치 행위자와 그들의 지대 추구 행위는 대내외 압력으로부터 자유로웠다. 여기서 살펴본 사례에는 두 가지 조건이 모두 충족되지 않았다.

8   제도는 의회에 내생적이므로, 집행에 대한 정확한 평가는 매우 어렵다. 통제와 범위에 초점을 맞추는 것은 결과보다는 정책 지침에 초점을 맞춘 후버John D. Huber와 시판Charles Shipan의 2002년 연구와 일치한다. Huber, John, and Shipan, Charles. 2002. *Deliberate Discretion?* Cambridge: Cambridge University Press.

9   훌륭한 요약은 다음을 참조할 것. Lippert, Barbara, Umbach, Gaby, and Wessels, Wolfgang. 2001. "Europeanization of CEE Executives: EU Membership Negotiations as a Shaping Power", *Journal of European Public Policy*, 8 (6 December): 980-1012.

10   Verheijen, Tony. 2002. "The European Union and Public Administration Development in Central and Eastern Europe", in Baker, Randall, ed. *Transitions from Authoritarianism: The Role of the Bureaucracy*. London: Praeger, p. 247. 부가리치Bojan Bugarič(1965~)는 2005년 논문에서 EU의 요구가 전례가 없었을 뿐만 아니라 주로 탈공산주의 국가의 가입을 늦추기 위한 것이었다고 주장한다. Bugaric, Bojan. 2005. "The Europeanization of National Administrations in Central and Eastern Europe: Creating Formal Structures Without Substance?", Paper prepared for the Après Enlargement Workshop, EUI, Firenze, 29-30 April.

11   Grabbe, Heather. 2001. "How Does Europeanization Affect CEE Governance? Conditionality, Diffusion, and Diversity", *Journal of European Public Policy*, 8 (6 December): 1013-1031. 따라서 PHARE는 "수혜국에 기술·경제·인프라 전문지식과 지원"을 제공하기 위해 확장됐다. European Parliament. 1998. "The PHARE Programme and the Enlargement of the European Union", Briefing No. 33 December. http://www.europarl.eu.int/enlargement/briefings/pdf/33a1_en.pdf (https://www.europarl.europa.eu/enlargement/briefings/33a1_en.htm로 변경)에서 열람 가능. 중·동유럽 국가의 거버넌스 및 관리 개선 지원Support for Improvement in Governance and Management in Central and Eastern European Countries, SIGMA은 1992년 경제협력개발기구OECD 공공관리서비스Public Management Service, PUMA의 한 부서로 설립되어 좋은 거버넌스를 촉진하고, 기관 역량을 강화하며, 공공행정 개혁을 지원하고 있다.

12   SIGMA. 1998. Paper No. 26 December, p. 16. 계획의 첫 4년인 1998~2001년 동안 후보국에서 500개 이상의 결연프로그램이 진행됐다. European Commission Enlargement Directorate General. 2001. "Twinning in Action", Occasional paper, March.

13   기타 조사 분야로는 내부 시장·소비자 보호·농업·교통·사회 정책 및 고용·과학 및 연구·교육 및 훈련·통신 및 정보기술·문화 정책·환경, 사법 및 내무·노조·재정 통제·부문별 정책·경제 및 사회 통합·소수자 권리·어업·해양 안전·통계 등이 있다.

14   Grabbe 2001, p. 1022.

15   Vachudová, Milada Anna. 2005. *Europe Undivided: Democracy Leverage and Integration After Communism*. Oxford: Oxford University Press; Jacoby, Wade. 2004. *The Enlargement of the EU and NATO: Ordering from the Menu in Central Europe*. New York: Cambridge University Press; Ekiert, Grzegorz, and Zielonka, Jan. 2003. "Introduction: Academic Boundaries and Path Dependencies Facing the EU's Eastward Enlargement", *Eastern European Politics and Society*, 17, 1 Winter: 7 – 23.

16   Moravcsik, Andrew, Vachudová, Milada Anna. 2003. "National Interests, State Power and EU Enlargement", Eastern European Politics and Societies 4, 17, 1 Winter: 42 – 57.

17   SIGMA. 1998. Paper No. 23.

18   European Parliament. 1998. "The Phare Programme and the Enlargement of the European Union", Briefing No. 33 (4 December).

19   Scherpereel, John. 2003. "Appreciating the Third Player: The European Union and the Politics of Civil Service Reform in East Central Europe", Paper prepared for presentation at the Annual Meeting of American Political Science Association, Philadelphia, 28 – 31 August.

20   1993년 코펜하겐 회의에서는 민주주의·법치·인권·시장 경제의 작동 여부 등 잠재적 회원국에 대한 광범위한 정치적 기준을 제시했다. Copenhagen European Council. 1993. pp. 21 – 22. June. https://www.europarl.europa.eu/enlargement/ec/cop_en.htm에서 열람 가능.

21   Scherpereel 2003.

22   Jacoby 2004.

23   Ekiert and Zielonka 2003, p. 16.

24   한 가지 이유는 1997년에 EU가 수혜국이 특정 형태의 지원을 요청하는 "수요 중심" 계획에서, EU가 단독으로 구상하고 실행하는 "가입 중심" 계획으로 전환했기 때문이다. Verheijen 2002, p. 256.

25   Kopstein, Jeff, and Reilly, David. 2000. "Geographic Diffusion and the Transformation of the Postcommunist World", *World Politics*, 53, 1: 1 – 37.

26   Vachudová, 2005.

27   Johns, Michael. 2003. "Do as I Say and Not as I Do: The European Union, Eastern Europe, and Minority Rights", *East European Politics and Societies*, 17, 4 November: 682 – 699.

28   Smith, Karen. 2001. "The Promotion of Democracy" in Zielonka, Jan, and Pravda, Alex, eds. *Democratic Consolidation in Eastern Europe. Vol. 2: International and Transnational Factors*. Oxford: Oxford University Press.

29   Vreeland, James Raymond. 2003. *The IMF and Economic Development*. Cambridge: Cambridge University Press.

30   Nello, Susan Senior. 2001. "The Role of the IMF" in Zielonka and Pravda, 2001.

31   Knight, Jack. 1992. *Institutions and Social Conflict*. Cambridge: Cambridge University Press; Firmin-Sellers, Kathryn. 1995. "The Politics of Property Rights", *American Political Science Review*, 89, 4: 867 – 881; North and Weingast 1989, Weingast, Barry. 1997. "The Political Foundations of Democracy and the Rule of Law", *American Political Science Review*, 91 (June): 245 – 263. 훌륭한 개괄은 다음을 참조. Jones Luong, Pauline, and Weinthal, Erika. 2004. "Contra Coercion: Russian Tax Reform, Exogenous Shocks and Negotiated Institutional Change", *American Political Science Review*, 98: 139 – 152.

32   Ishiyama, John. 1997. "Transitional Electoral Systems in Post-Communist Eastern Europe", *Political Science Quarterly*, 112, 1: 95 – 115; Remington, Thomas, and Smith, Steven. 1996. "Institutional Design, Uncertainty, and Path Dependency During Transition", *American Journal of Political Science*, 40, 4: 1253 – 1279; Stepan and Skach 1993; Lijphart, Arend, ed. 1992. *Parliamentary Versus Presidential Government*. Oxford: Oxford University Press; Linz, Juan. 1994. "Introduction: Some Thoughts on Presidentialism in Postcommunist Europe" in Taras, Ray, ed. *Postcommunist Presidents*. Cambridge: Oxford University Press: 1 – 14; O'Neil, Patrick. 1993. "Presidential Power in Post-Communist Europe: The Hungarian Case in Comparative Perspective", *Journal of Communist Studies*, 9, 3: 177 – 201; Hendley, Katherine. 1996. *Trying to Make Law Matter*. Ann Arbor: University of Michigan Press; Frye 1997; Sadurski, Wojciech, ed. 2002. *Constitutional Justice, East and West: Democratic Legitimacy and Constitutional Courts in Post-Communist Europe*. The Hague: Kluwer Law International; Smithey, Shannon Ishiyama, and Ishiyama, John. 2000. "Judicious Choices: Designing Courts in Post-Communist Politics", *Communist and Post-Communist Studies*, 33: 163–182.

33 또한 이하 참조. Benoit, Kenneth. 2004. "Models of Electoral System Change", *Electoral Studies*, 23: 363–89. 존스 루옹Pauline Jones Luong(1967~)은 2002년 저작에서 선거 기관의 인지된 이득과 협상 과정에서 발생하는 인지된 권력의 변화를 모두 통합하는 협상모형을 제시한다. 협상 과정을 강조한 스미시Shannon Ishiyama Smithey와 이시야마John Ishiyama(1960~)는 경쟁 행위자의 수가 많을수록 사법부의 독립성이 떨어진다는 사실을 발견했다. Smithey and Ishiyama 2000, p. 177.

34 Colomer, Josep. 1995. "Strategies and Outcomes in Eastern Europe", Journal of Democracy 6, 2: 74–85; Frye 1997. For a critique of this approach, see Bernhard, Michael. 2000.

35 Geddes 1994; Rose-Ackerman 1999; Shleifer and Vishny 1993.

36 Kang, David. 2002. *Crony Capitalism: Corruption and Development in South Korea and the Philippines*. Cambridge: Cambridge University Press; Geddes 1994.

37 Moe, Terry M. and Caldwell, Michael. 1994. "The Institutional Foundations of Democratic Government: A Comparison of Presidential and Parliamentary Systems", *Journal of Institutional and Theoretical Economics*, 150/1: 171–195.

38 모Moe와 콜드웰Caldwell은 1994년 저작에서 정치적 불확실성과 국가에 대한 공포가 두 체계 모두에서 엄청나다고 주장한다.

39 코레 스트룀Kaare Strøm(1953~)은 삼권분립이 없다면, 의회 체계에서 제도적 견제의 주요 도구는 예비 국회의원과 장관에 대한 정당의 사전 심사가 될 것이라고 주장한다. 기관의 손실을 억제하는 다른 잠재적 도구로는 계약 설계, 감시 및 보고 요건, 제삼자 거부권 등이 있다. Strøm, Kaare. 2000. "Delegation and Accountability in Parliamentary Democracies", *European Journal of Political Research*, 37: 261–289.

40 가령 이하 참조. Huber and Shipan 2002; Kiewet, D. Roderick, and McCubbins, Matthew D. 1991. *The Logic of Delegation: Congressional Parties and the Appropriations Process*. Chicago: University of Chicago Press; Lupia, Arthur, and McCubbins, Matthew. 2000. "The Institutional Foundations of Political Competence" in Lupia, Arthur, McCubbins, Matthew D., and Popkin, Samuel L., eds. *Elements of Reason: Cognition, Choice, and the Bounds of Rationality*. New York: Cambridge University Press, pp. 47–66; Strøm 2000; McCubbins, Matthew, Noll, Roger, and Weingast, Barry. 1987. "Administrative Procedures as Instruments of Political Control", *Economics and Organization*, 72 March: 243–272. 이 문헌에 대한 폭넓은 검토는 이하 참조. Bendor, Jonathan, Glazer, A., and Hammond, T. 2001. "Theories of Delegation", *Annual Review of Political Science*, 4: 235–269. 유권자에서 대표, 내각 장관, 관료로 이어지는 책임과 위임의 사슬에 대한 설명은 Strøm 2000 참조.

41 Moe, Terry M. 1990. "Political Institutions: The Neglected Side of the Story", *Journal of Law*, Economics and Organization, 7: 213–253; Moe and Caldwell 1994.

42 Epstein, David, and O'Halloryn, Sharyn. 1994. "Administrative Procedures, Information, and Agency Discretion", *American Journal of Political Science*, 38/3: 697–722; Huber and Shipan 2002.

43 의회민주주의 국가에서는 분열된 정부가 문제가 되지 않으며, 고려 대상 국가 모두 민법 체계를 갖추고 있다. 정책 갈등과 정당 분열만 다를 뿐이다.

44 의회 분열은 의회 의석 집중도를 나타내는 지표로 $1-(1/\Sigma S_i^2)$로 구성되며, 여기서 S_i는 i번째 정당의 의석 점유율이다.

45 양극화 척도는 입법자와 행정부가 서로 다른 정당 출신인 정도를 파악한다.

46 일반적으로 정당은 (유권자의) 대리인인 동시에 (관료제의) 주체이기도 하다.

47 Bruszt and Stark 1998; Grzymała-Busse and Luong 2002.

48 이 상관관계는 또한 경쟁 지표로서의 재직 기간(정권 교체율과 반비례)이 표 3.2에서 상대적으로 높은 P값을 갖는 유일한 지표인 이유를 설명하며, 귀무가설을 거부하기 어렵게 만든다.

49 공식적인 조사와 정책 요구는 집권 연립정부가 야당의 표가 필요한지, 의회 조사 규칙에 따라 야당이 공식적인 조사를 시작할 수 있는지 등 정치적 힘의 함수일 가능성이 크다. 헌법 개정이나 주요 제도 변경에 필요한 과반수 의석을 확보한 정부는 아무리 격렬한 야당의 비판에도 영향을 받지 않을 수 있다.

50 Rus, Andrej. 1996. "Quasi Privatization: From Class Struggle to a Scuffle of Small Particularisms" in Benderly, Jill, and Kraft, Evan, eds. *Independent Slovenia: Origins, Movements, Prospects*. New York: St. Martin's Press, pp. 225 – 250.

51 Ibid., p. 234.

52 Ibid., pp. 233 – 234.

53 Žižmond, Egon. 1993. "Slovenia – One Year of Independence", *Europe-Asia Studies*, 45, 5: 887 – 905, pp. 893 – 4.

54 *Gazeta Wyborcza*, 29 July 1994, and 16 April 1996.

55 Łoś, Maria, and Zybertowicz, Andrzej. 1999. "Is Revolution a Solution?" in Krygier, Martin, and Czarnota, Adam, eds. *The Rule of Law After Communism*. Aldershot: Ashgate, p. 280.

56 Kurczewski, Jacek. 1999. "The Rule of Law in Poland" in Přibáň, Jiří and Young, James, eds. *The Rule of Law in Central Europe*. Aldershot: Ashgate, pp. 188 – 189.

57 *Sprawozdanie Rzecznika Praw Obywatelskich za okres od 1 stycznia 1988 r. do 30 listopada 1988* 참조. 1989. Warsaw: Government Printing Office. 이 보고서는 공산주의가 붕괴하기 전에 민원조사관 사무실에서 발행한 마지막 보고서이다. 1993년까지 민원조사관은 정치적 차별, 정당 행동, 선거법, 정치 단체, 지방 정부 등을 조사했다.

58 마렉 지엘린스키Marek Zielinski와의 인터뷰, 2002년 5월 7일, UW 본부, 포즈난.

59 Łoś, Maria, and Zybertowicz, Andrzej. 2000. *Privatizing the Police State*. New York: St. Martin's Press, p. 143.

60 체코의 ODS와 슬로바키아의 HZDS는 각각 2002년 선거에서 당선되면 통과된 법을 폐기하겠다고 선언했다.

61 Issacharoff, Samuel, and Pildes, Richard. 1998. "Politics as Markets: Partisan Lockups of the Democratic Process", *Stanford Law Review* February: 642 – 717, p. 643.

62 Szomolányi, Soňa. 1997. "Identifying Slovakia's Emerging Regime" in Szomolányi, Soňa, and Gould, John, eds. *Slovakia: Problems of Democratic Consolidation*. Bratislava: Friedrich Ebert Foundation, 1997, p. 10.

63 Zemanovičová, Daniela, and Sičáková, Emília. 2001. "Transparency and Corruption" in Mesežnikov, Grigorij, Kollár, Miroslav, and Nicholson, Tom, eds. *Slovakia 2001*. Bratislava: Institute for Public Affairs, pp. 537 – 552, p. 545.

64 Szomolányi 1997, p. 17.

65 Mesežnikov, Grigorij. 1997. "The Open-Ended Formation of Slovakia's Political Party System" in Szomolányi, Soňa, and Gould, John, eds. *Slovakia: Problems of Democratic Consolidation*. Bratislava: Friedrich Ebert Foundation, p. 45.

66 Freedom House 2000.

67 Slovak Government Information Service. 1999. *Analysis of the Inherited State of the Economy and Society*.

68 Tisenkopfs, Tālis, and Kalniņš, Valts. 2002. "Public Accountability Procedures in Politics in Latvia", Report, Baltic Studies Center, Riga, Latvia, February.

69 Kalniņš, Valts, and Čigāne, Lolita. 2003. "On the Road Toward a More Honest Society", Policy report, January. Available at http://www.politika.lv

70 Ganev 2005.

71 *East European Constitutional Review*, Fall 1996.

72 International Monetary Fund. 1999, August/2000, March. Report on Observance of Standards and Codes.

73 "슬로바키아 반부패 투쟁에 관한 보고서Správa o boji proti korupcii na Slovensku." 2001. 슬로바키아 정부 보고서, 10월. http://www.government.gov.sk에서 접속 가능. (현재는 접속이 불가능하다—옮긴이)

74 1995년 상업은행 위기는 GDP를 하락시켰고, 1995~1997년에 이어진 정책 논쟁의 대부분을 차지했다. Tisenkopfs and Kalniņš 2002.

75 Todorova, Rossitsa. 2001. EU Integration as an Agent of Public Administration Reform. Unpublished manuscript, American University in Bulgaria.

76 Verheijen, Tony. 1999. "The Civil Service of Bulgaria: Hope on the Horizon" in idem, *Civil Service Systems in Central and Eastern Europe*, Cheltenham: Edward Elgar, pp. 92 – 130.

77 일반적으로 헝가리 정권은 체코슬로바키아 정통 보수주의자들보다 훨씬 더 자유주의적인 것으로 여겨지고 있었다.

78 Bernhard 2000; Bruszt, Laszlo, and Stark, David. 1991. "Remaking the Political Field in Hungary: From the Politics of Confrontation to the Politics of Competition", *Journal of International Affairs*, 45, 1 Summer: 201 –245 참조.

79 Müller-Rommel, Ferdinand, Fettelschoss, Katja, and Harst, Philipp. 2004. "Party Government in Central East European Democracies: A Data Collection (1990 – 2003)", *European Journal of Political Research*, 43: 869 – 893.

80 O"Dwyer 2004; Mair 1997.

81 Kitschelt et al. 1999.

82 포스타은행Postabank és Takarékpénztár Rt. 스캔들에서 드러난 바에 의하면, 이 은행은 정계 및 사회 인사들에게 수많은 대출을 해 헝가리 납세자들에게 약 1500억 포린트의 손실을 입혔다. 1998년부터 2002년까지 Fidesz-MPP 정부도 금융계와 정치계를 통합하려고 시도했다. Ilonszki, Gabriella. 2000. "The Second Generation Political Elite in Hungary: Partial Consolidation" in Frentzel-Zagórska, Janina, and Wasilewski, Jacek, eds. *The Second Generation of Democratic Elites in East and Central Europe*. Warsaw: PAN ISP.

83 Federal Broadcast Information Service FBIS, 21 July 1994.

84 Bartlett, David. 1997. The Political Economy of Dual Transformations. Ann Arbor: University of Michigan Press, p. 156.

85 지방분권의 부수적 효과로 야당이 지역 의석의 35퍼센트를 차지해 지역 내 최대 점유율을 기록했다.

86 Schamis, Hector E. 2002. *Re-Forming the State: The Politics of Privatization in Latin America and Europe*. Ann Arbor: University of Michigan Press, p. 152.

87 BBarnes, Andrew. 2003. "Comparative Theft: Context and Choice in the Hungarian, Czech, and Russian Transformations 1989 – 2000", *Eastern European Politics and Societies*, 17, 3: 533 – 565, p. 548.

88 Hesse, Joachim Jens. 1993. "From Transformation to Modernization: Administrative Change in Central and Eastern Europe" in Hesse, Joachim Jens, ed. *Administrative Transformation in Central and Eastern Europe*. Oxford: Blackwell, p. 241.

89 Schamis 2002, p. 160.

90 Ibid., p. 163.

91 OECD. 2001b. *Issues and Developments in Public Management: Hungary 2000*. OECD, p. 3.

92 또한 민주적으로 선출된 시의회를 도입하여 정당들이 또 다른 정치 경쟁과 권력에 접근할 수 있도록 했다. Hegedüs, József. 1999. Hegedüs, József. 1999. "Hungarian Local Government" in Kirchner, Emil, ed. *Decentralization and Transition in the Visegrad*. Basingstoke: Macmillan. 지방분권의 부수적인 이점은 야당이 지방의원의 35퍼센트를 차지하여 이 지역에서 가장 많은 의석을 차지했다는 것이다. Baldersheim, Harald, et al. 1996. "New Institutions of Local Government: A Comparison" in Baldersheim, Harald, Illner, Michal, Offerdal, Audan, Rose, Lawrence, and Swaniewicz, Pawel, eds. *Local Democracy and the Processes of Transformation in East-Central Europe*. Boulder: Westview Press. 신생 정당은 폴란드에서 7퍼센트, 체코에서 26퍼센트, 슬로바키아에서 34퍼센트의 의석을 차지했다. 블록시민야당운동의 NSZZ"S"·OF·VPN은 각각 32퍼센트, 47퍼센트, 47퍼센트를 얻었다.

93 Örkény, Antal, and Scheppele, Kim Lane. 1999. "Rules of Law: The Complexity of Legality in Hungary" in Krygier, Martin, and Czarnota, Adam, eds. *The Rule of Law After Communism*. Aldershot: Ashgate, p. 59.

94 Ibid., p. 59.

95 Scheppele, Kim Lane. 2002. "Democracy by Judiciary", Paper presented at the conference "Rethinking the Rule of Law in Post-Communist Europa: Past Legacies, Institutional Innovations, and Constitutional Discourses", EUI, Florence, 22 – 3 February, p. 22.

96 Szabó. 1993, p. 91.

97 Bartlett, David. 1996. "Democracy, Institutional Change, and Stabilisation Policy in Hungary," Europe-Asia Studies, 48, 1: 47 – 83, p. 64.

98 언털 총리는 MDF의 권력 집중에 대한 항의의 표시로 민주주의헌장Demokratikus Chartát(언털 정부가 민주주의를 훼손하고 있다고 비판하는 야권 인사들이 동참하여 발표한 문건-옮긴이)에 서명한 수라니 죄르지Surányi György(1953~) 은행장을 해고했다. 수라니는 1995년에 다시 복귀했다. (다만 이는 헝가리 언론계에 팽배한 낭설이며, 확인되지 않은 사실이라고 보는 시각도 있다. 그의 해고에 관해서도 임기가 2개월도 채 남지 않은 시점이었던 1991년 10월에 새로 입법된 은행법에 따라 은행장을 새로 임명할 수 있었기에 그에 따랐을 뿐이라고 보는 견해도 있다.-옮긴이)

99 Vass, László. 1994. "Changes in Hungary's Governmental System" in Ágh, Attila, ed. *The Emergence of East Central European Parliaments: The First Steps*. Budapest: Hungarian Centre for Democracy Studies, pp. 186 – 197, p. 193.

100 Bartlett 1997. p. 155.

101 Bartlett 1996, p. 64.

102 Sajo, Andras. 1998a. "Corruption, Clientelism, and the Future of the Constitutional State in Eastern Europe", *East European Constitutional Review*, 7, 2 Spring: 37 – 46, p. 41.

103 Bartlett 1996, p. 65.

104 Ilonszki, Gabriella. 2002. "A Functional Clarification of Parliamentary Committees in Hungary, 1990 – 1998" in Olson, David, and Crowther, William, eds. *Committees in Post-Communist Democratic Parliaments: Comparative Institutionalization*. Columbus: Ohio State University Press, pp. 21 – 43, p. 24.

105 1994년에 채택된 제46조는 의원의 20퍼센트가 요구한다면 의회는 정부 활동의 모든 분야에 대해 이러한 위원회를 설치할 수 있다고 명시했으며, 1998년부터 2002년까지 20개의 위원회가 설립됐다.

106 예를 들어 1988년 "해피엔드"를 이끌던 사람은 Fidesz 선거운동 책임자[베르메르 안드라시Wermer Andás (1954~2010)-옮긴이]]였다.

107 인터뷰, 익명의 MSzP 당국자, 2002년 7월.

108 1994~1948년에 야당은 804건의 대정부 질문을, 1998~2002년에는 696건의 대정부 질문을 했다. Freedom House 2002, p. 203.

109 *Budapest Sun*, 10 June 1999, "Bank fracas shows gains and defects," editorial.

110 민원조사관의 임기는 6년이다.

111 정보 보호 민원조사관 후보로 출마한 막존카이 미하이Maczonkai Mihály는 198표를 얻었지만, 3분의 2 이상을 얻지 못해 2001년 말 페테르팔비 아틸라Péterfalvi Attila(1957~)가 이 자리를 채울 때까지 공석으로 남아 있었다.

112 SzDSz 의회 파벌의 대표인 쿤체 가보르Kuncze Gábor(1950~)는 Fidesz 정치인들이 포스타은행 투자로 이득을 봤다고 주장했다. 특히 당시 헝가리 APEH 청장으로 임명된 Fidesz의 전 재무 책임자였던 시미치커는 포스타은행과 여러 차례 계약을 맺은 마히르그룹Mahir-cégcsoport을 거느리고 있었다.

113 *East European Constitutional Review*, Fall 2000, 9, 4.

114 Fraser, Allan. 2001. "Torgyán Bows to Pressure to Quit", *Budapest Sun*, 15 February.

115 Balazs, Ester. 1999. "Tax Police Chief Under Attack", *Budapest Sun*, 4 February.

116 Budapest Sun, 23 January 2003.

117 Budapest Nepszabadsag, 4 July 2001.

118 "Auditors Criticize Government", *Budapest Sun*, 4 October 2001.

119 *Magyar Hirlap*, 25 April 2003.

120 *Magyar Hirlap*, 29 July 2002.

121 *Budapest Sun*, 7 March 2002.

122 *Budapest Sun*, 2 May 2002.

123 기괴한 반전으로 2003년 지주회사 K&H은행Kereskedelmi és Hitelbank, lit., K&H Bank을 조사하던 당시 차츠 카로이Szász Károly(1957~) PSzÁF 청장이 심한 구타를 당한 채 발견됐다. 훗날 이는 헝가리 역사상 가장 큰 스캔들로 기록되는데, K&H은행의 전 은행장이 2002년 MSzP 신정부의 재무장관이었던 차바 라슬로Csaba László(1962~)였다는 사실을 Fidesz가 백일하에 공개했기 때문이다. 차츠 자신도 직원들에게 부당한 상여금을 지급한 혐의로 2005년에 조사받았다. (1992년 민간기업 소유권 투명화에 관한 일련의 제도 개혁이 도입된 후에도 민간기업의 실소유주가 누구인지 모르는 경우가 많았고, 관료들이 겸직하는 사례도 빈번했던 듯하다.-옮긴이)

124 *Budapest Sun*, 2 May 2002.

125 체코의 부패 및 정부 반부패 계획 조치 일정 이행에 관한 보고서(Zpráva o korupci v České Republice a o plnění harmonogramu opatření Vládního programu boje proti korupci v České Republice, 2001. 반부패국Jednotka boji proti korupci, 내무부.

126 *Mladá Fronta Dnes*, 9 April 1996.

127 Frič et al. 1999, p. 178. 공정하게 말하자면 1991년 2월 민영화법은 애초에 감독을 허용하지 않았다.

128 Orenstein 2001.

129 Scherpereel 2003.

130 Freedom House 2000

131 체코 ODS 연정은 전체 200석 중 105석을 차지했지만, 나머지 95석 중 49석은 대체 연정에 참여하지 못한 정당이 차지했다. KDU-ČSL이 15석, ODA가 14석, 나머지 야당이 획득한 46석을 합하면 총 75석이었다.

132 *Respekt*, 28 September 1992.

133 Appel 2001.

134 Václav Klaus 인터뷰, Profit, 29 April 2002.

135 *Mladá Fronta Dnes*, 9 April 1996.

136 Frič et al. 1999, p. 177.

137 1992년 민영화부Ministerstvo pro správu národního majetku a jeho privatizaci České republiky—체코공화국의 국유재산 운영 및 민영화 부처—에 이른바 명예직 제도가 도입됐다. 조나단 테라Jonathan Terra가 지적했듯이, 이 제도는 의사 결정 과정에서 비밀을 효과적으로 제도화했으며, 부처 공무원이 제출된 제안을 임의로 조정할 수 있게 되었고, 국가 규제 권한이 축소됐으며, 법적 책임이 사라졌다(laws c. 544/ 1992 SB and 210/ 1993 Sb.). Terra 2002, pp. 137 - 138 참조.

138 Reed, Quentin. 2002. "Corruption in Czech Privatization: The Dangers of "Neo-Liberal "Privatization" in Kotkin, Stephen, and Sajos, Andras, eds. *Political Corruption: A Sceptic's Handbook*. Budapest: CEU Press, p. 273.

139 Terra 2002. "Corruption in Czech Privatization: The Dangers of "Neo-Liberal" Privatization."

140 *Mladá Fronta Dnes*, 26 April 1997.

141 전 중앙은행 총재 미할 토숍스키Michal Tošovský(1951~2005), 은행상임위원회Stálá komise pro bankovnictví 회의, 1996년 9월 13일 첫 회의.

142 은행상임위원회 회의, 제15차 회의, 1998년 5월 5일

143 *Mladá Fronta Dnes*, 21 December 1996.

144 1996년 말부터 1997년 초까지 *Mladá Fronta Dnes*와 *Lidové noviny* 기사 참조.

145 *Mladá Fronta Dnes*, 25 October 1996.

146 1996년 7월 11일과 1996년 11월 7일에 있었던 전 민영화부 장관 겸 ODA 하원의원 토마스 제젝Tomáš

Ježek과의 인터뷰, *Mladá Fronta Dnes* 참조.

147 *Mladá Fronta Dnes*, 10 December 1996.

148 세계은행 전무이사 보좌관 미로슬라브 자메치닉Miroslav Zámečník(1962~)과의 인터뷰, *Mladá Fronta Dnes*, 12 April 1997.

149 전 재무부 장관 이반 필립Ivan Pilip(1963~), *Mladá Fronta Dnes*, 3 November 1997.

150 *Mladá Fronta Dnes*, 1 April 1999.

151 Frič et al. 1999, p. 180.

152 Appel 2001, p. 534.

153 *Mladá Fronta Dnes*, 2 May 2002. 6853건의 장관직 제안 입찰 중 1483건만이 경쟁이 강고했다.

154 다양한 스캔들에 대한 설명은 Appel 2001과 1998년 1월 17일자 *Lidové noviny* 참조.

155 *Mladá Fronta Dnes*, 4 September 1997.

156 NKÚ 의장 후보인 프란티셱 브로직은 수익성이 좋은 기업 이사회에 소속되어 있음에도 불구하고 자산 신고를 거부했다. 그는 또한 독일 회사 바우어-바우-인터내셔널BAUER–BAU-INTERNATIONAL의 전 대표로, 부동산을 매입한 후 자기 가족에게 매우 낮은 가격에 되팔았다. 2002년 4월 26일, 2002년 5월 20일, *Mladá Fronta Dnes* 참조.

157 *Mladá Fronta Dnes*, 18 August 2003.

158 *Mladá Fronta Dnes*, 7 July 2004.

159 얀 카살Jan Kasal(1951~) KDU-ČSL 부대표가 언급했듯이, ODS는 "이 기관의 무의미함을 골수까지 확신했다". *Právo*, 1996년 5월 14일.

160 *Mladá Fronta Dnes*, 9 April 1996.

161 *Mladá Fronta Dnes*, 1 April 1996.

162 상원의원, 전 내무부 장관, ODS 하원의원 얀 러믈Jan Ruml(1953~), *Mladá Fronta Dnes*, 1996년 4월 1일자 기사에서 인용.

163 *Lidové noviny*, 10 October 2003.

164 OECD. *2000a. Issues and Developments in Public Management: Czech Republic–2000*, p. 2.

165 Ibid., p. 2.

166 Orenstein 2001, p. 110.

167 Frič et al. 1999, p. 177.

168 Freedom House 2000, p. 229.

169 Václav Klaus 인터뷰, Profit, 29 April 2002.

170 Orenstein 2001, p. 93.

171 자본금융시장 소위원회Podvýbor pro kapitálové a finanční trhy 첫 회의, 1998년 9월 23일과 11월 5일, "Report of the Functioning and Management of the KCP for April–September 1998".

172 ČTK, "Czech Government Unwilling to Face Anti-Corruption Failure", 1 June 2000.

173 Stroehlein, Andrew. 1999. "The Czech Republic 1992 to 1999", *Central Europe Review* (13 September).

174 Úsek pro Reformu Veřejné správy. 2001. "Vybrané výstupy z projekty PHARE CZ 98.08.01 Posílení institucionálních a administrativních kapacit pro implementaci *acquis communautaire*", Prague: Government of the Czech Republic.

175 Respekt, 18 September 1995.

176 Právo, 21 October 2003.

177 ČTK, "Czech Senate Passes Ombudsman Law," 8 December 1999.

178 Schamis 2002, p. 169.

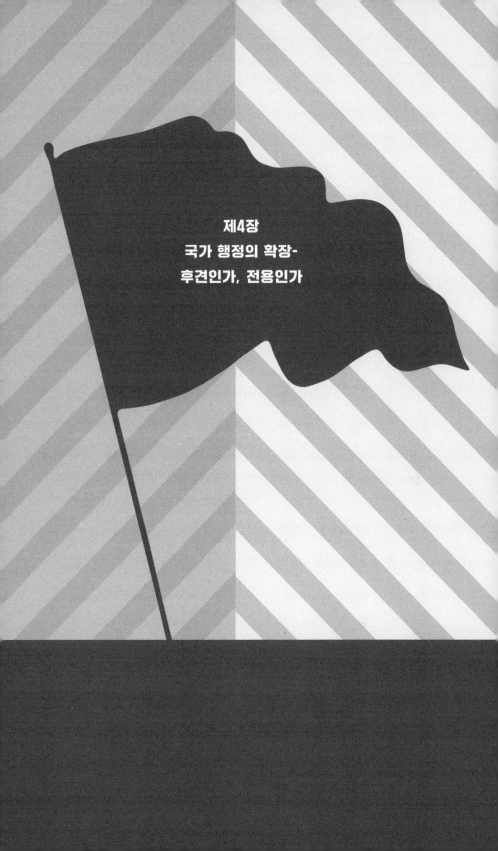

제4장
국가 행정의 확장-
후견인가, 전용인가

관료주의는 민주주의의 장애물이 아니라,
민주주의를 보완하는 필연적인 요소다.

조셉 슘페터, 『자본주의, 사회주의, 민주주의』

공산권 해체 이후 국가 자원의 전용은 국가 행정의 재량적 확장이라는 형태로 두드러지게 나타났다. 즉 중앙정부 부처, 규제 및 세무 기관, 사회보장국, 그리고 이러한 기관의 지역 관청에 고용된 사람들이 규제·감시 없이 증가했다. 동시에 표 4.1에서 볼 수 있듯이, 공산권 해체 이후 15년 동안 탈공산주의 민주주의 국가들 사이에서도 상당한 편차가 존재한다. (국가 행정부 고용의-옮긴이) 연평균 증가율은 0.49퍼센트(헝가리)에서 7.5퍼센트(라트비아)까지 다양했다. 2004년 총고용에서 국가 행정이 차지하는 비중은 1989년 수준의 약 1.5배(에스토니아·헝가리)에서 2배 이상(리투아니아·폴란드·슬로베니아), 심지어 4배(불가리아·체코·라트비아)에 달했다.[1] 공산권 해체 이후 국가 행정 직원의 절대적인 수와 총고용에서 (국가 행정 직원이-옮긴이) 차지하는 비중 모두 크게 늘었다.

그러나 이러한 확장의 기제와 이를 주도하는 힘은, 탈공산주의 국가의 성장 배경에는 고전적인 후견이나 국가 기구의 기능상의 결함이 있을 것이라는 일반적인 예상을 뒤엎는 것이었다. 정당은 측근을 고용

표 4.1 연간 국가 행정부 고용 증가율, 1990~2004년

국가	1990년 국가 행정부 직원	2004년 국가 행정부 직원	변화율(%) 절댓값	변화율(%) 취업자 점유율	연평균 증가율(%)
헝가리	297,900명 총고용의 5.8%	318,200명 총고용의 9.7%	107	167	.49
에스토니아	32,000명 총고용의 3.9%	37,100명 총고용의 5.8%	116	149	1.14
슬로베니아	26,776명 총고용의 2.9%	49,932명 총고용의 6.1%	186	210	5.07
리투아니아	49,900명(1992) 총고용의 2.7%	82,400명 총고용의 5.7%	165	211	4.55
폴란드	260,700명 총고용의 1.6%	535,100명 총고용의 3.9%	205	244	5.02
체코	91,729명 총고용의 1.7%	205,800명 총고용의 6.8%	225	400	5.70
슬로바키아	32,833명 총고용의 1.4%	83,500명 총고용의 4.2%	263	300	7.57
불가리아	49,364명 총고용의 1.3%	118,186명 총고용의 5.6%	239	431	5.95
라트비아	21,000명 총고용의 1.5%	69,000명 총고용의 7.0%	329	467	7.54

하고, 새로운 준국가 기관을 설립하며, 이들 기관의 예산을 늘리는 방식으로 국가 행정을 확장했다. 그러나 그들의 목표는 선거 지지 기반을 다지는 것이 아니라, 국가 자원에 대한 접근성을 높이는 것이었다. 따라서 그들은 충성스러운 지지자들에게 정부 부문의 일자리를 제공하는 대신, 통제할 수 있는 규제 영역과 예산에 대한 재량권을 확대하려고 시도했다. 여당이든 야당이든 모두 유착관계에 있는 엘리트들에게 행정직 채용을 몰아주고, 공식적인 입법부·행정부 채널을 우회하면서 국가 자원을 관리하고 확보할 수 있는 수많은 준국가 기관을 설립했다. 따라서 국가 행정 고용의 증가는 재량 고용이 만연했음을 보여준다.[2]

이 장에서는 재량적 ─ 감시되지 않고 규제되지 않은 ─ 국가 기구 확장의 편차와 그 기제를 살펴본다. 고전적인 후견 기제는 국가 기구의 확장이나 관찰된 변화의 주요 동인이 아니며, 기능적 결함이나 사회적 요구는 그 차이를 설명하지 못한다. 대신 전용의 두 가지 주요 기제는 대리 고용과 새로운 준국가 단체의 설립이었다. 폴란드와 체코의 사례에 대한 심층 분석에서 알 수 있듯이, 강고한 경쟁은 이러한 확장 전략을 축소하고, 정당의 재량권을 제한할 수 있다.

탈공산주의 국가 행정부의 확장

탈공산주의 국가의 성장을 조사할 때는 우선 **모든** 국가에서 공통으로 관찰되는 "기본baseline" 성장 요인과 국가 행정 고용 확대에서 나타나는 **편차**를 설명할 수 있는 요인을 구분해야 한다.

공산주의 시대는 재량적 채용에 취약한 국가 행정부를 남겼다. 명목상 평행선을 달리는 공산당과 국가 구조 사이에는 뚜렷한 경계가 존재하지 않았다.[3] 산업화된 민주주의 국가에서 관료와 국가 기관이 수행하는 많은 기능을 공산당이 담당했다. 여기에는 규제 감독, 국영기업에 대한 경제 관리 및 통제, 정책 대안의 결정 등이 포함된다. 이는 불행하게도 소련의 많은 피후견국(소련 구성국들과 인민공화국들-옮긴이)이 증명하듯이, 공산주의 국가 기구가 담당한 영역 중 가장 효율성이 낮은 영역 중 하나였다. 게다가 당-국가 체제는 비대하고 비효율적인 행정 구조였으나, 정작 핵심 행정 조직은 경제협력개발기구OECD 기준에 비춰 볼 때 그 규모가 작았다. 1990년까지 탈공산주의 국가에서는 국가 행정부가 전체 고용에서 차지하는 비중이 1.5퍼센트에 불과했지만, 선진 산업민주주의 국가에서는 5퍼센트에 달했다.[4]

따라서 국가 행정 고용의 기준선 확대는 부분적으로 이러한 부족을 극복하려는 방법이었다. 그 결과 1980년대와 1990년대에 세계적으로는 국가 행정 분야의 고용이 줄어든 데 반해,[5] 동유럽에서는 이 분야의 절대적인 고용 규모와 총고용에서 차지하는 비중이 모두 확대됐다. 앞서 언급한 바와 같이 국가 행정은 전국 단위 국가 기구의 중앙 및 지역 관청—개별 부서, 규제 및 재정 기관, 사회보장 및 노동 관청의 직원과 그 지역 지부—으로 구성된다. 국가 행정부 고용 범주에서 국가 보건, 교육 및 군사 부문에 고용된 사람은 **제외**된다. 왜냐하면 이 부문은 상당수가 민간으로 이전되었기 때문이다. 관련 내용은 다음 셀의 표 4.2에 간략하게 제시되어 있다.[6]

그러나 국가 행정부 고용 **증가율**과 국가 행정부 고용 **증가**에도 상당한 차이가 있다. 두 지표 모두 서로 다른 (고용) 인구 규모를 계산하므로, 확장력을 나타내는 지표다. 표 4.1에서 볼 수 있듯이, 국가 행정부의 확장은 연평균 0.5퍼센트의 증가율로 확장되지 않은 헝가리부터, 연평균 7.5퍼센트 이상의 증가율로 15배 이상 빠르게 성장한 라트비아와 슬로바키아에 이르기까지 다양한 편차를 보인다. 공산주의가 무너진 지 15년 만인 2004년에 이르면 헝가리·에스토니아·슬로베니아·리투아니아·폴란드가 체코·슬로바키아·불가리아·라트비아보다 낮은 증가율을 기록하면서 두 군집 간의 뚜렷한 차이가 다시 한번 확인됐다. 마찬가지로 그림 4.1에서 볼 수 있듯이, 1989년 이후 전체 고용에서 차지하는 국가 행정부 고용의 증가율은 에스토니아 167퍼센트에서 라트비아 467퍼센트까지로 다양했다.

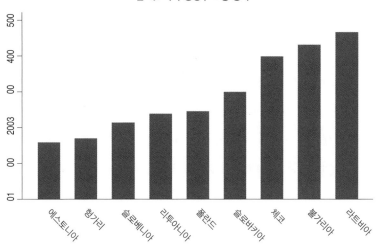

그림 4.1 국가 행정부 고용 증가

여러 설명

국가 행정부 확장에서 나타나는 편차는 주로 후견 및 후견 체계의 형성과 유지, 공산주의 국가의 결함 으로 인한 기능적 필요성, 국가 고용에 대한 사회적 요구라는 세 가지 요인으로 설명돼왔다. 모두 그럴듯하지만 앞으로 살펴볼 것처럼, 그 어떤 것도 이러한 편차를 적절히 설명하지는 못한다.

다른 민주주의 국가에서도 후견 및 후견 체계는 국가 고용 팽창의 주요 원인 중 하나로 꼽혀왔다.[7] 따라서 국가 기구가 취약한 탈공산주의 동유럽에서 "후견의 기회가 풍부했다"[8]고 결론 내리는 분석이 다수 나오는 것은 당연하다. 실제로 이 지역 공무원을 대상으로 한 설문조사에 따르면, 행정부에 정치적 영향력이 만연해 있는 것으로 나타났다. 체코·에스토니아·리투아니아·폴란드에서는 놀랍게도 응답자의

100퍼센트가 행정부가 정치화됐다고 생각하는 것으로 나타났다.[9] 게다가 탈공산주의 국가의 다공성多孔性과 공무원 개혁 이전의 참정권이 주어진 시기를 고려할 때, 기존의 설명은 광범위한 후견을 예측한다.[10]

후견이 행정부 확장의 원인이라면, 집권 정당은 접전인 선거구를 대상으로 표를 매수하기 위해 일자리, 기반 시설 기획, 일반 정부 지출 등 배제성 있는 재화를 제공할 것이다. 그렇다면 국가 기구 확장 기제는 정당이 현 정부에 대한 지속적인 지지를 대가로, 정부 고용과 재화에 대한 늘어난 수요를 충족시키는 방식으로 작동할 것이다. 그 결과 일반적으로 시간이 지남에 따라 GDP에서 정부 지출이 차지하는 비중과 공공 부문 총고용이 증가하고, 특히 정부가 지출과 고용을 대부분 통제하는 보건·교육 등의 국가 복지 부분에서 그 증가는 더욱 두드러진다.[11]

그러나 탈공산주의 민주주의 국가에서는 후견 체계와 관련된 결과나 그 기제를 관찰할 수 없다. 국가 복지 부문의 고용이나 GDP 대비 정부 지출에서도 체계적인 성장은 관찰되지 않는다. 표 4.2에서 볼 수 있듯이, 고려 대상인 모든 사례에서 국가 복지 부문의 정부 고용은 국가 행정부만큼 늘어나지 않았다. 보건, 교육 체계 및 기타 국가 서비스는 전통적으로 후견 고용의 표적이었지만, 탈공산주의 국가에서는 퇴사와 해당 부문의 민영화로 인해 고용이 **줄었다**.

게다가 이러한 정치체에서 후견주의가 활성화됐다면 정부 지출이 늘었을 것이다. 그러나 그림 4.2에서 볼 수 있듯이, 1989년 이후 정부 지출은 체계적으로 증가하지 않았다. 오히려 이들 정치체의 GDP 대비 정부 지출은 OECD 평균인 48퍼센트 주변에서 유지됐다. 그렇다고 각 정당이 재원 마련을 **도모**하지 않았다는 것은 아니다. 슬로바키아

표 4.2 국가 고용의 변화—직원 수 및 비율, 1990~2004년

국가	보건(N)	교육(M)	기타 공공 및 사회 복지(O)	국가 행정부(L)	비선형 고용 변화	1990~2004년 국가 기구 총고용 변화
헝가리	236 → 241 102%	312 → 318 102%	194 → 162 84%	298 → 318 107%	97%	99%
에스토니아	50 → 35 70%	49 → 55 112%	30 → 27 90%	32 → 37 116%	91%	96%
슬로베니아 1992~2004	56 → 47 84%	52 → 55 106%	n/a → 26.2	27 → 50 186%	94%	113%
리투아니아 1992~2004	103→ 90 87%	138 → 132 96%	117 → 47 40%	50 → 82 165%	75%	69%
폴란드	901→ 703 78%	1,100 → 975 89%	427 → 366 86%	261 → 535 205%	84%	96%
체코	280 → 282 101%	317 → 309 97%	204 →185 91%	92 → 206 225%	97%	110%
슬로바키아 1992~2003	123 → 155 126%	183 → 160 87%	62 → 78 126%	33 → 84 263%	107%	120%
불가리아	221→ 132 60%	272 → 198 73%	16 → 68 425%	49 → 118 239%	79%	93%
라트비아	68 → 60 88%	101 → 88 87%	83 → 53 64%	21 → 69 329%	51%	99%

별도의 언급이 없는 한, 1990년 수치 → 2004년 수치

출처   각 국가의 통계 자료 및 연감

HZDS, 폴란드 PSL, 헝가리 Fidesz 같은 포퓰리즘 정당은 각각 추가(그리고 상당한) 지출을 통해 충성도가 높은 지방정부에 보상하려 했다. 그러나 이러한 노력은 너무 단기간에 국지적으로 이뤄졌기 때문에 전국 단위 국가 행정부의 성장을 설명하는 데는 충분하지 않다. 또한 이러한 노력은 조직적인 어려움에도 부딪혔다. 혜택 분배는 국회에서 이뤄지는 데에 반해, 지지를 매수하고 관리해야 할 유권자들은 지역에 있었고, 후보와 조직이 부족해 전국 규모의 정당 정치로부터 소외되어 있었다.

정당들은 대규모로 사적 후견이나 후견 체계에 참여할 유인도 능

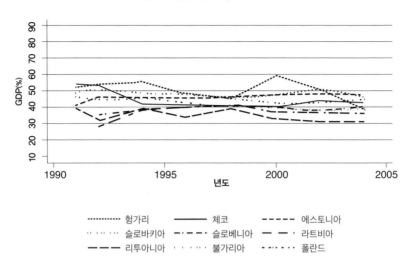

그림 4.2 정부 지출의 백분율 또는 GDP

범례:
.... 헝가리 ———— 체코 ----- 에스토니아
······· 슬로바키아 -·-·- 슬로베니아 — — · 라트비아
——— 리투아니아 ······ 불가리아 -·——·· 폴란드

력도 없었다. 정당들이 개별적 혜택을 공적 지원과 효과적으로 교환하기 위해서는, 국가 자원과 그 분배에 대한 통제력을 갖는 것으로는 충분하지 않다. 후견은 세 가지 조건에서 이뤄진다. 첫째, 유권자들이 일자리를 국가에 의존하는 경우이다.[12] 둘째, 정당을 지지하겠다는 유권자의 약속을 신뢰할 수 있으며, 마찬가지로 고용을 보장한다는 정당의 약속 역시 신뢰할 수 있는 경우이다.[13] 셋째, 정당이 상품賞品을 제공할 수 있는 조직을 갖추고 있어 개인과 개별 선거구를 공략할 수 있으며, 유권자를 감시하고 잠재적 이탈자를 식별해 후견 혜택을 제공할 수 있는 경우이다.

그러나 탈공산주의 국가에서 이러한 조건이 지속해서 유지되는 경우는 많지 않았다. 첫째, 경제가 점차 민영화되고 있었다. 실업률이 높은 국가에서는 국가 부문 내에서의 기회도 줄어들고 있었다. 실제로 행정 고용 증가율이 높은 두 국가인 라트비아와 체코 또한, 1997년까지 각각 경제의 약 67퍼센트와 80퍼센트를 민영화하여 민영화 노력의 선두 주자로 널리 알려져 있었다.[14] 1990년대 중반까지 전체 고용에서 정부 고용이 차지하는 비중의 중앙값은 42퍼센트였으며, 슬로바키아와 불가리아는 예외적으로 각각 68퍼센트와 65퍼센트를 기록했다.[15] 이후 국가 고용은 감소했다.

둘째, 지역에서 정당이 안정적이지 못했기 때문에 유권자와 정당이 배제성 있는 계약을 맺기 어려웠다. 국가 자원을 직접적으로 전용하는 대신, 지지자들에게 일자리를 제공하기란 비효율적일 뿐만 아니라 불가능했다. 우선 높은 선거 변동성과 분열로 인해 정당이 사라질 가능성이 너무 높았다.[16] 특정 정당이 선거 지지를 받거나 재화를 계속 배분할 수 있을지 의심스러운 경우, 유권자와 정치 엘리트 모두에게 후견 유인은 상당히 약해졌다. 또한 접전인 선거구의 이익을 위해 특정 법안을 통과시키는 것이 지속적인 선거 지지를 얻을 수 있는 효과적인 전략일지도 불투명했다. 각 정당은 농산물 가격 지원이나 산업 관세 같은 조치의 수혜자가 지속적인 지지로 보답할 것이라고 장담할 수 없었다.

초기 탈공산주의 국가의 정당에 더 필요했던 것은 충성스러운 당원보다 자금이었다. 선거운동은 비용이 많이 들었고, 국제적인 언론 자문가에게 일임되었으며, TV 광고·대형 광고판·라디오 광고에 의존했다. 정당의 일상 업무는 개별 의원의 의원실에 집중되어 있었다. 각 전국구 정당의 후보는 지역 유권자 모임에 참석했지만, 개별적인 동원이나 유세 활동은 하지 않았다.

마지막으로 (후견 구조를 구축하기 위한-옮긴이) 전제조건인 조직이 부재했다.[17] 탈공산주의 국가의 정당 중 피후견인과의 계약을 이행하고 감시할 수 있는 조직적 역량을 갖춘 정당은 없었다. 상기했듯이, 국회 의원 수당으로 활동가와 사무실을 모두 유지할 수 있는 중앙당의 의원 실을 제외하면, 대부분의 정당에는 잘 발달한 조직이나 활동가 네트워크가 없었다. 지역 차원의 후견도 없었다. 그림 4.3에서 볼 수 있듯이, 대부분의 탈공산주의 민주주의 국가에서 정당에 소속된 후보가 지방 정부에서 차지한 의석수는 절반 이하에 불과했다.[18] 정당에서 후견 네트워크가 발전하고 있었다면 정당 소속 지방 후보의 수가 증가해야 하지만, 시간이 지나도 그 수는 어느 국가에서도 증가하지 않았다.

정당에 대한 충성도 역시 너무 낮았다. 일례로 2001년 초 폴란드 언론은 20만 개 이상의 국가 행정 고용을 정당들이 채울 수 있다고 주장했지만,[19] 당시 폴란드 의회 원내 정당의 총당원은 약 19만 5000명이었다.[20] 후견 고용을 당원들뿐만 아니라 지지자들에게까지 확대 제공할 능력도 많지 않았다. 실제로 정당이 후보를 직접 지명하는 국가 행정부의 직책은 없었다. 평론가들조차 폴란드에서 정당이 지명하는 행정직의 상한선을 1.8~2.4퍼센트로 추정하고, 슬로바키아에서는 3.6~5퍼센트로 추정한다.[21] 불가리아나 라트비아처럼 정당의 영향력이 더 큰 국가에서도, 정당에 소속되는 것이 정부 부문에서 일자리를 얻는 데 필수적이라고 응답한 비율은, 이 지역 전체 응답자의 10퍼센트를 넘지 않았다(전체 방법론은 표 4.3과 부록 C 참조). 앞으로 살펴보겠지만, 정당들은 기존 행정 기준 내에서 고용하기보다는 준국가 기관을 확대하는 데 의존했다.[22] 마지막으로 국가 행정부의 증대와 후견은 논리적으로 결부되지 않는다. 정치인들은 후견 고용 지출 없이도—가령 정당 조직 등을 통해[23]—국가 행정부 외부에서 선택적으로 혜택을 제공할 수 있다.

조직적 영향력을 갖춘 **신생** 정당이 없었기 때문에, 후견 전략을 사

그림 4.3 지방 선거에서 전국 정당의 존재–정당 후보가 획득한 의석수
(무소속 및 지역위원회가 아닌 정당 후보)

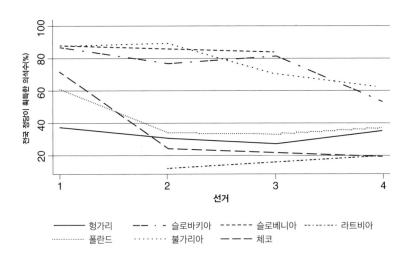

출처　Electoral commissions; Ágh, Attila, and Kurtán, Sándor. 1996. "'Parliaments' and 'Organized Interests' in Civil Society: Local Government Legislation and Elections in Hungary (1990-1995)," in Ágh, Attila and Ilonszki, Gabriella, eds. Parliaments and Organized Interests: The Second Steps. Budapest: Hungarian Centre for Democracy Studies; Baldersheim et al. 1996; Horváth, Tamás, ed. 2000. Decentralization: Experiments and Reforms. Budapest: Open Society Institute; Swaniewicz, Pawel, ed. 2004. Consolidation or Fragmentation? The Size of Local Governments in Central and Eastern Europe. Budapest: Open Society Institute.

표 4.3 국가직 채용에서 정당 소속 여부의 유용성-설문조사 결과

국가	정당 소속은 국가직 채용에 무용하다(%)	정당 소속은 국가직 채용에 필수다(%)
폴란드	29.0	5.0
체코	20.1	1.6
슬로바키아	9.8	3.7
불가리아	19.5	2.3
라트비아	18.5	9.7

출처　저자의 의뢰로 2003년과 2004년 여름에 TNS-OBOP·IVVM·FOCUS·GALLUP-Bulgaria· TNS-Latvia에서 실시한 설문조사. 대인 간 비교 가능성을 제공하는 데 사용된 비네트 고정법은 부록 B를 참조할 것. 데이터는 통합위계 순위프로빗Compound Hierarchical Ordered Probit, CHOPIT을 통해 나이·성별·도시·교육 수준을 대조분석했다.

용할 수 있는 집단은 조직망을 유지하고 있던 공산주의 시대의 정당들이었다.[24] 불가리아 BSP, 루마니아 사회민주당Partidul Democrației Sociale in România, PDSR, 폴란드 PSL 등이 여기에 속한다. 일부 정당은 살아남은 조직망과 특정 부문의 예산을 사실상 독점하고 있던 덕분에 지역 단위로 혜택을 제공할 수 있었다. 하지만 여기에서도 연관성은 취약했다. 일례로 재건되지 않은 공산주의 위성 정당인 폴란드 PSL은 연정 동반자'가 국가 자원에 대한 접근 권한을 축소하자 많은 지역 기반을 상실했다. 그 결과 광범위한 조직을 보유한 기존 정당들도 고전적인 후견을 유지하지 못했다.[25]

한편 재량적 엘리트 고용과 해고, 새로운 국가 기구를 수립하는 데는 상력한 정당 조직이 필요하지 않았다. 조직력이 선거 성공을 이끈다는 익숙한 인과관계의 화살표가 오히려 뒤집혔다. 탈공산주의 국가의 민주주의 정당은 선거에서 승리한 뒤 국가 자원에 대한 접근성을 높이고, 의석 점유율에 상응해 국가 자금을 획득한 덕에 조직을 강화할 수 있었다. 일례로 체코 ODS의 당원 수는 1995년 22,000여 명으로 집권 기간에 정점을 찍었으나, 1998년 실각한 후 16,000여 명으로 3분의 1 가까이 감소했다.

• PO-PSL 연정(2007~2015)

기능적 설명

후견주의 설명이 국가 기구의 확장을 설명하지 못한다면, 기능적 설명은 행정에서의 결함과 국가 건설의 시급성에 초점을 맞춘다. 따라서 이러한 해석에 따르면, 탈공산주의 국가의 팽창은 공산주의 국가 기구의 막대한 인적·제도적 결함에서 비롯된 것으로 볼 수 있다. 그러나 이러한 결함으로 인해서, 아니면 반대로 효율성이나 규제의 증가로 인해서 국가 기구 확장의 **편차**가 발생했다는 증거는 존재하지 않는다. 행정부 고용을 확대한 탈공산주의 국가들은 세금을 더 효과적으로 징수하거나 더 나은 서비스를 제공하지 않았다.[26] 실제로 행정부의 고용이 가장 적게 증가한 나라는 공산주의하에서도 국가 기구가 효율적이고 자율적이었다고 널리 알려진 헝가리였다.[27] 똑같이 효율적인 슬로베니아와 에스토니아 역시 행정부를 더 작은 규모로 유지했다.

　이러한 차이는 국가 건설의 필요성으로 설명할 수도 없다.[28] 신생 독립 국가에서든, "오래된" 국가에서든 국가 기구는 모두 확장됐다. 일부 신생 국가(라트비아·슬로바키아)는 다른 국가(슬로베니아·에스토니아)보다 훨씬 더 많이 확장됐다. 표본에 포함된 신생 독립 국가 중 체코슬로바키아는 1993년 1월에 평화적으로 공화국으로 분리됐고, 발트 3국—에스토니아·라트비아·리투아니아—과 슬로베니아는 각각 소련과 유고슬라비아연방으로부터 1991년에 독립했다. 그러나 표 4.1에서 볼 수 있듯이, 에스토니아와 슬로베니아의 확장률은 다른 신생 독립국보다 상당히 낮으며, 이는 독립이 높은 국가 기구 확장률의 충분조건이 아님을 시사한다. 그리고 못지않게 중요한 점은 독립 자체가 국가 행정의 확장을 초래한다면, 독립 후 국가 고용 증가율도 상승할 것으로

207

예상된다는 것이다. 그러나 1993년 체코슬로바키아가 분할된 뒤에도 두 신생 국가의 국가 고용 증가율에는 변화가 없었다. 마찬가지로 에스토니아도 1990년부터 1992년까지는 국가 행정부가 연평균 1.14퍼센트 확장되었지만, 독립 직후 기세가 꺾여 0.65퍼센트 증가하는 데 그쳤다. 슬로베니아는 공화국이 독립하고, 공산당 정권이 붕괴한 직후인 1991~1993년에 가장 큰 확장을 보인 유일한 사례이다.

사회적 요구

후견이나 기능직 요구가 행정부 확장을 설명하지 못한다면, 정부 확장은 사회경제적 계층, 특정 유권자 선거구, 직급을 높이려는 관료, 행정 지역 등 사회 특정 부문의 요구에 따른 것일 수 있다. 앨런 멜처Allan H. Meltzer(1928~2017)와 스콧 리차드Scott F. Richard의 중위투표자 모델median-voter model˙에 따르면, 정부가 커지는 것은 결정력 있는 유권자의 선호에 달려있다.[29] 결과적으로 중산층이 성장하면 재분배와 정부 프로그램의 확대로 혜택을 받을 수 있는 정치적 기반이 넓어져 정부 지출이 증가하고, 그에 따라 국가 행정도 확장된다.[30] 특정 선거구에서 배제성 있는 혜택을 요구하는 성향은 사회경제적 특성에 따라 다르다. 빈곤층 유권자는 저임금 국가 일자리를 택할 가능성이 높고, 정당은 소수의 고임

˙ 유권자와 정책이 1차원 스펙트럼을 따라 분포되어 있고, 유권자가 근접한 순서대로 대안에 순위를 매기는 경우, 투표 방식이 콩도르세 기준Condorcet Winner Criterion을 충족한다면 중간 유권자에 가장 가까운 후보가 선출된다는 이론.

금 일자리보다 다수의 저임금 일자리를 제공함으로써 더 많은 유권자를 확보할 수 있다.[31] 따라서 중산층이 증가함에 따라 국가는 확장될 것이며, 가난한 유권자를 대상으로 하는 정당은 특히 후견 전략을 통해 이득을 볼 수 있다.

그러나 이러한 요구가 탈공산주의 국가에서 행정부의 고용 확대로 이어졌다는 증거는 없다. 재분배 문제는 분명 이 지역에서 매우 중요한 의제였다.[32] 그러나 1990년대 초 국제금융기구IFIs가 자유주의적 시장 개혁을 엄청나게 압박한 탓에 국가 지출의 확대를 약속하는 정당은 없었고, 그럴 수 있는 정당도 없었다. 폴란드의 PSL, 슬로바키아의 HZDS, 헝가리의 FKgP 등 몇몇 정당은 배제성 있는 혜택을 내세워 선거구를 공략하려고 시도했다. 그러나 이 정당들은 정부 일자리보다는 지지자들에게 금융 이전과 보조금을 제공하는 데 집중했다.

또는 포식적 관료제 자체가 정부 고용을 확대하는 원인이 될 수도 있다.[33] 탈공산주의 국가 중 한 사례로, 러시아 연방의 지역 지사들은 공공고용을 통해 지역 지지기반을 다지고, 중앙으로부터 자원을 전용한 것으로 알려져 있다. 이에 따르면, 지방정부는 결국 상당한 체불 임금을 누적시켰지만, 국민 불안과 파업을 우려해 중앙정부에 더 많은 자원을 제공하도록 협박하고, 책임을 전가함으로써 처벌을 면했다.[34] 그러나 아무리 약탈적이라 해도 관료주의가 확장되려면 입법부의 협조(또는 예산 재량권)가 필요하다. 분석 사례들에서는 지역적 요구가 관철됐다는 증거를 찾을 수 없는데, 이는 모두 단일정부unitary government*이기 때문이다. 협박을 통한 국가 확장의 기제도 분명하지 않다. 중앙정부가 지역 정치인을 구제하는 이유는 무엇인가? 중앙의 선거 미래가 지역과 연계되어 있다면, 아마도 중앙은 애당초 지출에 대해 더 큰 통제권을 행사할 것이다. 중앙과 지역의 관계가 너무 느슨해서 지역의 재량권이 허용된다면, 지역 지사가 어떻게 중앙에 책임을 전가할 수 있을지도 불분명하다.[35]

국가 확장-재량권과 민영화

오히려 국가 기구는 집권 정당이 국가 기관을 신설하고, 기존 기관 내에 정당의 재량권을 행사할 수 있는 새로운 전초 기지를 세우면서 성장했다. 여기서 전용은 재량에 따른 채용—특정 정부 기관이나 부처에서 고용 및 확대할 수 있는 직책에 정당과 유착관계를 맺은 엘리트를 배치하는 것—과 재량권을 극대화하는 국가 기관의 신설—예산 외로 집행되는 자금과 의회 권한 밖에서 기능하는 기관 등—이라는 형태로 이뤄졌다. 목표는 선거 지지를 매수하는 것이 아니라 국가 자원에 대한 통제권을 확대하는 것이었으며, 수혜자는 정당 지지자보다는 정당 엘리트들이었다.[36]

따라서 국가 행정의 확장은 기능상의 요구나 후견주의에 대한 대중의 요구를 충족시키기 위해서가 아니라, 국가 자원을 전용하기 위한 측면에서 이뤄졌다. 국가 행정은 후견의 결과가 아니라 국가 자원에 대한 통제권을 확보하는 과정에서 확장됐다. "분배해야 할 국유재산이 많은 상황에서 (…) 그러한 기회에 비하면 전통적인 후견 형태로서 정

• 통치권이 중앙의 단일정부에 집중된 국가.

부 일자리에 접근하는 것은 부차적이었다."[37] 국유재산, 특히 민영화로 인한 수익은 유혹적이고 수익성 높은 사업이었다. 각 정당은 경제 권력의 중심을 장악하고 재정, 민영화, 교통 및 다양한 민영화 기관이 관할하는 국가의 막대한 자산에 접근해 생존을 보장하려고 노력했다.

강고한 경쟁은 이러한 국가 행정의 확장 기제에 제동을 걸었다. 한 국내 비평가가 주장했듯이, "주요 정치인들은 관료주의의 성장을 추적하거나 제한하는 데 관심이 없다. 왜냐하면 이는 그들의 행동 영역을 감소시킬 것이기 때문이다 (⋯) 어떤 연합이 국가 행정부의 자리를 정치적 기준에 따라 채우기로 하는 경우, 과도한 전용은 연합(또는 야당)의 상호 경쟁에 의해서만 완화된다."[38]

첫째, 지난 장에서 살펴본 것처럼, 강고한 경쟁은 공무원법, 재정 개혁, 준국가 기관과 기금을 해체하는 투명성법 등 공식적인 감시·감독 기관을 조기에 도입하게 했다. 둘째, 강고한 경쟁은 한 정당이 국가 자원을 독점하는 것을 막았다. 비판에 직면한 정당들은 선거에서의 반작용을 경계해 행동을 절제하는 경향이 있었다. 특히 탈공산주의 국가의 정당은 광범위한 조직과 같이 유권자의 지지를 대신할 수 있는 자원이 부족해 더욱 취약한 경향이 있었다. 또한 야당은 한 정당이 직원을 늘리지 않고 인원만 교체하면서 특정 직책을 독점하는 것을 제한하는 경향이 있었다. 야당은 임기 중 정권 교체 가능성을 높임으로써 주기적인 채용과 해고를 촉발하여 시간이 지남에 따른 확장을 전반적으로 낮췄다. 마지막으로 비공식적인 권력 공유 규범이 발달하여 어느 한 정당이 감사위원회 의석이나 민영화 자원에 대한 접근 권한을 독점할 수 없게 됐다.

만약 정당들이 기회주의적인 국가 재건에 참여하여 후견이 아닌 전용을 초래했다면, 조직력이 약하고 활동가가 적은 여당이 주도하는 정부하에서 현직자들이 후견을 제공하지 못할 때도 국가가 확장되는 것을 관찰할 수 있어야 한다. 증대는 정당들이 접근을 저지하고, 최소한의 제약을 받는 이러한 영역에서 일어나게 될 것이다. 강고한 경쟁으로 전용이 제한되면, 국가 확장 속도가 전반적으로 느려질 뿐만 아니라 공무원법이 조기에 시행되고, 공무원법이 시행된 후에는 확장률이 하락하는 것을 볼 수 있을 것이다. 또한 경쟁이 강고해지면 각 정당은 준국가 기관과 비정규예산 기금의 수와 범위를 늘리지 않고 줄이게 될 것이다.

그렇다면 각 정당은 어떻게 자신들에게 이익이 되도록 국가 행정을 확장했는가. 다음의 두 질에서는 새량에 따른 채용과 준국가 기관 및 비정규예산 기금과 기관의 설립이라는 두 가지 주요 전략을 살펴본다. 이 두 전략은 시장 개혁과 민주적 개혁을 단행하고, 국가에 대한 정당의 접근성을 확대하는 목적을 달성했다.

재량에 따른 고용

탈공산주의 국가에서 정당은 공식 기관의 감시와 규제를 받지 않는 재량 고용에 의존했다. 공무원 규정이 없는 상황에서 (정당 대표가 이끄는) 정부 부처는 마음대로 고용했다. "각 부처가 자체 부서, 기관 네트워크를 원하므로" 기관과 고용 직책이 급증했다.[39] 공산권 해체 직후 정부는 국가 부문에서의 해고를 꺼렸다.[40] 그 후 산업 분과 부처—산업 및 산업 부문에는 이에 해당하는 정부 부처가 있다—가 통합되고 그 수가 줄어들었지만, 해당 부문의 직원들은 단순히 해당 부문의 기업에서 새로운 일자리를 얻었다. 이는 정부 내각이 통합되는 불안정한 시기에 생존을 위해 싸우는 부처의 방어적인 대응이었다.

정당들은 각 부처의 **관리직**에 인력을 충원한 다음 소속 엘리트들에게 더 많은 인력을 채용할 수 있는 재량권을 부여했다. 이렇게 기관이 확장되면 국가 재정의 증가가 정당화되고, 부처의 각료 역할이 줄어드는 것에 대비한 보험이 마련되며, 관련 국가 기관의 행위를 감시하고 관찰하는 것이 더 어려워질 것이다. 공산주의 시대에서 넘어온 관료들이 자신의 임무를 충실히 수행하도록 하기는 어려웠으므로, 정당에서 지명하는 관리자들은 충성스러운 직원을 확보하기 위해 원하는 사람을 고용했다.[41]

논의된 국가 대부분이 초기에는 이러한 관행을 제한하거나, 교육과 전문성을 고용 기준으로 삼아 자격을 갖춘 공무원 인력을 조성하는 공무원법이나 기타 법률이 없었다. 1992년 헝가리나 1993년 슬로베니아처럼 몇몇 국가에서는 이러한 법률이 매우 빠르게 제정됐다. "각 조직은 정치적 충성을 무엇보다 추구하고, 우호적인 공무원을 뽑을 수 있는 현 상태를 유지하려는 것이 통치의 자연스러운 욕구이기 때문에 정부가 공무원 양성에 관심이 없다"[42]라고 할지라도, 정권 교체가 두려운 몇몇 정당은 다른 정당이 행정부를 장악하지 못하도록 뒤이어 공무원법을 추진했다.

여대야소 상황에서 정부 여당은 공무원 채용을 규제하지 않고 각 부처와 중앙정부 기관이 자유롭게 채용할 수 있도록 하는 것이 유리하다는 것을 깨닫게 됐다. 체코의 한 비평가는 "주요 정치인들은 관료주의의 성장을 추적하거나 제한하는 데 관심이 없다"[43]고 주장했는데, 이는 자신의 활동 영역이 줄어들기 때문이다. 또 다른 기회는 체제 전환 초기의 혼란과 국가의 무관심 속에서 찾아왔다. 1989년 공산당 정권이 무너진 직후 "새로운 정치 엘리트들은 적어도 초기에는 공무원 사회에 개혁을 도입할 수 없었다. 정치적 문제와 정부의 일상적인 세부 사항에 집중하는 바람에 필요한 변화의 범위조차 의식하지 못했을 것이다".[44] 그 결과 공무원법 입안은 빈번히 뒤로 밀렸고, 각 부처와 국가 관청에는 인원 상한선이 존재하지 않았으며, 대부분의 국가 부문 일자리에는 능력주의 경쟁이 없었다.[45]

정당은 정부 부처의 공무원을 재량에 따라 고용하고 확대하면서 몇 가지 이득을 얻었다. 첫째, 정당은 국가 미디어 캠페인과 개인 엘리트 양성 등 다양한 목석에 사용할 수 있는 국가 자원에 직접 접근할 수 있었다. 정부 부처와 기관에서 높은 지위에 있는 측근일수록 민영화 계약과 결정에 더 많이 관여할 수 있었다. 그런 정당은 더 매력적인 뇌물 제공 대상자(체코 ODS)가 되었고, 더 강력한 지대 추구 행위자(라트비아 LC)가 되었다.

통제는 자원 및 의사를 결정할 수 있는 권한을 의미했다. 특정 부처나 기관의 규모가 클수록 예산도 커지고, 이를 통제하는 정당이 사용할 수 있는 재량 자금도 커진다. 당연히 각 정당은 특정 영역을 장악하려고 시도했다. 가령 폴란드와 헝가리에서는 연립정부에서 농민 정당(폴란드 PSL, 헝가리 FKgP-옮긴이)이 농업부를 장악하고 이를 발판 삼아 농업 기금, 은행, 준국가 기관을 설립했다. 다른 사례로는 체코의 ODA와 재무부, 라트비아의 LC와 교통부 등이 있다. 이 국가들에서는 부처에 대한 정당의 통제력을 높이고, 예산을 늘리기 위해 국가 행정부가 확장됐다.

둘째, 정당은 또한 자신들의 지시를 이행할 "충성스러운" 행정부를 원했다. 이는 정당이, 관료가 정당에 유리한 정책에 저항하거나 반대할 것이라고 인식하는 경우 특히 중요했다. 새로 집권한 모든 민주 정당은 관료 조직 내 공산주의 제5열*이 새로운 개혁 기획의 실행을 서서히 뒤엎고 무너트릴 것을 두려워했다. 슬로바키아 HZDS처럼 정당들은 단순히 회의적인 관료제를 두려워하기도 했다. 고위급 공무원은 "공공자금 배분을 결정할 자유가 매우 높은 경우가 많았기에 더욱 그러했다".[46]

마지막으로 유착관계의 엘리트들에게 새로운 기관의 고용에 대한 재량권과 통제권을 부여하는 이러한 전략은 정당의 생존을 보장하므로, 수직적 후견-피후견 관계를 구축하려는 시도보다 효율적이었다. 그들은 일자리와 표를 교환할 수 있는 정당 조직을 힘들게 세우기보다는 기존의 엘리트 네트워크에 의존하여 국가 행정부를 식민지화했다. 재량에 의한 고용은 이러한 모든 이유에서 매우 수익성이 높았으므로, 1995년 체코에서처럼 정부가 공식적으로 국가 행정부 인력을 감축하기로 했을 때도 그러한 조치를 실행할 방법이 없었다.[47] 각 부처는 자체 관청과 기관 네트워크를 원했고, 정부의 공식적인 발표를 가뿐히 외면했다.[48]

잠재적 고용자들은 국외 출장, 불법 자문 비용, 추가 상여금—라트비아의 경우에는 300퍼센트에 달했다[49]—등 다양한 혜택 때문에 국가 행정직을 매력적이라고 여겼다. 당연하게도 한 연구에 따르면, 엘리

---

* 제5열은 통상적으로 이적행위자를 지칭한다.

트층에서 "응답자의 94퍼센트가 새 정부 구성 후 있을 공무원직 인사 이동에 관하여 알고 있다"[50]고 답을 했을지라도, 관료의 87퍼센트는 "장기적인 경력 기회와 직업 안정성이 공무원직을 유지하는 주요 동기"라고 답했다.

공무원법은 기껏해야 국가의 재량적 고용에 서서히 개입했을 뿐이었고, 기존 국가 행정부는 새로운 규제에 저항했다. 공무원법은 기존의 확고한 영역—무엇보다 국가 행정은 공산주의 시대에도 존재했었다—에 부과되었기 때문에, 규제해야 할 영역과 동시에 설립되는 기관보다 훨씬 더 큰 도전에 직면했다.[51] 신설된 많은 행정 부서는 인력이 부족해 법 시행 전에 고용된 직원의 신분을 바꿀 수 없었다. 이러한 문제는 탈공산주의 국가의 사례에만 국한된 것이 아니다. 미국의 〈펜들턴법Pendleton Civil Service Reform Act〉*은 1883년에 제정됐지만 25년이 지난 후에야 시행됐으며, 이미 형성된 이해관계가 여전히 국가 기관에 큰 영향을 미치고 있었다. 업무의 방대함과 다른 나라의 역사적 선례를 고려할 때 "공무원 전문화만으로는 국가가 정당, 입법 연합, 이익 단체로부터 자율성을 확보할 수 없다"라는 결론을 내릴 수 있다.[52]

그러함에도 정치 경쟁이 유인을 창출하는 곳에서는 "정치적 공정성과 안정성에 기반한 공무원 조직을 만들자는 발상이 점점 더 주목받았다".[53] 정치 경쟁이 강고한 곳에서는 공무원 개혁을 위한 노력이 공식 국가 감독 기관 수립이라는 더 큰 맥락에서 지속됐다. 또한 각 정당은 권력 공유를 위한 타협을 체결하여 특정 정당의 행정부 독점을 막

---

* 연방정부 직책은 정치적 후견이 아니라 능력에 따라 주어져야 한다고 규정한 법률.

그림 4.4 공무원법 도입과 국가 행정 확장 간 상관관계(.68)

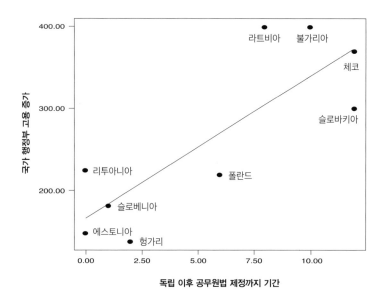

고, 공직이 전반적으로 확장되는 것을 제한했다. 따라서 그림 4.4에서 볼 수 있듯이, 공무원법은 경쟁이 강고한 곳—에스토니아·헝가리·리투아니아·폴란드·슬로베니아 등 규모가 작고 성장이 더딘 국가들—에서 더 일찍 시행됐다. 그리고 이러한 법은 국가의 성장과 음의 상관관계에 있다. 공무원법이 도입되기 전 탈공산주의 민주주의 국가들의 연평균 국가 행정 확장률은 5.92퍼센트였다. 공무원법이 도입된 후에는 2.99퍼센트로 절반으로 감소했다. 야당이 약했던 곳에서는 공무원법이 더 늦게 도입됐고, 확장률이 급격히 감소하지 않았다.

이러한 변화를 해석할 때는 두 가지 사항에 주의해야 한다. 첫째, 수많은 자격 기준 예외 조항을 고려할 때, 이러한 법은 능력주의 관료제를 촉진하기보다는 채용을 제한하는 데 더 많은 영향을 미쳤다.[54] 둘째, 대부분의 공무원법은 전환 초기에 도입됐거나, 검토 대상 기간인

1990~2004년 후반에 도입됐다.[55] 따라서 공무원법 전후의 평균 국가 기구 확장률을 비교하는 경우, 연도별 변화로 인해 평균이 흐려지거나 기타 예외효과outlier effect*가 발생할 수 있다. 그러함에도 이러한 추세는 국가의 재량적 확장을 제한하려는 경쟁 압력이 있었음을 보여주는 증거이다.

헝가리는 공무원법을 도입한 사례다. 헝가리 공무원 개혁의 원동력은 공산권 해체 이전에 나타났으나, 개혁은 민주주의의 도래와 함께 시작됐다. 1989년과 1992년 사이에 22개의 법안이 통과됐고, 의회는 1992년 이 지역 최초로 포괄적인 공무원법을 제정했다.[56] 이 법으로 인해 국가 행정 체계는 정당으로부터 독립성을 효과적으로 확립하게 됐다. 처음부터 공무원은 정당 활동가가 될 수 없었다. 더 중요한 것은 상임 국무위원이나 공증인과 같은 비정치적 고위 공무원이 국가 공무원을 지명·고용·승진시킨다는 것이었다. 행정직 국무위원은 기술 자격과 전문성을 기준으로 채용된 데 반해, 정무직 국무위원은 정당에서 공식적으로 임명했다. 장관들은 최고 정치 직책을 제외하고는 채용에 관한 재량권이 없었다. 세계은행은 이러한 법률의 결과로 재량에 의한 채용이 사라졌다고 결론지었다.[57]

그렇지만 정당은 행정부 고위직 채용을 결정할 수 있었다. 다만 1990~1994년과 1994~1998년 헝가리 정부는 국가 행정부를 물갈이하지 못했다. 1990~1991년 MDF는 야당의 시위로, 1994~1998년 MSzP는 스스로 행한 (야당과의-옮긴이) 권력 공유로 인해 그러지 못했

• 추정되는 상관관계를 강하게 보이지 않는 관측값.

다. 그러나 1998~2002년 Fidesz-MPP 정부는 야당의 위협을 감지하지 못한 채 행동했다. 1998년 선거 직후, 주요 반대 세력이었던 MSzP가 선거 패배의 원인을 분석하기 위해 특별 의회 등 수많은 회의를 여느라 바빴을 때,[58] 새로운 Fidesz 정부는 정무직 국무위원뿐만 아니라 비정치적인 행정직 국무위원과 차관급 국무위원의 25퍼센트를 해임했다.[59] 중앙 행정부의 20개 지역 단위의 지도자들은 모두 공개경쟁을 거쳐야 했고, 연정 지도자들은 "특정 정치적 기대와 요구가 공식화됐다"[60]고 공언했다. 결국 Fidesz는 1998년 이후 각 부처의 고위 공무원 가운데 최대 80퍼센트를 교체했다.[61] 그러나 야당 지도자들은 정부의 채용 관행에 대한 조사를 반복적으로 착수하여 새로운 직원을 자유롭게 교체하거나 고용하는 데 제약을 가했다.[62] 그 결과 인사 교체는 행정부 전체가 아닌 정치적으로 임명된 고위직에 국한됐다.[63]

정당 간 경쟁이 약할수록 정부는 공무원법이나 기타 재량에 의한 고용을 제한하는 야당의 압력에 더 쉽게 저항할 수 있었다. 따라서 슬로바키아·체코·라트비아·불가리아에서는 2001~2002년까지 제대로 된 공무원법이 통과되지 못했다.

메치아르 정부하에서 슬로바키아는 재량에 의한 채용이 후견과 본격적으로 비슷해지기 시작했다. HZDS 정부는 충성도 시험이라는 간단한 편법을 사용하여 공무원을 유지하거나 해고했다. 1995년 HZDS는 "액션 파이브akčné pätky"라는 위원회를 파견하여 지구okres 단위의 관리들을 숙청하고, "적절한 사람들"로 인력을 배치하는 작업을 감독했다. 국가 행정부와 국유 경제 부문의 고위급 직원들은 해고의 고통을 감수하고 HZDS에 합류해야 했다. 하지만 여기에서도 후견 기회는 제한적이었다. 당원 가입률이 낮았을 뿐만 아니라, 165명 이상의 직

원을 보유한 정당이 없어서 유권자와의 후견 교류를 창출하고 감독하기란 매우 어려웠다.[64]

연평균 증가율은 8퍼센트에 가까웠으며, 메치아르가 자신의 권력을 공고히 하고 엘리트 경제 계층에 피후견인을 창출하려고 시도했던 1993~1995년에 국가 고용이 가장 많이 늘었다. 1995~1996년 HZDS 정부는 지방정부 개혁을 가장하여 모든 수준의 행정 단위를 추가했다. 그리고 이는 다시 HZDS에 의해 중단됐다.[65] 1994년 11월 악명 높은 물갈이로 감독·감시·행정 기관의 수장들을 모두 HZDS 충성파로 전격적으로 교체했는데, "국가 행정부 내 고위직 배치의 지배적인 기준은 집권 정당에 대한 충성심이[었]다".[66] 메치아르 치하에서 "관리직은 일반적으로 정치적으로 임명된 사람들로 채워졌고, 채용의 자유는 장관과 기관장의 재량에 달려 있었다".[67] 이를 견제할 야당이 없었고, 자체 선거 역량에 상당한 확신이 있었기 때문에 HZDS는 "새로운 슬로바키아 국민 건설"이라는 명목으로 국가를 자유롭게 확장할 수 있었다.

1998년 슬로바키아에 개혁주의 성향의 슬로바키아 민주연합Slovenská Demokratická Koalícia, SDK 정부가 들어선 후에도 공직 배분은 계속됐지만, 이제는 모든 정당에 동등한 기회가 주어졌다. SDK는 먼저 79개 지구와 8개 주kraj의 단체장 전원을 HZDS 연합에 충성하는 인사로 교체했다. 그런 다음 국영기업, 은행, 석유 및 보험 부문의 직책을 (HZDS 연합에 충성하는 인사들에게-옮긴이) 분배했다.[68] 확장적 역학관계에 대한 공식적인 제약이 없어 여전히 각 부처가 마음대로 고용할 수 있었지만, 1998년 경쟁자 없던 HZDS의 지배가 끝나자 권력이 공유되고, 그에 따른 임명이 확산됐다. 어떤 정당도 국가 행정부의 인력을 독점할 수 없었으며, 새로 임명하기 전에 연합 내에서 광범위한 협상이 선행됐다. 따라서 확장 속도가 떨어지고, 채용 재량권이 줄어들었다.[69]

게다가 1998년 이후 HZDS는 역설적으로 "사제의 죄악"을 지적하는 것을 목표로 삼는, 매우 격렬하고 경계심이 강한 야당이 되었으며, 새 정부에 위협적인 존재로 여겨졌다. 옛 야당의 위선으로 여겨지는 것에 대한 끊임없는 비판은 정부의 재량권을 제한했다. 이에 따라 새 정부는 2001년에 공무원법을 통과시켰다.[70] 그러나 이 법은 주로 EU를 만족시키기 위해 설계됐다는 비판을 받았으며, 다시 한번 각 부처가 하위 직원을 마음대로 고용할 수 있도록 허용했다.[71] 또한 이전 행정부에서 리베이트의 주요 원천이었던 재량적 "상여금"을 여전히 허용했다.

라트비아에서는 1994년 LC 정부가 주도한 공무원법이 통과됐고, 14,000명 이상의 응시자가 공무원 후보 자격시험을 통과했다.[72] 그러나 이 법은 주로 행정부에서 러시아계 민족을 숙청하기 위한 것이었고, 공무원 시험은 주로 라트비아어 시험이었다. 더 중요한 것은 보수, 직종 분류, 계약 보장에 관한 2차 법안이 통과되지 않았다는 점이다. 능력을 기준으로 하는 공무원법은 2001년에야 통과됐다. 준국가 기관과 비정규예산 조직이 매우 중요해지면서 장관의 3분의 2가 의사 결정을 위한 가장 중요한 장場은 국가 기구 밖에 있다고 공언했다.[73]

국가 기구의 평균 확장률은 LC가 제1야당이었을 때(1993~1995년과 1999년) 가장 높았다. LC는 모든 내각에 입각했으며, 1993년 이후 5번의 내각을 이끌었다. 특히 정부 내 입지가 사실상 확실했으므로, LC는 재량권 축소에 관심이 없었다. 연정 협상에서 LC는 정책 우선순위를 달리 제안했고, 그 결과 개혁의 동력은 추동되지 않았다. 의회는

1995년 국가개혁부를 폐지하는 등 공무원 개혁에 관심이 없었다. 국가기구의 확장을 제한하는 다른 기제도 없었다. 2000년이 되어서야 EU의 압력으로 새로운 공무원법이 채택되어 2001년에 발효됐다. 한 관계자는 당시 상황을 "EU가 정치인들을 압박하지 않았다면 아무 일도 일어나지 않았을 것"이라고 요약했다.[74]

마찬가지로 불가리아에서도 2000년에 이르러서야 EU의 강력한 압력으로 공무원법이 통과됐다. 그러함에도 일자리 경쟁은 없었고—실제로 단체장 채용을 위한 경쟁이 한 차례 있었을 뿐이다—, 대학 교육 요건이 삭제됐으며, 후속 정부는 "특정 계층의 관리직 공무원을 제거하기 위해 정치적 임용이라는 개념을 확대"했다.[75] 가장 중요한(그리고 당시자들에게도 이익이 되는) 점은 재징적 재량권이 여전히 유지되어 상여금이 계속되는 한편, 직무 기술job description과 평가는 "거의 존재하지 않았다"는 점이다.[76] 그 결과 국가 확장 속도는 공무원법이 제정된 이후에도 실제로 **증가**했는데, 이는 주로 확장 과정이 교환이 아닌 축적의 형태를 취했기 때문이다.

그전까지는 제도화가 미흡한 SDS와 광범위하게 조직된 BSP 모두 단명했던 초당파적 과도정부로서 인력을 해고하고 재고용했다. 정당이 과도정부를 지원하지 않았기 때문에 이러한 채용이 정당 지지를 다지기 위해 이뤄졌다고 볼 수는 없다. 따라서 SDS 정부는 1991년 공산주의 시대 공무원을 겨냥해 "업무상 필요"에 따른 해고를 허용하는 조항을 노동법에 삽입했다. 그 대가로 1994년 선거에서 승리한 BSP는 이전 정부에서 해고된 수천 명의 공산당 공무원을 재고용했다.[77] 그 후 1994~1995년 레네타 인드조바Ренета Иванова Инджова(1953~) 정부는 3000명 이상의 고위 및 중간급 공무원을 해고했고, 1997년 초 스테판

소피얀스키Стефан Антонов Софиянски(1951~)* 과도정부는 해고 대상을 국영기업 이사까지 확대했다.[78] 해고된 사람을 모두 교체하기에는 정부의 집권 기간이 너무 짧았기 때문에 국가 기구의 확장은 적었지만, 동시에 전용이 발생했다.[79]

한마디로 재량에 의한 고용이 만연했다. 여러 증거에 따르면, 공무원법 제정 이후에도 법이 구체적으로 규정되지 않고, 제대로 집행되지 않아 고용·해고·보수가 여전히 재량적으로 이뤄졌다. 그러함에도 공무원법은 당사자들이 서로를 제약하려는 다른 제도적 시도와 함께 진행됐다. 따라서 공무원법이 조기에 시행되면 직접적인 제약을 가하려는 시도만큼이나 경계심이 높아지는 현상이 나타난다. 그 결과 경쟁이 강고한 곳에서는 확장률이 낮고, 공무원법이 조기에 도입되는 것을 **모두** 볼 수 있다.

국가 사유화하기-준국가 및 비정규예산 기관

각 정당은 통치와 국가 자원을 확보하기 위해 공식 예산 외에 국가가 자금을 지원하는 준국가 기관과 기금을 만들었고, 이는 종종 의회의 권한 밖에서 이뤄졌다. 그 결과 일례로 각국의 공식 내각 부처의 평균수는 감소했으나, 행정부 직원의 수는 감소하지 않았다.[80] 이러한 준국가 조직과 비정규예산 기관에는 건강보험위원회, 민영화 기관, 규제 위원

---

* 레네타 인드조바와 스테판 소피얀스키는 모두 SDS 소속이었다.

회, 국영은행 이사회 같은 기금·기관·중간 지원 조직intermediary body 등이 포함됐다.

이러한 준국가 기관은 양허·면허·면제를 부여하여 자금을 조달하고, 국가 역량을 강화하기 위해 설립됐다. 명시적 목적은 민영화, 공적 자금 분배, 복지 규정을 관리하는 것이었다. 직원들은 국가 행정부의 일원이었지만, 이러한 조직 자체는 종종 국가 예산과 의회의 권한 밖에 있었으므로, 견제받지 않고 고용을 진행할 수 있었다. 국가 서비스의 민영화로 인해 "관리자와 중간급 직원의 급여를 급격하게 인상"[81] 할 수 있게 되면서 정당의 재량권이 크게 확대됐다. 정당은 유착 세력과 더 쉽게 계약을 체결할 수 있게 됐고, 정당의 규제 영향력이 커졌으며, 기관의 예산에 대한 통제권이 증대됐다. 게다가 기관과 정부 부처가 자체적으로 예산을 책정할 수 있었으므로, 준국가 기관의 고용 확대는 이러한 기관과 기금에 더 많은 자금이 유입되는 것을 정당화했다. 이로써 정당은 증가하는 금액에 대한 통제권을 확대하고, 공무원 급여에서 "십일조"를 징수해 직접적 이익을 취했다. 그 결과 대리 통치와 확장에 따른 이익이 발생했다.

이러한 비정규예산 기금 중 대부분은 공산주의 국가들이 경화* 제약을 우회하고, 재정 유연성을 확보하려던 1989년 이전 시대로 거슬러 올라간다. 그 결과 헝가리·폴란드·슬로베니아의 공산당이 초기에 이러한 기구를 가장 많이 설립한 것으로 나타났다(표 4.4 참조). 1989년 이후 이러한 비정규예산 기금은 각 부처가 역량과 예산 지원을 놓고 끊

• 국제 금융상 환관리를 받지 않고 금 또는 각국의 통화와 늘 바꿀 수 있는 화폐.

임없이 논쟁하기보다는, 특정 목표에 자금을 투입하기 위해 설립됐다. 목표는 특정 정책 분야에 대한 자금과 전문성을 거의 사적으로 제공함으로써 효율성을 높이는 것이었다. 가장 큰 기금으로는 주택기금, 사회보장 및 연금기금, 의료기금이 있다. 소규모 기금으로는 국가원자력기금(노후 원자력 발전소 교체를 위해 설립된 슬로바키아 법인)부터 체코 국가영화기금(영화 산업 지원을 위해 설립)까지 다양했다. 초기에 이들 중 상당수는 무해한 기관이었지만, 정식 국가 예산이 아닌 일반 국가 지출을 통해 자금을 조달받은 덕에 감사를 면할 수 있었다.

　이러한 기관·기금·관청은 설립되고 나면 급증하는 경향이 있었다. 한 평론가가 지적했듯이, "새로운 행정 단위는 별다른 생각 없이 신설되는 경우가 많다. 누군가 새로운 관청이 필요하다고 판단하면 설립된다. 그리고 나서 비슷한 기관이 이미 존재한다는 사실이 밝혀진다".[82] 중요한 점은 이러한 기관은 정규예산 및 감독 구조의 일부가 아니므로, 정규예산 부문에서 사용할 수 있는 것보다 훨씬 큰 재량권을 가지고 국가 자원에 접근할 수 있다는 매력이 있다는 것이다. 예산 제약 밖에서 자금을 지원받는 덕에 새로운 기관은 기존 부처 및 국가 조직과 자원을 놓고 직접적으로 경쟁하지 않았고, 따라서 방해받지 않고 성장할 수 있었다. 표 4.4에서 볼 수 있듯이, 이러한 기관과 기금은 경쟁이 약했던 곳에서 살아남았으며, 이런 경우 이들의 수에는 대체로 변화가 없었다. 경쟁이 더 강고했던 곳에서는 이들 기금과 기관의 수가 상당히 감소하여 2002년에는 1990년의 29퍼센트 수준에 불과했다.

　정부 부처는 비정규예산 기금을 설립하는 것 외에도 준국가 기관을 설립했다. 이러한 준국가 기관 중 대부분은 1989년 이전에 사회 정책을 시행할 수 있는 국가 역량을 강화하고자 생겨났다. 1989년 이후

표 4.4 비정규예산 기금 및 준국가 기관 추정치, 1990~2003년[a]

국가	# 설정	2003년 상황	%로 1990년 대비 2002년 #
헝가리	35개 기금	2개 기금 (1995 무렵)	6
에스토니아	9개 기금	4개 기금	45
슬로베니아	47개 기금[b]	2개 기금	4
리투아니아	20개 기금 20개 기관	8개 기금 10개 기관	45
폴란드	30개 기금 40개 기관	13개 기금 22개 기관	41
체코	14개 기금 8개 기관 (1993-7)	11개 기금 12개 기관 (2000)	113
슬로바키아	12개 기금 18개 기관 1994-8	13개 기금 13개 기관 (2004)	80
라트비아	2개 기금 10개 기관	2개 기금 18개 기관 (2001)	167
불가리아	100개 기금 및 기관	12개 기금 27개 기관 (2000)	39

a   강고한 경쟁 사례의 평균 변화: 28.2. 강고한 경쟁이 없는 경우의 평균 변화: 100. 평균 차이 검정: P = .028, t = -2.77

b   의회연구소 추정치, 정확한 수치는 알 수 없다.

출처   IMF Reports on the Observance of Standards and Codes, *Raport Otwarcia*, Polish Ministry of Treasury, May 2002. Goetz, Klaus, and Wollman, Hellmut. 2001. "Governmentalizing Central Executives in Post-Communist Europe," *Journal of European Public Policy*, 8, 6 (December): 864-887.

새롭게 창당된 정당들도 그중 하나였다. 이들은 농업 개발 기관부터 민영화 기관, 도로 및 기간 시설 투자 기관에 이르기까지 다양했다. 예산 제약이 없고, 의회의 감독도 없는 상황에서 이러한 기관들이 분할되면서 더 많은 기관이 생겨났고, 이에 따라 더 많은 입법과 더 많은 인력에 대한 수요가 창출되는 동시에 국가 예산과 고용에 대한 정당 출신 각료의 재량권이 확대됐다.[83] 이와 함께 기관을 만들고 운영하는 부처는 중앙정부에 이러한 조직에 대한 예산을 증액하고, 더 많은 기관을 설치하도록 압력을 가했다.

민영화는 민영화 관리·감독을 전담하는 새로운 기관과 국영기업을 규제하는 감사위원회 같은 민영화 감독 구조를 통해 국가가 확장되는 데 이바지했다. 국가(보통 재무부)는 국영기업이 민영화되기 전에 국익을 대변하기 위해 이러한 위원회를 설립했다. 이사회의 모든 자리는 민영화 당국과 집권 연정이 모두 채웠다.[84] 여당은 국회의원,[85] 비공식적 지지자, 지역 활동가 등 엘리트 지지자들을 이사회에 임명했다. 따라서 이사회는 정당의 추가 수입원이면서, 민영화 속도를 늦추고 국영기업에 대한 정당의 통제권을 확대하는 유인 역할을 했다.

이러한 전략에 전례가 없는 것은 아니다. 마거릿 대처 정부 시절 영국은 민영화 정책에 따라 위와 유사한 준국가 기관을 설립했다. 민영화와 기관 설립은 공무원 고용 수준을 1976년 76만 2000명에서 1998년 48만 1000명으로 줄이는 결과를 가져왔다.[86] 그러나 탈공산주의 동유럽에서는 이러한 기관의 설립이 정반대의 결과, 즉 국가가 시장에서 철수함으로써 국가 고용이 증대되는 결과를 낳았다. 준국가 기관 설립 이후 인력을 국가 기구에서 충원한 영국과 달리 동유럽에서는 신규 고용이 창출되었는데, 이는 국가 조직이 너무 작고 인력 공급원으로서 자격을 갖추지 못했기 때문이다. 국유재산의 민영화로 인해 공식적인 국가 기구와 준국가 기관 모두에서 신규 고용이 창출됨으로써 국가 고용이 증대되었다는 것은 역설적인 결과다.

고용 기관과 위원회가 정당에 안겨주는 이익은 분명했다. 정당 지도자가 직접 수익성 있는 기업의 감사위원회 위원이 되는 경우, 상당한 급여를 받을 수 있었다.[87] 정당의 이익을 위해 "국가 기관은 국가 기금을 통해 특정 단체에 보조금을 지급함으로써 해당 분야를 통제할 수 있는 능력을 유지했다".[88] 마지막으로 비정규예산 기금이나 준국가 기관의 일자리를 제공하는 것은, 직원들에게 정치적 보상을 주는 것이 아니라, 기금의 자산을 늘리고 그 자산을 통해 정당들이 얻을 수 있는 잠재적 재정 이익을 정당화하는 방법이었다.[89] 이러한 기관의 자금 조달과 자금 분배에 상당한 재량이 주어지므로, 정당은 이러한 기금에서 돈을 빼돌릴 수 있었다. 게다가 이러한 기관은 예산 외로 자금을 지원받았을 뿐만 아니라 체코에서처럼 사용하지 않은 돈을 반환할 필요가 없기도 했다. 잉여금은 기관장의 재량에 따라 사용할 수 있었다. 그로 인해 "원래 한 사람이 하던 일을 하기 위해 2~3명이 고용됐다. 기능이 전반적으로 중복되어 국가가 '자기 증식'하는 결과를 초래했다".[90]

당연히 이러한 기관과 기금에서 일하는 것이 일반 정부 부처에서 일하는 것보다 훨씬 더 매력적이었다.[91] 가령 폴란드에서는 새 행정부가 들어설 때마다 수백 명의 공무원이 교체되었고, 이들 중 대다수는 비정규예산 기금과 기관에서 근무했다.[92] 이러한 기관이 IMF와 EU의 압력(2000년 불가리아의 경우)이나 새 행정부가 적폐 청산(체코와 슬로바키아의 경우)에 나서면서 결국 폐지된 경우에도, 직원들은 해고되지 않고 행정부로 재편됐다. 국가 고용은 감소하지 않았다.

이러한 기금의 조성에는 경쟁의 역학이 반영되어 있다. 공산주의 국가였던 폴란드·불가리아·라트비아, 그리고 1992~1998년의 슬로바키아처럼, 강력한 야당 없이 정당 정치가 이뤄진 곳에서는 이러한 기금이 증식하여 자산과 직원이 모두 늘어났다. 1989년 이후 폴란드·헝가리·슬로베니아처럼 강고한 경쟁으로 인해 상호 제약에 대한 유인이 형성된 곳에서는 이러한 기금의 수와 규모가 상당히 줄었다. 정당 간 경쟁은 이러한 기관을 폐지하고 의회 조사에 착수하거나, 감사원에 사건을 이첩하는 등 공식적인 제약을 가함으로써 준국가 부문에서의 국가 고용 확대를 제한했다.

이러한 역학관계의 예는 많다. 헝가리 MDF의 첫 민주 정부는 초기에 국유재산청을 통해 기금과 민영화 자원을 유용했다는 이유로 비난받았다.[93] 1994년 MSzP는 집권 후 과거 공산당의 관행을 지속하는 듯이 보이는 행위를 비롯해 자신들을 향한 강도 높은 감시와 비판에 직면하자, 기금의 수를 35개에서 2개로 급격히 줄였다. 이는 정부 지출을 줄이고 의회의 통제하에 두기 위해 실시된 1995년 재정 긴축 개혁의 일환이었다.[94] 1996년 이해상충법에 따라 국가 지분이 10퍼센트 이상인 기업의 이사회와 감사위원회에서 국가 정부 대표의 활동은 금지됐다.[95]

반면 메치아르가 집권한 슬로바키아에서는 메치아르의 권력이 절정에 달했던 1994년부터 1997년까지 18개 이상의 기관과 12개의 기금이 생겨났다. 한 정부 관료에 따르면, 이는 대부분 메치아르의 측근들에게 나눠준 과실이었으며, 이들은 채용에 대한 권한을 행사하고 인력을 확충하면서 기금에 대한 자금 지원을 늘리는 것을 정당화했다.[96] 수많은 부처급 기능이 이들 기관에 이양됐고, HZDS는 "직접 통제에 대한 선호"를 실현했다.[97] 또한 HZDS는 건설·공공사업부와 사회·과학·기술발전전략사무소라는 두 개의 중앙 국가 기관을 추가로 설립했다. 두 기관은 수익성이 높은 기간 시설 계약을 체결하는 업무를 담당했다. 또한 정부는 중앙정부에 보고하는 지역 및 지방 차원의 "수많은" 기금과 기관의 설립을 감독했다.[98] 이 중 일부는 1996년 지역 개혁의 일환으로 설립됐고, 다른 일부는 임시방편으로 세워졌다. 이러한 기금들은 최소한의 감시만 받았다. 1994년 이후 HZDS는 이러한 기관에 대한 권한을 자체 부처로 이관하거나 아예 포기했다.

민영화는 슬로바키아 집권 정당에 막대한 이익을 가져다줬다. 민영화 과정을 관리하면서 HZDS와 그 유착 세력은 국영기업의 이사회

· 감사위원회 · 최고경영자를 지명했다. 준국가 기관과 마찬가지로 이들의 활동에 대한 감독도 이뤄지지 않았다. "법률에 따르면, 자신이나 가까운 가족이 다른 회사의 주식을 보유하고 있더라도 해당 부처나 국유재산기금FNM에 이러한 사실을 공개해야 할 의무가 없다."[99] HZDS는 FNM의 직책과 감독을 공고히 독점했을 뿐만 아니라 의회에서 FNM의 역할도 강화했다.[100] 야당의 역량이 제한적이었기 때문에 이러한 활동의 전모가 알려진 것은 1998년 이후였으며, 새 정부는 HZDS의 월권에 대한 "흑서黑書"*를 발표했다.

1998년 슬로바키아에 새 정부가 들어선 후 야당의 면밀한 감독하에 국가 기능의 준민영화 속도는 크게 느려졌다. 정부는 감사를 통해 중간 단계의 많은 조직 · 분과 · 위원회 · 부서를 폐지해야 한다고 강조했다.[101] 이에 따라 반-HZDS였던 과거의 야당은 여전히 중앙정부가 통제하고 있는 수백 개의 기관을 없애고, 독립적인 기관 대신 국가 관리를 확대했으며, 무수히 많은 예산 및 비정규예산 조직에 더 이상 장관급 기능을 몰아주지 않았다.[102] 1998~2002년 정부는 처음에 전략 기업의 최고경영자를 정치적으로 임명하기를 원했다. 그러나 "정당 지명 제도는 경영진 교체에 대한 전략 기업의 반감 탓에 연정 안정에 너무 위험한 것으로 판명됐다".[103] 집권 정당이 이사회와 감사위원회 위원, 국영기업 최고경영자를 지명하던 관행도 종식됐다.[104]

불가리아는 국가 기능에 대한 상당한 재량권과 민영화로 인해 정부 기관의 고용도 늘었다. 구 공산당을 그대로 계승한 BSP가 주도한

---

* 정식 명칭은 첩보활동 조서Černá kniha이다.

1기 정부는 빠르게 새로운 기관과 기금을 만들기 시작해 1997년까지 100개가 넘는 기관을 설치했다. 이 새로운 기관들은 BSP가 주재하는 각료회의에 직속되었지만, 의회의 감독은 받지 않았다.[105] 이 기관들은 국가―1990년 12월~1991년 12월 무소속 포포프Димитър Николаев Попов(1970~) 정부―에 관심을 기울이지 않거나, 충성스러운 사람들을 정부 관리로 배치하려 시도한 후속 정부에 의해 유지되거나 확장됐다(SDS 정부는 행정부의 정치적 충성을 보장하고자 고위 공직에 정치적 동반자를 배치하려 했다).[106] 이러한 기관과 기금에 대한 감독은 전혀 이뤄지지 않았고, 자금 조달에 대한 재량권이 있었기 때문에 민영화 수입부터 정보 판매, 기부금에 이르기까지 다양한 재원이 모두 정당 금고를 채웠다.[107] 2001년에 이르러서야 EU의 강력한 압력으로 이들 기관은 12개 기금으로 대폭 통합됐다.

따라서 강고한 경쟁이 존재했던 곳에서는 기금과 기관의 수가 꾸준히 감소했다. 각 정당은 이러한 국가 위성 기금에 대한 의회의 통제권을 회복하기 위해 분투했다. 경쟁이 덜 강고한 곳에서는 EU와 같은 외부 행위자가 재량에 의해 좌우되는 국가 행정 부문에 질서를 부여하고 통제해야 했다.

강고한 경쟁의 영향-체코와 폴란드 비교

재량권의 형성 기제와 경쟁이 국가 행정의 확장에 미치는 영향을 더 심도 있게 살펴보기 위해 두 가지 "이례적인 사례"인 폴란드와 체코를 고찰하고자 한다. 공산화 이전의 폴란드는 비효율적인 관료주의와 전간기 심각한 민주주의 문제─1926년 육군 원수 피우수트스키Józef Piłsudski(1867~1935)의 쿠데타로 민주주의는 종식됐다─로 악명이 높았다. 폴란드 공산당 정권은 부채와 재정 문제의 수렁에 빠지면서, 공식적인 감독과 예산 구조 밖에서 기능하는 일련의 준국가 기관과 비정규예산 기금을 설립했다. 1989년까지 30개가 넘는 기금과 40개가 넘는 기관이 생겨났고, 그 수를 줄이기는 어려웠다. 후기 공산주의 시대에 폴란드를 통치하는 공산당의 민족-포용적 성격'과 엄청나게 확대된 재량권 및 느슨한 규제로 인해 폴란드는 재량에 따라 국가를 대대적으로 확장할 수 있었다.

반면 체코는 공산화 이전 시기로부터는 전문적인 국가 관료와 안정적인 민주주의를," 공산주의로부터는 관료주의적-권위주의적 통치'''를 유산으로 물려받았지만, 후기 공산주의 시대에는 물려받을 방만함이나 재량권이 존재하지 않은 것으로 잘 알려져 있다.[108] 체코는 수많은 비공식 준국가 기관과 그에 수반되는 관행을 물려받지 않았다. 기금과 기관은 공산주의가 무너진 후에나 세워졌다. 이러한 모든 요인으로 인해 체코에서는 국가 행정의 확장과 전용이 상당히 저조했을 것이다.

그러나 표 4.5에서 볼 수 있듯이, 탈공산주의 국가에서 국가 기구의 확장은 그 범위와 기제 모두에서 정반대의 양상을 보인다. 폴란드는

• 　서문 주 47과 159쪽 옮긴이 주 참조.

•• 　체코슬로바키아는 제1차 세계대전의 유산으로 수립된 신생 독립국가였고, 전간기 내내 자국 내 독일계 민족 문제로 혼란을 겪었다는 점에서 이는 당시 해당 지역의 사회상과는 다소 상반된 서술이다. 서구에서 높이 평가하는 인물들이 당시 체코슬로바키아 정국을 주도했던 것은 맞으나, 민주주의나 정치 질서가 안정적이었다는 인식은 다소 막연한 인상에서 비롯된 것일 수 있다.

••• 　159쪽 옮긴이 주 참조.

표 4.5 폴란드와 체코의 국가 행정부

	폴란드	체코
1990~2004년 국가 고용 증가율	244%	400%
1990~2004년 절대 증가	205%	225%
국정운영실 보고에 따른 변화	80%	211%
중앙부처 연간 성장률	1.9%	7.5%
준국가기관 및 기금의 변화	41%	113%

실업률이 훨씬 더 높았음에도 전체 고용에서 국가 행정이 차지하는 비중은 244퍼센트 증가했고, 체코는 400퍼센트 증가했다.[109] 폴란드에서는 국가 행정이 체코만큼 실직자를 흡수하는 스펀지 역할을 하지 못했다. 세계은행의 연구에 따르면, 폴란드에서는 "(다행히도) 정부 채용이 고용을 회피하는 (또는 숨기는) 수단으로 사용되지 않은 것 같다."[110] 절대적인 수치로 보면 폴란드에서는 국가 고용이 205퍼센트, 체코에서는 225퍼센트 증가했다. 그러나 국가 행정부가 자체적으로 보고한 정보에 의하면 증가율은 폴란드가 80퍼센트, 체코가 211퍼센트로 훨씬 더 큰 격차를 나타낸다(부록 B 참조).

　폴란드와 체코의 주된 차이는 국가 확장의 역학관계에 있다. 폴란드의 경우에는 공산주의 시대의 기금과 기관의 재량권을 물려받았고, 경제에서 국가가 차지하는 비중이 높다는 점을 고려할 때, 국가 기관에 대한 유인이 체코보다 훨씬 컸다. 그러나 야당이 국가 행정부의 확장을 제약하고 끊임없이 경고한 덕에 증가율은 더 낮았다.[111] 반면 체코는 민영화가 훨씬 빨랐고, 공산주의 시대의 기관과 기금을 덜 물려받았다.

그러나 ODS를 비롯한 체코 정부는 국가를 확장하고 전용할 능력이 훨씬 더 컸다.

또한 두 나라는 다른 국가 성장 기제를 보여준다. 체코는 중앙집권적 국가였고—지방 행정 개혁은 2002년까지 시행되지 않았다—, ODS 연합의 정당들이 수년간 특정 부처의 통제권을 독점했다. 그 결과 국가 행정부 중앙(부처 및 중앙 사무소)에서 국가 행정 고용이 다른 곳보다 훨씬 높은 비율로 증가했다. 또한 이들 부처는 새로운 기관을 설립하고 마음대로 고용했다. 반면 폴란드에서는 1997년 지역 개혁의 결과로 권력이 더욱 분산되어 광범위한 지역 거버넌스 체계가 존재한다는 점에서 국가 행정부가 덜 중앙집권적이었다. 폴란드 연립정권의 취약성을 고려할 때, 어떤 정당도 부처나 기타 국가 중앙 부문을 패권적으로 장악하지 못했다. 따라서 중앙 행정부보다는 지역 행정과 준국가 부문에서 확장이 이뤄졌다. 야당의 비판으로 비정규예산 기금과 준국가 기관의 예산이 삭감되면서 폴란드에서는 재량 고용 기회가 체코보다 훨씬 많았음에도 국가 기구 확장률이 둔해졌다.

재량 채용에 대한 공식적인 장벽은 없었지만, 강력한 정치적 반대로 폴란드의 국가 행정부는 1990년부터 2002년까지 연평균 5.02퍼센트의 증가율로 두 배 증가했다. 경쟁이 강고한 상황에서 재량에 의한 고용을 없애려는 강력한 유인이 존재했고, 모든 정부가 1991년까지 공무원법 개정을 시도했으며,[112] 1992년 전권위원회가 설립됐다.[113] 이 위원회는 각 정당이 서로 너무 많은 공무원을 지명하지 못하도록 하려는 "정치적 갈등 속에서 탄생"[114]했다. 그러나 정치적 불안정으로 인해 법 제정이 늦어졌다. 세 차례에 걸친 정부의 몰락으로 법안은 통과되지 못했다. 1996년 중앙 행정 개혁과 집권 정당이 지명할 수 있는 새로운 직책이 신설될 것이라는 인식이 퍼지면서 법안 처리 과정에 속도가 붙었다. 어느 정당도 다른 정당의 이익을 원하지 않았고, 그 결과 1996년 단 한 차례의 반대 후에 공무원법이 통과되어 "정부와 야당, 모든 정치 집단의 성공"[115]이라는 평가를 받았다.

야당은 즉시 이 법이 부적절하다고 비판하기 시작했다. 우선 이 법은 과거 공산주의 시대의 국가 관리들에게 유리했다.[116] 야당은 공무원법을 반복해서 거듭 비판했다. 1997년 야당이 정권을 되찾자, 새로운 AWS-UW 정부는 독립적인 조사위원회를 구성해 1996년 공무원법의 결함과 그 시행에 대한 조사에 착수했다. 조사위원회는 개혁을 지연시킨 SLD-PSL 정부와 쉬운 시험을 허용하고, 언어 요건을 얼버무린 초대 공무원청 청장을 비판했다.[117]

이 법을 비판했던 자들이 정권을 잡으면서 1999년에 법*을 개정·확대하여 시험을 훨씬 더 어렵게 만들고, 공무원 계층을 별도의 법적 범주로 규정했으며, 능력을 기준으로 급여와 지위를 결정하게 됐다.[118] 공산당의 후신인 SLD는 새로운 공무원법을 주의 깊게 감시하겠다고 발표했고, 2001년 재집권했을 때 공무원법 개정을 거듭 비판했으나 능력주의 조항은 유지했다. 또한 1999년 AWS가 무너지기 시작했을 때, 유착 세력들로 국가 인력을 충원하려는 AWS의 새로운 시도 역시 크게 비판받았다.[119] 2001년 SLD가 주도하는 새로운 정부가 들어서면서 법은 민주적 절차에 따라 개정됐다.

이와 동시에 폴란드의 정부 규모는 경쟁에 의한 **비공식적** 제약을

• 1998년에 입법되어 1999년부터 시행됐다.

통해 효과적으로 제한됐다. 개별 정당에 의한 전용은 오래가지 못했고, 지속적인 경쟁의 대상이 됐다. 한 연합의 시도는 후임자에 의해 금방 뒤집힐 수 있었다. 그 결과 단순한 축적보다는 인적 교류가 지배적인 역학관계가 됐다. 가령 1993년 집권한 SLD-PSL 연립정부는 이전 NSZZ"S" 정부 소속의 수많은 관료와 지역 단체장을 교체했다. 1997년 선거 직전에 SLD 소속 총리 브워지미에시 치모셰비치Włodzimierz Cimo-szewicz(1950~)가 일반 부처의 장 18명(72명 중)을 쉬운 공무원 시험을 통과한 사람들로 지명하고, 35명의 보예부츠트보wojewódzwo˙ 지사를 임명하면서 정치적 움직임은 더 노골화됐다. 그러나 1997년 SLD-PSL이 AWS-UW 연정으로 교체되면서 이러한 결정 중 상당수가 뒤집혔다. 17명의 중앙 관료와 15명의 보예부츠트보 관리가 다시 교체됐다.

역대 정권마다 약 2000~3000명의 고위 공무원[120]이 별다른 어려움 없이 교체됐다. 이 과정에서 여당은 각 부처와 기관에 임명된 엘리트들을 자체적으로 고용하여 기존 공무원 공급원을 대체하거나 추가했다. 야당이 가장 큰 제약이었으므로, 상대적으로 야당이 약했던 1993~1995년에 SLD-PSL 연립정부가 집권했을 때 국가가 가장 크게 확장된 것은 당연했다(후기 NSZZ"S" 세력은 구 공산당 세력SLD의 예상치 못한 승리로 혼란에 빠졌다).[121] 특히 1997년 선거 이후 후기 NSZZ"S" 세력인 AWS가 공개적으로 4000개의 직책을 맞바꾼다고 말했을 때, 몇몇 비평가들은 이를 새로운 "노멘클라투라nomenklatura"[122]의 등장으로 여겼다.[123] 그러나 이전과 달리 야당, 특히 공산당의 후신인 SLD가 개별 기

---

* 주州에 해당하는 폴란드의 행정구역.

관을 감시하면서 AWS는 목표를 달성하지 못했다. 그 결과 한 정부 비평가가 지적했듯이, "정당들은 국가 행정[고용]에서 실질적인 행동을 할 수 없었다. 그들은 다른 곳에서 자원을 찾아야 했다".[124]

끊임없는 감시와 다툼은 또한 권력을 공유하려는 유인을 형성했다. 일례로 AWS-UW 정부는 연립정부 협약에서 기업 이사회에 정당 대표성을 동등하게 보장하고자, 의장이 한 정당 출신이면 부의장은 다른 정당 출신이어야 한다는 규정을 두기까지 했다. 야당들도 이 기준에 동의하고, 집권하면 이를 지키겠다고 선언했다.[125] 따라서 폴란드 비평가들은 공기업, 정부 기관, 지역 기업의 이사회가 모두 정치화됐다고 비난했지만, 권력의 분산으로 자원의 집중도 제한됐다. 1996년 무렵 두 개의 비공식 규칙이 추가로 개발됐다. 총리가 임명한 지역단체장Wojewodowie(주지사)은 선거 때마다 자동으로 사임했다. 그리고 장관들은 필요에 따라 임명하는 명백한 정치 자문단인 "정치 내각"을 획득했다. 후자는 장관이 사임할 때 내각이 사임하는 탓에 국무위원 교체 압력을 낮추고, 공직 축적을 더욱 제한했다.[126] 어떤 정당도 국가를 독점할 수 있는 능력이나 자유가 없었다.

야당이 관여하여 조사하고 비판할 수 있는 국가에서는 정부가 행동을 자중할 가능성이 더 높았다. 반면 중앙 행정부의 지방 지부처럼 야당이 조직적으로 관여하기 힘든 곳에서는 야당이 행정 확장을 제한하기가 훨씬 힘들었다. 전체 행정부의 연간 확장률이 약 5퍼센트인 데 반해, 중앙 부처와 정부 기관의 성장률은 2퍼센트 미만이었다는 점이 야당의 공직 축적 견제 역량을 보여주는 한 가지 지표이다. 이러한 관계는 정권 교체뿐만 아니라 특정 정부 재임 기간에도 이어졌다. 일례로 1994년부터 2006년까지 정부 부처 및 중앙 기관의 고용은 2.8퍼센트

증가하는 데 그쳤는데, 이 시기는 야당이 행정부를 정치화했다고 SLD
를 거세게 비판했던 시기였다.[127]

　　이와는 대조적으로 **지역** 차원에서는 정치적 고용이 노골적으로
이뤄졌다. 일례로 한 건강보험 지부는 건물 유지 보수 직책의 자격 요
건으로 "AWS 추천서"를 요구했다.[128] 1997년 지역 개혁으로 지방정부
및 의료기금에 새로운 심급이 생겼다.[129] 그러나 체계적인 후견에 대한
증거는 없었다. 국가 행정부의 고용 확대나 기관 및 비정규예산 조직의
설립은 선거 주기와 관련이 없었으며, 선거 전후로 성장률이 증가하지
도 않았다.[130] 요약하면 민영화가 더디고, 국영기업에 대한 국가의 감독
이 강화되면서 정부를 확장할 **유인**은 커졌지만, 이를 실행할 정당의 **역
량**은 제한적이었다.

　　공산주의 후기와 붕괴 직후 시점에 수십 개의 비정규예산 기금과
준국가 기관이 설립됐다(표 4.4 참조). 이들은 1970년대 영국과 프랑스
에서 설립된 기관을 전범典範으로 삼았다.[131] 후기 공산주의 시대와
1990년에는 사회보장청, 산업개발기관, 농업시장기관, 그리고 창의성
촉진기금 등 좀 더 비밀스러운 기관들이 설립됐다.[132] 이들은 수억 달러
에 달하는 막대한 자금을 최소한의 통제도 받지 않고 운용한다고 비판
받았다.[133] 이 기관들은 장관과 장관들이 지명한 기관장의 질의에만 답
변했다.[134] 또한 "공공, 정당, 개인의 이익" 사이의 경계를 모호하게 만
들었다는 비판도 많이 받았다.[135]

　　어쨌든 야당과 정부의 상호 비판으로 준국가 기관의 수는 감소했
다. 이러한 기관 중 대부분을 차지한 공업과 농업 관련 기관의 규모가
막대했기 때문에 폴란드는 헝가리보다 더 험난한 길을 걸어야 했다.
1989년 이후 급진적인 경제 개혁의 일환으로 폴란드 민영화의 설계자

레셱 발체로비치Leszek Balcerowicz(1947~)는 공산주의 시대의 많은 기관을 일괄적으로 폐지했다. 그러나 새로운 행정의 본보기가 없었던 탓에 행정부는 농업·광업 등의 "중대한 문제"를 해결하기 위해 다시 과거의 기관들로 돌아갔다.[136] 이러한 부문을 담당하는 부처는 더 많은 비정규 예산 기관을 수립하도록 중앙정부에 압력을 가했다.[137] 야당이 내분으로 바빴던 1994~1995년에 공산당 후신인 SLD와 농민당 PSL 집권 연합은 몇몇 기관을 설립했다.[138] 대부분은 SLD가 연정 동반자인 PSL을 만족시키기 위해 설립한 것이었다(1994년에 경제개발청과 농업 구조조정 및 현대화 기관이 만들어졌다). 1997~2001년 AWS 행정부는 분열된 파벌에 보상을 주기 위해 기관을 더욱 확장했다. 환경보호기금 등 일부 기금은 타당하고 적합했다. 다른 기관들은 문제가 더 많았다. 일례로 장애인보호기금은 표면상 장애인 고용이 목적인 "보호 노동 작업장"에 막대한 세금 감면 혜택을 부여했다. 야당은 기금의 부패와 특혜 부여를 빠르게 비난했고, 기금의 재량권은 곧바로 제거됐다.[139]

그러나 이러한 기금과 기관이 많이 생겨나자마자 야당은 특히 농업 관련 기관―당연히 포퓰리즘 정당인 PSL이 전통적으로 장악해온―의 무분별한 지출을 즉시 비난했다. 1996년까지 몇 가지 변화로 인해 국가 자원에 대한 재량적 접근이 제한됐다. 이제 기관의 프로그램은 모든 수준의 수많은 외부 전문가에 의해 평가되고, 감사원NIK의 통제를 받게 됐다. 더 중요한 것은 "더 효율적이고, 더 작고, 납세자에게 덜 부담스러운" 행정부를 만들기 위해 2002년 (PSL에 대한 의무가 사라진) SLD 정부가 이러한 기관 중 상당수를 없앴다는 점이다.[140] 그 수는 30개에서 7개로 줄었고, 투명성과 책임성을 신조로 내세운 두 개의 새로운 정당의 부상에 자극받은 언론의 비판이 거세지자 모두 폐지됐다.[141] 게다가 이들 기관의 실제 고용 규모는 매우 작아 대다수 기관의 전체 직원 수는 250명을 넘지 않았다.[142]

앞서 언급했듯이, 민영화 전략―그 자체로 정당에 내생적인―은 뚜렷한 기회를 제공했다. 폴란드에서는 (의회 갈등으로 인한) 엄청난 논쟁과 지연 끝에 1995년 "상업화"법에 따라 국가가 지분을 소유한 기업의 정부 대표와 민간 대표로 구성된 감사위원회가 설립됐다. 이는 민영화로 가는 중간 단계였다. 그러나 시간이 지나면서 이러한 감사위원회는 스스로 유명무실해졌다. 이사회 직책은 정당 엘리트들에게 보상이자 정당의 수입원이었다.[143] 국가가 지분을 보유한 1750개 기업의 이사회는 총 15,000여 명으로 구성됐다. 행정개혁전권위원회 위원에 따르면, 여기가 바로 정당이 "실질적인 행동"을 하는 곳이었다.[144] 약 4000개의 이사회 이사는 부처 공무원들이 결정했으며, 역대 정부는 구성원의 약 70~80퍼센트를 교체했다.[145] 1993년까지 국회의원의 20퍼센트가 이위원회와 직접적인 관계를 맺고 있었다.[146]

그러나 경쟁은 이러한 단기적 이익과 장기적인 선거 잠재력 사이에 긴장감을 조성했다. 1994년 부패 척결 조치는 1인당 이사회 이사추천 인원을 두 명으로 제한하여 정당 대표가 누려온 추천권의 수익성을 감소시켰다.[147] 1998년부터 2000년까지 폴란드의 국회의원윤리위원회는 전체 국회의원의 5퍼센트 미만(21명, 이 중 6명은 무보수)이 이사회에 참석한다고 보고했다.[148] 또한 권력도 상당히 공유됐다. AWS-UW 정부의 재무부 장관 에밀 보사츠Emil Eugeniusz Wąsacz(1945~)는 수많은 야당 인사를 위원회에 임명했고, 1997년과 2001년에 정부가 바뀌었음에도 많은 공직자가 위원직을 유지했다.[149] 마찬가지로 2001년 SLD 정부도 정당을 초월하여 장관과 감독 공무원을 임명했다.[150] 요컨대 1989년 초기에 급증했던 재량권은 야당의 조사, 정책 압력, 의회의 비판으로 1993년 선거 이후 다시 통제될 수 있었다. 준국가 기관과 비정규예산 기금의 수와 범위는 시간이 지남에 따라 크게 줄어 원래의 절반 이하로 급감했다.

이와 대조적으로 체코는 국가 확장 기회가 희박해 보였지만, 국가는 더 크게 확장됐다. 야당의 위협이 없었으므로, 재량 채용에 대한 공식적인 통제 제도가 없었다. 폴란드와 마찬가지로 직접적인 후견에 관한 증거는 없었는데, 한 관계자에 따르면 "정치적 영향력을 행사해 어느 정도 직접 고용을 할 수 있었지만, 정당은 너무 작고 프라하에서 일어나는 일에 너무 집중한 나머지 그렇게 많은 사람을 고용할 수 없었다".[151] 대신 정당 엘리트들이 기존 및 신규 국가 기관을 인수하여 마음대로 고용했다. "어떤 정당도 배후에서 많은 일을 해온 사람들이 없을 수는 없으므로" 이러한 좋은 직장 중 상당수는 의회 입성에 실패한 정당 지도부 인사들에게 돌아갔다.[152]

예상대로 여당이 중앙집권적이고, 조직적 영향력이 약한 경우 가장 크게 성장하는 것은 중앙의 국가 행정부 부처였다. 야당은 이러한 확장을 막기에는 너무 약했다. 중앙 부처의 확장률이 나머지 국가 행정부 평균 확장률의 절반 정도에 불과했던 폴란드와 달리, 체코의 부처 고용은 매년 약 7~8퍼센트씩 증가하여 나머지 행정부의 약 1.5배에 달하는 빠른 증가율을 기록했다.[153] 요컨대 체코는 중앙정부에서 정당의 영향력이 가장 컸기 때문에 경쟁이 부재한 경우에 발생하는 재량적 고용과 경쟁에 의한 제약 효과가 모두 관찰되는 나라이다.

이러한 일자리는 수익성 높은 기업 이사회부터 부처 자문 및 고위 공직에 이르기까지 다양했다. 경영진의 재량에 따라 공식 급여를 보충하기 위해 상여금이 지급됐다. 공석으로 인해 남은 자금은 상여금으로 유용됐으며,[154] "실제 직원의 수는 관리되지 않았다".[155] 당연히 수천 명의 "죽은 영혼"—정부 기관과 부처가 급여를 받는 공석—에 대한 혐의는 예상할 수 있는 결과였다.[156] 또한 정권 교체나 야당의 선거 위협 이외에 계속되는 재량 채용을 억제할 다른 기제는 없었다.

공식적인 규제나 야당의 비판도 정부의 행동을 완화하지 못했다. "신자유주의"를 구실로 국가를 방기하면서 재량적 채용을 제한할 공식 기관의 설립은 쉬이 무시되고 지연됐다. 1990년 지방정부가 폐지된 후 체코 중앙정부는 모든 층위의 정치체에 대한 인력 충원을 책임지고, 그에 상응하는 중앙집권적 권한을 행사했다. ODS 정부는 국가 행정에 관한 법안의 기본 개요를 승인한 후 이를 보류했다.[157] 60,000명의 공무원에게 영향을 미칠, 공무원 임기를 정규화하는 법안이 1993년 1월에 잠시 상정됐으나, 의회에서 검토되지도 않고 폐기됐다.[158] ODS 정부는 이러한 계획이 불필요하고 비용이 많이 들며, 이유 없이 관료제를 고착시킨다고 거듭 비판했다. 대신 1996년 반관료주의 위원회를 출범시켰지만, 반년 만에 정부의 자문과 정치적 지원 부족으로 무산됐다.

훗날 ČSSD가 제기한 비판에 따르면, 1996년까지의 규칙은 "승자독식"이었다.[159] 1991년부터 1995년까지 ODS 통치가 전성기를 구가하던 시절에 국가 행정부가 가장 크게 확장된 것은 당연했다.[160] 그 후 정부는 국가 행정부의 규모를 5퍼센트 줄이겠다는 계획을 발표했으나 실현되지 못했다. ODS를 제한할 효과적인 야당이 부재했기 때문에 집권 연합은 계속해서 중앙의 국가 행정부에서 공직을 만들고 축적했다.

게다가 힐러리 아펠Hilary Appel이 지적했듯이, ODS는 민영화부·국유재산기금FNM·재무부, 그리고 이를 감독하는 기관 등 국영기업에 막대한 권한을 갖고 이들의 감시자 역할을 해야 하는 관련 부처와 사법 기관에 인력을 배치하고, 통제하는 데 주력했다. 이는 중앙 부처의 비정상적인 고도성장이 가능했던 이유를 더 상세하게 설명한다.[161] 국가 확장을 주도한 다른 요소는 노동·사회부—수익성 높은 공공사업 계약을 마음대로 할 수 있었다—와 준국가 기관 및 기금이었다.[162] 각 부처와 기관이 자체적으로 예산을 책정했으므로, 국가 자금이 이 직원들에게 어떻게 쓰이는지 중앙에서 감독할 수 없었다. 또한 각 부처나 국가 기관은 얼마나 많은 직원이 일하고 있는지 공개하지도 못했다. 1998년 공공고용(국가 행정부 포함)이 14,000명 증가했음에도 불구하고 어느 부처도 고용이 정확히 어디에서 이뤄졌는지, 왜 이뤄졌는지 파악할 수 없었다.[163] 마지막으로 잘 알려지지 않거나, 공식적으로 정당화되지 않은 확장은 국가 중앙 행정부의 지방 관청에서 발생했다.[164] 이 부문에서는 공산권 해체 이후 7년 만에 직원이 7000명 증가했다.[165]

야당은 ODS를 막을 힘이 없었다. 1996년 야당인 ČSSD, 그리고 정부의 연립 정당인 ODA와 KDU–ČSL은 ODS의 "오만한 중앙집권주의"를 비판하기 시작했고,[166] 지방 행정을 개혁해 국정 운영에서 ODS의 권력 확대에 제동을 걸고자 했다. "여소야대 정국에서 여당은 지역에 대한 지원이 선거 승자의 권력을 제한하려는 시도임을 숨기지 않는다."[167] 그러함에도 ODS는 집권 기간 내내 지역 개혁을 고려하지 않았다.

2000년 말 체코는 정무직 공무원과 행정직 공무원을 구분하지 않고, 공무원의 유형을 정의하지 않았다는 이유로 EU로부터 비난받았다.[168] EU는 애석하게도 "정당 가입 여부나 개인적 친분에 따라 국가 기관의 직위를 차지하는 것은 법치주의의 요건 및 공공의 이익과 모순된다"고 지적했다.[169] 실제로 2002년 4월 말 체코에서 공무원법이 통과되어 2004년부터 시행될 수 있었던 것은 오로지 EU가 공무원법을 분명하게 요구한 덕분이었다. 그 후 시행은 일련의 입법 지연으로 2007년 중반까지 연기됐다. 이 법이 시행되면 약 80,000명의 공무원이 영향을 받고, 일선 부처가 마음대로 고용을 계속할 수 없게 된다. 그러나 공무원의 고용 안정에 관한 법안은 통과되지 않았다. 예상대로 바츨라프 클라우스와 ODS는 비용이 많이 들고 불필요한 법안이라며 반대표를 던졌지만, ČSSD 정부는 EU가 수년 동안 이러한 법안을 요구해왔으며, 연립정부는 EU 가입 준비의 일환으로 이 법안을 반드시 통과시켜야 한다고 강조했다.[170]

그러나 EU의 압력과 ODS의 실각에도 이러한 관행 중 상당수는 계속됐다. 정당 대표들은 국가 행정부의 지역 관청까지 다양한 국가 관청을 채운 정당 동맹자들의 재량에 따라 국가 직원을 배치할 수 있음을 인정했다.[171] 1998년에 선출된 사민당 정부는 "이전 통치 연합의 정당들이 중앙 행정부의 지역 관청에서 얻은 막대한 이익을 평준화하는 것"을 목표로 삼았다. "정당 엘리트의 후원이 없으면 프셰드노스타před-nosta*에 지원할 기회를 얻지 못했다. 중앙 부처와 지부 모두 상황은 비슷했다."[172]

두 나라 모두에서 지방정부와 지방분권이 도입되면서 전체 국가 행정의 확장 속도는 억제됐지만, 개인적 인맥과 중앙의 감독 부족으로 지방 차원에서 재량적으로 채용할 기회도 상당히 많아졌다.[173] 체코 내

---

* 　지역 행정 책임자.

무부는 2002년에 새로운 지역으로 기능이 이관되더라도 중앙 공무원이 일자리를 잃지 않도록 보장했다.[174] 동시에 많은 기능이 지방으로 이양되면서 지방 관청은 상당한 수의 직원을 채용하기 시작했다.[175] 그러나 이러한 채용이 정당에 직접적으로 도움이 됐다는 증거는 많지 않으며, 고용이 재량에 따라 이뤄진다면 대부분 중앙 정당과 무관한 개별 지역 정치인과 그 지지자들에게 도움이 될 가능성이 훨씬 더 높았다.

마지막으로 가장 역설적으로―공산당 정권이 이 부문의 후임자를 백지로 남겨두었기 때문에―공산권 해체 이후 체코의 기금과 기관의 수는 크게 늘었다. 거대한 규모의 영토기금(1991년)과 농업지원기금(1993년)부터 규모가 작은 체코영화진흥·개발기금(1992년)에 이르기까지 14개의 기금이 모두 1989년 이후에 설립됐다. 마찬가지로 체코 통합청(1991)과 같은 준국가 기관도 8개나 생겨났다. 이들 기관의 전체 예산은 폴란드와 비슷한 수준이었으며, 수백억 코루나Kč(미화 수억 달러)의 예산을 관리하고 있었다.[176]

가장 큰 비정규예산 기금은 주택지원기금(2000)과 교통기간시설기금(2000), 그리고 환경보호기금(1991년)이었다. 이 기금들은 연간 예산에 의존하지 않았으며, 중요한 것은 사용하지 않은 돈을 반납할 필요가 없었다는 점이다. 무엇보다도 의회는 "주주 이사회"를 통해 이 기금들을 감독해야 했지만, 집권 연립정부가 야당의 반대에 직면하지 않은 상황에서 이러한 통제는 정당의 목표에 따라 쉽게 뒤집힐 수 있었다.[177] 민영화 전성기(1996년 중반까지) 동안 체코 ODS는 대다수 행정기관에 정치적 임명을 통해 감독 기능을 갖춘 인력을 배치했으며, 민영화를 감독하는 부처와 사법 기관인 민영화부·FNM·재무부 및 그 내부 감독 기관에 대한 통제권을 가장 엄격하게 유지했다.[178] 은행 부문의 민영화와 구조조정이 오랫동안 지연된 것[179]은 ODS 정부가 "대형 국영은행의 최고경영진에 자신들이 임명한 사람들을 배치했다는 사실을 알게 되면 더욱 이해하기 쉬워진다. (…) 얼마 지나지 않아 클라우스는 대형 은행의 이사회와 고위 경영진을 가득 채웠다".[180] 1996년까지 ODS는 가능한 모든 자리를 차지했지만, 연합 동반자들은 영향력이 적고 엘리트층이 부족하다는 한계에 부딪히는 경우가 많았다.[181]

정부 연합은 기금에 대한 유일한 감독권을 가지고 있었으며, 사용하지 않은 기금을 반환할 의무가 없었다.[182] 기금의 구조, 범위 또는 효과에 대한 감독은 없었다.[183] 그 결과 ODS 정부 관리들은 "1990년대 내내 은행과 건강보험위원회를 포함한 많은 국영 및 준국영기업과 기관을 감독하기 위해 정당 동료들을 고용했다".[184] 체코 관리들은 직접적인 후견이 아니라, 중앙 국가 행정의 확장과 1989년 이전에는 존재하지 않았던 중앙의 새로운 조직, 즉 다양한 준국가 기관, 금융 사무소, 통합 기관, 민영화하지 않은 국영기업의 등장이 국가 행정의 확장을 주도했다는 데 동의했다.[185] 이러한 간접적인 노력은 1998~2002년 여야 합의 기간*에 더욱 강화됐는데, 일부 관계자들은 이를 "정치-경제적 카르텔"이라고 표현했다.[186]

요컨대 폴란드와 체코는 기회주의적 국가 재건이 탈공산주의 국가에서 정당의 생존과 국가 확장의 주요 기제였음을 보여준다. 정당은 가장 직접적인 물질적 이득을 얻을 수 있는 분야와 부문에 집중했고, 이는 정당의 유착 세력에게 실제 고용을 제공하고, 새로운 국가 기관을

---

* 2장 야당협정 참조.

설립했음을 의미했다. 반면 폴란드는 정당이 경쟁을 통해 서로를 제약할 수 있을 정도로 많은 것이 결부되어 있었기 때문에, 중앙정부의 고용에서도 확장률이 낮게 나타났다. 체코의 부처와 기금이 그랬듯, 그렇게 할 수 없었던 곳에서는 훨씬 덜 제약된 상태에서 확장이 진행됐다.

결론

국가 행정에서의 전용은 재량적 채용을 통해 정당 보좌관을 늘리는 것과 주요 재정, 예산 및 비정규예산 부문에 대한 통제권을 확장하는 것으로 구성됐다. 마찬가지로 중요한 것은 새로운 준국가 기관, 기업 이사회, 비정규예산 기금을 설립해 새로운 시장 구조를 관리하고, 국영기업에 대한 정당의 접근과 영향력을 확대했다는 점이다.

정치 경쟁은 국가 행정의 재량적 확장과 정당에 제공되는 자원을 모두 제한했다. 그러나 헝가리에서와 같이 야당의 위협을 무시한 정당(예를 들어 Fidesz)이 새로 제정된 공무원 규범과 규제를 무력화할 수 있는 경우에는 활발한 경쟁 그 자체가 안전장치가 되는 것은 아니었다. 경쟁으로 관료 조직이 최적의 규모에 이르는 것도 아니다.[187] 독립적인 공무원 체계를 통합하는 데는 수 세기는 아니더라도 수십 년이 걸리며, 그 과정은 간단하지도 관리하기도 쉽지 않다. 그리고 모든 영국(민영화-옮긴이)에는 후견주의 파벌이 관료제를 계속 확장하고, 정부가 통제하는 자원을 계속 확장한 이탈리아(부정·부패-옮긴이)가 있다.[188]

재량에 의한 채용을 유지하고, 새로운 기관과 기금을 설립하여 국가 행정을 확장하는 것은 점점 더 많은 기관 예산과 재량 기금을 통제할 수 있는 정당의 권한을 강화하는 전략이었다. 따라서 국가 자원의 전용은 권력과 명성, 그리고 취약한 신생 민주주의 정당의 생존을 위한 간접적인 원천이었다. 다음 장에서 살펴보게 되듯, 정당들은 이러한 국가 기관을 이용해 자금을 빼돌려 정당 금고를 채웠다.

주

1 비교하자면 1945년부터 1952년까지 미군정 치하에서 일본 정부는 84퍼센트까지 지속해서 확장되었다. Pempel, T. J. 2000. *Regime Shift: Comparative Dynamics of the Japanese Political Economy.* Ithaca: Cornell University Press. 1989년 이후 이와 엇비슷한 7년 동안 체코·슬로바키아·라트비아는 각각 120퍼센트, 140퍼센트, 200퍼센트 확장되었다.

2 마이어 살링Jan-Hinrik Meyer-Sahling이 2006년 논문에서 주장하듯이, 이러한 확장 기제를 고려하지 않는 한 국가 행정의 성장 자체가 후견이나 기타 관행의 직접적인 척도는 될 수 없다.

3 Fainsod, Merle. 1963. *Bureaucracy and Modernization.* Stanford: Stanford University Press; idem. 1953. *How Russia Is Ruled.* Cambridge: Harvard University Press; Hough, Jerry, and Fainsod, Merle. 1979. *How the Soviet Union Is Governed.* Cambridge: Harvard University Press; Friedrich, Carl, and Brzezinski, Zbigniew. 1956.*Totalitarian Dictatorship and Autocracy.* Cambridge: Harvard University Press; Bielasiak, Jack. 1983. "The Party: Permanent Crisis" in Brumberg, Abraham, ed. *Poland: Genesis of a Revolution.* New York: Vintage Books, p. 20.

4 또 다른 예로 러시아 중앙정부 고용은 전체 고용의 1,2퍼센트를 차지했다. Brym, Robert, and Gimpelson, Vladimir. 2004. "The Size, Composition, and Dynamics of the Russian State Bureaucracy in the 1990s". *Slavic Review*, 63, 1: 90–112.

5 SSchavio-Campo, Salvatore, do Tommaso, G., and Mukherjee, A. 1997b. "An International Statistical Survey of Government Employment and Wages." World Bank Policy Research Working Paper No. 1806.

6 이 코딩에서는 국가 내 정당 고용 영역을 제외하거나, "중앙정부 행정"이 더 이상 유용한 범주가 아닐 정도로 기관을 광범위하게 확대하지 않았다. 중앙정부 고용 정보 수집과 관련된 기술적 문제, 데이터의 비교 가능성 및 정확성에 관한 설명은 부록 B를 참조할 것. O'Dwyer, Conor. 2003. "Expanding the Post-Communist State? A Theory and Some Empirical Evidence." Paper presented at the Annual Convention of the American Association for the Advancement of Slavic StudiesAAASS, Toronto, Canada.

7 O'Dwyer 2004; Piattoni 2001, p. 6; Chandra 2004.

8 O'Dwyer 2002; Goetz, Klaus H. 2001. "Making Sense of Post-Communist Central Administration: Modernization, Europeanization or Latinization?" *Journal of European Public Policy*, 8, 6 December; 1032–1051, p. 1043. 또한 Piattoni 2001; Chandra 2004; O'Dwyer, Conor. 2004. "Runaway State Building: How Political Parties Shape States in Postcommunist Eastern Europe", *World Politics*: 520–553. 참조.

9 King, Roswitha. 2003. "Conversations with Civil Servants: Interview Results from Estonia, Lithuania, Czech Republic and Poland." Manuscript, University of Latvia, Riga.

10 Shefter 1994; Perkins 1996.

11 Calvo, Ernesto, and Murillo, Maria Victoria. 2004. "Who Delivers? Partisan Clients in the Argentine Electoral Market", *American Journal of Political Science*, 48 (4 October): Gimpelson, Vladimir, and Treisman, Daniel. 2002. "Fiscal Games and Public Employment", World Politics, 54: 145–183; 742–757. Robinson, James, and Verdier, Therry. 2002. "The Political Economy of Clientelism." Centre for Economic Policy Discussion Paper Series No. 3205.

12 Chandra 2004.

13 Robinson and Verdier 2002.

14 Freedom House. 1998. *Nations in Transit*, Washington Freedom House.

15 Frydman et al. 1998, p. 2.

16 물론 이 조정 문제coordination problem는 해결될 수 있다. 충분한 수의 유권자가 한 정당에 묶여 있다면 그

정당의 선거 운명은 더 예측 가능할 것이다. 그러나 조정 문제를 해결할 수 있는 요인이 없었다. 시간적 여유가 많지 않았고, 눈에 띄는 특징점이 존재하지 않았으며, 이면 보상은 불가능하거나 조정 문제를 해결하는 데 조건부로 제공됐다.

17 Perkins 1996; Piattoni 2000.

18 초기 높은 정당 가입률은 체코 OF, 슬로바키아 VPN, 폴란드 NSZZ"S" 등 대규모 야당 운동이 공산주의 집권 정부에 대항하여 대대적으로 전개한 결과이다.

19 Wprost, 5 August 2001. 또한 Szczerbak, Aleks. 2006. "State Party Funding and Patronage in Post 1989 Poland", Journal or Communist Studies and Transition Political, 22, 3 September: 298 – 319. 참조.

20 당시 SLD(2001년 총선에는 UP와 연합해 SLD-UP로 출마했다—옮긴이) 당원은 약 75,000명, UW는 16,000명, PSL은 10만 명이었다. 시민연단Platforma Obywatelska, PO은 아직 설립되지 않았고, SRP는 의회에 진출하지 않았다. 폴란드 가족연맹Liga Polskich Rodzin, LPR의 당원 수는 미미한 수준이었으며, 집권당인 AWS는 공식 당원은 없었으나 200만 명의 조합원을 당연직 당원으로 보유하고 있었다.

21 이 수치는 폴란드와 슬로바키아에서 정당 공천 및 후속 숙청 대상 공무원의 수를 각각 3200명과 4000명으로 가정해 계산한 것이다. Project Syndicate. 1995. "Marching Backwards: Slovakia's Counterrevolution" October. http://project-syndicate.org/surveys/ marching_bac.php4, 접속일: 2004년 9월 10일(현재 접속 불가). 케빈 디건-클라우스Kevin Deegan-Krause는 메치아르 숙청이 한창이던 1994년 말과 1995년에 22,000명 중 800명의 공무원이 영향을 받았다고 추산한다. Deegan-Krause, Kevin. 2006. *Elected Affinities*. Stanford: Stanford University Press.

22 Kopecký 2006, p. 268. 참조.

23 일례로 이탈리아는 1946년부터 1958년까지 인구가 10만 명 늘었다. 인구 2500만 명의 나라에서 "국가 관료 조직에 10만 명을 추가하는 것만으로는 정당이 선거에서 더 많은 의석을 확보하는 데 충분하지 않을 것이다. 그러나 관료제로 인해 사회보장 혜택과 같은 보편적 자원이 재량에 따라 배분되면서 국가 자원과 정당의 호의를 교환하는 중개자 역할을 할 충분한 기회가 정치인들에게 주어졌다". Warner, Carolyn. 2001. "Mass Parties and Clientelism: France and Italy" in Piattoni 2001, p. 130.

24 이는 공산주의 후계 조직에 관한 논쟁이지 이데올로기에 관한 논쟁이 아니며, 후자는 조직 투자를 예측하지 않는다는 점에 유의할 것. Kitschelt, Herbert. 2001. "Divergent Paths of Postcommunist Democracies" in Diamond, Larry, and Gunther, Richard. Political Parties and Democracy. Baltimore: Johns Hopkins Press, p. 304.

25 오드와이어는 2004년 논문에서 우세한 지배력과 야소 정국을 누렸으므로, HZDS는 후견 정당이었다고 주장한다. 그러나 오드와이어의 설명과 달리 선거에서 두 번이나 승리하고, 야당이 약해 대안이 될 수 없었던 상황에서 안정적인 연립정부를 구성했던 슬로바키아 민주노동당Liberalna Demokracija Slovenije, LDS은 후견 구조를 구축하지 못했다. 따라서 지배력과 후견 전략 사이의 연관성은 불분명하다.

26 Grzymała-Busse 2003.

27 Szoboszlai 1985a; Kaminski. 1992. 일례로 1981년에는 대학 교육을 받은 정당 및 국가 간부가 각각 44퍼센트와 78퍼센트였으며, 1989년에는 각각 78퍼센트와 93퍼센트였다. "Cadre Bureaucracy and the Intelligentsia", *Journal of Communist Studies* September: 76 - 90. 참조.

28 Scott, James. 1972. *Comparative Political Corruption*. Englewood Cliffs, Prentice Hall.

29 Meltzer, Allan H., and Richard, Scott F. 1981. "Rational Theory of the Size of Government", Journal of Political Economy, 89, 5: 914 -927.

30 Peltzman, Sam. 1998. Political Participation and Government Regulation. Chicago: University of Chicago Press.

31 Robinson and Verdier 2002; Calvo and Murillo 2004; Kitschelt 2000. 토르벤 이베르센Torben Iversen과 앤 렌Anne Wren은 정당 이념에 따라 공공고용에 대한 선호도가 달라질 수 있다고 주장하지만, 개혁의 필요성에 대한 엘리트층의 압도적인 합의와 국제금융기구의 제약을 고려할 때, 이념적 성향이 다른 정부 연합 전반에 걸쳐 1998년 성장률에는 변화가 없었다. Irersen, Torben, and Wren, Anne. 1998. "Equality, Employment, and Budgetary Restraint." *World Politics*, 50, 4: 507 - 546.

32 Kitschelt et al. 1999.

33   테리 모Terry M. Moe와 게리 밀러Gary J. Miller는 정부 입법자를 관료제와 공동 의사 결정권자로 포함시켜 이 모델을 보강했는데, 이는 니스카넨William Niskanen(1933~2011)의 모형(예산 극대화 모형. 이 모형에 따르면, 합리적 관료들은 언제 어디서나 자신의 권력을 늘리기 위해 예산을 늘리려 할 것이고, 이는 국가 확장에 크게 기여해 잠재적으로 사회적 효율성을 떨어뜨릴 수 있다.-옮긴이)에 대해 정치인은 관료제의 확장으로 이익을 얻지 못하므로, 관료제를 억제할 유인이 있다고 비판한 펠츠만에 대한 답변이다. Moe, Terry, and Miller, Gary. 1983. "Bureaucrats, Legislators, and the Size of Government", American Political Science Review, 77: 297 - 323. 참조.

34   Gimpelson and Treisman 2002.

35   분석의 또 다른 잠재적 문제점은 보건·교육 및 이와 유사한 분야의 고용 수치에는 공공 부문과 민간 부문이 구분되어 있지 않다는 점이다.

36   물론 국가 자원에 대한 통제권을 확보하면 이를 후견 개발에 사용할 수 있지만, 필요한 정당 조직을 구축하는 데 필요한 다른 어려움을 고려하면 탈공산주의 동유럽에서는 그러한 시도를 찾아볼 수 없다. Müller, Wolfgang. 2006. "Party Patronage and Party Colonization of the State", Handbook of Party Politics. Katz, Richard, and Crotty, William, eds. London: Sage, pp. 189 - 95. 참조.

37   Sajo 1998a.

38   Novotný, Vít. 1999. "Desert lat po listopadu: Obmedzme moc české politické oligarchie", Britské Listy, 29. Novembra.

39   PHARE and NVF. 1998. "An Analysis of Public Administration of the Czech Republic." Summary report. September. Prague.

40   Amsden, Alice, Jacek Kochanowicz, and Lance Taylor. The Market Meets Its Match. Cambridge, Harvard University Press, 1994, p. 192; Rice 1992, p. 119.

41   Respekt, "Nenápadný půvab byrokracie", 10 May 1993.

42   Paradowska, Janina. 1998. "Kierowca z nomenklatury", Polityka, 31 October, p. 27.

43   Novotný 1999.

44   Amsden et al. 1994, p. 192.

45   SIGMA. 2002a. "Bulgaria: Public Service and the Administrative Framework: Assessment 2002"; idem. 2002b. "Czech Republic: Public Service and the Administrative Framework: Assessment 2002"; idem. 2002c. "Latvia: Public Service and the Administrative Framework: Assessment 2002"; idem. 2002d. "Slovakia: Public Service and the Administrative Framework: Assessment 2002." 참조.

46   Bercík, Peter, and Nemec, Juraj. 1999. "The Civil Service System of the Slovak Republic" in Verheijen, 1999: 184 - 210, p. 193.

47   OECD 2001a, p. 11.

48   PHARE and NVF 1998.

49   Karklins, Rasma. 2002. "Typology of Post-Communist Corruption", Problems of Post-Communism, 49 (July/August): 22 - 32, p. 26.

50   King 2003.

51   공산주의 국가에는 공식화된 채용 절차, 공무원 시험, 학력 또는 전문 경력 요건, 채용 상한선 등 정부 기관의 고용을 제한할 수 있는 제도적 진입장벽이 존재하지 않았다.

52   Carpenter, Daniel. 2001. The Forging of Bureaucratic Autonomy. Princeton: Princeton University Press, p. 10. 또한 Zuckerman, Alan. 1979. The Politics of Faction: Christian Democratic Rule in Italy. New Haven: Yale University Press. 참조.

53   György, István. 1999. "The Civil Service System of Hungary" in Verheijen, 1999, pp. 131 - 158, p. 148.

54   가령 Meyer-Sahling 2006. 참조.

55   1992년 헝가리와 슬로베니아, 1993년 리투아니아와 에스토니아가 선두 주자였으며, 2000년 불가리아, 2001년 라트비아, 2002년 체코와 슬로바키아는 후발 주자였다.

56   György 1999, p. 132. 2001년 법안은 공무원에게 경쟁력 있는 급여와 새로운 윤리 요건을 도입했다. 민

감한 직책에 있는 공무원의 경우 재산신고서를 제출하지 않으면 해고될 수 있었다.

57 Nunberg, Barbara. 2000. "Ready for Europe: Public Administration Reform and European Union Accession in Central and Eastern Europe." World Bank Technical Paper No. 466. Washington: World Bank, p. 274.

58 MSzP는 1994년부터 1998년까지 절대적으로 많은 표를 얻었음에도 선거에서 패배했다.

59 Ilonszki 2000, p. 170.

60 Ibid., p. 170.

61 *Budapest Sun*, 13 June 2002.

62 정부 대변인 엘레메르 키시Elemér Kiss와의 인터뷰, *Népszabadság*, 4 June 2002.

63 2006년 메이어 샬렁은 헝가리 정부의 정치화나 국무장관 해임을 증거로 제시했지만, 이는 행정부 내 80개 직책에 달했다.

64 회원 수가 72,000명인 HZDS의 경우 136개에서 166개, 114명인 SDK의 경우에는 3개에 불과했다. Malcická, Lenka. 2001. "Vybrané aspekty financovania politických strán a hnutí v SR." Manuscript, Bratislava, Slovakia, 참조. http://politika.host.sk/ prispevky/prispevok malcicka financovaniestran.htm. 접속일: 6월 21일(현재 접속 불가).

65 Rybář, Marek. 2006. "Powered by the State: The Role of Public Resources in Party-Building in Slovakia." *Journal of Communist Studies and Transition Politics*, 22, 3: 320 – 40.

66 Bercík and Nemec. 1999, p. 193; Meseznikov 1997, p. 45.

67 SIGMA 2002d, p. 1.

68 "죄 없는 자, 돌을 던져라Kto jest bez viny, nech hodí kamenom", *Dilem*a, January 2000.

69 Rybář 2006.

70 *Sme*, 3 May 2002.

71 SIGMA 2002d, p. 3.

72 Lucking, Richard. 2003. *Civil Service Training in the Context of Public Administration Reform*. New York: United Nations Development Program.

73 응답자는 1995년 이후 라트비아 정부에서 장관직을 지낸 사람들이었다. 1995년 이전에는 가장 중요한 결정이 국가 기구 외부에서 내려진다는 데 동의한 장관은 57퍼센트로, 67퍼센트보다 낮았다. Nørgaard, Ostrovska, and Hansen 2000.

74 Dimitrova, Antoaneta. 출간 예정. "Europeanisation and Civil Service Reform in Central and Eastern Europe" in Schimmelfennig, Frank, and Sedelmeier, Ulrich, eds. *The Europeanization of Central and Eastern Europe*, p. 33.

75 SIGMA. 2002a, p. 8.

76 Ibid., p. 14.

77 Kochanowicz, Jacek. 1994. "Reforming Weak States and Deficient Bureaucracies" in Nelson, Joan M., Kochanowicz, Jacek, Mizsei, Kalman, and Munoz, Oscar, eds. *Intricate Links: Democratization and Market Reforms in Latin America and Eastern Europe*. Washington: Overseas Development Council, p. 216.

78 Verheijen 1999, p. 97.

79 Ibid., p. 106.

80 Protsyk, Oleh. 2003. "Reforming Cabinets in Post-Communist Countries: Political Determinants of Cabinet Organization and Size." Manuscript, University of Ottawa, Canada.

81 Sajo 1998b.

82 Antoni Kamiński, quoted in Wprost, 31 January 1999.

83 Interview with Zyta Gilowska, by Elżbieta Misiąg, 3 September 2001, http://www.platforma.org/new/ wywiady/10.shtml(현재 접속 불가).

84 *Wprost*, 5 March 2000.

85 헝가리에서는 1995년부터 국회의원이, 국가 지분이 10퍼센트를 초과하는 기업의 이사회에서 활동할
수 없으며, 보험 기관, 신용 기관, 공공 또는 민간 조달 기관과 같은 일부 민간 부문 기업의 이사회에서
도 활동할 수 없게 됐다.

86 Suleiman 2003, p. 253. 하지만 폴 헤이우드Paul Heywood(1958~)가 지적했듯이, "민영화 프로그램은 공공
부문과 민간 부문을 명확하게 구분하기보다는 일련의 준국가 규제 기관의 출현으로 특징지어지는 경
우가 많다. (…) '새로운 공공관리'라는 교리와 관련된 이러한 '기관화' 과정은 영향력을 행사할 수 있는
중요한 기회 구조를 만들었을 뿐만 아니라, 많은 규제 기관을 직접적인 공공책임에서 배제했다". Hey-
wood, Paul. 1997. "Political Corruption: Problems and Perspectives", *Political Studies*, 45, 3: 417 – 435,
p. 429.3

87 Mesežnikov 1997, p. 45.

88 Malová, Darina. 1997. "The Development of Interest Representation in Slovakia After 1989" in Szo-
molányi, Soňa, and Gould, John, eds. *Slovakia: Problems of Democratic Consolidation*. Bratislava: Friedrich
Ebert Foundation, p. 100.

89 *Polityka*, 17 February 1996.

90 체코 하원 공공행정·지역개발·환경위원회výbor pro veřejnou správu, regionální rozvoj a životní prostředí 소속 ČSSD
의원 블라스티밀 오브레히트Vlastimil Aubrecht(1953~)와의 인터뷰, 2002년 4월 25일.

91 Kopecký, Petr. 2006. "Political Parties and the State in Post-Communist Europe: The Nature of the
Symbiosis", *Journal of Communist Studies and Transitional Politics*, 22, 3: 251 – 273 참조.

92 2002년 4월 23일 미하우 쿠레샤Michał Kulesza(1948~2013)[지방행정개혁 전권위원(차관급), 1997~1999년 국무부
장관 역임]와의 인터뷰.

93 Bartlett, 1996.

94 Cekota, Jaromir, Gönenç, Rauf, and Yoo, Kwang-Yeol. 2002. OECD Economics Department Working
Paper No. 336, 30 July.

95 Freedom House 2002, p. 204.

96 2002년 4월 30일, 공공행정위원회 위원 겸 브라티슬라바Bratislava시 대변인 로만 바브릭Roman Vavrík
(1959~)(SDK 소속)과의 인터뷰.

97 INEKO for the Slovak Government. 2000. "중앙정부 기관의 활동 및 자금 지원 준수에 관한 감사 결
과 및 권고 사항에 대한 최종 보고서Záverečná správa o výsledkoch a odporúčaniach audity súladu činnosti a financovania
ústredných orgánov štátnej správy", 미출간 보고서 (8월), p. 6.

98 익명의 재무부 관료와의 인터뷰, 2002년 5월.

99 Zemanovičová and Sičáková 2001, p. 447.

100 Krause 2006. 이제 의회가 가지고 있던 민영화 매각 승인권을 FNM이 갖게 되어 감사원의 감독을 받
지 않게 됐다.

101 슬로바키아 정보부Slovenská Informačná Služba. 2000. "Audit súladu činností a financovania ústredných
orgánov štátnej správy" (8월). 또한 http://www.vlada.gov.sk/INFOSERVIs/DOKUment.UOSS.2000/
audit.UOSS.2000.august.shtml에서 확인(현재 접근 불가).

102 INEKO 2000, p. 6.

103 Mesežnikov, Grigorij. 2001. "Domestic Politics" in Mesežnikov et al., p. 33.

104 Zemanovičová and Sičáková 2001, p. 447.

105 Goetz, Klaus, and Margetts, Helen. 1999. "The Solitary Center: The Core Executive in Central and
Eastern Europe", Governance, 12, 4 October: 425 – 53, p. 429.

106 Verheijen 1999, p. 96.

107 Ganev 2005, pp. 105 – 6.

108 Kitschelt et al. 1999.

109 1997년까지 폴란드의 실업률은 11퍼센트를 넘었으나 체코의 실업률은 5퍼센트 미만에 머물렀다.
1998년부터 체코의 실업률은 상승하기 시작해 2004년에 10퍼센트를 기록했다(2004년 폴란드의 실업률은

19퍼센트였다).

110 Crombrugghe, Alain de. 1997. "Wage and Pension Pressure on the Polish Budget." Report for World Bank Project RPO 678 –96, Policy Research Working Paper No. 1793, p. 25.

111 폴란드는 야당이 강력하고, 정당과 언론 간의 유대가 적어 국가 확장에 관한 공론화가 체코에서보다 더 많이 이뤄졌다.

112 Torres-Bartyzel, Claudia, and Kacprowicz, Grazyna. 1999. "The National Civil Service System in Poland" in Verheijen 1999: 159 –83, p. 168.

113 1982년 9월 16일 발효된 국가 공무원에 관한 법률에는 노동법과는 상당히 다른 고용 체계가 이미 명시되어 있었고, 일부 유형의 공무원 임기가 규정되어 있었다. 이 법은 처음으로 직종을 규정하고, 고용 및 해고 절차를 명문화해 고용 안정을 보장했다. Torres-Bartyzel and Kacprowicz 1999, p. 159.

114 *Polityka*, 10 August 1996.

115 Ibid.

116 이 법률에 따라 7년 이상 근무한 공무원은 시험이 면제되고 승진 우대를 받았다. 말할 필요도 없이 이 임기를 채운 공무원은 공산주의 시대의 공무원뿐이었다.

117 *Gazeta Wyborcza*, 6 March 1998.

118 Jabłoński, A. 1998. "Europeanization of Public Administration in Central Europe: Poland in Comparative Perspective." NATO Individual Democratic Institution Research Fellowships, Final Report 1995 –7.

119 *Rzeczpospolita*, 3 April 2002.

120 *Polityka*, 11 October 1997.

121 연간 성장률은 1993~1994년 10.7퍼센트, 1994~1995년 16.5퍼센트로 평균 5.6퍼센트에 비해 크게 높았다.

122 *Polityka*, 22 January 2000.

123 *Polityka*, 18 December 1999.

124 2002년 4월 23일, 미하우 쿠레샤와의 인터뷰.

125 Marek Borowski, *Gazeta Wyborcza*, 12 February 2000에서 인용.

126 야첵 라치보르스키Jacek Raciborski(1955~)(UW 소속 사회학자), *Rzeczpospolita*, 3 April 2002에서 인용.

127 *Wprost*, 25 January 1998.

128 *Polityka*, 31 October 1998.

129 Szczerbak 2006, pp. 310 –311.

130 공공서비스부 장관 얀 파스트와Jan Pastwa와의 인터뷰, Nowe Państwo, 7, 2001.

131 Majone, Giandomenico. 1994. "The Rise of the Regulatory State in Europe", *West European Politics* 17, 3 June: 77 –101.

132 *Polityka*, 11 February 1995. 또한 *Wprost*, 3 June 2001 and 31 January 1999 참조.

133 Regulski, Jerzy. 1999. "Building Democracy in Poland: The State Reform of 1998", Discussion Paper 9, Local Government and Public Service Reform Initiative. Budapest: Open Society Institute, p. 20.

134 *Polityka*, 11 February 1995.

135 Jarosz, Maria. 2001,『폴란드 민영화의 험로Manowce Polskiej Prywatyzacji』. Warszawa: PWN SA, p. 24.

136 2002년 5월 7일, UW 본부, 포즈난, 마렉 지엘린스키Marek Zieliński(1952~)(UW 공공행정개혁위원회 위원)와의 인터뷰.

137 엘리자베타 말리놉스카-미시옹크Elżbieta Malinowska-Misiag의 지타 길롭스카Zyta Janina Gilowska, 1949-2016 인터뷰, 2001년 9월 3일. http://www.platforma.org/new/wywiady/10.shtml에서 확인(현재 접속 불가).

138 당시 야당은 성카타리나협정Konwent Świętej Katarzyny; Konwent Św. Katarzyny(1994년 말~1995년 초 폴란드 우파 정당과 노동조합을 비롯한 여러 조직으로 구성된 정치 블록-옮긴이)과 같은 다양한 형태로 통합을 시도하고 있었

다. 말리놉스카-미시웅크의 길롭스카 인터뷰, 2001년 9월 3일. http://www.platforma.org/new/wywi-
ady/10.shtml에서 확인(현재 접속 불가).

139 지엘린스키와의 인터뷰, 2002년 5월 7일.

140 2002년 3월 20일 총리실 보도자료.

141 PO와 법과정의당Prawo i Sprawiedliwosc, PiS이 바로 그것이다.

142 *Wprost*, 31 January 1999.

143 정당들은 이 직위를 두 가지 방식으로 사용할 수 있다. 다양한 후견 및 광고에 직접 돈을 쓰거나, 회사 주식을 살 수 있는 권한을 얻는 대가로 외국인 투자자 및 다른 사람들이 정당에 기부하도록 하는 것이다.

144 쿠레샤와의 인터뷰, 2002년 4월 23일.

145 *Polityka*, 27 February 1999.

146 Wasilewski, Jacek. 2000. "Polish Post-Transitional Elite" in Frentzel-Zagórska, Janina, and Wasilewski, Jacek, eds. *The Second Generation of Democratic Elites in East and Central Europe*. Warsaw: PAN ISP, p. 213.

147 이전의 "기록 보유자"는 최대 8개의 이사 자격을 동시에 보유했다.

148 Komisja Etyki Poselskiej, 03-07-2001, Biuletyn 4398/III.

149 *Wprost*, 5 March 2000.

150 *Polityka*, 25 October 2001.

151 얀 러믈Jan Ruml(1953~)(전 내무장관, 자유연합US 소속 상원의원)과의 인터뷰, 2003년 7월 14일 프라하.

152 Petra Buzková, ČSSD minister of education, quoted in *Mladá Fronta Dnes*, 9 September 2003.

153 2000~2004년 중앙 부처 고용 비율은 *Hospodarské Noviny*, 8 August 2005 참조. 러믈에 따르면, 1991~1998년 ODS 정부하에서 그 비율은 훨씬 더 빠르게 증가했다.

154 SIGMA 2002b, p. 8.

155 Ibid., p. 11.

156 *Mladá Fronta Dnes*, 30 June 2005.

157 OECD 2000a, p. 10.

158 *Lidové Noviny*, 12 January 1993.

159 바츨라프 그룰리치Václav Grulich(1932~)(하원 공공행정·지역개발·환경위원회 위원, ČSSD 소속)와의 인터뷰, 2002년 4월 25일.

160 이 기간 동안 연평균 증가율은 13.2퍼센트로, 전체 연평균 증가율 5.8퍼센트에 비해 높은 수치를 기록했다.

161 Appel 2001, p. 535.

162 *Mladá Fronta Dnes*, 1 October 1997.

163 *Mladá Fronta Dnes*, 13 August 1999. 또한 *Mladá Fronta Dnes*, 19 June 2000 and 5 November 2003. 참조.

164 *Mladá Fronta Dnes*, 1 October 1997.

165 *Respekt*, "V obklíčení byrokratů", 4 August 1997.

166 ODA 대표 얀 칼보다Jan Kalvoda, *Mladá Fronta Dnes*, 30 March 1996.

167 *Mladá Fronta Dnes*, 4 May 1996.

168 European Union Commission. 2000. Regular Report on the Czech Republic's Progress Towards Accession. Brussels: EU.

169 PHARE and NVF 1998.

170 *Mladá Fronta Dnes*, 27 April 2002. 이 법은 공무국 총책임자가 주무관을 고용하고, 주무관은 공무원을 고용하는 업무를 담당하도록 규정했다.

171 하원 공공행정·지역개발·환경위원회 소속 ČSSD 의원 블라스티밀 오브레히트와의 인터뷰, 2002년 4월 25일.

172 Novotný, Vít. 1999. "Deset lat po listopadu: Omézme moc České politické oligarchie", Britské Listy, 29 November.

173 따라서 1998년 개혁 이전 폴란드의 확장률은 5.84퍼센트였으나 개혁 이후 3.79퍼센트로 떨어졌다. 체코의 경우에는 2000년 지역 개혁 이후 6.86퍼센트에서 2.10퍼센트로 떨어졌다.

174 *Mladá Fronta Dnes*, 1 August 2001.

175 *Mladá Fronta Dnes*, 29 June 2004.

176 *Hospodarské Noviny*, 27 August 2004. 물론 2000년 폴란드의 GDP는 4630억 달러인 반면, 체코는 1722억 달러였다는 점에서 차이가 있다.

177 2002년 4월 25일, 프라하. 하원 공공행정·지역개발·환경위원회 위원장 톰 자이첵Tom Zajiček(1948~2014)과의 인터뷰.

178 Appel 2001, p. 535.

179 Appel, Hilary. 2004. *A New Capitalist Order*. Pittsburgh: University of Pittsburgh Press. 참조.

180 Horowitz, Shale, and Petráš, Martin. 2003. "Pride and Prejudice in Prague: Understanding Early Policy Error and Belated Reform in the Czech Economic Transition." *East European Politics and Societies*, 17, 2: 231–265.

181 하원 공공행정·지역개발·환경위원회 소속 ČSSD 의원 블라스티밀 오브레히트와의 인터뷰, 2002년 4월 25일.

182 2003년 7월 11일, 프라하. 올드리히 쿠질렉Oldřich Kužílek(1956~)(전 ODA 의회클럽Poslanecké kluby 의장, 상원 및 하원의 ODA 원내대표 등 역임)과의 인터뷰.

183 *Hospodarské Noviny*, 27 August 2004.

184 Novotný 1999.

185 러플과의 인터뷰, 2003년 7월 14일; 올드리히 쿠질렉(전 ODA 의회클럽 의장, 상원 및 하원의 ODA 원내대표 등 역임), 2003년 7월 11일, 프라하; 톰 하지첵(ODS 소속, 공공행정·지역개발·환경위원회 위원장), 2002년 4월 25일, 프라하.

186 러플과의 인터뷰, 2003년 7월 14일.

187 Wittman 1995, p. 95. 도널드 위트먼Donald Wittman은 관료 조직 내의 자금 조달 경쟁이 관료 조직의 규모를 줄일 것이라고 주장한다. 그러나 비정규예산 기금과 준국가 기관을 통해 경쟁을 우회함으로써 경쟁이 사라졌다.

188 Zuckerman 1979, p. 37.

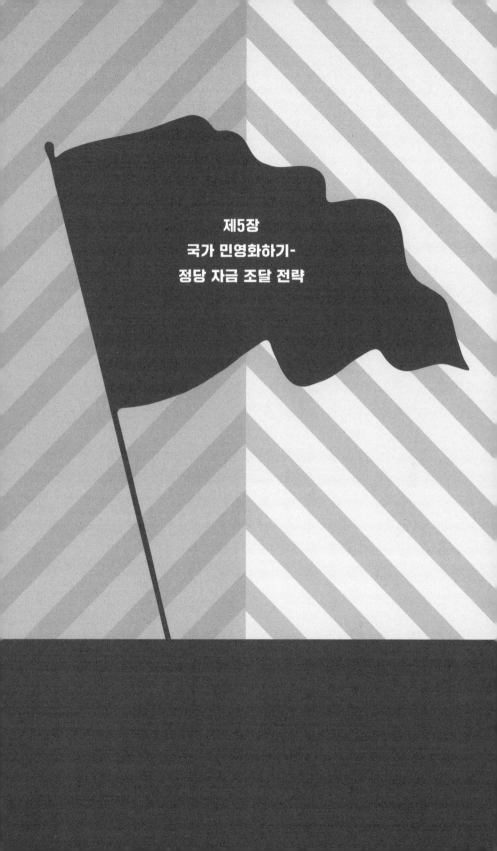

제5장
국가 민영화하기-
정당 자금 조달 전략

정당 재정은 가장 중요한 부분 중 하나이지만,

분명한 이유로 정당 역사에서 가장 투명하지 않은 부분이기도 하다.

막스 베버, 『경제와 사회』

탈공산주의 국가의 변화를 지켜본 사람들에게 정당의 자금 조달은 민주주의 정당 정치에서 가장 어둡고 의심스러운 측면 중 하나였다. 1990년대에는 수수께끼의 정당 기부자, 영화 제작자, 송유관, 헐값의 민영화, 현금으로 가득 찬 여행 가방과 관련된 스캔들이 등장하면서 정당에 대한 대중의 신뢰가 무너졌다. 이러한 사례는 절박하든 비극적이든 자금 확보가 관련 정당에 시급한 문제였고, 그만큼 논란의 여지가 많았음을 보여준다. 유권자들은 가난하고 변덕스러웠으며, 신생 민간 기업은 여유 자본이 거의 없어 정당 지원에 관심이 없었고, 당원이 많지도 관대하지도 않았던 시기에 초기 민주주의 정당은 물질적 지원의 원천을 빠르게 찾아야 했다.[1]

자본이 필요한 정당에 국가는 훨씬 더 매력적이고 잠재적으로 안정적인 자금원이었다. 공식적인 보조금 외에 공기업과 국유재산의 민영화가 임박했다는 것은 엄청난 비공식적 기회를 의미했다. 국가 자금 지원이나 민영화 자체가 전용을 의미하는 것은 아니지만, 공식적인 국가 자금이 규제되지 않고 집중되며, 민영화 과정에서 자원을 유용하고, 국가 자원에 대한 재량적 접근을 허용하며, 집권 정당에 혜택이 집중되는 것은 모두 전용의 징후이다.

따라서 정당은 국가와 국가 자원에 대한 직접적인 접근과 그들이 설계한 간접적인 이전을 통해 이득을 얻었다. 여러모로 사실상 정당 자금의 실제 규모는 알 수 없다. 정당 금고로 자금이 유입되는 경로가 왜곡되고, 이름과 출처가 변경되며, 가상의 다양한 출처를 통해 자금이 분산되는 경우가 많기 때문이다. 그러나 정당 자금에 대한 **규제** 여부, 규제 시행 방식, 정당 자금 출처의 투명성 등은 더 체계적이고 쉽게 관찰할 **수** 있다. 또한 정당이 국가 자원에 **접근**하는 방식이 공식적인지 재량적인지, 특히 정당에 가상 큰 잠재적 물질적 이익을 가져다줄 수 있는 민영화 과정을 조사하면 정당이 어떻게, 그리고 어디에서 국가 자원을 남용했는지 알 수 있다. 마지막으로 정부에 참여하고 있는 정당만이 수혜자인지, 아니면 모든 정당이 혜택을 받는지에 따라 혜택의 **집중도**를 측정할 수 있다.

경쟁이 강고할수록 국가 자원에 대한 접근이 더 엄격하게 규제되고, 투명하며, 공식화됐다. 그리고 모든 원내 정당 (그리고 많은 원외 정당) 이 혜택을 볼 수 있었다. 거꾸로 말하면 경쟁이 덜 강고할수록 국가 자원에 대한 접근은 규제되지 않고 불투명하며, 재량적인 접근이 이뤄졌고, 정당들은 국가로부터 가능한 한 많은 자원을 취했다. 이러한 "은밀한" 접근은 경쟁자의 접근을 제한하면서 비공식적인 국가 자원을 자유롭게 취할 수 있는 집권 정당에 유리한 경향이 있었으며, 야당이나 원외 정당은 이러한 자금 지원에서 대부분 배제됐다. 정당 자금 조달에 대한 규제가 느슨해 국영기업이나 은행 등 **국가** 기관이 정당을 도울

표 5.1 2002년 기준 정당 자금의 법적 출처

	비정부 기구	경제 활동[a]	국외 기부자	지방 정부	국영 기업	익명 기부자	국가 보조금
헝가리	X	X	X	X	X	X	1% 이상 득표 시, 모든 정당과 후보
에스토니아	X	X	X	X	X	X	5% 이상 득표 시, 원내 정당
슬로베니아	X	유한 회사	X	X	X	X	1% 이상 득표 시, 모든 정당과 후보
리투아니아	X	유한 회사	X	X	X	X	3~5% 이상 득표 시, 모든 정당과 후보
폴란드	X	X	X	X	X	X	3% 이상 득표 시, 모든 정당
체코	O	X[b]	O	O	O	O	3% 이상 득표 시, 원내 정당
슬로바키아	O	유한 회사	O	O	O	O	3% 이상 득표 시, 원내 정당
불가리아	O	X	O	O	X	O	1% 이상 득표 시, 모든 정당, 규모 상이
라트비아	O	O	X	O	O	O	없음

a 영리 기업, 서비스 또는 부동산 자산에 관한 소유권 또는 관리로 정의

b 1992~1996년과 1997~2001년에는 경제 활동이 허용됐다.

수 있었고, 보고 요건도 거의 없었으며, 법 위반에 대한 제재도 거의 이뤄지지 않았다.

비교적 투명한 헝가리와 슬로베니아에서부터 불투명한 라트비아와 슬로바키아까지 정당 자금 지원 제도에는 다양한 편차가 존재한다. 에스토니아·헝가리·슬로베니아·리투아니아·폴란드의 정당 자금 조달에 관한 법률은 정당의 사업 및 그 외 경제 활동, 외국 및 익명의 기부자—추적이 어려울 뿐만 아니라 다른 출처로부터 얻은 불법적 이익을 은폐하는 경우가 많았다—, 공기업 및 지방정부 등 잠재적으로 경

표 5.2 2002년 기준 정당 자금 조달 규정

	최초 입법	후원금 상한	지출 상한	금융 신고	선거 계좌	제재
헝가리	1990	O	O	O	X	예산으로 지원받는 모든 정당 감사원 감사, 벌금
에스토니아	1994	O	O	O	O	예산으로 지원받는 모든 정당 감사원 감사
슬로베니아	1990	O	O	O	O	예산으로 지원받는 모든 정당 감사원 감사, 벌금(80만~500만 톨라르)
리투아니아	1990	O	X	O	O	예산으로 지원받는 모든 정당 감사원 감사
폴란드	1990	O	O	O	O	예산으로 지원받는 모든 정당 감사원 감사, 벌금
체코	1990	X	X	O	X	감사원 감사 없음
슬로바키아	1994	O	O	O	X	금융 신고 누락 시 벌금, 감사 없음
불가리아	2001	변동	변동	X	X	없음
라트비아	1995	X	X	O	X	약함, 주로 행정처분

출처   Government laws; Ministries of Finance; Walecki, Marcin, Smilov, Daniel, and Ikstens, Jānis, 2001. *Party and Campaign Funding in Eastern Europe*. Washington: IFES.

계하게 되는 정당 자금의 원천을 신속하게 제거했다. 표 5.1과 5.2에서 볼 수 있듯이, 정치 경쟁이 강고한 지역에서는 이러한 허점이 모두 막혀 있었다. 정당 자금의 합법적 출처와 정당 자금 조달 규정은 모두 경쟁이 강고한 곳에서 훨씬 더 엄격하게 감시되고 규제됐다.

반면 강고한 경쟁이 약한 지역에서는 공식적인 법적 체계와 야당의 비공식적 감시 모두 상당한 허점을 남겼다. 따라서 지방정부 금고와 마찬가지로 국영기업이 정당 활동에 자금을 지원하는 경우가 많았다. 유사하게 불가리아·체코·슬로바키아·라트비아에서는 소수 정당에 혜택이 집중됐는데, 그중에서도 BSP·ODS·HZDS·LC·SLS에 특히 혜택이 집중됐다. 당연히 의회 부패에 대한 여론도 비슷하게 나타났다.

슬로바키아에서는 58퍼센트, 불가리아와 체코에서는 49퍼센트, 폴란드에서는 40퍼센트의 응답자가 의회가 부패했다고 답했다.[2]

이 장에서는 우선 정당이 국가 자원을 취하는 양상을 담합과 약탈로 설명하는 기존의 해석을 검토한다. 그런 다음 정당에 대한 공식적·비공식적 형태의 국가 자금 지원을 살펴본다. 강고한 경쟁은 세 가지 기제를 통해 정당의 착취적 자금 조달을 제한했다. 이는 이 장의 마지막에서 두 군집의 비교를 통해 들여다본다. 폴란드와 체코는 강고한 경쟁이 가장 수익성 높은, 간접적이고 비공식적인 국가 재원으로부터 자원을 취하는 정당의 능력을 얼마나 제한했는지 보여준다. 라트비아와 슬로바키아는 공식적인 국가 자금 지원만으로는 지대 추구를 나타내거나 그것에 영향을 미치지 않지만, 자금의 규제·접근·집중이 지대 추구를 나타내거나 그것에 영향을 미친다는 것을 보여준다.

카르텔인가, 약탈자인가

기존의 설명에 따르면, 정당들은 국가 자원을 얻기 위해 담합을 하거나 개별적으로 기회를 노렸다. 첫째, 정당은 카르텔을 형성하여 국가로부터 취한 전리품을 나누고 이탈을 막고자 이면 대가를 치르기도 한다.[3] 이러한 카르텔은 결탁한 정당이 국가 자원에 장기적으로 접근할 수 있도록 보장한다. 탈공산주의 국가의 정치 상황은 리처드 카츠Richard Katz와 피터 마이어Peter Mair(1951~2011)가 분석한 서유럽의 "카르텔 정당"이 직면한 상황과 여러 면에서 유사하다. 값비싼 경쟁, 당원들이 내는 당비가 아니라 국가 보조금에 의존, 긴밀한 유권자 관계, 무엇보다 정당이 "국가의 일부이자 대리인" 역할을 한다는 점에서 그렇다.[4] 이러한 상황에서 정당들은 조직의 생존에 있어 상호 이해관계를 공유하며, 새로운 도전자를 허용하지 않고 국가 자원에 대한 공동의 접근을 강화한다고 리처드 카츠와 피터 마이어는 주장한다. 이러한 긴밀한 협력은 원내 정당의 집권, 국고 지원금의 증가, 의회 인력의 확대라는 나선 상승 순환을 낳는다. 유권자로부터 더욱 고립된 정당은 생존을 위해 더 많은 국가 자원이 필요해진다.[5]

또는 집권 정당이 노골적인 약탈—직접적이고 제한 없는 자원 수취extraction—에 나설 수도 있다.[6] 미래의 집권 여부는 불확실하지만, 국가 보유 자산의 막대한 규모를 잘 알고 있는 정당은 국가로부터 자산을 빼앗을 수 있다. 약탈은 후견주의와 달리 자원에 대한 지원 교환을 전제하지 않으며, 광범위한 조직도 필요하지 않다. 이러한 약탈은 시간 지평이 짧고, 제약이 거의 없다는 것을 암시한다. 잦은 정권 교체는 광범위한 국가 자원 수취를 부추길 수 있다. 가령 필리핀에서는 "각 집단이 다음 회기에서 운명이 뒤바뀔 수 있음을 알고 바쁘게 자신의 주머니를 채우기 위해 노력할 것이다".[7] 또는 장기 집권이 확실시되는 정치 행위자들도 약탈 전략을 채택한다.

그러나 이 두 가지 전략 모두 탈공산주의 국가의 정당에는 적합하지 않았다. 담합을 위해서는 광범위한 협력과 함께, 앞으로도 같은 행위자들이 계약을 집행하고, 혜택을 누릴 것이란 높은 확신이 필요하다.[8] 이를 위해서는 이미 통합된 경쟁의 결과물인 안정적인 행위자 집단과 장기적인 관점이 필요하다. 그러나 앞서 언급했듯이, 탈공산주의 국가의 유동성(높은 입당률·정권 교체율·선거 변동성)으로 인해 정당은 다음 회기에 잠재적 담합 동반자가 존재할지, 심지어 자신들이 다음 선거에서 살아남을지조차 확신할 수 없었다. 정당 체계는 "특권을 가진 내부자들로 구성된 정당 '카르텔'이 출현하고 있다고 단정하기에는 너무 불안정한 상태"였다.[9] 게다가 루돌프 콜Rudolf Anton Ruud Koole(1953~)이 지적했듯이, 정당 협력 자체가 새로운 진입자를 막지 못했다.[10] 기부자와 정치인 간의 계약에 강제력이 없다면,[11] 정당 간의 계약은 단기적으로도 강제력이 없다. 그러므로 1998~2002년 야권 통합 당시 체코에서처럼 경쟁이 심각하게 약해진 경우에만 담합의 증거가 일부 드러나게 된다.

마찬가지로 내부로부터의 공약과 외부로부터의 제약 모두 약탈을 저해한다. 앞서 언급했듯이, 첫째로 약탈에 따른 비용으로 여겨지는 것에는 권위주의 통치로 회귀할 위험이 커지고, 다당제 폐지(및 정당 자산 몰수)가 뒤따를 수 있다는 점 등이 있었다. 또한 EU는 1990년대 후반까지 국가 개혁을 추진하지 않았다더라도, 잠재적 회원국의 기본적인 전제조건은 모든 정치 행위자가 민주주의에 헌신해야 한다는 것임을 일관되게 분명히 밝혔다. 이러한 약속으로 정당은 순수한 약탈적 전략을 배제했다. 그 결과 민영화 과정에서 자산이 탈취되는 경우, 일반적으로 정당보다는 개인 소유주와 투자자가 책임을 져야 했다. 이러한 기업가들―일부는 유리한 민영화 거래와 긴밀한 정당과의 유착을 통해 소유권을 획득했다―은 불분명한 주주 권리와 모호한 재산법을 악용하여 국가로부터 매입한 기업을 "터널링"했다.[12] 그러나 탈공산주의 민주주의 국가의 정당들은 장기적인 약속과 단기적인 두려움을 모두 가지고 있었기 때문에 순전한 약탈을 막을 수 없었다.[13]

공식적·비공식적 수취

그러나 이러한 전략을 사용할 수 없거나 매력적이지 않은 경우, 탈공산주의 국가의 정당은 앞서 설명한 재량적 전략, 즉 정당 재정에 대한 규제를 느슨하게 만들고, 민영화와 그를 통해 얻을 수 있는 높은 비공식적 이익에 접근할 수 있도록 하며, 집권 정당에 공식적 이익을 집중하는 전략에 의존할 수 있었다.

국가로부터 자원을 확보하려는 정당은 공식적인 제도와 비공식적인 관행뿐만 아니라 직접 수취과 간접 이전 모두에 의존할 수 있었다. 표 5.3은 정당 자금의 이러한 네 가지 구성 요소를 요약한 것이다. 정당은 국가를 통한 공식적이고 식섭석인 정당 자금과 선거법에 따라 부여된 간접적인 혜택을 모두 활용했다. 또한 국가 기관과 국영기업으로 하여금 정당에 기부하도록 강요함으로써 국유재산을 직접적 또는 비공식적으로 획득했으며, 정당들은 민영화 이익과 함께 이를 가장 수익성 높은 정당 자금 조달원으로 간주했다. 마지막으로 정당 금고를 채워준 비공식적이고 간접적인 출처는 뇌물과 상환 기한이 무한정인 무이자 대출이었다. 이러한 자금은 주로 민영화 거래와 국가 계약을 따내기 위해 정당의 환심을 사려는 민간 투자자들이 제공한 것이었으므로, 간접적이라고 할 수 있다.[16] 다음 절에서는 이 네 가지 구성 요소를 차례로 살펴본다.

표 5.3 정당의 국가 자원 전용 전략

	공식 제도에 따른 출처	비공식 관행
직접 수취	정당 자금 조달 관련 법률	공기업 및 지방 정부의 지원, 법적 허점
간접 이전	선거법	민영화 거래, 대출, 유령 회사, 정당 세금

공식적인 정당 자금 조달

정당 자금 조달의 **공식적인** 측면은 정당에 대한 직접적인 국가 보조금과 훨씬 더 간접적인 선거법으로 구성된다. 선거법은 영향력이 크지 않은 간접적인 공식 정당 자금 조달의 한 가지 형태이다. 선거법에 따라 무료 미디어 접근이 허용되고 선거인단 한도가 규정되면, 정당의 선거 비용은 늘어날 수 있다. 그러나 이러한 법률의 변화는 정치적 배제나 대표성에 미치는 영향이 미미하며, 기껏해야 전용 가능성에 약간의 영향을 미치는 것으로 밝혀졌다.[15] 따라서 선거법 형태의 공식적·간접적 국가 지원은 정당이 자원을 수취할 수 있는 중요한 원천이 아니었다.

직접적이고 **공식적**인 정당 자금은 의회 보조금, 선거운동 자금, 정당 사무실과 직원 유지비로 조달됐다. 이 모든 것이 국가 재정 지원의 문턱을 넘어서는 정당의 생존을 보장했다. 정당들은 선거 비용과 의회 사무실 유지를 위한 지원을 받았다. 거의 모든 탈공산주의 민주주의 국가들은 정당에 대한 국가 보조금 제도를 도입했다(라트비아와 1996년까지의 에스토니아는 예외였다). 이는 정당이 국가 건설자 역할을 통해 가장 직접적으로 이익을 얻는 방법이었지만, 반드시 수익성이 가장 높은 것은 아니었다.

일부 사람들은 수혜 정당에 대한 국가 자금 지원의 내생성(즉, 국가 자금 지원 자체가 수혜 정당에 미칠 영향-옮긴이)을 근거로 이것이 국가에 의한 정당 장악, 즉 당원의 지원을 대신하는 것을 의미한다고 의심했다.[16] 서유럽에서는 정당 자금의 25퍼센트(오스트리아)에서 84퍼센트(핀란드)를 국가에서 지원받는 등 정당 자금 조달에 있어 국가가 점점 더 중요해지고 있다.[17] 이러한 자금 지원은 당원 수가 줄어들고, 중앙당 계층의 권력이 커지는 결과를 초래한다고 한다.[18] 탈공산주의 유럽에서는 이러한 상황이 더욱 나빠질 것이며, 정당은 당원 모집보다 표심 확보에 주력하고, 가능한 모든 출처에서 자금을 확보하려 노력할 것이다.[19] 다른 사람들은 국가 보조금이 "부패 감소, 로비 통제, 정당 간 경쟁에서의 기회 균등, 과도한 비용에 대한 부분적 통제"[20]라는 매우 다른 목적으로 도입됐으며, 정당 체계 구성이나 당원 수준과는 아무런 관련이 없다고 반박한다.[21]

이 논쟁을 다룰 때 중요한 출발점은 공식적인 정당 자금 조달을 통해 누가 얼마나 많은 혜택을 받을 수 있는지를 정당 스스로 결정한다는 것이다.[22] 경쟁 구도에 따라 국고 지원금이 (의회 의석을 기준으로 지원되면) 현역 의원에게 유리하게 작용할 수 있고, (의회 진입 기준보다 낮은 문턱을 기준으로 지원되면) 다수의 원외 정당이 살아남게 될 수도 있다.[23] 득표율 하락을 예상하는 정당일수록 군소 정당과 원외 행위자에게 더 관대한 경향을 보였다. 만약 그런 경우라면 국가 자금 지원 기준은 의회 진입 기준보다 훨씬 낮을 수 있다.

하지만 공식적인 국고 지원이 경쟁과 함수관계에 있다면, 여대야소 정국에서 여당은 어째서 국고 지원금 분배에 전혀 신경을 쓰지 않는가? 악마는 규제·접근성·혜택의 집중 등 세부 사항에 있다. 공식적인 감시·감독 기관과 마찬가지로, 집권당은 의석수에 따라 지원금을 지급하는 방식으로 경쟁자를 희생시켜 자신들에게 유리한 고지를 짐령할 수 있다. 그 결과 집권당은 형식적으로는 민주적 게임 규칙을 따르면서도—따라서 국가 기관보다 민주적 규범 준수에 훨씬 더 관심이 많은 국제기구의 비판을 피할 수 있다—계속해서 부당한 이득을 얻을 수 있었다.

따라서 공식적인 자금 지원 자체가 반드시 정당의 국가 자원 전용을 입증하는 증거는 아니다.[24] 오히려 표 5.4에서 알 수 있듯이, 국가 자원이 더 많이 전용당할수록 정당 자금 조달에서 공적 보조금이 차지하는 비중은 줄어든다. 오히려 정당에 대한 국가의 재정 지원이 규제되지 않고, 재량적 접근을 허용하며, 가장 강력한 정당에 집중된다면 전용의 발생은 더 그럴듯해진다. 국가 보조금은 그 자체로 정당 간 담합이나, 국가 자산에 대한 기존의 규범이나, 단순히 기능적 요구의 결과일 수도 있다. 그러나 이러한 보조금은 제대로 규제가 이뤄지지 않고, 집권 정당에 명백하고 부당하게 혜택이 돌아갈 때만 전용으로 나타난다. 자금 지원이 비공식적이고 재량적이면 국가 자원을 전용할 가능성이 훨씬 더 크다. 따라서 이 장에서 살펴볼 것처럼, 국가가 정당에 자금을 지원하지 않는 라트비아와 국가가 정당에 막대한 자금을 지원하는 슬로바키아 모두에서, 정당이 국가로부터 상당한 자원을 수취한 것으로 나타났다.

반대로 자금 조달이 규제되고 투명하며, 정당 간에 분산된 곳에서는 국가가 직접으로 공식적인 정당 자금을 지원하는 수준과 상관없이 자원 전용이 훨씬 적었다. 헝가리는 국가가 정당 자금을 넉넉하게 지원했지만, 이를 고도로 규제하고 비공식적인 자금 지원을 제한했다.

표 5.4 2004년까지 추정된 정당 수입원(백분율)

국가	공공 보조금	당원 당비	사적 기부
헝가리	69	3 미만	25
에스토니아	85	1 미만	10~15
슬로베니아	70~75	1 미만	25
폴란드	50	1 미만	50
체코	35	5	55
슬로바키아	30	4	60
불가리아	20 미만	7 미만	76
라트비아	모름	2 초과	85
서유럽	52	10~15	20~40

출처 저자의 계산, ∑S/∑T로 구한 값. S=*i*th 정당에 대한 국가 기여금, T=*i*th 정당이 받은 총자금. Ágh, A. 1995. "Partial Consolidation of the East-Central European Parties," *Party Politics*, 4: 491-514; Walecki, M. 1999. *Wybrane aspekty finansowania partii politycznych w Polsce*. Warsaw: ISP; 체코·슬로바키아 내무부; Pierre et al. 2000; *Lidové Noviny*, 2 September 1996; Dmitrova 2002; Sikk 2006.

1989~1990년[25] 공산당과 야당, 그리고 야당 진영 내부에서 광범위한 타협이 이뤄지면서 첫 번째 선거 이후 과거 공산당의 재산이 모든 정당에 분배됐다. 이를 통해 각 정당은 재정을 유지할 수 있었고, 이후로도 공적 국가 자금은 정당에 계속해서 지원됐다.[26] 정당에 관한 새로운 법률의 거의 3분의 2가 자금 분배 방법, 사용, 회계, 잠재적 기부금 한도에 관한 것이었다. 정당 자금 지원보고서가 공개됐고, 독립적인 감시기관인 정부 통제위원회가 설립됐다. 그 후 1991년 5월에는 정당에 전문 회계 기준이 도입됐고, 이 기준은 계속 유지됐다.[27] 그 결과 정당과 밀접하게 연계된 재단이 등장하고, 정당—특히 "자발적으로 민영화를 추진한 자들"과 돈독한 관계에 있는 공산당의 후신인 MSzP—과 기업의 유착관계가 형성됐음에도 불구하고, 정당 재정은 여기에서 고려한 다른 사례보다 더 공개적이고 더 엄격하게 통제됐으며, 지대 추구 행위

도 덜 허용됐다.[28]

반대로 에스토니아는 1996년에야 정당에 대한 국가 자금 지원 제도를 도입했다. 그러나 도입 전후로 정당에 부과된 엄격한 규제로 인해 정당들은 국가를 악용할 수 없었다. 자금 지원 자체는 "부정한 기업 기부금과 외국 기부금을 비롯한 여타 자금 출처의 부당한 영향력을 제한하기 위한 목적으로" 도입됐다.[29] 이후 2004년에 정당에 대한 공식적인 국가 자금 지원이 크게 늘었는데, 이는 부분적으로 기업의 기부를 전면 금지하는 새로운 제약을 대신해 정당에 보상하기 위한 것이었다. 정당 재정 지원 규제에는 일부 미미한 점도 있었지만—예를 들어 중앙선거관리위원회가 작성한 정당 재정보고서를 원내 위원회가 감사하는 등—, 2004년 법은 정당 재정에 대한 규제와 감시를 더욱 강화했다.

슬로베니아는 국가가 처음부터 정당에 자금을 지원했으며, 시간이 지남에 따라 정당 재정 담당자를 더 엄격하고 강력하게 규제했다. 민주화 초기에는 자유주의적 자금 조달 법률에 따라 외국 자금 조달을 명시적으로 금지하지 않았으며, 공공보조금·당비·개인과 기업의 기부를 허용했다. 보고 요건이 마련됐지만, 수입을 보고한 정당은 소수에 불과했다. 그러나 LDS-SKD 간 경쟁과 상호 비난의 결과로 1994년 정당에 관한 법률이 제정되면서 큰 변화가 생겼다. 감사원이 감독 권한을 넘겨받으면서 이제 신고 요건을 충족하지 못한 정당에는 무거운 벌금을 부과할 수 있게 됐다. 익명의 기부자가 허용되지 않았고, 2000달러 이상의 기부금은 모두 보고해야 했으며, 모든 정당은 의회와 최고 감사 기구에 자산을 신고해야 했고, 수입을 제대로 보고하지 않으면 보조금 지급을 중단하는 등 자금 출처가 축소됐다. 따라서 1996년까지 슬로베니아의 정당들은 대부분 공공보조금으로 자금을 조달했다.[30]

비공식적 정당 자금 조달

국가로부터의 **비공식적** 자금 조달은 직접적 형태와 간접적 형태를 모두 취했다. 비공식적인 국가 자금의 직접적인 원천 중 하나는 공기업과 지방정부로, 현직자들은 예산 지출에 차질이 생기지 않도록 중앙당 금고에 기부해야만 하기도 했다. 느슨한 법률도 비공식적인 국가 자금 조달을 부추겼다. 익명의 기부자와 국외 출처를 허용하거나, 기부금과 지출에 대한 상한선을 법률로 설정하지 않아 자금 조달이 더 쉬워지기도 했다. 다른 국가에서는 이러한 법적 공백이 신속하고 효과적으로 메워졌는데, 몇몇 폴란드 기업인들이 "바르샤바 증권거래소에 상장된 어떤 기업도 정당에 기부할 수 없다"고 불평할[3] 정도로 폴란드는 국가 또는 외국인이 지분의 1퍼센트라도 보유하고 있는 기업의 정당 자금 조달을 법으로 금지했다.

정당들은 **비공식적**이고 **간접적**인 국가 자금원을 사용하면서 시장과 민주적 제도를 통해 구축된 통로를 활용했다. 가장 바람직하고 수익성 높은 자금원은 탈공산주의 이후 재분배된 국유재산이었다. 그 규모를 염두에 두면 이러한 재분배 과정은 감시·감독이 어려웠다. 공산주의 시대에 국가는 막대한 규모의 산업체, 부동산, 천연자원 등의 자산을 보유하고 있었기 때문에, 이러한 국가 자산의 매각은 잠재적으로 매우 수익성 있는 자산의 원천이 될 수 있었다. 입찰·경매·계약·매각을 통한 직접 수익은 매물이 가장 많았던 민영화 초기 몇 년 동안 특히 매력적이었다. 집권 연립정부는 당내 동맹 세력에게 계약과 매각을 몰아주고 민영화 과정과 그에 관한 규제를 장악했다. 집권 세력은 뇌물을 대가로 국내외 투자자들에게 유리한 투자와 조달 결정을 내렸다. 이러한 결정은 기존 유착 세력에게 이익을 줄 수 있었고, 새로운 유착관계가 결성되기도 했다. 이러한 정경유착은 주로 일부 국영은행이 정당에 상환 조건이 없다시피 한 대출을 제공함으로써 국가 자금의 또 다른 간접적 원천이 됐다.

민영화로 지대를 추구하는 구체적인 전략은 국가마다 달랐다. 폴란드와 슬로베니아처럼 민영화가 점진적으로 진행되면서 동시에 상당한 감독을 받았던 곳에서는, 정당이 일부 국영기업의 감사위원회를 장악하여 자기 당의 소속 위원으로 채웠다. 그러면 감사위원회의 정당 소속 위원들은 급여 일부를 소속 정당으로 되돌려 보냈다. 민영화 과정이 상대적으로 빠르게 이뤄지고, 감독 범위가 넓지 않았던 체코와 라트비아에서는 민간 투자자들이 정당에 뇌물을 직접 주는 경향이 있었다. 슬로바키아에서는 신속하게 직접 매각을 진행해 정당에 우호적인 지지자가 생겨났고, 이들은 다시 정당에 돈을 보냈다. 당연히 민영화된 슬로바키아 부동산의 83퍼센트는 경쟁 없이 미리 정해진 구매자에게 매각됐다.[32] 마지막으로 불가리아에서는 민영화가 늦어지고, 감독이 거의 이뤄지지 않아 정당의 유착 세력이 국유재산을 직접 인수했다.[33] 1992년 말 불가리아에서는 민영화 수익의 100퍼센트가 정당이 직접 통제하는 재량적 비정규예산 기금으로 들어갔다.[34] 그 결과 검토 대상인 모든 사례에서 정당과 관련된 민영화 스캔들이 발생했지만, 정당 개입의 구체적 내용에는 상당한 차이가 있었다.

급여 반납과 기업 활동 등도 비공식적이고 간접적인 정당 자금 출처였지만 수익성이 낮았다. 국회의원과 국가 공무원은 급여의 5~10퍼센트를 자신을 해당 직책에 임명한 정당에 납부했다.[35] 이러한 정당 "세금"은 국회의원·시의원·기업 이사회 이사 등 정치적 지위를 획득한 사람들에게 부과됐다. 이러한 십일조는 국가 자원이 정당으로 유입됨을 의미했다. 또한 정당의 유착 세력은 민간기업을 설립하여 국영기업에 자문을 비롯한 기타 서비스를 제공했다. 이러한 서비스를 통한 수익은 다시 정당 금고로 들어갔다.[36]

강고한 경쟁의 효과

정당 간 경쟁은 몇 가지 기제를 통해 공식·비공식 자금 조달의 착취적 성격을 제한했다. 첫째, 경쟁이 강고해지면서 각국 정부는 공식 자금 지원 기관을 빠르게 설립했고, 이로써 민영화로 각 성낭이 얻을 지대도 제한됐다. 국가 자원에 특권적으로 접근하게 되면 집권 정당이 고착될 것이라는 우려는 허점을 막고, 자금 조달을 효과적으로 감시·규제하며, 비공식적이고 은밀한 자금 조달을 최대한 제거해야 한다는 공감대로 이어졌다.[37] 그 결과 정당 자금 조달은 더욱 엄격하게 규제·공식화되고 투명해졌으며, 시간이 지남에 따라 점점 더 엄격해졌다. 공식적인 규제는 조기에 생겨났을 뿐만 아니라, 선거 당선자에게 자금이 집중되지 않고 분산되는 경향이 있었다. 이러한 지원은 비배제적이고 비경합적이므로 "공공재"에 가까웠다.

둘째, 경쟁은 정부를 감시하고, 위법행위를 공론화함으로써 국가의 비공식적 자금 지원을 직접적으로 제약하기도 했다. 다양한 정당의 관여와 비공식적인 감시 때문에 강고한 경쟁은 민영화와 정부 계약에서 지대 추구 행위를 제한했다. 가령 헝가리 정당에 지원된 비공식적 국가 자금의 주요 형태는 정당의 유착 세력이 국가 계약을 얻은 뒤 내놓는 비공식 수수료였다. 따라서 1995년 국가민영화·자산관리공사ÁPV Rt.는 민영화된 지방 부동산 자산의 보상 문제를 지방정부와 협상하기 위해 변호사 토칙 마르타Tocsik Márta(1952~2013)을 고용했다. 토칙 변호사는 협상을 유리하게 이끈 대가로 보상금의 10퍼센트인 320만 달러를 받았다. 그런 다음 그녀는 이 돈의 절반을 MSzP와 밀접하게 관련된 회사들에 이체했다. 그러나 야당인 Fidesz와 언론이 이 거래를 폭로하자 토칙은 기소됐고, 수수료의 절반을 받은 기업의 관리자들 역시 배임 혐의로 유죄 판결을 받았다.

마찬가지로 경쟁이 강고한 슬로베니아에서도 금융 스캔들이 발생하면 즉각적인 제재를 받았다. 슬로베니아 SLS의 수장인 마르얀 포도브닉Marjan Podobnik(1960~)은 가상의 은행 계좌를 개설하고, 민영화가 예정된 대기업을 협박한 혐의로 기소됐다.[38] 포도브닉은 1992년에 국영기업 Lek*로부터 자금을 받는 사건에도 연루됐다. 당시에는 합법적인 돈이었지만, (기부를 원치 않았던 Lek 감사위원회를 우회하기 위해) 다른 회사를 통해 자금이 전달됐기 때문에 포도브닉과 그의 동료들은 불법 자금 수수 혐의로 기소됐다. 야당인 SD는 이 사실을 폭로했고, 언론 스캔들이 뒤따르면서 포도브닉 일당은 정당에서 출당됐다.[39]

셋째, 야당은 민영화 과정에서 여당이 자원을 어디로, 어떻게 취했는지 감시했다. 민영화가 진행되지 않은 곳에서는 정당이 국유재산을 직접 보유하거나 인수할 수 있었다. 감독이 최소한으로 이뤄지면 정당, 국유재산, 잠재적 제3자 수혜자 간의 연결고리가 방해받지 않고 성장

---

* Tovarna zdravil Lek. 슬로베니아 최초의 합자 회사이다.

할 수 있었다. 예컨대 불가리아에는 정당 재산에 대한 일관된 규정이 없어 일부 정당이 "정치적 문제 대신 주로 재산 관리를 다루는" 영리 단체로 변모했다.[40] 정당은 (국가로부터 보조받은) 사무실을 전대轉貸하고, 정당 사무실 리모델링 계약을 유착 기업과 체결한 후 국가에 과다 청구하고, 국영기업 자산을 유착 기업에 유리한 가격에 매각하여 빼돌리는 등의 방법을 이용했다. 가장 악명 높은 사례는 1995~1996년 BSP 정부가 여당과 유착관계에 있는 부실기업 및 기타 은행을 지원하도록 불가리아 국립은행에 강요한 것이다.[41]

이러한 관행을 밝힐 강고한 경쟁이 없는 곳에서는 국회의원들도 기업으로부터 직접 급여를 받았다. 일례로 폴란드 의원들은 국영기업의 감사위원회에서 일한 데 반해, 불가리아 의원들은 유리한 계약 수주와 민영화 거래에 대한 대가로 기업가들로부터 급여와 수수료를 직접 받았다. "의원이 소속 정당을 대표하여 활동하는 경우 수수료는 정당 금고에 입금되어야 한다"는 비공식적 규칙이 개발됐다.[42] 의원이 단독으로 행동하면 일부만 정당 금고로 들어갔다. 일부는 한 걸음 더 나아 갔다. 일례로 불가리아 유로좌파Българска Евролевица(이하 BEL) 지도자 알렉산드르 토모프Александър Трифонов Томов(1954~)는 비밀 유지와 보증금 등에 관한 엄격한 조건뿐만 아니라 정당의 의회 활동과 관련해 기업들에게 수수료를 받는 일정표를 작성했다.[43] BSP(1994~1997년 집권)나 SDS(1997~2001년 집권)에 맞설 수 있는 유력한 야당이 없었던 탓에 불가리아에서는 이러한 행위가 위축되지 못했다. 당연히 불가리아 기업의 42퍼센트 이상—이 지역에서 가장 높은 비율—이 정치권에 청탁의 대가로 돈을 냈으며, 28퍼센트는 적어도 한 번 이상 뇌물을 줬다.[44]

넷째, 경쟁이 강고한 국가에서는 혜택의 집중도가 훨씬 낮았으며, 어느 한 정당이 비공식적인 자금원을 독점하지 않았다. 또한 폴란드와 슬로베니아에서처럼 기업들은 자신들의 정치적 행보에 이목을 집중시킬 수 있는 특정 정당에 거액을 기부하기 자제했고, 그 결과 민영화 거래나 기타 계약에서 유리한 대우를 받기 위해 정당에 뇌물을 줄 수 있는 여지가 최소화됐다. 그러나 강고한 경쟁이 약한 곳에서는 이러한 집중이 방해받지 않았다. 일례로 1999년 11월 불가리아 SDS 정부는 지난 10년간의 재정 비리 혐의로 기소됐을 때 언론이 제기한 의혹에 답변하기를 거부했다. 결국 대통령 페타르 스토야노프Петър Стефанов Стоянов(1952~)가 개입하여 의혹을 해명하라고 요구했으나 소용이 없었고, 당시 두 주요 야당인 BSP과 BEL은 이러한 문제를 활용하기엔 너무 약했다.[45]

정당 자금 조달은 공식적·비공식적 출처와 제재 기제로 구성되므로 경쟁의 강도 변화에 매우 취약하며, 즉각적으로 영향을 받는다. 공식적인 국가 감독 제도의 수립과 국가 행정의 확장을 특징으로 하는 제도적 생성 과정은 더디게 진행되므로, 정당 간 경쟁의 견고성 변화에 대응하는 데 더 오랜 시간이 걸린다. 그러나 국유재산 매각과 정당의 직접적인 민영화 이익 편취, 뇌물 수수 등 착취적 정당 자금 조달의 여러 측면은 새로운 법이나 기관의 수립이 아니라 즉각적인 기회와 감시 부족에서 비롯됐다.

이 지역에서 자금 조달이 경쟁에 반응하기 시작한 것은 공산주의 정권이 퇴출당하면서부터였고, 이는 공산주의의 자산이 모든 정당에 분산되었는지에 따라 차이가 있었다. 부정적인 사례가 이를 잘 보여주는데, 공산당 후신인 BSP는 조직이 보유한 은행 계좌나 자산을 매각하도록 강요받은 적이 없었다. 야당의 세력이 약해 BSP는 1990년대 후반까지 "공산당 자금의 분산이나 조사에 대한 압박을 받지 않았"기 때문이다.[46] 따라서 BSP는 공식적인 자원의 이점을 누리는 동시에 수익성 있는 비공식적 인맥을 유지할 수 있었다. 정당 자금 조달 규정에 따라 정당은 사업 활동을 할 수 있었고, BSP는 특히 모든 정당에 부동산 보유 및 기업의 매입·관리·매각을 허용한 법률의 혜택을 누릴 수 있었다.

정당 자금 조달 전략이 강고한 경쟁에 민감하다는 또 다른 징후는, 과거에는 경쟁이 강고해 정당이 제약받았더라도 경쟁이 약해지면 그 즉시 집권 정당이 국가를 약탈할 수 있다는 점이다. 일례로 1998년 헝가리는 Fidesz 연립정부가 집권하면서 경쟁 제약이 다방면으로 완화됐다. 야당인 MSzP는 1998~1999년의 대부분을 선거 패배의 충격을 극복하는 데 보냈으며, 당내 개혁, 전당대회 개최, 당직자 교체, 위원회 발족 등 선거에서 드러난 약점을 보완하는 데 집중했다. 이 시기 Fidesz는 야당이 정부를 제약하는 데 유용했던 몇몇 사항을 제거하기 위해 기민하게 움직였다. 탈공산주의 야당이 주도했던 의회 면책·이해상충 위원회는 이제 집권 연정이 관할하는 기관이 됐고, Fidesz가 임명한 검찰은 Fidesz 관련자들에 대한 50여 건의 범죄행위 고발에 대해 아무런 조치도 취하지 않았다. 2000~2001년 MSzP가 힘을 되찾은 후 Fidesz는 남용행위를 대체로 중단했지만, 정권 교체 위협을 거의 느끼지 못했기 때문에 원하는 대로 자유롭게 행동할 수 있었다.

Fidesz 정권하에서 비공식적인 정당 자금 지원은 점점 더 심해졌고, 그 수혜자는 주로 Fidesz와 연정 동반자인 FKgP였다. 민간기업과 국영기업이 연립정부의 호의를 얻기 위해 경쟁하면서 뇌물은 선호하는 채널이 됐다. 그 결과 2000년에는 의회 조달위원회 위원장이 2천만 포린트(80,000달러)의 뇌물을 받은 사실이 적발되기도 했다. 2000년에 는 논란 많던 FKgP의 당대표이자 농업부 장관이었던 요제프 토르얀이 일련의 뇌물 수수 혐의로 기소됐다. 연합이 주도하는 면책위원회는 그 를 비난하거나 그에 대한 소송을 개시하기를 거부했다. 그러나 이 무렵 야당이 다시 깨어나기 시작했고, 토르얀이 수사를 거부하자 정치인들 이 잇달아 자신의 재무제표를 공개하는 등 비공식적으로 엄청난 압력 을 가하기 시작했다(3장 참조). Fidesz조차 새로운 이해상충방지법을 공 개적으로 고려하기 시작했고, 토르얀은 2001년 2월 사임할 수밖에 없 었다.

경쟁에 대한 정당 자금의 내생성(즉, 정당 자금 자체가 경쟁에 미치는 영 향-옮긴이) 때문에 극단적인 경우 집권 정당은 선거 때마다 사용할 수 있는 자금의 양을 결정하기도 했다. 당연히 경쟁이 강고하지 않은 곳에 서는 "집권하고 있는 덕분에 자금 조달 측면에서 야당보다 훨씬 유리 한 위치에 있다는 사실을 잘 알고 있는" 여당이 "공적 자금 지원을 점 차 줄여나갔다".[47] 이러한 정당들은 직접적이고 규제된 공식 국가 자금 에 매이지 않았고, 간접적인 자금을 공식적으로든 비공식적으로든 활 용할 기회를 잡았다. 이러한 재량권을 통해 집권 정당은 스스로 유리한 고지를 점할 수 있었다. 가령 불가리아에서는 선거법과 정당 자금 지원 규정이 정부 임기마다 바뀌었는데, 이는 정부가 "자기 당의 이익을 고 려해 규정을 수립"하고자 했기 때문이며,[48] 1994~1997년 BSP가 의회 에서 절대다수를 차지함으로써 그 가능성은 더욱 커졌다. 이러한 재량 권은 매우 수익성이 높았으므로, EU의 압력에도 즉각적인 변화는 일 어나지 않았다. 2001년에는 1퍼센트 이상의 득표율을 얻은 정당에 득표율에 비례하여 연간 정부 보조금이 지급됐다.[49] 그러나 보조금 액수는 명시되지 않았고, 원내 정당에 유리한 것이 분명했다. 게다가 2004년에 이르러서야 익명의 기부자 명단이 공개됐고, 그 이후에도 정당은 사업 활동을 계속할 수 있었다.

그렇다고 헝가리·슬로베니아·폴란드의 정당이 더 도덕적이었던 건 아니다. 헝가리·슬로베니아·폴란드의 정당도 국가 자원을 활용할 수 있는 곳이라면 어디든 달려갔다. 이들 국가에서는 공기업 민영화와 구조조정이 느리게 진행되면서 상당한 기회가 생겼다. 가령 폴란드에서는 공공조달의 부조리, 특혜성 수의계약, 규제되지 않은 로비 혐의가 드러났다.[50] 1997년 새로운 규정에 따라 폴란드 정당은 부분적으로나마 국영기업과 경제적 이해관계를 맺을 수 없게 됐지만,[51] 당원들은 여전히 국영기업의 감사위원회Rada nadzorcza에 배정되어 급여 일부가 정당 재정에 도움이 되는 방향으로 흘러 들어갔다.

그러나 후기 공산주의 엘리트들과 그들의 경제적 자산 사이의 연결고리를 축으로 여러 민영화 스캔들이 있기는 했지만, 이 장의 뒷부분에서 보게 될 르빈 스캔들과 올렌 스캔들을 제외하면, 집권당이 연루된 경우는 거의 없었다. 더욱이 야당의 경계로 그러한 스캔들은 곧장 공론화됐다. (헝가리에서는-옮긴이) 민영화 과정에서 (집권 여당인-옮긴이) MSzP가 자금을 빼돌렸다는 주장이, MSzP가 집권한 지 1년 만인 1995년에 사실로 드러났다. 마찬가지로 포스타은행 스캔들에서도 국영은행이 여러 기업과 정치인에게 특혜 이율을 제공하면서 후원한 사실이 즉시 드러났다.[52] 이와 대조적으로 1990년대 초 체코 ODS의 수다한 남용행위는 몇 년이 지난 후에야 알려졌다.

정당 자금에 대한 재고찰

세 가지 시사점이 있다. 첫째, 국가 자금 지원 자체는 자원 전용과 상관 관계가 없거나 자원 전용으로 나타나지 않으며, 공식적·비공식적 규제와 감독이 자원 전용과 관련성이 더 높다. 둘째, 공식 제도의 수립이나 국가 행정부의 확장보다, 야당의 비판과 국가 자금에 접근할 수 있는 정도가 정당 자금 조달에 즉각적인 영향을 미칠 수 있다. 셋째, 정당 간 경쟁이 없을 때보다 정당 간 경쟁이 있을 때, 국가 자금의 가용성과 규제에 더 큰 영향을 미칠 가능성이 커진다.[53] 정당은 처음부터 정당 자금 조달의 수준과 규제를 결정한다. 따라서 국가 자금 지원 자체가 정당 간 경쟁을 결정한다고 보기는 어렵다. 마찬가지로 최근 연구에 따르면, 국가 자금이 선거 변동성, 정당 가입 또는 당원 비율에 직접적인 영향을 미치는지 역시 확실하지 않다.[54] 따라서 정당이 시민사회에 뿌리내리지 못하게 하는 원인이 국가 자금이라고 단정할 수는 없다.[55] 오히려 뿌리가 약하고, 조직적 존재감이 낮은 정당은 생존에 필요한 자원의 주요 원천으로 국가에 의존한다. 다음 절에서 살펴볼 수 있듯이, 인과관계의 화살표는 정당 간 경쟁과 조직 구성에서 국가 자금 지원 체제로 향하는 것이지 그 반대가 아니다.

정당 자금 제도 비교

다음 절에서는 두 개의 쌍을 비교한다. 첫째, 폴란드와 체코의 사례는 비공식적이고 간접적인 형태의 국가 자금이 미치는 영향을 보여준다.

폴란드에서는 경쟁이 강고해지면서 비공식적인 정당 자금 조달이 제한됐고, 정당이 민영화 지대를 간접적으로 얻을 장소와 방법에도 영향을 미쳤다. 둘째, 슬로바키아와 라트비아의 사례는 국가 자원 전용이 정당 자금이 아니라, 규제의 정도와 강도에 따라 달라진다는 것을 보여준다. 슬로바키아는 국가 자금 지원 수준이 높았고 라트비아는 전혀 없었지만, 두 나라 모두 정당이 국가를 과도하게 이용했다.

강고한 경쟁이 정당 자금 조달 영역에서 국가 자원 전용을 제한한다면, 경쟁이 더 강고한 곳에서는 비공식 자금은 더 적게, 그에 대한 제재는 더 많이 나타날 것이다. 또한 규제—보고 요건 및 투명한 집행—가 강화되고, 혜택이 정당 간에 더 많이 분산되어야 할 것이다. 이기제는 반응적이면서 동시에 기대적이어야 한다. 즉, 정당들은 스캔들과 위법행위의 증거에 대해 공직을 잃을 것이라 예상하고 반응할 것이다. 이러한 설명이 옳다면, 정당에 대한 국가 재정 지원 문제는 강고한 경쟁이 아니라 민영화 및 자금 지출 **규제**를 반영해 고찰해야 한다.

민영화 및 비공식적 자금 조달

폴란드와 체코의 정당 자금은 규제 정도, 민영화를 통한 국가 자원에의 접근성, 혜택의 집중이라는 세 가지 측면에서 정당 자금과 연루된 전용의 차이를 나타냈다. 체코의 정당 자금 지원은 폴란드보다 규제가 덜했고, 그 혜택은 현직 정치인에게 훨씬 더 집중되어 있었다. 두 국가의 정당이 민영화 과정에서 얻은 자원인 비공식 자금의 규모는 상당히 달랐으며, 체코 정당이 훨씬 더 직접적이고 광범위하게 혜택을 받았다. 폴란드는 국영기업의 민영화 중간 단계인 "상업화" 과정에서, 정당이 기업을 감독하는 데 광범위하게 개입하는 등 민영화를 더디게 추진했다는 점을 고려하면, 이는 더욱 놀라운 결과다. 반면 체코의 민영화는 더 빠르게 진행됐으며, 정당이 감독 또는 규제 역할에 폴란드 정당만큼 관여하지 않았다.

폴란드에서는 야당과 언론의 지속적인 감시 덕에 민주화 첫 10년 동안 정당 자금에 대한 규제와 제약이 급격하게 증가했다. 그렇다고 모든 규제가 효과적으로 시행됐거나, 국가 기관이 무방비 상태였던 것은 아니다. 그러함에도 자원의 집중도는 여전히 낮았고, 국가 자원에 일관되고 대대적으로 접근한 정당은 없었으며, 지속해서 특권을 누리려 했던 정당인 PSL은 의회 야당과 유권자들로부터 처벌을 받았다.

공식적인 정당 자금 지원에 관한 법은 공산당인 폴란드 통일노동자당Polska Zjednoczona Partia Robotnicza(이하 PZPR)과 반공주의 야당인 NSZZ"S" 세력 간의 초기 갈등에서 비롯됐다. PZPR의 국가 자금 지원 법안은 NSZZ"S" 세력에 불리할 수 있는 패키지 법안의 일부로 제출됐다. 이 법안에 따르면, 정당은 국영기업이나 외국으로부터 자금 지원을 기대할 수 없고, 정당 등록을 위해서는 10,000명의 서명이 필요했으며, 직장 조직은 허용되지 않았다.[56] NSZZ"S"는 국외에 여러 유착관계를 맺고 있었고, 조직력을 우려하고 있었으며, 공산주의자들이 이미 국가 자금과 직장 조직에 접근할 수 있음을 알고 있었기 때문에 이러한 조치에 반대했다. (두 세력의-옮긴이) 타협은 두 행위자 모두에게 제약을 가했다. 선거운동을 위한 외국 자금이나 국가 자금은 허용되지 않았고, 직장 조직은 폐지됐다. 공산주의 지배에 대한 두려움 때문에 처음에는 정당에 국가 자금을 지원하지 않았지만, 상원의원과 하원의원들은 국가 자금을 지원받아—평균 임금이 월 125달러였던 당시에 90달러 정도—지구당 사무실을 유지했다. 많은 의원이 지역 정당 조직에 지구당 사무실을 열어 간접적으로 정당을 지원했다.[57]

이후의 타협은 규제를 더욱 강화했다. 1991~1993년 의회에서 가장 큰 두 정당인 UD와 SLD는 연합하여 더 큰 정당에 유리하도록 선거법을 개정했다. 그러나 이 두 정당은 각각 14퍼센트 미만의 의석을 차지해 다른 정당의 지지를 얻어야 했으므로, 여타 정당에 대한 국고 지원을 "당근"으로 제공했다. 미래의 전망을 확신할 수 없었던 다른 정당들—자유주의 정당 한 곳을 제외하고—은 국가 재정 지원 법안을 지지했다.

1993년 선거법은 정당의 의회 활동에 대한 보조금을 도입하고, 전국 명부를 가진 모든 정당이 미디어 매체를 무료로 이용할 수 있는 시간을 더 많이 허용했다. 또한 개인 선거 자금 지출 한도[58]를 계속 유지하고, 정당에 기부할 수 없는 기업과 기업에 의한 "국가 개입"의 정의를 확대하여 국가 자원에 대한 비공식적 접근을 더욱 제한했다. 1991년 선거 이후 77개 정당 중 43개 정당이 제대로 자산 신고를 하지 않은 것으로 드러나자,[59] 재정 신고가 더욱 엄격하게 시행됐다. 1993년 NSZZ"S"가 하루 늦게 신고하여 예산 보조금을 받을 권리를 상실한 후, 국가 보조금을 받을 권리가 있는 모든 위원회는 제시간에 신고서를 제출했다.[60] 추가 자금은 득표수가 아닌 의석수에 따라 지급됐기 때문에 현직 의원들에게 보상이 돌아갔고, 이후 AWS가 강력한 정치 세력으로 부상하면서 규정이 변경됐다.[61] 1997년에는 (의석수 대신) 3퍼센트를 **득표한** 모든 정당으로 국고 지원이 확대됐다. 정당이 잉여금을 보유할 수 있었으므로, 이 기준은 더 많은 득표를 한 정당과 더 적은 비용으로 선거운동을 한 정당에 보상을 제공했다. 1997년 선거법 개정안은 보고 요건과 그 집행을 더욱 강화했지만, 납세자의 반발을 우려해 전액 국고 지원은 제안하지 않았다.[62]

폴란드는 수년 동안 의원들에게 자금을 지원하고, 모든 정당에 선거 비용 일부를 보전해 주었으며, 이후로도 공공자금 지원을 확대하는 방향으로 나아갔다. 2001년에 제정된 새로운 법은 완전한 보고와 더 효과적인 제재를 의무화했다.[63] 한 저자의 말처럼 "부패를 제한하기 위해서는 정당 자금의 출처를 공개해야 한다는 데 모두 동의한다".[64] 그 결과 새 법은 공개 모금운동을 없애고, 기부금 한도를 더욱 제한했다. 더 중요한 것은 각 정당이 설립하고, 독립적인 위원회의 감시를 받는 공공선거기금에서 모든 선거 자금을 지출하도록 규정했다는 점이다. 이 새로운 법은 또한 정당의 모든 기업 활동을 금지하고, 정당에 대한 국가 보조금을 넉넉하게 지급했다. 단, 전제는 정당이 자금을 어떻게 사용했는지 설명할 수 있고, 이러한 공개보고서가 독립적인 공인회계사의 감사를 통과해야 한다는 것이었다.[65] 이에 따라 2003년에는 세 개 정당이 연례보고서가 부적절하다고 거부당해 3년간 국가 보조금을 받을 권리를 잃었다.[66] 국가 보조금이 아닌 모든 후원금은 선거 자금 전용으로 개설된 공식 은행 계좌를 거쳐야 했다. 그 결과 2001년 법에 따라 국가가 정당의 공식적인 주요 자금 조달원이 됐다.[67]

어떤 정당도 개인이나 국가로부터 자금을 집중적으로 조달할 수 없었다. 폴란드 기업인들은 개별 정당을 재정적으로 지원하기 위해 특별히 노력하지 않았다.[68] 설문조사에 응한 폴란드 민간 경영자 중 부패에 관해 불만을 제기한 사람은 4퍼센트에 불과했지만, 절반 이상이 정치인의 3분의 1이 부정직하다고 확신했다.[69] 설문조사에 참여한 응답자 중 대다수는 "기존 정당에 얽매여서는 안 된다"고 답했으며, "정치 사다리의 정점에 있는 정당이 아닌, 검증된 특정 인물을 한시적으로 지지해야 한다"고 답했다.[70] 대신 대부분의 기업은 한 번에 여러 정당에 자금을 지원하거나, 어떤 정당도 지원하지 않았다.[71] 그 결과 대부분의 정당은 자금의 약 절반을 다양한 기업과 개인으로부터 받은 대규모 기부금으로 충당했다.[72] 체코에 비하면 기부금은 매우 적었다. 그리고 야당이 감시했기 때문에 2002년 레프 르빈Lew Rywin(1945~)의 요란한 재판이 있기 전까지 뇌물 스캔들도 드물었다. 르빈—영화 제작자였다—은 향후 아고라출판사Wydawnictwo Agora 인수에 유리한 언론법을 제정하기 위해 SLD 정부와 15만 달러를 대가로 거래하려 한 혐의로 기소됐다.* 거래는 성사되지 않았지만, 야당은 이후 수사를 통해 SLD 정부의 주요 인사들을 소환하는 등 대대적인 공세를 펼쳤다.

놀라운 점은 상대적으로 자원이 공평하게 배분되었음에도 공산주의 후계 정당이 다른 정당에 비해 재정적 우위를 계속해서 유지했다는 사실이다. 헝가리와 슬로베니아에서처럼 폴란드 공산당도 상당한 자

---

* 2002년 초 레셰크 밀레르Leszek Miller(1946~)(PSL과 SLD-UP 연합) 정부는 미디어에 관한 새로운 법을 마련하고 있었는데, 법안은 전국적인 일간지를 소유한 회사가 동시에 텔레비전 방송국을 소유하는 것을 금지하는 반독점 조항을 포함하고 있었다. 그러한 조항은 폴자츠TV Polsat TV의 주식을 사려고 했던 『가제타비보르차Gazeta Wyborcza』의 모회사 아고라에 직격탄을 날렸다. 아고라 이사회가 법안 초안에서 이러한 조항들의 삭제를 정부에 요구하고 있던 당시, 2002년 7월 영화 제작자 레프 르빈이 아고라의 사장 완다 라파친스카Wanda Rapaczyńska와 『가제타비보르차』의 편집장 아담 미흐니크Adam Michnik를 만나 거래를 제안했다. 그는 법률 개정을 대가로 자신이 대변하고 있는 사람들에게는 1760만 달러를, 자신에게는 풀차스 사장직을 달라고 요구했다. 이 사건은 언론인 로베르트 마주렉Robert Mazurek과 이고르 잘렘스키Igor Zalewski가 주간지 『브프로스트Wprost』에 게재한 「연정의 삶으로부터 Z życia koalicji」라는 칼럼에서 최초로 폭로됐다. 즉각적인 반향은 없었지만, 2002년 12월 『가제타비보르차』에 파베우 스몰렌스키Paweł Smoleński 기자의 기사 「법이 뇌물을 조장하고, 르빈은 미흐니크에게 갔다Ustawa za łapówkę czyli przychodzi Rywin do Michnika」가 실리고, 아담과 르빈의 대화 녹취록이 공개되면서 사회적 파장을 불러일으켰다.

산을 매각해야 했다. 세 국가 모두에서 공산당은 상당한 자금을 보유하고 있었고, 실제로 1990년 공산당 후계 정당인 폴란드 사회민주당Socjaldemokracja Rzeczypospolitej Polskiej, SdRP이 창당될 당시, 정당 엘리트들이 모스크바에서 가방으로 밀반입한 현금으로 자금을 조달했다는 소문이 돌면서 폴란드에서 처음으로 정당 자금 관련 스캔들이 터졌다. 헝가리에서와 마찬가지로 공산당은 자기 자산이 다른 정당으로 흩어지는 것을 사전에 방지하려 했다. 공산주의가 몰락해 가던 1988년 말과 1989년에 PZPR 지구당 위원회는 정당 자산을 새로운 회사와 기업에 투자하는 작업에 착수했다. 1991년 이전에 PZPR과 연루된 51개 기업 중 37개 기업이 PZPR의 자산을 국유화한다고 발표하기 전에 파산을 선언했다. 그 후 탈공산주의 통치 연합은 1993년 경제개발청Agencja Rozwoju Gospodarczego을 설립하여 유리한 조건으로 신용을 제공했다. 수혜자 중에는 연정 동반자인 PSL의 정치인들과 관련된 사업가들도 있었다.[73] 그렇지만 정당과 관련된 기업가들이 국가 및 여당과의 관계를 통해 체계적으로 이익을 얻을 수 있다는 증거는 없었다.[74] 은행 민영화로 폴란드 개발은행Bank Gospodarstwa Krajowego, BGH과 중앙동맹Porozumienie Centrum, PC의 관계, 페카오은행Bank Pekao S.A.과 UW의 악명 높은 관계, PSL과 그 "가신"인 식품경제은행Bank Gospodarki Żywnościowej, BGŻ의 관계 등 정당과 은행의 유대는 더욱 약해졌다.[75]

폴란드와 체코에서 나타난 국가 자원 전용의 주요 차이점은 민영화 과정에 있다. 폴란드에서는 1980년대 후반에 이미 폴란드 공산당이 경제를 자유화하여 민간은행 BIGBank Inicjatyw Gospodarczych S.A. 등과 부채 상환을 처리하는 특별 계좌를 개설하기 시작했다. 공산주의가 몰락하면서 정당은 자체 회사를 설립해 유착 기업에 돈을 빌려주었고, 기업은 정당에 물질적 지원으로 상환했다. 그러나 이러한 관행 중 상당수는 1989년 반≠ 자유선거 이후 야당인 NSZZ"S"가 집권하면서 빠르게 사라졌다. 폴란드는 1989~1990년의 "평범하지 않은 시기"에 급속한 자유화 정책을 추진했지만, 역대 정부는 의회와 연립정부 양측의 반대에 부딪히면서 민영화 속도를 늦추고, 그 범위를 축소했다.[76] NSZZ"S"의 조직적·상징적 영향력을 토대로 경영평의회Rada pracowników는 각 국영기업의 민영화 제안에 대해 거부권을 행사할 수 있었다. 1995~1996년 국영기업을 재무부 소유의 주식회사로 전환하는 "상업화"법이 제정되면서 민영화가 본격적으로 시작됐다. 국영기업은 정부와 정치권 인사로 이사회를 구성했고, 정당은 측근을 이사회에 앉히고 급여 일부를 십일조로 받는 등 민영화를 통해 직접적인 이득을 얻기 시작했다.

체코의 민영화는 두 차례(1991~1992년과 1994~1995년)에 걸친 대규모 증서민영화˙ 형식으로 이뤄졌다. 빠른 속도—1995년까지 국유지분의 80퍼센트가 민영화됐다—로 민영화가 추진되면서 동시에 재산권이나 소유 구조에 대한 규제는 최소화됐다. 힐러리 아펠이 설명하듯, 두 가지 결과가 뒤따랐다. 첫째, 증서민영화 이후에도 국가는 여전히 많은 지분을 소유했고, "주요 국책은행이 설립한 투자 민영화 펀드의 성공으로 소유 지위를 간접적으로 유지"했다.[77] 여전히 국가가 대주주로 은행을 소유하고 있었기 때문에 국가는 명목상 민영화된 기업의 채권자이자 소유주가 됐다. 1차 증서민영화의 71퍼센트, 2차 증서민영화의 64퍼센트가 국가 기금으로 흘러 들어갔고, 국가는 경제에 계속해서

˙ 178쪽 옮긴이 주 참조.

관여했다.[78] 둘째, 민영화된 주식을 유통할 증권거래소에 관한 법률이 마련되지 않아 "투자 집단은 새로 발행되는 주식의 양을 공개하지도, 소액 주주에게 보상도 하지 않으면서 주식을 취득할 수 있었다".[79] 그 결과 민영화된 기업의 '터널링'이 발생했다. 셋째, 규제 기반 시설과 감독 기관이 정부가 통제하는 감사원NKÚ 외에는 없었기 때문에 민영화 입찰이나 후속 소유권을 감시할 방법이 거의 없었다. 이처럼 급속하고 규제되지 않은 민영화로 인해, 주식 처분과 기업 소유권에의 접근을 쉽게 하는 대가로 정당 기부금을 거래하는 양상의 정당 자금 스캔들이 쏟아졌다. 체코의 기업가들은 민영화 계약을 유리하게 맺기 위해 돈을 쓰는 경향이 있었고, 민영화 결정이 경영평의회, 독립적인 국가 공무원, 정당 대표의 공동 권한에 속하는 폴란드의 경우보다 훨씬 더 많은 기부금을 내야만 했다.

민영화 거래와 이를 성사하기 위해 쓰인 뇌물은 체코 정당 자금의 주요 원천이 됐다.[80] 느슨한 규제 덕에 정당들은 상대적으로 면책 특권을 누리며 은행과 기업에 자유롭게 접근할 수 있었다. 몇몇 사례에서는 투자자들이 유리한 민영화 거래를 대가로 정당에 자금을 지원하기도 했다. 1994년 투자자 카밀 콜렉Kamil Kolek은 입찰에서 3위를 차지했음에도 백화점을 성공적으로 인수하고자 150만 코루나를 ODA에 기부했다[81](그는 나중에 자신의 지분을 잃지 않으려면 총 200만 코루나를 기부하라는 협박을 받았다고 주장하며 기부금을 돌려달라고 요구했다).[82] ODA는 이러한 기부금이 ODA가 장악한 산업통상부가 기부자(콜렉-옮긴이)에게 합의된 가격보다 낮은 3500만 코루나에 기업을 매각하기로 한 결정에 영향을 미쳤다는 사실을 부인했다.[83] ODS와 KDU-ČSL은 미국 컴퓨터 회사 EDS Electronic Data Systems로부터, ODS와 KDU-ČSL이 장악하고 있는 부처의 직원 정보 관리시스템 설비에 대한 공개 입찰을 취소하는 대가로 뇌물을 받은 혐의로 기소됐다. ODS와 KDU-ČSL[84]은 1996년 기부자 명단에 허위 이름을 기재한 것으로 드러났으며, 거액의 기부금에 대해서는 익명으로 받았기 때문에 기부자의 실제 신원을 모른다고 주장했다.[85]

이러한 비공식적인 국가 자금 지원은 국유재산의 수취뿐만 아니라, 여당에 혜택이 집중되도록 부추기는 느슨한 규제 틀이 있었기에 가능했다. 1989년 야당인 OF의 반反정당적 수사修辭에 따라 임시 "국민화합 정부Vláda národního porozumění"는 1990년 1월 정당에 관한 다소 모호한 법률을 제정했다. 이 법은 OF, KSČ 및 4개의 위성 정당,* VPN이 자체 자금을 사용할 수 있다고 규정하는 것 외에는 재정 문제를 거의 다루지 않았다. KSČ는 다른 정당들이 생존에 위협을 느낄 정도로 막대한 자산을 보유하고 있었기 때문에, 1990년 6월 선거 이후 새로운 민주 입법부는 공산당이 자산의 95퍼센트를 포기하도록 강제함으로써 이러한 불균형을 폐지했다.[86]

바츨라프 클라우스의 ODS는 OF에서 파생되면서 국가 자금 지원은 "마지못해" 허용했지만, 규제 틀을 확대하는 것은 거부함으로써 이러한 양상을 지속시켰다. 1991년 법에 따라 중앙정부는 3퍼센트 이상의 득표율을 얻은 정당에 자금을 지원했다. 이 자금은 정당의 일상적인 활동에 사용돼야 했다. 정당은 자체적으로 기업을 설립할 수는 없지만, 기업을 소유하고 운영하는 데는 참여할 수 있었다. 또한 매년 재무제표

---

* 4개의 위성 정당은 사회당Československá strana socialistická, ČSS · 인민당Československá strana lidová, ČSL · 민주당Demokratická strana · 자유당Strana svobody을 말한다.

를 작성하고 대출받은 금액을 명시해야 했다. 그러나 대출 조건이나 대출 은행 규제에 관한 규정은 없었다.

시간이 지나도 규제의 정도는 증가하지 않았다. 1992년 선거에서 ODS가 더욱 확실한 지원을 받으면서 중앙정부의 자금 지원 수준은 증가했지만, 규제는 오히려 감소했다. 이제 법에 따라 일상적인 활동뿐만 아니라 선거운동에도 국가 자금을 사용할 수 있게 됐다. 1994~1995년에 연립정부는 유권자의 3퍼센트를 초과하는 득표를 한 정당에 국가 자금을 지원하고, 의원당 50만 코루나(15,000달러)의 추가 보조금을 지급하는 방식으로 전환하여 사실상 국가 자금을 받는 정당을 제한했지만, 국가 자금을 받은 정당은 더 많은 이익을 얻을 수 있게 됐다. 10만 코루나(3000 달러) 이상의 기부금은 기부자 명단을 공개해야 했지만, 1995년 당시에는 감사원이 정당을 감사할 수 없었으므로, 이러한 기부금에 대한 효과적인 감시는 이뤄지지 않았다.[87] 정당의 기업 활동은 위축됐다. 그러나 1997년 초에 이러한 제약이 다시 제거되어 정당들이 더 자유롭게 기업 활동을 할 수 있게 됐다. 정당 자금 지원에서 불리한 변화를 감지한 폴란드 야당이 격렬하게 항의한 것과 달리,[88] 당시 유력한 야당이었던 ČSSD는 이 법안을 막으려 하거나 비판하지 않았다.

혜택을 특정 정당에 집중시키려는 시도는 계속됐다. 1998년 야당인 ČSSD가 집권하자 새 정부는 정당 자금 지원 체계 개혁을 최우선 과제 중 하나로 선언했다.[89] 이에 따라 ODS와 ČSSD 모두 정당 자금 지원 개혁에 나섰고, 그 과정에서 잠재적 경쟁자들의 진입장벽을 높였다. 2000년 7월에 제정된 새로운 법은 모든 기부자를 매년 신고하도록 규정하고, 정당에 대한 기부금을 제한했으며, 외국인 기부―외국 정당과 재단 및 체코에 거주하는 외국인의 기부―를 제한했다. 개별 의원의 후원금은 100만 코루나(30만 달러)로 두 배 증가했지만, 10만 코루나(3000달러) 한도까지는 익명으로 기부할 수 있었다.[90] 2000년에 의회는 정당 기부금에 대한 과세를 폐지하는 투표를 하기도 했다. 증여는 제한 됐지만 대출은 제한되지 않았고, 정당들은 대출이나 상환에 관한 정보를 제공할 필요가 없었다.[91]

또한 새로운 법은 정당의 비밀 은행 계좌와 대출에 대한 수사를 효과적으로 차단했다.[92] 당연히 대출은 정당 자금 조달의 핵심 수단이 됐다. ODA와 ODS는 신용산업은행Kreditní a Průmyslová Banka의 은행장 안토닌 모라벡Antonín Moravec으로부터 각각 2500만 코루나와 5000만 코루나를 대출받았고, 이후 유리한 민영화 계약으로 이를 상환했다.[93] 모라벡, 지르지 차넥Jiří Čadek, 빅토르 코제니Viktor Kožený, 알렉산데르 코마니츠키Alexander Komanický 등과 같은 정당 기부자들은 "터널링 행위자"—국영기업을 인수한 후 복잡한 계열사 체계와 책임 이전을 통해 모든 자산을 빠르게 처분한 기업가—중 가장 유명한 인물들이었다. 투명성이 부족한 탓에 이러한 은행 "대출"은 정당에 특히 매력적이었고, 정당은 대출 조건이나 보증인을 명시할 필요가 없었다. 이러한 대출은 국가가 일부 지분을 소유한 은행에서 제공한 후 국영기업을 비롯한 제 3자가 상환했다.[94] 정당들은 거액의 증여를 소규모로 분할하여 세금 감면 혜택을 받을 수 있었고, 1996년 자금 세탁에 관한 법률에 따라 허용된 익명의 은행 계좌를 보유할 수도 있었다.[95]

민영화 자원과 더 넓게는 국가에 대한 접근은 규제되지 않았다. 체코의 느슨한 자금 조달 법률은 또한 국가로부터 은밀하게 자원을 취하는 데 막대한 유인을 제공했다. 우선, 정당 재정 보고에 관한 공식 요건이 존재했지만, 보고하지 않거나 허위로 보고한 정당에 대해서는 아무런 제재가 가해지지 않았다. 게다가 1995년 대법원의 판결에 따라 감사원은 더 이상 정당 자금 조달을 감시하거나 제재할 수 없게 됐다. 정당의 기업 활동을 금지하는 법률의 폐지를 확신한 국회의원들의 요청에 따라, 감사원은 이제 정당의 재정 활동을 감독하거나 접근할 권한을 갖지 못하게 됐다.[96] 엄밀히 말하면 재무부는 재정을 제대로 신고하지 않은 정당에 대해 국고 보조금 지급을 중단할 수 있었다. 그러나 1996년 이반 코차르닉Ivan Kočárník(1944~)(ODS 소속)이 이끄는 재무부는 ODS에 이 규정을 적용하지 않았다.[97]

폴란드나 헝가리의 규정과 달리 체코와 슬로바키아 법은 **국영**기업과 기업이 정당에 기부할 수 있도록 허용했다. 페트로프PETROF, spol. s r.o.처럼 국가가 전적으로 소유한 기업을 포함해 국영기업들은 정기적으로 연립정부에 기부했다.[98] 주목할 만한 사건은 1994년 11월에 ODS가 개최한 기금모금 만찬이다. 여기에는 200명 이상의 기업인이 참석했는데, 이들 대부분은 국영기업을 운영하는 사람들이었다. 1999년에 국영기업의 기부는 제한됐지만, 국영재단은 계속 기부할 수 있었다. 이 허점 덕분에 국영기업들은 재단을 설립하여 정당에 계속 자금을 지원할 수 있었다.

지방정부에 대한 기부도 허용됐으며, ODS는 이러한 기부를 제한하는 제안을 고려하지 않았다. 1998년 9월 언론은 ODS가 자신들이 장악한 프라하 시의회로부터 공공발주를 따낸 수많은 기업에게서 보조금을 받았다는 사실을 폭로했다. 지방정부가 운영하는 여러 회사와 공공시설도 정당 금고에 기부했다.[99] 체코 정당들은 1994년까지 사업 활동을 할 수 있었다. 이후 원내 위원회가 만든 규정을 뒤집어 1997년에는 정당이 다시 사업 활동을 할 수 있도록 허용했다.

느슨한 규제와 더불어 입법 체계와 약한 야당도 자원의 집중을 용이하게 했다. 당연히 지배적인 입법 역할을 맡은 ODS는 이러한 모든 조치의 가장 큰 수혜자였다. 시간이 지남에 따라 이러한 모든 변화는 "정당 정치 현장에서 '가진 자'와 '가지지 못한 자' 사이의 격차를 극적으로 증대시켰다. 또한 1993년 이후 여러 차례 개정된 체코의 헌법과 선거 및 의회 관련 규정은 정당의 힘과 다수결 원칙이 중요한 역할을 하는 제도적 규칙을 확립·강화하는 다소 일관된 경향을 보여준다".[100] 법률과 규정이 개정될 때마다 여당은 야당보다 더 많은 혜택을 누렸다. 가령 체코 선거에서 모든 정당은 후보자 등록을 위한 기탁금을 내야 했지만, 원내 정당에 대한 자금은 국가가 제공한 데 반해 원외 정당은 스스로 자금을 모금해야 했다.

가장 주목할 만한 스캔들은 1995~1996년 ODS의 주요 기부자인 바츠 러요시Bács Lajos와 라지프 신하Rajiv Sinha가 이미 사망한 헝가리인과 모리셔스인이라는 사실이 드러나면서 발생했다. 제철소 민영화 거래의 잠재적 수혜자인 기업가 밀란 슈레이베르Milan Šrejber가 50만 달러에 가까운 기부금의 배후자라는 의혹이 제기됐다.[101] 또한 ODS는 스위스에 1억 7000만 코루나 이상의 자금을 은닉했으며,[102] ODS는 모라비아철강Moravia Steel이 트리네츠케 철강공장Třinecké Železárny에 대한 입찰가를 3억 코루나 낮춘 후, 모라비아 철강으로부터 750만 코루나(24만 달러)를 받은 사실도 은폐했다.[103] 또한 1992년 선거운동에서는 투자우정은행Investiční a Poštovní Bandka, IPB의 자금 5천만 코루나(250만 달러)가 체코문화신탁Czech Cultural Trust—ODS 지지자들이 설립한 준비정부기구—을 통해 상환 기한 없이 ODS에 제공되는 데 사용됐다. 이 거래에서 상당한 부정이 있었음에도 규제 당국은 은행을 방치했고, 정당 지도자와 은행 이사들 간의 회전문 인사는 계속됐다.[104] 은행의 자회사 중 한 곳의 대표는 신문사 일간텔레그래프Denní Telegraf를 소유하고, 노바 TVTV Nova와 프리마Prima 방송국 지분을 보유하고 있던 ODS 지지자 리보르 프로하즈카Libor Procházka였다.[105] ODS나 ČSSD는 선거 당시 빌린 자금을 반환하지 않았고, 법적 처벌도 받지 않았다.

ODS가 지대 추구를 지배했다면 다른 정당들은 지대 추구를 감히 시도했다. KDU-ČSL은 이탈리아 기업가인 레오네 모스카Leone Mosca와 불투명한 계약을 체결했고, 모스카는 300만 코루나(11만 5000달러)를 정당에 송금했다. KDU-ČSL은 1996년 한 해 동안 당원 당비가 740만 코루나에서 1770만 코루나로 놀랍도록 급증했다.[106] 또 다른 연정 동반자인 ODA는 표면적으로는 버진제도Virgin Islands의 회사 TMC로부터 600만 코루나(20만 달러)가 넘는 돈을 받았다[107](후에 TMC는 필립 모리스, 제일민영화기금První Privatizační Fond, PPF, 비트코비체Vítkovice a.s.가 실체인 것으로 밝혀졌다). ODA는 1992년에 6000만 코루나(300만 달러)가 넘는 부채가 발생했지만, 은행 소유주가 부채를 탕감해주겠다고 제안했다. 그 후 민간 기업이 ODA가 새로 받은 5800만 코루나(90만 달러)의 대출을 대신 상환했다.

1996년 "밤베르크 사건Aféra Bamberg"에서 ČSSD는 체코-독일 기업인 집단으로부터 유리한 대출을 제공받는 대가로 정부 주요 직책을 약속한 혐의로 기소됐다. 1998년 ČSSD는 영국의 웨스트민스터민주주의재단Westminster Foundation for Democracy, 스웨덴의 올로프팔메재단Olof Palme Foundation, 네덜란드의 알프레드모저재단Alfred Mozer Foundation 등이 숨은 후원자라고 밝혔다.[108] 그러나 스웨덴 재단은 존재하지 않았고, 네덜란드는 정당에 돈을 준 적이 없다고 부인했으며, 영국 지지자들은 백만 달러 이상을 기부했다고 발표했지만, ČSSD는 훨씬 적은 금액을 기부받았다고 주장했다. 이후 1998년 ČSSD의 최대 기부자 중 한 명이 체코 역사상 최대 규모의 투자 사기와 연루됐다는 사실이 밝혀졌다.[109]

체코 정당은 폴란드 정당에 비해 3~10배 많은 기업 자금을 지원받았는데, 이는 주로 규제가 미약하고, 민영화 과정에서 더 큰 유혹이 발생했기 때문이었다. 폴란드에서 가장 많은 기부를 한 기업은 아서앤더슨Arthur Andersen 회계법인으로, 1997년부터 2000년까지 SLD·UW·WS에 5~8만 즈워티zł(15,000~20,000달러)를 기부했으며, 아고라출판사는 UW에 30만 즈워티(8만 5000달러)를 기부했다. 마지막으로 부유한 사업가 알렉산더 구조바티Aleksander Gudzowaty(1938~2013)는 1995년 폴란드에서 열린 레흐 비웬사 대통령 선거운동 비용의 80퍼센트를 지불했다.[110] 이 모든 수치는 체코 정당을 후원하는 수많은 기업에 비하면 미미한 수준이었다.

1992년과 1996년 선거에서 승리를 거두며 무적의 존재로 보였던 ODS만큼 많은 혜택을 받은 정당은 없었으며, 이 정당의 느슨한 기업 규제는 이익을 얻고자 하는 기업가들로서는 거부할 수 없는 유혹이었다. 이러한 반복되는 스캔들은 결국 1997년 겨울 ODS 정부를 무너뜨렸다. 특히 스위스 비밀 은행 계좌가 폭로되자 일부 의원들은 연립정부를 떠났다. 몇몇 유명 인사들이 탈당한 뒤 자유연합US을 결성한 후 ODS는 외부 감사를 고용하고, 1997년 늦여름에 발생한 홍수 피해자들에게 700만 코루나를 허위로 기부하는 등 평판을 회복하기 위한 몇 가지 조처를 취했다.[111] 스캔들이 쌓이면서 각 정당은 모든 기부자, 직원, 지급된 임금 등의 목록을 공개해야 했지만, 부패 척결 운동에도 불구하고 비공식적인 정당 자금 조달을 통제할 강제 기제는 마련되지 않았다.[112] 요컨대 거의 도전받지 않은 권력 집중 덕분에 집권당은 국유화 및 민영화 과정을 통해 간접적으로나마 상당한 부를 축적할 수 있었다.

요컨대 폴란드는 경쟁이 더 강고해지면 정당이 보유한 자산에 대한 규제가 강화되고 집중도가 낮아지며, 민영화 과정에서 이익을 얻을 기회가 훨씬 더 제한됨을 보여주었다. 반면 체코는 야당이 약해 집권 정당이 수년간 부당한 이득을 취하고 특혜를 기대할 수 있었으며, 아무런 규제 없이 정당에 기부금을 직접 기부할 유인을 제공하는 민영화 체계가 형성될 수 있음을 보여주었다.

공식적인 국가 자금 지원, 전용인가

정당 간 경쟁이, 정당이 비공식 자금을 확보하는 방법과 양에 영향을 미쳤다면, 이 절에서 주장하는 바와 같이 공식적인 자금 지원 자체는 국가 자원 전용에 도움도 해도 되지 않았다. 슬로바키아와 라트비아에서처럼 국가 자금 지원 조항이 공식적으로 있든 없든, 정당들은 국가 자금 지원 여부와 무관하게 국가 자원을 전용할 수 있었다.

슬로바키아는 상당한 금액의 국가 자금 지원이 국가 자원을 전용할 기회가 되었음을 보여준다. 슬로바키아는 체코슬로바키아 연방에 속해 있었기 때문에, 초기 슬로바키아의 정당 자금 지원 제도는 체코와 같았다. 1992년에 법이 개정되어 권한이 없는 정당은 자금을 상실하도록 규정했다. 이는 잠재적인 새로운 도전자들을 위한 자금을 배제하고, 정당이 권한을 얻는 것이 무엇을 의미하는지에 대한 유연한 해석을 허용함으로써, 새롭게 부상한 블라디미르 메치아르의 HZDS에 이익이 됐다. 의회에서 정당이 끊임없이 분열되고 통합되는 상황에서 후자(통합-옮긴이)의 이점은 HZDS에 유리하게 작용하는 특히 중요한 허점이었으며, 메치아르는 법 해석을 담당하는 사법부 인사들을 임명하기 시작하면서 이를 충분히 활용했다. 1992년 법은 1990년 법에 규정된 신생 정당에 대한 국가 자금 지원 조항을 추가로 폐지했다. 1994년 개정된 법은 50,000 슬로바키아 코루나(이하 Sk)(1425 달러) 이상을 기부하는 기부자는 익명을 유지할 수 없도록 규정했다. 외국인 기부금은 여전히 합법적이었으므로, 슬로바키아 기업들은 국외에 있는 유령 회사나 개인을 통해 정당에 거액의 자금을 전달했다.[113]

정당 재정에 대한 규제는 2000년까지 거의 존재하지 않았다. 1991~1998년 정부하에서 국가는 득표율의 3퍼센트를 정당에 지원했으나, 이 자금을 규제하지는 않았다. 또한 민간기업이나 국영기업의 기부금 액수를 제한하는 규정도 없었으며, 기부금 한도도 없었다. 1994년 법에 따라 정치 조직은 명확하게 정의된 영역에서만 사업 활동을 홍보할 수 있도록 공식적으로 허용됐다. 그러나 1996년 슬로바키아 언론은, HZDS 당원들이 정당 및 운동에 관한 법률이 적용되지 않는 사업 활동 영역에서 기업을 설립해 민영화 기획에 참여했다는 사실을 폭로했다. 또한 HZDS는 민영화 과정에 참여하고자 하는 기업들에게 "민영화 기획의 성공적인 실현을 위해서는 HZDS 소속 기업과 유착관계를 맺는 것이 필수 전제조건"이라는 사실을 자주 언급했다.[114]

정당 자금 조달에 관한 법률은 2000년에 의원 1인당 연간 50만 Sk 또는 1500달러의 의정활동 보조금이 도입될 때까지 거의 변경되지 않았다. 이전 법률에 따르면, 최소 3퍼센트의 득표율을 얻은 정당은 득표당 60Sk(1.8달러)를 받았다. 새로운 제도로 인해 국가 지원금은 크게 증가했다. 각 정당은 이제 국가 예산에서 7500만 Sk(220만 달러)를 추가로 지원받게 됐다. 2000년 법은 익명 기부를 폐지하고 최초로 정당들이 재정 신고를 하도록 규정했지만, 신고에 대한 감시나 제재는 도입하지 않았으며, 대출 및 기타 간접적인 출처는 여전히 이름을 밝히지 않아도 됐다. 2004년 법이 개정되면서 후원금이 5000Sk(150달러)를 초과하는 경우 서면 계약이 필요하게 됐다. 또한 당비도 제한했는데, 이는 설립자가 정당 예산의 대부분을 홀로 조달했던 야당인 신시민동맹Aliancia nového občana, ANO에 가장 큰 타격을 줄 수 있는 조치였다. 이 법은 또한 투표당 보조금을 140Sk로 두 배 이상 늘리고, 국가 보조금을 평균 임금의 함수로 만들어 장기적으로 국가 자금이 증가하도록 만들었다.[115]

비공식적인 전용 또한 메치아르 정부하에서 엄청난 비율로 증가했다. 놀랍게도 뇌물 수수는 더 이상 불법이 아니었다. 그 결과 HZDS는 슬로바키아에서 가장 부유한 정당이 됐고, 은밀한 거래와 광범위한 개인적 유대를 통해 재정을 운영해 1991년과 1994년에 잠시 권력에서 물러났으나, 지배적 지위는 변하지 않았다. HZDS는 기명 기부금, 국가 지원금과 미신고 기부금 외에도 1998년에 받은 4000만 Sk(1200만 달러)와 같이 익명의 기부자들로부터 "천문학적으로 높은" 액수의 기부금을 계속 받았다.[116]

혜택이 집중됐고, 주요 수혜자는 HZDS였다. 1994년 정당에 관한 법률은 정당에 기업 **설립**을 금지했으나, **기존** 기업과 법인에 개입하는 것은 허용했다. 그 덕에 메치아르 정부가 직책과 계약을 모두 배분하면서 우호적인 민영화 거래가 정당 자금 모금의 지배적 출처가 됐다. 최소한의 감독이나 규제도 받지 않은 HZDS는 연립 동반자인 ZRS나 SNS보다 훨씬 더 많은 혜택을 누렸다.[117] "민영화 투자자와 공무원, 고위 정치인 사이의 연결고리"[118]를 키운 HZDS는 민영화 입찰을 정당 기부금에 따라 조건부로 진행했고, 계약 자체는 정당의 유착 기업에 돌아갔다.

진짜 돈은 늘 그렇듯 민영화 거래에 있었다. 1994년 주식을 직접 판매하게 되면서 증서민영화의 두 번째 물결이 사라지자, 연정은 자신들의 이익을 극대화할 목적으로 기업을 민영화했다.[119] "집권 정당은 국가 보조금만으로 살 수 없음이 모두에게 명백"해졌다.[120] 민영화 과정의 첫 3년 동안 국유재산기금FNM은 매각된 기업들에 대해 350억 Sk(10억 달러)를 받았다. 1994년 메치아르가 통치를 완전히 공고히 한 후 첫 6개월 동안 FNM는 200억 Sk(5억 5000만 달러) 상당의 부동산에 대해 30억 Sk(8600만 달러)를 받았다.[121] 설립 초기부터 HZDS의 지지자이자 주요 재정 후원자였던 슬라보미르 하티나Slavomír Hatina는 HZDS로부터 헐값에 매입한 39퍼센트의 지분을 통해 슬로브나프트합자회사Slovnaft, a. s.를 지배했다. 전 교통부 장관이었던 그는 이제 제철소인 코시체 철강공장VSŽ Košice을 장악하여 파산 직전까지 몰고 갔다(다만 회사가 거액으로 US스틸에 매각되면서 파산은 면했다). 전 재무부 장관이었던 율리우스 토트Julius Tóth(1935~)는 슬로바키아의 유일한 민간은행을 지배했다.[122] 다른 수혜자로는 원외 연립정부 의원과 HZDS의 측근들이 있었다.

체코와 마찬가지로 슬로바키아도 국영기업과 지방정부가 전국 정당에 자금을 지원했다. 지역 단위의 부동산 거래는 정당 자금을 세탁하는 데 사용됐다. 1998년 이후로도 여당인 KDH 또한 모든 광역단체 및 지방의 당협위원장을 사업가와 KDH 지도자가 소유한 언론사 소속으로 고용했다.[123]

그러나 경쟁 구도가 바뀌면서 정당 자금 조달 체계에도 변화가 일어났다. 1998년 마침내 HZDS가 권력을 잃자 규제 틀이 바뀌기 시작했다. 1999년 말 SDK 정부가 도입한 법안은 정당이 사용할 자금의 한도를 제한하고, 국고 지원금을 늘렸으며, 정당 계좌의 투명성을 강화하도록 의무화했다(기부자 명단은 여전히 비밀로 유지됐다).[124] 그러나 ODS(체코)와 HZDS(슬로바키아)가 집권한 시기에 이들은 자금의 성격이나 액수에 대한 제약 없이, 국가로부터 생존을 위한 자원을 자유롭게 조달할 수 있었다. 또한 야당이 약했기 때문에 1990년대 후반이 되어서야 집권당의 지대 추구 행위의 전체 규모가 공개됐다. 규제와 법적 책임이 부족했던 탓에 은밀한 정당 자금이 영향력을 발휘할 수 있었다.

상대적으로 민영화가 신속하게 진행되고 감독이 허술했던 탓에 라트비아 정당들은 지대 추구 행위를 통해 생존할 수 있었다. 그러나 슬로바키아와 달리 라트비아에서는 공식적인 국가 자금 지원 규정이 없었다. 국가의 지원을 받으려는 여러 정당의 시도는 모든 집권 연합의 킹메이커 정당인 LC의 방해를 받았다. LC는 납세자들이 반발할 것이라고 주장했다. 그러나 동시에 LC는 인민당Tautas partija(이하 TP)과 함께 국가 계약에 의존하는 사업가들과의 비공식적 관계에서 가장 큰 이익을 얻은 수혜자였다. 구 체코슬로바키아의 ODS와 HZDS에 도움이 됐듯이, 집권당의 이점은 LC에도 유리하게 작용했다. "1993년 이후 정부에서 지배적인 세력이던 LC는 재정적으로도 가장 좋은 정당이었다."[125]

정당 재정에 대한 규제를 강화할 유인은 거의 존재하지 않았다. 당연히 1995년에 처음으로 제정된 정당 자금 조달에 관한 법률은 일반적이면서도 매우 느슨했다. 이 법은 공식적인 국가 또는 지방정부의 자금 지원은 물론이고 외국인이나 익명 기부자의 자금 지원도 금지했다. 그러나 라트비아 민족독립운동Latvijas Nacionālās neatkarības kustība, LNNK 진영이 다른 여러 정당의 지원을 받아 기부자의 신원을 공개하지 않고 유령 회사와 재단을 통해 기부받을 수 있도록 했다. 정당 자금 조달에 관한 법률에 이어 1996년에 통과된 더 엄격한 반부패법은 처음으로 국회의원의 민간 부문 겸직을 금지했다. 반부패법은 또한 정치의 투명성을 강화할 목적으로 의회 질의 기간을 최초로 도입했다.

이 느슨하고 악용되던 제도의 첫 번째 주요 변화는 2002년 정당 자금 조달에 관한 법률이었다. 처음으로 기부금 한도가 낮아져 기부자의 저변이 넓어지면서 기업가들이 정당을 "소유"한다는 익숙한 유령이 사라졌다. 국가부패방지위원회Korupcijas Novēršanas un Apkarošanas Birojs, KNAB가 정당 재정을 관리하게 되면서 정당들은 정당을 규제하고 제재할 권한을 가진 KNAB에 신고서를 제출하고, 신고 요건과 기부금 한도를 준수하지 않을 시 벌금을 부과받게 됐다. KNAB가 연례신고서를 제출하지 않은 11개 정당의 활동을 중지시켜 달라고 대법원에 요청했을 때, 대법원은 5건의 사건에서 이에 동의했다.[126]

그러나 독립 민주주의 국가가 된 1991년 이후부터 라트비아는 국가 자금을 정당에 지원하지 않았고, 정당의 지출도 제한하지 않았다. 2002년 법도 상황을 바꾸지 못했다. 기부금으로 받은 소득은 소득세가 면제됐고, 기부자는 기부금에 대한 세금을 일부 면제받았다.[127] 그로 인해 "자금이 집중됐고, 여당의 연정 동반자들은 국회에 진출하지 못한 야당과 달리 이 자금을 이용해 정치적 견해와 의견을 표현할 기회를 늘릴 수 있었다".[128] 당연히 LC와 TP는 선거 비용의 절반 이상을 스스로 책임지고 가장 많은 지출을 한 정당이기도 했다.[129]

민영화는 정당들에 직접적인 혜택을 주었고, 정치와 경영이 무분별하게 뒤섞이는 결과를 낳았다. 선거 비용이 해마다 두 배로 증가했으므로, 정당은 단순히 관계를 유지하는 데 그치지 않고 새로운 관계를 수립해야 했다.[130] 몇몇 정당은 "라트비아의 유명한 러시아 사업가가 거액을 기부한 인민화합당Tautas saskaņas partija, TSP의 경우, '기업' 기부자가 상당하다고 보고했다".[131] 고위 공직자들은 부패 및 이해상충 규범을 위반했다는 비난을 받았지만, 직위와 권한을 유지하는 일이 중단되지는 않았다. 그 결과 1997년에는 경제·교통·농업·보건·문화 등 주요 부처의 수장들이 모두 공직과 동시에 다양한 기업에서 사적인 직책을 맡고 있었다. 국회의원의 3분의 1과 대통령 군티스 울마니스Guntis Ulmanis(1993~1999)도 역시 마찬가지로 공직과 민간 직책을 겸했다. 이 중에는 이해가 직접적으로 상충하는 직책도 있었는데, LC의 빌리스 크리슈토판스Vilis Krištopans(1954~)는 교통부 장관으로서 직접 관할권을 갖고 있던 송유관 합작 투자 회사인 라트로스트란스LatRosTrans의 이사를 맡고 있었다.[132] 이들 대부분은 연립정부가 해체되거나 재구성된 뒤에도 직위를 유지했다.

가장 큰 과오의 대부분은 사건이 발생한 지 몇 년이 지난 후에야 밝혀졌다. 일례로 총리 안드리스 스켈레Andris Šķēle(1995~1997)*는 민영화를 통해 막대한 자금을 받았고, 식품가공 회사인 아베라트Ave Lat의 관리를 맡긴 신탁 회사로부터 2900만 달러의 약속어음을 받은 것으로 드러났다.[133] 2001년에는 스켈레가 라트비아해운사AS Latvijas kuģniecība를

---

* 당시에는 무소속이었지만, 1999~2000년에는 인민당TP 소속으로 총리직을 역임했다.

TP와 이들의 유착 기업에 유리한 방식으로 민영화하는 대가로, 국회 의장에게 100만 달러의 뇌물을 주기로 약속한 혐의로 기소된 또 다른 스캔들이 터졌다.[134] 2002년 2월에 창당한 신시대Jaunais Laiks, JL는 2001년 말 대규모 기업 기부금을 받고 중앙은행 총재에게 거액의 수수료를 제공함으로써 1996년 제정된 반부패법을 위반했다. 요컨대 공식적인 규제나 비공식적인 감독의 부재로 인해 라트비아 정당들은 국가 자원을 직접적이고 제약 없이 취할 수 있었다.

마지막으로 에스토니아의 사례는 공식적인 정당 자금 규정이 없는 경우에도, 강고한 경쟁이 국가 자원 전용을 제한할 수 있음을 보여준다. 앞서 언급했듯이, 에스토니아에서는 1996년까지 정당에 국가 자금이 지원되지 않았고, 1996년 이후에도 자금 지원의 문턱은 이 지역에서 가장 높았다. 5퍼센트 이상 득표한 정당만이 자금 지원을 받을 수 있었다. 정당 자금 지원에 관한 법률은 국가 기관과 지방정부, 외국 정부 및 공공기관이 정당을 재정적으로 지원하는 것을 금지했다. 정당은 의회 활동에 대한 보조금을 받았지만, 다른 국가 자금은 지원받지 못했다. 보고 요건 또한 엄격해 기부받은 정당은 일주일 이내에 비영리단체·재단등록소mittetulundusühingute ja sihtasutuste registri에 보고서를 제출해야 했다. 마찬가지로 정당들은 선거 이후 한 달 이내에 모든 선거 비용을 국회와 지방정부 위원회에 보고해야 했다.[135] 민간 기부금에는 1000크룬kr이라는 한도가 있었기 때문에 기부하는 기업과 개인은 여러 차례 소액 기부를 해야 했고, 폴란드에서와 마찬가지로 많은 사람이 기부금을 여러 정당에 분산하여 위험을 회피했다. 민간 자금 조달이 상대적으로 허용됐다는 비판도 있지만,[136] 야당의 지속적인 감시로 인해 정당 자금 조달 제도가 이 지역에서 가장 깨끗한 것으로 정평이 나 있다.

이러한 사례는 공식적인 국가 자금 지원 자체가 국가 자원 전용에 영향을 미치거나, 지표가 될 수 없음을 보여준다. 더 넓게 보면 경쟁이 강고할수록 집권 정당이 자신에게 유리한 법률을 만들거나, 애초에 법률을 명시하지 않는 데 더 많은 제약을 받게 된다. 야당이 덜 강력할수록 공식적인 법률 체계와 비공식적인 출처에서 자원을 취하는 데 있어 집권 정당의 재량권이 커진다. 경쟁이 덜 강고한 곳에서는 뇌물 수수가 더 쉬웠고, 국가 및 민간 경제 주체 모두 정당 금고에 직접 기부하거나 거액을 빌려주고 유리한 정부 정책을 매수하려 했다. 같은 맥락에서 정당 관리들은 공개적으로 국가 계약을 수주하고 체결함으로써 더 쉽게 자금을 확보할 수 있었다. 야당이 정부 활동을 지속해서 조사한 곳에서는 이러한 활동이 훨씬 더 제약받았다. 그 결과 한 정당에 혜택이 집중되는 현상이 크게 줄었고, 한 채널로 흘러가는 금액도 상당히 감소했다.

결론

이 장에서는 정당 자금 지원에서 지대 추구 행위를 신중하게 규정할 것을 제안한다. 일부 분석에서 주장하듯, 정당에 대한 국가 자금 지원 자체가 자원 전용이나 엘리트 담합의 지표가 되는 것은 아니다. 대신 이러한 자금 조달이 투명하고 규제되며 잘 집행된다면, 이는 국가 자원 전용을 억제하려는 정당의 노력을 보여주는 증거가 될 수 있다.

이 장에서 살펴본 바와 같이, 공식적·비공식적 형태의 국가 자금 조달은 직접적·간접적 형태를 모두 살펴볼 필요가 있다. 일부 연구는 탈공산주의 국가의 정당 자금 조달 양상이 단순히 선거를 통해 자신의 이득을 강화하려는 과두 정치인이나, 새로이 권력을 잡은 사업가 등 돈 많은 이해관계자들로 인해 나타나게 된 결과라고 주장하기도 한다.[137] 그러나 이 장에서는 이러한 비공식적·간접적 국가 자금의 규모는 경쟁의 정도에 따라 달라질 뿐만 아니라, 탈공산주의 민주주의 국가에서 볼 수 있는 정당 자금 조달의 한 형태일 뿐임을 시사한다.

이 책에서 살펴본 국가들은 경제를 시장에 개방하기 전에 민주적 정치 행위자들이 자리를 잡을 수 있도록 개혁을 순차적으로 진행했다. 그 과정은 정당들이 외부의 경제적 이익을 볼모로 하는 국가 "포획"보다, 정당들이 자신들을 위해 가능한 한 유리하게 국가를 건설하는 기회주의적 국가 재건이었다. 정당은 민영화에 내재해 있는 기회를 이용했고, 민영화가 덜 규제될수록 국가 자원 전용의 기회는 더 커졌다. 경쟁이 강고할수록 국가 자금이 더 많이 규제되고, 민영화 자원에 대한 접근이 제한되며, 여러 정당에 혜택이 분산됐다. 정당들이 국가로부터 얻은 모든 이익을 측정할 수는 없지만, 이 장에서는 정당들이 공식적이고 규제된 제도적 채널과 비공식적이고 간접적인 관행을 통해 국가로부터 사적 이익을 얻었음을 보여준다. 이러한 행위는 법적 집행을 피할 수 있지만, 강고한 야당의 관심을 피할 수는 없다.

주

1   당원증은 그 자체로 양날의 검이었다. 당원이 주요 자금원이 된다면 당원들이 정당의 전략적 유연성을 제한할 수 있다. 마찬가지로 민간기업과 비정부기구는 관대하고 꾸준한 지지를 보내겠지만, 그럼에도 훗날 정책 양보로 인해 대가를 치를 수 있다.

2   USAID public opinion poll, Radio Free Europe/Radio Liberty broadcast, 10 November 1999, Slovakia.

3   Bartolini 1999 – 2000.

4   Katz, Richard, and Mair, Peter. 1995. "Changing Models of Party Organization and Party Democracy", *Party Politics*, 1: 5 – 28, p. 15.

5   Mair 1995.

6   Goldsmith, Arthur. 1999. "Africas Overgrown State Reconsidered", *World Politics*, 4: 520 – 546. Rose-Ackerman 1999; Bates, Robert. 1981. *Markets and States in Tropical Africa*, Berkeley: UC Press. 참조.

7   Kang 2002, p. 150.

8   Spar 1994; Weingast and Marshall 1988.

9   Szczerbak 2006.

10 Koole, Ruud. 1996. "Cadre, Catch-All or Cartel? A Comment", *Party Politics*, 4: 507 – 523. 또한 콜은 카르텔이라는 체계적 개념은 개별 당사자를 특징짓는 데 사용할 수 없다고 지적한다.

11 Samuels, David. 2001. "Does Money Matter? Credible Commitments and Campaign Finance in New Democracies", *Comparative Politics* 34, 1 October: 23 – 42, p. 29.

12 Fidrmuc, Jan, Fidrmuc, Jarko, and Horvath, Julius. 2002. "Visegrad Economies: Growth Experience and Prospects." GDN Global Research Project: Determinants of Economic Growth.

13 권위주의 정당이 계속 집권하면 민주에의 헌신도, 권위주의로의 회귀에 대한 두려움도 없다. 이러한 정당은 소비에트 이후 여러 공화국에서 볼 수 있듯이, 국가를 먹잇감으로 삼기 시작할 가능성이 훨씬 더 높다.

14 정당들은 이념적 신념, 사회적 접근과 임명에 대한 희망, 특정 호의와 계약에 대한 약속, 정책 변화와 유리한 입법에 대한 기대, 우호적인 정부의 재임에 대한 일반적인 이익 등 다양한 이유로 사적인 기부금을 받기도 한다. 이 장에서는 국유재산이나 정책 결정에 대한 접근권을 부여하는 대가로 이뤄진 기부금에 대해서만 살펴보지만, 분석의 초점은 다양한 형태의 국유재산 수취에 맞춰져 있다. Pinto-Duschinsky, Michael. 1985. "How Can Money in Politics Be Assessed?" Paper presented at the International Political Science Conference, Paris, p. 23. 참조.

15 Birch, Sarah. 2002. *Electoral Systems and Political Transformation in Post-Communist Europe*. London: Palgrave MacMillan.

16 O'Dwyer 2003.

17 Mair, Peter. 1994. "Party Organizations" in Katz, Richard, and Mair, Peter, eds. *How Parties Organize*. New York: Sage, p. 9.

18 Mendilow, Jonathan. 1992. "Public Party Funding and Party Transformation in Multiparty Systems" *Comparative Political Studies*, 25, 1 April: 90 – 117.

19 Heywood 1997, p. 431.

20 Nassmacher, Karl-Heinz. 1989. "Structure and Impact of Public Subsidies to Political Parties in Europe" in Alexander, Herbert, ed. *Comparative Political Finance in the 1980s*. Cambridge: Cambridge University Press, pp. 236 – 67, p. 238.

21 Pierre, Jon, Svasand, Lars, and Widfeldt, Anders. 2000. "State Subsidies to Political Parties: Confront-

ing Rhetoric with Reality", *West European Politics*, 23, 2 July: 1 - 24. 또한 Sartori 1976, p. 95. 참조.

22 Mair 1997, p. 106.

23 헝가리·폴란드·슬로베니아에서 이런 일이 발생했다.

24 Mair 1997, p. 106. 또한 Katz and Mair 1995. 참조.

25 Bernhard 2000; Körösényi, Andras. 1999. *Government and Politics in Hungary*. Budapest: CEU Press.

26 1989년 10월에 발효된 법에 따라 1퍼센트 이상의 득표율을 얻은 정당은 국고 지원을 받을 수 있었다. 각 정당은 후보자 수에 비례해 국가 자금을 추가로 지원받았다. 국가 자금의 4분의 1은 의회의 모든 정당에 분배됐고, 75퍼센트는 득표율에 따라 분배됐다. Van Biezen, Ingrid. 2004. "Political Parties as Public Utilities", *Party Politics*, 10, 6: 701 -722.

27 Petroff, Włodzimierz. 1996. *Finansowanie partii politycznych w postkomunistycznej Europie*. Warsaw: Polish Parliamentary Bureau of Analyses and Expertises.

28 Körösényi 1999, p. 168.

29 Sikk 2006.

30 Krašovec 2001.

31 Paradowska, Janina. 2000. "Lewa kasa, Prawa kasa", *Polityka*, 22 January 2000.

32 Fidrmuc et al. 2002, p. 86.

33 Frydman et al. 1998; Ganev 2005.

34 Ibid., pp. 105 -6.

35 부유하지만 무명의 정치 지망생들은 일부 정당 후보자 명단에 이름을 올리기 위해 최대 1만 달러를 납부했다. Gazeta Wyborcza, 28 November 1997. 이런 경우가 아니라면 정당은 먼저 중앙 및 지방의 정당 지도자, 저명한 인물, 시장 및 기타 지방 공무원, 우호적인 사회단체 회원을 선택했다. *Polityka*, "Klucze i Wytrychy", 17 July 1993; Walecki, Marcin. ed. 2002. *Finansowanie Polityki*. Warsaw: Wydawnictwo Sejmowe, p. 93. 또한 Dziennik Polski, 15 December 1999. 참조.

36 Paradowska 2000.

37 Ibid.

38 일례로 건설 회사 SCT Slovenija ceste Tehnika는 정당에 20만 독일 마르크(10만 달러)를 주면 민영화를 승인해 주겠다는 제안을 받았다.

39 탈공산주의 슬로베니아의 또 다른 주요 정치 스캔들은 무기 밀매 사건이었다. 국방부 장관 야네즈 얀사Janez Janša(1958~)는 1994년 4월 슬로베니아 고위 관리들이 보슈냐크Bošnjaci(보스니아 무슬림 세력-옮긴이)와의 무기 밀매에 연루됐다는 혐의가 드러나면서 해임됐다. 또한 사회민주주의연합Združena lista socialnih demokratov은 2000년에 영국 노동당으로부터 미화 20,000달러에 달하는 불법 자금을 간접적으로 지원받았다.

40 Center for Study of Democracy Brief, Bulgaria, Sofia, July 2004. Available at http://www.csd.bg, accessed 19 November 2004.

41 *East European Constitutional Review*, Spring/Summer 1996.

42 Novinar, 16 March 1999.

43 168 Chassa, 26 March 1999. 또한 정당에 자금을 지원한 엘리트들은 유리한 계약을 체결했는데, 특히 2001년 НДСВ의 선거운동에 자금을 지원한 막심 디모프Максим Димов가 로섹심뱅크Российский экспортно-импортный банк, Росэксимбанк의 부의장이 된 것이 가장 유명하다. 중앙정부는 세무서와 세관에서 처리하는 모든 세금 관련 업무는 물론이고 루끄오일Лукойл, 모빌텔Мобилел 등 최대 납세 기업의 세금 관련 업무도 로섹심뱅크를 통해 처리했다. 석유 회사 루끄오일과 나프텍스Нафтекс는 정당 관계자들에게 사옥 광고판을 양보하고 신용카드를 발급하는 등 NDSV 운동에 자금을 지원했다. Dimitrova, Zoya. 2002. "Financing Election Campaigns." Unpublished Ms. Ljubljena: Peace Institute, p. 18.

44 Business Environment and Enterprise Performance Survey, World Bank, 1999.

45 *East European Constitutional Review*, Winter/Spring 2000.

46   *RFE/RL Report on Eastern Europe*, 9 March 1990.

47   Ikstens, Jānis, Smilov, Daniel, and Walecki, Marcin. 2002. "Campaign Finance in Central and Eastern Europe", IFES Reports April. Washington: IFES.

48   *East European Constitutional Review*, Winter 2001, 10, 1.

49   Ibid.

50   World Bank. 1999. *Corruption in Poland: Review of Priority Areas and Proposals for Action.* Warsaw: World Bank.

51   *Polityka*, 19 April 1997.

52   Lewis 2000, p. 111; Ilonszki 2000. 은행이 최종적으로 문을 닫으면서 납세자들은 약 1200~1800억 포린트(5~7억 달러)의 손실을 입었다.

53   요한나 비르니르johanna kristín birnir는 국가 자금이 탈공산주의 국가에서 선거 변동성을 낮추고, 새로운 정당의 진입을 막는다고 주장한다. Birnir, Jóhanna Kristín. 2005. "Public Venture Capital and Party Institutionalization", Comparative Political Studies, 38, 8 October: 915–938.

54   Ibid., Katz and Mair 1995.

55   Van Biezen, Ingrid. 2000. "Party Financing in New Democracies", Party Politics, 6, 3: 329–342.

56   *Rzeczpospolita*, 7 November 1989.

57   *Rzeczpospolita*, 21 October 1992.

58   Vinton, Lucy. 1993, "Poland's New Election Law: Fewer Parties, Same Impasse?" *RFE/RL Report*, 7–17 (8 July); International Foundation for Electoral Systems. 1996. *Electoral Laws*. Washington: IFES. 지출은 월 평균 임금의 60배에 해당하는 금액으로 제한됐다.

59   *Wprost*, 15 May 1993.

60   *Walecki*, Marcin, ed. 2002. Finansowanie Polityki. Warsaw: Wydawnictwo Sejmowe, p. 143.

61   이것은 또한 1993년 PSL, SdRP 등 일부 정당이 실제로 선거에서 이익을 얻었음을 의미했다. Lewis and Gortat 1995, p. 607. 국가 자금에 의존한 폴란드와 헝가리의 정당들은 24퍼센트에서 95퍼센트까지 국가로부터 자금을 지원받았다. Ágh, Attila. 1995. "Partial Consolidation of the East-Central European Parties: The Case of the Hungarian Socialist Party", Party Politics, 4: 491–514, fn. 7. FKgP는 93퍼세트, KDNP는 88퍼센트, Fidesz은 84퍼센트, SzDSz는 58퍼센트, MDF는 45퍼센트, MSzP는 24퍼센트를 얻었다.

62   *Polityka*, 16 April 1997.

63   보고서를 제출하지 않거나 회계사의 포렌식 조사를 통과하지 못한 정당은 해당 선거 기간 동안 국고 지원을 받을 수 없다.

64   *Rzeczpospolita*, 19 May 2000.

65   카지미에시 차플리츠키Kazimierz Czaplicki(1945~2018) 폴란드 선거관리위원회 위원장과의 사적 인터뷰, 2001년 6월 1일.

66   Szczerbak 2006, p. 305.

67   Ibid.

68   *Polityka*, "Koszt Fotela", 19 June 1993.

69   *Wprost*, 15 May 1993.

70   Filas, Agnieszka, and Knap, Jarosław. "Wybór Biznesu", *Wprost*, 20 April 1997.

71   Walecki 2002, p. 82. 이아인 맥머너민Iain McMenamin과 로저 쉰만Roger Schoenman은 폴란드에서는 기업이 어떤 당사자와도 관계를 발전시키지 않는 "순결한" 관계가 지배적이라는 사실을 발견했다. McMenamin, Iain, and Schoenman, Roger. 2004. "Political Competition, The Rule of Law and Corruption in Successful Post-Communist Countries." *Working Papers in International Studies*, No. 7, Dublin City University.

72   Centrum Bandania Opinii PublicznejCentrum Badania Opinii Społecznej, CBOS(웹에서 확인된 기관명은 CBOS이

고, CBOP는 기관의 영어명을 직역한 표현이다. 원문에서 생격Bandania이 들어가야 할 자리에 주격Bandanie을 쓴 것으로 봤을 때, 저자가 오기했거나 편집 과정에서 걸러지지 않은 듯하다-옮긴이). 2001. "Finansowanie partii politycznych", Komunikat z badań, Fall.

73 "족벌 자본Kapitał Rodzinny" Wprost, 19 November 1995.

74 "돈을 향한 욕구(Apetyt na pieniądze", Polityka, 10 April 1993.

75 Polityka, 12 February 2000.

76 Orenstein 2001, p. 98.

77 Appel, Hilary. 2004. A New Capitalist Order: Privatization and Ideology in Russia and Eastern Europe. Pittsburgh: University of Pittsburgh Press, p. 61.

78 Ibid., p. 61.

79 Ibid., p. 65.

80 프리치Pavol Frič(1956~)는 어떤 민영화 기획을 추진할지를 결정하는 의회, 민영화 대상자를 선정하는 국유재산기금, 증서민영화를 진행하는 재무부가 정당에 각기 별도의 영향을 미친다고 주장한다. Frič 1999, p. 155.

81 Ibid., p. 199.

82 Lidové Noviny, 12 February 1998.

83 Rudé Právo, 10 January 1996.

84 Government of the Czech Republic. 1999. 125/1999. Resolution: "Government Program for Combating Corruption in the Czech Republic (17 February)." Prague: Ministry of Interior.

85 Frič 1999, p. 153.

86 Petroff 1996, p. 8.

87 Reed 2002, p. 280. 당연하게도 당원 명부에는 수십 개의 위조 된 이름이 있었던 것으로 드러났다.

88 Szczerbak 2006, p. 305.

89 "Programové prohlašení Vlady České Republik", 1998년 1월 27일. http://www.vlada.cz/ASC/urad/historie/vlada98/dokumenty/progrprohl.il2.htm에서 접속 가능.

90 Parlamentní Zpravodaj. 1999. "현 정당 관련 법률 개정 초안의 장단점은 무엇인가Jaké jsou klady a zápory aktuálního návrhu novely zákona o politických stranách", "체코 부패 척결을 위한 정부 강령Vládní program boje proti korupci v České republice", 1998. "체코의 부패와 이러한 부정적 사회 현상에 대한 효과적인 조치 가능성에 관한 보고서Zpráva o korupci v České republice a možnostech účinných postupu proti tomuto negativnímu společenskému fenoménu", 2월 17일 참조.

91 Parlamentní Zpravodaj. 2000. "정당 자금 조달에 관한 보에테흐 시미첵과의 인터뷰Rozhovor s Vojtěchem Šimíčkem o financování politických stran", 5.

92 Terra, Jonathan. "Political Institutions and Postcommunist Transitions." Paper prepared for the Fourth Annual Society for Comparative Research Graduate Student Retreat, Budapest, May.

93 Respekt, 16 February 1997.

94 Reed, Quentin. 1996. Political Corruption, Privatisation and Control in the Czech Republic. Ph.D. Dissertation, Oxford University.

95 Lidové Noviny, "부정한 자금에 대한 이빨 빠진 법안Bezzubý zakon na špinave penize", 1996년 2월 17일.

96 Český Tydenník, 7-9 May 1996.

97 Reed 1996.

98 Ibid.

99 Frič 1999, p. 155.

100 Van Biezen, Ingrid, and Kopecký, Petr. 2001. "On the Predominance of State Money: Reassessing Party Financing in the New Democracies of Southern and Eastern Europe", Perspectives on European Politics and Society, 2, 3: 401-29, p. 422.

101 Czech Radio News, 22 November 1997. http://search.radio.cz/news/CZ에서 청취(현재 접속 불가).

102 *Respekt*, 1 December 1997.

103 ODS는 또한 미국 ODS 지원위원회로부터 2백만 코루나 이상을 받았다고 주장했지만, 후자는 돈을 지급한 적이 없다고 부인했다.

104 리부셰 베네쇼바Libuše Benešová(1948~)는 1996년부터 2008년까지 ODS의 부대표를 역임했다. 클라우스의 고문인 이리 바이글Jiří Weigl은 여전히 프라하 IPB의 관리자 중 한 명이다. ČSSD는 또한 은행과의 관계도 발전시켰다. 얀 클라섹Jan Klacek은 ČSSD의 고위 관리(그림자 부총리)이자 은행의 수장이었다. 전 은행장이었던 지르지 테사르Jiří Tesař는 1990년에 ČSSD 강령을 작성했으며, 논란의 여지가 있는 인물인 미로슬라브 슬로프Miroslav Šlouf는 IPB의 이익을 옹호하는 핵심 인물로 부상했다.

105 *Mladá Fronta Dnes*, 20 June 2000.

106 1993년 초 모스크바는 KDU-ČSL에 300만 코루나를 기부했다.

107 *Lidové Noviny*, 14 February 1998.

108 *Lidové Noviny*, 17 February 1998.

109 Reed 2002, p. 283.

110 *Polityka*, 22 January 2000.

111 Appel 2001, p. 537.

112 반부패부Jednotka boji proti korupci · 내무부Ministerstvo Vnitra. 2001. "체코 부패 및 체코 부패 척결을 위한 정부 강령 조치 일정 이행 보고서Zpráva o korupci v ČR a zlění harmonogramu opatření vládního programu boje proti korupci v ČR".

113 *East European Constitutional Review*, 9, 4, Fall 2000.

114 Mesežnikov 1997, p. 38.

115 Rybař 2006, p. 328.

116 Malčická, Lenka. 2000. "슬로바키아의 정당 및 운동 자금 조달의 일부 측면Vybrané aspekty financování politických stran a hnutí na Slovensku", *Politika*.

117 Dilema, "죄 없는 자, 돌을 던져라Kto jest bez viny, nech hodí kamenom" January 2000.

118 Freedom House 2000, p. 582.

119 슬로바키아는 1991~1992년 체코슬로바키아에서 분리 독립한 이후 증서민영화의 첫 번째 물결을 겪었다. 1993~1994년으로 예정된 두 번째 물결은 일어나지 않았고, 1994년에 주식의 직접 판매가 시작됐다.

120 Dilema, "Kto jest bez viny, nech hodi kamenom", January 2000.

121 "Marching Backwards: Slovakia's Counterrevolution." October 1995. 참조. http://project-syndicate.org/surveys/marching · bac.php4에서 확인. 접속일: 2004년 9월 10일(현재 접속 불가).

122 Ibid.

123 페테르 가부라Peter Gabura(1956-)는 더 광범위한 통치 집단의 일원이었다. *Pravda*, 2 November 1999.

124 RFE/RL broadcast, 10 November 1999, Slovakia; *Gazeta Wyborcza*, 14 June 2000.

125 Plakans, Andrejs. 1998. "Democratization and Political Participation in Postcommunist Societies: The Case of Latvia" in Dawish, Karen, and Parott, Bruce, eds. The Consolidation of Democracy in East-Central Europe. Cambridge: Cambridge University Press, pp. 245 – 289.

126 KNAB. 2003. "Progress and Results in the Field of Corruption Prevention and Combat." Periodic update, 24 November. http://www.knab.gov.lv/ru/actual/ article.php?id=1886(현재 접속 불가). https://www.knab.gov.lv/en/article/progress-and-results-field-corruption-prevention-and-combating에서 접속 가능. 접속일: 2004년 2월 12일

127 Snipe, Arta. 2003. *Financing of Political Parites: Effectiveness of Regulation. The Latvian Example*. Master's Thesis, Riga Graduate School of Law, Riga, Latvia.

128 Čigāne, Lolita. 2002. "A Reflection of the Shortcomings in Legislation on Party Financing in the 2001

Finance Declarations", Soros Foundation Latvia and Transparency International "delna", Riga, Latvia, April. http://www.politika.lv.에서 접속 가능. (https://providus.lv/article_files/911/original/reflection_2001.pdf?1326359349에서 열람 가능-옮긴이)

129 Ibid.

130 Snipe 2003.

131 Plakans 1998, p. 269.

132 *East European Constitutional Review*, 6, 23 (Spring/Summer 1997).

133 *East European Constitutional Review*, Summer 2000.

134 *East European Constitutional Review*, Winter 2001.

135 SIGMA. 1999. "Public Management Profiles of Central and East European Countries: Estonia." October.

136 Sikk, Allan. 2003. "A Cartel Party System in a Post-Communist Country? The Case of Estonia", Paper prepared for the European Consortium for Political Research ECPR General Conference, 18 - 21 September, Marbury, Germany

137 Treisman, Daniel. 1998. "Dollars and Democratization: The Role and Power of Money in Russia's Transitional Elections", Comparative Politics, 31, 1 October: 1 - 21. 트레이스만Daniel Treisman은 민간 자금이 선거 결과에는 거의 영향을 미치지 않았지만, 지역 예산 지원의 변화는 현직 및 친개혁 정당에 더 많은 표를 가져다주었다고 주장한다. 지출자와 정치인 간의 계약을 집행하는 데 어려움이 있다는 점을 고려할 때, 민간 자금 지원은 효과적이지 않았다. 이러한 지원의 증가가 특정 정당을 대상으로 이뤄지게 된 기제가 무엇인지는 불분명하다. 더 중요한 것은 데이비드 사무엘스David Samuels(1967~)가 지적했듯이, 기부자-정당 간 계약 문제는 러시아뿐만 아니라 모든 민주주의 국가에서도 고질적인 문제라는 점이다. Samuels, David. 2001. "Does Money Matter? Credible Commitments and Campaign Finance in New Democracies", *Comparative Politics,* 34, 1 October: 23 - 42.

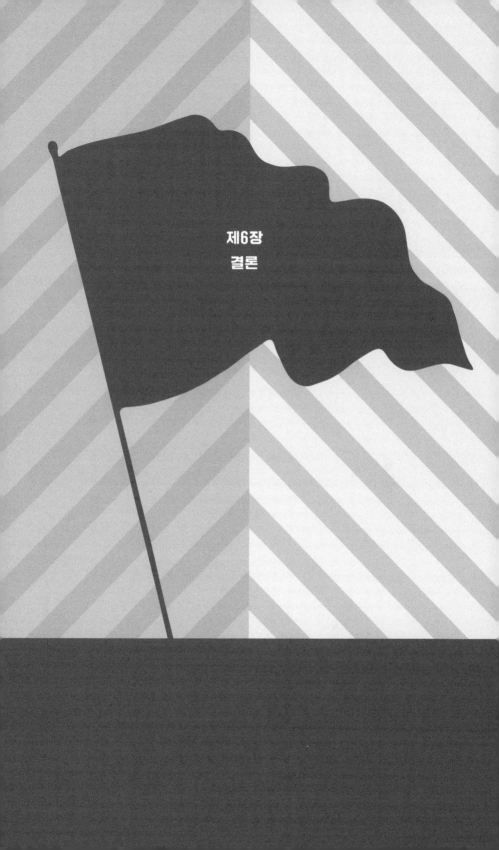

제6장
결론

나와 다른 사람 사이만큼이나

나와 우리 사이에도 많은 차이가 있다.

미셸 드 몽테뉴, 『수상록』

탈공산주의 국가에서의 국가 자원 전용은 정당을 경쟁자이자 국가 건설자로, 국가를 정당 간 경쟁에서 우발적으로 출현할 수 있는 제도의 집합으로 다시 생각하게 한다. 권위주의 정권의 붕괴와 민주주의 및 시장 경쟁의 격화라는, 끊임없이 변화하는 환경 속에서 탈공산주의 국가의 정당들은 전례 없는 도전에 직면했다. 이들은 선거 지지와 통치권 확보를 위해 경쟁하는 법을 배우면서 국가 구조를 재건하기 시작했다. 불안하고 취약한 이 정당들은 당장 생존을 보장하고, 정당에 가치를 부여하며, 권위주의로의 후퇴를 견딜 수 있는 민주주의 체제의 생존을 보장하기 위해 기회주의적으로 국가를 재건했다.

탈공산주의 이행의 강도와 속도가 빨라지면서 정당은 중앙 정책을 담당하게 됐고, 국가 자원을 전용할 수 있는 **수단**을 갖게 됐다. **동기**는 단순했다. 바로 정당의 생존과 민주주의에 대한 헌신이었다. **기회**는 현존하는 공산주의 국가 구조의 취약성과 규제 제도의 부재에 있었다. 같은 정당이 개혁을 설계하고, 개혁의 직접적인 수혜자가 됐다. 또한 신속한 국가 재건은 사회 또는 비정부 행위자들과의 협의가 거의 필요하지 않았으며, 집권 정당의 행동은 누가 권력에 접근하고, 어떻게 권력을 행사하는지에 직접적인 영향을 미쳤다.

그러나 이러한 정당을 탄생시킨 바로 그 민주주의가 강고한 경쟁을 통해 국가 자원의 전용을 제한하기도 했다. 이러한 경쟁은 규제 범위가 확대되고, 야당이 더 큰 역할을 하는 공식적인 감시·감독 기관의 조기 창설로 이어졌다. 이는 준정부 기관과 비정규예산 기금을 감시해 국가 행정부의 재량적 확장에 비공식적 제약을 가했다. 또한 민영화에 따른 이익에 대한 접근을 제한하여 정당 자금 조달을 한층 공식화·투명화·집중화했다. 국가 자원 전용의 변화는 국가, 정치 경쟁, 탈공산주의 국가의 발전에 관한 연구에 크게 세 가지 시사점을 준다.

정당과 국가

탈공산주의 민주주의 국가에서 알 수 있듯이, 정당의 역할은 공직 후보자를 선출하는 대표성과 선거에만 국한되지 않는다. 국가 제도를 재건하는 역할, 국가를 이용한 생존 전략의 다양성, 국제적 압력 속 국내 경쟁의 중요성 등은 모두 정당이 국가를 형성하는 데 근본적 역할을 한다는 것을 시사한다.

첫째, 정당이 당면한 경쟁이 어떠한지에 따라 정당이 수립하려는 국가 제도의 유형, 국가 건설 속도와 순서, 새로운 국가 제도가 누구의 이익에 봉사할 것인지에 큰 영향을 미친다. 경쟁이 강고해지면 정당의 재량권을 제한할 수 있는 범위가 더 넓어지고 더 일찍 생겨나며, 집권 세력에 유리하기보다는 중립적으로 행동하는 공식적인 국가 제도가 만들어진다. 결과적으로 기관 설립 시기는 기관의 효율성에 상당한 영향을 미쳤으며, 감시·감독은 규제하려는 영역과 동시에 형성될 때 더 효과적이었다. 공무원법이나 지체된 시장 규제 기관처럼 기존의 확고한 영역에 새로운 규제 기관을 부과하는 것은, 국고에서 정당으로 자원이 재량적으로 유입되는 일을 막는 데 훨씬 덜 효과적이었다. 반대로 정당 간 경쟁은 의회의 권한 밖에 존재하는 다양한 기관과 비정규예산 기금과 같은 재량적 준국가 기관의 설립에도 영향을 미쳤다. 이 기관들은 규제·감시가 없는 거대한 자원 공급원이었다. 강고한 경쟁은 이들 기관의 성장을 제약했고, 많은 경우 이들을 도태시켰다.

기존 국가 제도, 시민사회, 언론이 정책 결정에 영향을 미치지 못하는 새로운 의회민주주의에서는 국가 제도를 건설하고 형성할 수 있는 정당의 재량권이 가장 크다. 그러나 강고한 경쟁에 따른 집권 정당의 국가 보호 유인은 신생 민주주의 국가에만 국한되지 않는다. 기존 민주주의 국가에서도 경쟁 수위가 높아지면, 지대 추구 관행을 방지하는 유인이 증가한다. 가령 이탈리아와 오스트리아에서는 20세기 후반 정당 간 경쟁이 강고해지면서 많은 지대 추구 관행이 드러났고, 이를 억제하기 시작했다. 오스트리아에서는 의회의 영향력이 커지면서 타협이 줄고 정책 논쟁이 본격화했다. 의회 조사위원회가 출범하고,[1] 능력과 공로가 당적보다 강조됐다.[2] 1975년에는 공무원 훈련아카데미가 설립됐고, 민원조사관 관청과 새로운 공공감시 채널도 생겨났다. 이탈리아에서는 1989년 이후 공산당Partito Comunista Italiano, PCI이 변모하면서 더 이상 원내에서 고립되지 않았다(공산당은 비공식적으로는 권력 공유에 참여했으나, 공식적으로는 모든 연립정부에서 배제당했었다).[3] 이러한 변화는 탈공산주의 사례만큼 극적이지는 않았지만—부분적으로는 오랜 관행과 기존의 국가 영역을 개혁했기 때문이다—, 새로운 통치 대안과 기독민주당에 대항하는 새로운 야당의 등장을 의미했다.[4]

둘째, 기회주의적 국가 재건과 그에 따른 국가 자원 전용은 잠재적 국가 자원 수취 전략 중 하나에 불과하다. 다른 전략으로는 후견주의·약탈·정당-국가 융합 등이 있다. 이러한 전략은 근본적으로 정당조직, 민주주의에의 헌신, 그리고 정당 지도자가 처분할 수 있는 자원에 제약받는다. 많은 학자가 선거 제도, 사회경제적 발전 또는 이념적 전통의 장기적 영향에 초점을 맞춰왔지만, 이러한 즉각적 제약은 국가를 통한 정당의 생존 전략에도 큰 영향을 미칠 수 있다. 가령 기독민주당의 명백한 후견주의를 통해 세력을 확장한 이탈리아의 사례처럼, 국가 일자리와 선거 지원을 교환할 수 있는 조직적 여건을 갖춘 정당만이 후견에 성공할 수 있다.[5]

어떤 정당인지와 상관없이 조직 자체가 생존 전략에 영향을 미친다고 한다면, 지대 추구 결정 요인과 관련해 널리 받아들여져 왔던 견해에 의문이 제기된다. 가령 마틴 셰프터의 유력한 이론에 따르면, 입법부 밖에서 동원된 대중정당은 후견 전략을 추구하지 않으며, 그 내부에서 동원된 정당은 국가 관료제나 관료적 자율성을 보장해 줄 연합이 없는 경우에만 후견 전략을 추구한다.[6] 그러나 이 책은 후견을 위해서는 상품賞品 유통과 유권자 모니터링 채널을 제공하는 현지화된 조직 자원이 필요함을 주장한다. 따라서 내부에서 동원된 조직이든 외부에서 동원된 조직이든, 대중정당 조직은 후견을 추구하기에 매우 적합하다.[7] 더 넓게 보면 국가 건설 방식과 지대 추구 방식을 결정하는 근본적인 요소는 정당의 요구와 역량이다.

끝으로 국가 재건에 영향을 미치는 국제적 결정 요인과 국내적 제약을 비교할 때, 탈공산주의 민주주의 국가에서의 공식 국가 제도 수립이 주는 교훈 중 하나는, 공식 국가 제도에 관한 국제적 요구에 신중하게 접근해야 한다는 것이다. 국내의 경쟁 압력이 국제적 압력을 능가할 수 있고, 실제로도 그렇다. EU는 후발 국가들을 설득하여 공식 제도를 통과시켰지만, 이러한 제도의 시행은 체코 공무원법에 관한 사례에서처럼 대체로 부적절하거나 더 늦춰졌다. 국내 지원이 없다면 이러한 노력은 "포템킨 제도"를 초래할 수 있다. 또한 정책 타협에 대한 강요는 국내 정치 논쟁의 의욕을 꺾고, 국가 자원을 전용으로부터 보호하기 위해 야당이 사용하는 비판과 논쟁의 무기를 무력화할 수 있다.[8] 그렇다면 국가 행정을 개선한다는 명목으로 진행되는 국제적인 노력이 오히려 국가 행정을 무력화할 수 있다.

정당 간 경쟁 연구

탈공산주의 국가의 국가 자원 전용에서 나타난 강고한 경쟁의 중요성은 기존의 경쟁 지표에 관한 개념을 재개념화해야 할 필요성을 제기한다. 탈공산주의의 경험에서 알 수 있듯이, 선거만으로는 민주주의가 제대로 작동하고 있는지 알 수 없을 뿐만 아니라, 기존의 많은 경쟁 지표는 민주적 경쟁에서 중요하게 여겨지는 대표성·경쟁·제약의 잠재력

•   130쪽 옮긴이 주 참조.

에 관해 거의 알려주지 않는다. 민주주의 경험이나 정치적 권리, 민주주의에 관한 전반적인 척도와 같은 정치 경쟁에 관한 일반적인 지표와 정권 교체, 양극화, 분열, 개방성, 선거 변동성 등과 같은 더 구체적인 지표가 널리 사용되고 있지만, 이들 지표에는 오해의 소지가 있다.

이러한 지표는 권위주의 정권과 민주주의 정권을 의미 있게 구분하지 못하며, 민주주의 국가 간의 차이도 설명하지 못한다. 일례로 권위주의적인 카자흐스탄과 민주적인 폴란드의 신생 정당에 대한 개방성 지표는 같다. 벨라루스와 슬로베니아도 똑같이 양극화되어 있다. 아제르바이잔과 라트비아는 정부 연임률이 비슷하다. 동시에 에스토니아와 라트비아처럼 국가 자원 전용 양상과 부패 지수가 매우 뚜렷한 민주주의 국가들도 경쟁의 성격이 유사하다. 분열이나 정권 교체율을 지대 추구의 예측 변수로 간주하면, 거의 50년 동안 한 여당이 집권한 이탈리아와 스웨덴이 비슷한 양상의 부패와 통치성을 보여야 한다는 놀라운 결론에 도달하게 된다. 이러한 양상이 널리 퍼져 있다는 것은 경쟁과 그 영향에 대해 다시 생각해야 함을 시사한다.

특히 경쟁의 제약 효과에 초점을 맞춘 분석에서 중요하게 고려하는 사항은 선명하고 타당하며, 비판적인 야당에 의해 제기되는 신뢰할 만한 정권 교체 위협이다. 의석 분포나 통치 기간보다는 의회의 행동이 재집권 가능성을 결정한다. 따라서 원내 위원회, 연정, 언론 발표, 연설 등에서의 정당 **행동**을 조사해야 한다. 마찬가지로 중요한 것은 제약 기제에 초점을 맞춰야 한다는 점이다. 탈공산주의 국가의 사례에서 이러한 제약 기제는 사전 제도적 장치 마련, 국가 자원 수취의 조절, 권력 공유로 구성된다.

경쟁은 정당이 집권당의 행동을 감시하고 제약하는 핵심 행위자일 때, 즉 새로운 의회민주주의에서 매우 중요하다. 하지만 기존 민주주의에서는 다른 제약 요인이 존재한다. 특히 민주주의 정당과 국가 구조가 몇 년이 아닌 수 세기에 걸쳐 형성된 경우, 다양한 요인이 국가 자원 전용 및 기타 형태의 국가 자원 수취를 제약할 수 있다. 이러한 점진적인 국가 발전 사례에는 북서부 유럽의 많은 국가가 포함된다. 북유럽 국가—덴마크·핀란드·노르웨이·스웨덴·아이슬란드—에서는 수십 년 동안 단일 정당이 정치를 지배해왔다. 예를 들어 스웨덴 사회민주당Sveriges socialdemokratiska arbetareparti, SAP은 1932년부터 1976년까지, 그리고 1982년부터 1991년까지 40퍼센트 이상을 득표하며 정권을 잡았다. 그러나 이 두 국가는 국가 투명성과 정당 견제의 모범으로 꼽히며, 후견주의나 국가 자원 전용의 증거가 없고, 약탈이나 정당-국가의 융합도 훨씬 적었다. 하지만 이 경우에도 정부는 의회와 의회 밖의 세력에 의해 제약된다.[9] 의회의 치열한 당파성은 연립정부와 여소야대 정부의 정기적인 정권 교체 가능성과 지속적인 부정적 여론을 뜻했다.[10] 코포라티즘적corporatism 협의 채널과 직접 민주주의 수단—덴마크·핀란드·스웨덴의 국민투표—, 민원조사관과 강력한 감독 기관이 정부를 더욱 제약했다.[11] 마지막으로 강력하고 당파적인 언론이 정부의 행동을 감시하고 공론화했다.[12] 이러한 사례에서 정당은 현지 조직과 민주적 약속을 바탕으로 후견 중심의 정책을 추진했지만, 야당과 야당이 만든 다양한 감시·감독 채널에 의해 강력한 제약을 받았다.

탈공산주의의 정치와 경제 발전

강고한 경쟁을 국가 자원 전용의 제약 기제로 설명하는 이러한 견해는 탈공산주의 국가의 정치 발전에 관한 새로운 관점이다. 탈공산주의 국가의 변화를 둘러싼 논쟁은 "모든 좋은 것은 함께 간다"라고 가정하는 경향이 있으며, 여러 저자들이 보여주었듯이, 민주주의 성과와 시장 개혁은 함께 진행된다. 그러나 이러한 압도적인 상관관계는 탈공산주의 국가의 변화에서 뚜렷하게 나타난 측면을 은폐한다. 이들 사회는 덜 분명할지라도, 국가 제도와 국가 권위를 재건하는 것만큼 중요한 도전에 직면했다. 결과적으로 이러한 국가 제도의 도입 시기와 순서는 민영화와 재분배를 통해 사적 이익을 얻으려는 엘리트들의 시도를 얼마나 효과적으로 제한할 수 있는지에 큰 영향을 미쳤다. 민주주의만으로는 이러한 제도의 출현을 보장하기에 충분하지 않았으며, 오히려 꾸준한 감시와 확실한 정권 교체 위협을 동반한 강고한 경쟁이, 제약을 염두에 두고 국가를 신속하게 재구성하려는 유인을 창출했다. 이는 민영화 속도나 정책 수단만으로는 민영화 결과를 결정할 수 없음을 재차 확인시켜준다. 막대한 국유재산 매각 과정을 감독하고 통제하는 규제 기관도 중요한 역할을 했다. 공산주의 시대로부터 물려받은 구조와 더불어 (강고한 경쟁과 국가 자원 전용 제약 간의-옮긴이) 이러한 얼개가 기회의 자리를 결정하고, 이러한 재산 관계의 변화를 통해 추가적 또는 사적 이익을 얻으려는 행위자가 이용할 수 있는 자원의 위치를 결정했다. 따라서 폴란드에서 상업화는 기업 이사회의 부상을 의미했고, 체코에서는 자율적인 감독과 명확한 재산권의 부재로 인해 막대한 자산 박탈이 발생했다.

끝으로 놀라운 사실은 공산당 후신 정당들이 헌신적이고 신뢰할 수 있는 민주주의자로 거듭나면, 강고한 야당의 핵심 축을 형성할 수 있었다는 점이다. 그들은 강력한 비판자이자 감시자였으며, 그들의 존재 자체가 국가 감시와 감독을 위한 새로운 공식 기관을 설립하는 동기가 됐다. 그들이 혁신에 성공할 때마다 그들은 주요 비난의 대상이자 비판의 핵심 원천이 됐다.

수 세기에 걸친 국가 발전 과정에서 다양한 국내 및 국제적 요인이 국가 제도의 형성에 영향을 미쳤다. 그러나 최근 탈공산주의 국가 재건 사례에서 알 수 있듯이, 특정 제도 설계자가 우위를 차지할 수 있다. 정당이 국가 자원을 전용할 유인과 역량을 모두 갖춘 유일한 행위자일 때, 이들의 경쟁은 국가의 건설 방식과 발전 방식, 그리고 국가가 누구를 위해 봉사하는지를 근본적으로 변화시킨다.

주

1 Müller, Wolfgang. 1992. "Austrian Governmental Institutions: Do They Matter?" in Luther, Kurt Richard, and Müller, Wolfgang, eds. *Politics in Austria: Still a Case of Consociationalism?* London: Frank Cass, pp. 99 – 131, p. 105.

2 Luther, Kurt Richard. 1992. "Consociationalism, Parties, and the Party System", in Luther and Muller, pp. 45 – 98, p. 90.

3 PC는 1976~1979년 의회 다수당의 일원이었지만 "수용할 수 있는 연정 동반자로 여겨진 적이 없다"고 한다. Colazingari, Silvia, and Rose-Ackerman, Susan. 1998. "Corruption in a Paternalistic Democracy: Lessons from Italy for Latin America", *Political Science Quarterly*, 113, 3: 447 – 470, p. 449.

4 Pujas, Véronique, and Rhodes, Martin. 1999. "Party Finance and Political Scandal in Italy, Spain, and France", *West European Politics*, 22, 3: 41 – 63.

5 한 연구에 따르면, 1946년부터 1958년까지 최대 50만 명의 직원이 후원을 통해 고용된 것으로 나타났다. Lewanski, Rudolf. 1997. "Italian Civil Service: A Pre-Modern Bureaucracy in Transition?" Paper prepared for the Conference on "Civil Service Systems in Comparative Perspective", University of Indiana, 5 – 8 April. 대조적으로 캐롤린 워너Carolyn M. Warner는 일자리 창출이 10만 개에 불과하다고 주장한다. Warner 2001, p. 130.

6 Shefter 1994.

7 결국 대중 조직에 대한 투자는 현지 조직을 형성하는 데 드는 시간과 비용, 활용할 수 있는 캠페인 기법 (개인 동원 대 전국 미디어 캠페인), 현지 유착 세력의 가용성, 민주화 속도 등의 이점을 비교하고 비용을 평가해 결정된다.

8 Innes, Abby. 2002. "Party Competition in Post-Communist Europe: The Great Electoral Lottery", *Comparative Politics*, 35, 1: 85 – 105; Grzymała-Busse, Anna, and Innes, Abby. 2003. "Great Expectations: The EU and Domestic Political Competition in East Central Europe", *East European Politics and Societies*, 17, 1: 64 – 73. 참조.

9 Hadenius, Stig. 1985. *Swedish Politics During the 20th Century*. Boras: Swedish Institute, p. 124.

10 Logue, John, and Einhorn, Eric. 1988. "Restraining the Governors: The Nordic Experience with Limiting the Strong State", *Scandinavian Political Studies*, 11, 1: 45 – 67.

11 Ibid.

12 정치적 논쟁에서 언론이 중요하다고 여겨졌기 때문에 국가는 언론에 보조금을 지급했다(신문은 정당과 강하게 동일시되었다). 예를 들어 스웨덴에서는 1971년부터 보조금 제도가 시행되었는데, 이는 중앙당과 사회민주당 간의 타협에 따른 결과였다. Hadenius 1985, p. 140.

부록

• 부록의 주는 모두 저자 주이다.

A. 1990~2004년 탈공산주의 민주주의 국가의 최대 정당 조직 수

헝가리[a]	당원 수	지역 세포 조직
청년민주동맹 Fiatal Demokraták Szövetsége, Fidesz	5000~15,000	325
독립소농·경작자시민당 Független Kisgazda-, Földmunkás- és Polgári Párt, FKgP	40,000~60,000	2000
기독민주인민당 Kereszténydemokrata Néppárt, KDNP	10,000~28,000	885
헝가리 민주포럼 Magyar Demokrata Fórum, MDF	23,000~34,000	820
헝가리 사회당 Magyar Szocialista Párt, MSzP	60,000~38,000	2500
자유민주주의동맹 Szabad Demokraták Szövetsége, SzDSz	24,000~16,000	759

a   Bill Lomax. 1996. "The Structure and Organization of Hungary's Political Parties," in Lewis, Paul, ed. *Party Structure and Organization in East-Central Europe*. Cheltenham: Edward Elgar; Party interviews, spring 1997. Available at http://www.Europeanforum.net.

에스토니아[a]	당원 수	지역 세포 조직
에스토니아 애국운동 Eesti Rahvuslik Liikumine, ERL	7000	산출 불가
조국연맹 Isamaa liit, IL	1400	76
에스토니아 중앙당 Eesti Keskerakond, K	7937	136
통합당과농민협회/에스토니아 통합당 Koonderakond ja Maarahva Ühendus, KMÜ/Eesti Koonderakond, KE	500	산출 불가
에스토니아 개혁당 Eesti Reformierakond, RE	산출 불가	151
공화국당 Erakond Res Publica, RP	1800	−100
사회민주당(전前 온건 인민당) Sotsiaaldemokraatlik Erakond, SDE (전 Rahvaerakond Mõõdukad, RM)	2400	70

a   정당 웹사이트 및 사적 정보 수집. http://www.keskerakond.ee, http://www.reform.ee, http://www.isamaaliit. ee, http://www.sotsdem.ee에서 데이터 확인 가능.

슬로베니아[a]	당원 수	지역 세포 조직
슬로베니아 퇴직자민주당 Demokratična stranka upokojencev Slovenije, DeSUS	26,000~36,000	150
슬로베니아 자민당 Liberalna demokracija Slovenije, LDS	5300	340
신슬로베니아-기민당 Nova Slovenija-Krščanski demokrati, NSi	8900	185
슬로베니아 민주당 Slovenska demokratska stranka, SDS	20,000	190
슬로베니아 인민당 + 슬로베니아 기민당 Slovenska ljudska stranka + Slovenski krščanski demokrati, SLS+SKD	40,000	51
사민주의연합 Združena lista socialnih demokratov, ZLSD	23,000~27,000	210

a   당사 사이트; 개인 매체(2004년 4월); Ramet, Sabrina Petra. 1999. "Democratization in Slovenia," in Dawisha, Karen, and Parrott, Bruce, eds. *Politics, Power, and the Struggle for Democracy in South-East Europe*. Cambridge: Cambridge University Press, pp. 189-225.

리투아니아[a]	당원 수	지역 세포 조직
노동당 Darbo partija, DP	12,000	산출 불가
리투아니아 민주노동당 Lietuvos demokratinė darbo partija, LDDP	9000~10,000	60
리투아니아 기민당 Lietuvos krikščionių demokratų partija, LKDP	8000~10,500	57
리투아니아 사민당 Lietuvos socialdemokratų partija, LSDP	600~1500	~52 (2001년 LSDP와 LDDP 통합)
민족동맹 Nacionalinis Susivienijimas, NS	5000	60
조국연합 Tėvynės sąjunga, TS	13,000~16,000	85

a   Krupavičius, Algis. 1998. "The Post-Communist Transition and Institutionalization of Lithuania's Parties," *Political Studies*, 46, 3: 465-91. NS는 2000년에 창당; 정보 출처: http://www.nsajunga.lt. 정당 세포 조직에 대한 정보는 정당 웹사이트와 사적 인연을 통해 수집.

폴란드[a]	당원 수	지역 세포 조직
선거행동 "연대" Akcja Wyborcza „Solidarność", AWS	2,000,000[e]	산출 불가
폴란드 독립연맹 Konfederacja Polski Niepodległej, KPN	19,000~4,000	175
시민연단 Platforma Obywatelska, PO	20,000	380
폴란드 인민당 Polskie Stronnictwo Ludowe, PSL	200,000[c]~ 100,000(2003년)	2000
폴란드 자위당 Samoobrona Rzeczpospolitej Polskiej, SRP	93,000(2003년)	~60[f]
폴란드 사민당-민주좌파연맹 Socjaldemokracja Rzeczypospolitej Polskiej, SdRP - Sojusz Lewicy Demokratycznej, SLD	60,000~87,000 150,000 (2002~2003년)[b]	2400
자유연맹 Unia Wolności, UW	22,000~ 16,000(2004년)	375
기독인민연합 Zjednoczenie Chrześcijańsko-Narodowe, ZChN	8000~6000	26 광역 단위[d]

a 당원 인터뷰, 1997년 봄, 1999년 봄, 2003년 여름; *Wprost*, 1993년 3월 21일 및 2002년 5월 26일; PO 지역 웹페이지.

b 당원 수는 2003년 7월 중순까지 15만 명으로 증가했지만, 당원들에 대한 대대적인 검증이 있자 2003년 가을에는 80,000 명으로 감소했다.

c 당이 1989년 이전의 당원 명부를 유지했기 때문에 수치가 너무 높을 수 있음.

d 지역 세포 조직에 대한 명부 없음.

e 당원이 아닌 공식적인 노조원.

f 지역 수준. 당은 지역 단위 조직에 대한 데이터를 공개하지 않음.

체코[a]	당원 수	지역 세포 조직
체코 사민당 Česká strana sociálně demokratická, ČSSD	13,000(1996년) ~18,000 (2003년)	1500
기독민주연맹-체코인민당 Křesťanská a demokratická unie - Československá strana lidová, KDU-ČSL	100,000(1995) ~47,000(1999)	2240
보헤미아·모라비아공산당 Komunistická strana Čech a Moravy, KSČM	350,000(1990) ~140,000(1993)	6900
시민민주동맹 Občanská demokratická aliance, ODA	2000	200
시민민주당 Občanská demokratická strana, ODS	22,000(1995) ~16,000 (1998)	1400
공화국을위한연합-체코슬로바키아 공화당 Sdružení pro republiku - Republikánská strana Československa, SPR-RSČ	60,000 ~30,000	2000

a 정당 인터뷰, 1996년 가을, 1999년 봄, 2004년 봄. *Hospodářské noviny*, 2 December 1995. Available at http://www.Europeanforum.net.

슬로바키아[a]	당원 수	지역 세포 조직	중앙 당직자
민주연맹 Demokratická únia, DÚ	5000	200	27 7 이중 광역단체
민주슬로바키아를위한운동 Hnutie za demokratické Slovensko, HZDS	40,000(1994) ~72,000(2000)	2000~3000	136~166 86 이중 광역단체
기독교민주주의운동 Kresťanskodemokratické hnutie, KDH	10,000[b]	2000	45~65 25~35 이중 광역단체
슬로바키아 민주연합 Slovenská demokratická koalícia, SDK	114	산출 불가	3
민주좌파정당 Strana demokratickej ľavice, SDĽ	45,000 ~18,000	2000	29
헝가리 연합당 Strana maďarskej koalície, SMK	11,636		14 6 이중 광역단체
슬로바키아 민족당 Slovenská národná strana, SNS	2000(1994) ~7600(1997)	1500	17 7 이중 광역단체
시민이해당 Strana občianskeho porozumenia, SOP	5900		27 14 이중 광역단체

a 정당 인터뷰, 1997년 겨울, 1999년 봄, 2004년 봄. Malčická, Lenka, "Vybrané aspekty financovania politických strán a hnutí v SR.", 브라티슬라바, 2001.

b 불특정 다수의 당원이 2000년에 SDKU로 이적했다.

불가리아[a]	당원 수	지역 세포 조직
불가리아 사회당 Българската социалистическа партия, БСП Balgarska sotsialisticheska partiya, BSP	330,000(1990) ~180,000(1999)	7892
불가리아 농민연맹 Българският земеделски народен съюз, БЗНС Bŭlgarski Zemedelski Naroden Sayuz, BZNS	산출 불가	산출 불가
권리와자유를위한운동 Движение за права и свободи, ДПС Dvizhenie za prava i svobodi, DPS	8000	65
안정과진보를위한국민운동 Национално движение за стабилност и възход, НДСВ Natsionalno dvizhenie za stabilnost i vazhod, NDSV	22,000	294[b]
민주세력연맹 Съюз на демократичните сили, СДС Sayuz na demokratichnite sili, SDS	35,000	~150

a 사적 정보 수집(2004년 4월); 정당 웹사이트; http://www.online.bg, accessed 13 January 2004; Freedom House, 1999. *Nations in Transit* 1999. Washington: Freedom House.

b Coordinators rather than organizations per se.

라트비아[a]	당원 수	지역 세포 조직
사민당(전前 사민련) Sociāldemokrātiskā partija, SDP (전 Sociāldemokratu savienība, SDS)	800	산출 불가
신시대 Jaunais Laiks, JL	320~402	23
새로운정당 Jaunā Partija, JP	산출 불가	산출 불가[b]
라트비아의길 Latvijas Ceļš, LC	400~1300	33
기독민주연맹 Kristīgi demokrātiskā savienība, KDS	1000	산출 불가
라트비아를최우선으로 Latvijas Pirmā Partija, LPP	1200	산출 불가
라트비아 사회민주주의노동자당 Latvijas Sociāldemokrātiskā strādnieku partija, LSDSP	5000	산출 불가
라트비아 통합정당 Latvijas Vienības partija	1500	산출 불가
라트비아 농민연맹 + 라트비아 녹색당 Latvijas Zemnieku Savienība, LZS + Latvijas Zaļā partija, LZP	6000	200
통합라트비아에서의인권을 위해 Par cilvēka tiesībām vienotā Latvijā, PCTVL За права человека в единой Латвии, ЗаПЧЕЛ	600	산출 불가
조국과자유를위하여/라트비아민족독립운동 Tēvzemei un Brīvībai/Latvijas Nacionālās Neatkarības Kustība, TB/LNNK	3000	34
인민당 Tautas Partija, TP	4000	85

a   Plakans, Andrejs. 1999. "Democratization and Political Participation in Postcommunist Societies: The Case of Latvia," in Dawisha, Karen, and Parrott, Bruce, eds. *The Consolidation of Democracy in East-Central Europe*. Cambridge: Cambridge University Press; pp. 245-89; party websites; personal communication (April 2004); Auers, Daunis. 2003. "On Potemkin Villages and Campaign Finance Reform," 13 May. Available at http://www.policy. lv/index.php?id=102671&lang=en.

b   JP·DSP·LVP는 1998년 선거에서 사라졌다.

B. 중앙정부 고용 및 성장률 측정

중앙정부는 중앙 및 준중앙정부 기관으로 구성되며, 여기에는 각 부처와 규제 및 재정 기관, 사회보장 및 노동 관청, 그리고 이들의 지역 지부의 직원으로 구성된다. 국가 보건·교육·군에 종사하는 직원은 이 범주에서 제외된다. 4장과 이 책 전체에서 사용된 정보는 조사 대상 국가의 국가 통계청에서 수집한 것이다.

이 책은 유럽공동체 경제활동 통계분류Statistical Classification of Economic Activities in the European Community(이하 NACE)에 따라 각 국가의 통계청이 보고한 국가 행정 관련 보고서를 근거로 한다. NACE는 1990년 이후부터 조사 대상국 모두에서 사용되고 있다. 본서에서 사용·보고하는 NACE의 주요 범주는 L(국가 행정·국방·의무적 사회보장)이다. 여기에는 국가 행정 및 지역사회의 경제·사회 정책, 일반 공공서비스, 국가 기관의 규제 활동, 더 효율적인 사업 운영을 위한 규제 및 기여, 정부 지원 서비스, 지역사회에 제공되는 서비스, 외교, 국방 활동, 사법 및 사법 활동, 공공보안, 법과 질서 활동, 소방서비스, 의무적인 사회서비스 등이 포함된다. L 범주에는 일반 사병과 장교는 포함되지 않는다. 또한 각각 M과 N 범주로 보고되는 교육 및 의료 활동과 O 범주로 보고되는 기타 사회, 지역사회, 개인의 서비스 활동(위생·회원제 단체·언론·예술 및 문학 활동·도서관 및 기록보관소·스포츠 경기장과 여가 활동·박물관과 국립공원)은 (본서의 분석에서-옮긴이) 명시적으로 제외한다.*

---

*   EU NACE 코드 목록. http://www.europa.eu.int/comm/competition/ mergers/cases/index/nace all.html 에서 확인 가능.

NACE 범주를 사용하는 데는 이중의 이점이 있다. 첫째, 국가 간에 일관성이 있어 상대적으로 의미 있는 국가 간 비교가 가능하다는 점이다. 둘째, 시간이 지나도 일관되게 사용되므로, 시간의 흐름에 따른 공공고용의 발전을 더 확실하게 추적할 수 있다. 이 지표의 가장 큰 단점은 경찰, 민간 무장 직원(예를 들면 경호원-옮긴이), 소방관 등 국가 행정에 직접적으로 속하지 않는 용역도 포함된다는 점이다. 따라서 국가 기관의 각 부처와 그 산하기관을 평가하는 것보다 척도가 광범위해 중앙 행정부뿐만 아니라, 다양한 보조 기구와 조직에서 일어난 국가 행정 고용의 변화를 반영할 수 있다. 이러한 보조 기구들에서의 고용은 국가의 재량에 달려있지만, 고용 당사자가 고용과 관련된 특정 사실을 숨기려 할 수 있다(즉 정당 간부가 비서나 지역 관청 보좌관을 고용하는 것이, 같은 사람을 눈에 잘 띄는 부처에 같은 직급으로 고용하는 것보다 훨씬 더 쉽다는 뜻이다).

NACE 범주를 보고하는 방법에는 노동력 조사Labor Force Survey, LFS(일반적으로 노동력의 1퍼센트 미만인 응답자에게 지난주에 어떤 활동을 했는지 묻는 조사) 결과와 부문별 보고(기업과 기관이 고용 수준을 보고)가 있다. 이 부록에서는 가능하다면 부문별로 보고된 NACE L 정보를 국가 비교의 단일 척도로 이용한다. NACE L의 부문별 보고는 수년 동안 가장 일관성 있게 수집된 유일한 자료이므로, 다른 지표가 제공하는 것보다 훨씬 폭넓은 국내 및 국가 간 시간에 따른 비교가 가능하다.

폴란드와 헝가리는 부문별 자료와 노동력 자료를 병합하는 경우가 많아 노동력 조사를 사용한다. 노동력 조사에는 부문별 보고보다 행정부에 종사하는 직원의 수가 더 많이 보고되는 경향이 있다. 따라서 폴란드와 헝가리의 수치는 경쟁이 국가 확장을 제약하지 않는다는 귀무가설에 더 가까울 수 있다. 다른 나라에 비해 이 두 나라의 확장률이 여전히 낮다는 것은 경쟁이 국가 행정의 진정한 가치를 억제하고 있음을 시사한다.

부문별로 보고된 NACE 측정치는 다른 측정치와 강한 상관관계를 나타내는 경향이 있으므로(다양한 출처에서 보고된 정보의 이변량 상관관계는 부록 뒷부분의 개별 국가 보고서 참조), 출처가 다른 정보를 사용하면 유사한 분석 결과가 도출될 가능성이 매우 높다. (이 분석은-옮긴이) 보조 조직이나 치안 병력의 포함으로 국가 행정 수치가 과잉 측정되더라도 분석하는 시간과 국가마다 일정할 것이며, 따라서 상대적인 변화를 정확하게 측정할 수 있을 것으로 가정한다. 즉, 예를 들어 한 국가가 다른 국가에 비해 매년 상대적으로 소방관 수를 크게 늘렸을 가능성은 거의 없다. 출처가 같은 정보에서 불일치가 나타나는 경우에는 나중에 개정된 정보(괄호 안)가 아니라 과거 정보를 사용했다.

NACE L을 일관된 단일 척도로 사용하면 국가 고용 정보와 관련된 일부 문제를 피할 수 있다(중앙정부 고용에 대해서는 널리 합의되거나 명확한 측정 기준이 없으므로, 분석에 상당한 문제가 발생한다). 세계은행과 같은 국제기구에서 비교할 수 있는 정보를 생성하고자 했다.* 그러나 정보가 누락되고, 보고 기준이 다양해 코딩 시 많은 문제가 발생했다. 일례로 세계은행에 따르면, 체코의 중앙정부 민간인 고용은 1991~1995년 64,000명에서 1996~2000년 490,000명으로 증가했는데, 이는 어떤 다른 정보로도 교차검증할 수 없는 수치이다. 또한 세계은행의 연구에서는 일관되게 교육·보건·치안 관련 종사자를 제외하지 않으며, 정보의

---

* World Bank. 2001. The Cross-National Data Set on Government Employment and Wages, World Bank Administrative and Civil Service Reform Project, OECD Public Management Service 2001 참조.

한계로 인해 다른 범주의 직원이 집계에 포함되기도 한다.

이외에 국가 행정 고용을 측정하는 여타의 다양한 방법이 있으며, 각각에는 구체적인 장단점이 있다. 첫째, 특정 국가 측정치가 있다. 조사 대상 국가 중 일부는 "국가 행정"을 중앙 행정(부처·지부), 지역 행정(중앙 국가 행정의 지역 및 지방 관청), 지방자치 행정으로 세분화한 협소한 정의를 사용한다. 이는 실제 국가 행정부 직원의 수를 더 정확하게 파악할 수 있지만, 비교 가능성의 부재라는 커다란 한계가 있다. 이러한 정보의 주요 출처인 통계청과 재무부 또는 내무부는 고유한 측정 기준을 사용하는 경향이 있어 국가 간 비교가 불가능하다. 오드와이어는 2004년 논문에서 비교가능한 정보를 수집하고자 했지만, 국가 행정 고용의 개별 구성 요소를 구분하지 못했다. 가령 폴란드 중앙정부에는 체코와 슬로바키아에는 없는 대사관과 영사관 등 대외 서비스 부서와 노동청이 포함되어 있지만, 체코와 슬로바키아에서는 그렇지 않다.* 또한 체코는 1995~1996년 보고 범주를 변경하면서 중앙 행정부가 확장된 것으로 잘못 보고되었으며, 폴란드는 1998년 지역 개혁 이후 여러 관청이 이관되면서 회계 측정 기준이 달라졌다. 따라서 가장 일관되게 측정되고, 가장 신뢰할 수 있는 지표로 사용되는 것은 NACE L 범주이다.

---

* 오드와이어의 2004년 논문에서는 체코 노동청의 고용이 거의 증가하지 않았다고 주장하며 이 측정치를 옹호한다. 그러나 노동청이 폴란드 행정부의 확장을 담당하는 부문이었다면, 이 측정치는 여전히 폴란드 중앙 행정부의 지나친 성장을 탓할 수도 있다. 2000년 폴란드의 실업률이 거의 20퍼센트에 달할 정도로 증가했음을 염두에 둔다면 노동청의 고용은 상당히 확대되었을 것이다.

중앙정부 고용 측정

표 B.1부터 B.4까지는 정보 출처가 가장 다양한 네 나라의 중앙정부 고용 측정 결과이다. 불가리아·에스토니아·라트비아·리투아니아·슬로베니아는 경쟁 정보 출처가 훨씬 적다. 각 정보 수집 기간에 대한 성장률도 보고되어 있는데, 이는 누락된 연도의 관찰에 따라 상당히 큰 차이를 보인다. 표 B.5는 총고용의 백분율과 절대 수치로 중앙정부 행정을 측정한다.

표 B.I 국가 정부 행정 고용 및 성장률-헝가리[a]

헝가리	노동력 조사(LFS)[b]	부문별[c]	기타
1989	297,900		258,000[d]
1990	295,308		
1991	285,840		11,257 중앙 행정부[e]
1992	293,700		44,570 지역, 38,750 지방[f] 311,000
1993	299,500	108,000	
1994	320,200	105,000	
1995	318,100	102,000	147,000 중앙, 133,000 지역[g] 316,000
1996	306,600	102,000	
1997	293,800	106,000	50,000 중앙, 40,000 지방[h]
1998	294,000		
1999	301,900	106,000[i]	148,000 중앙, 158,000 지역[j]
2000	299,000	111,746[k]	112,000[l]
2001	289,000		
2002	316,000		
성장률(%)	106	104	

a   이변량 상관관계: 데이터 소스 간에 유의미한 상관관계가 없음.

b   헝가리 통계 연감Magyar Statisztikai Évkönyv 1998, 2002. Budapest: KSH, 1994, 1999, 2003. (2003 헝가리 통계 연감에는 이전 판과 다른 수치 보고)

c   노동청 보고, Nunberg 2000, p. 280.

d   Kézdi, Gábor. 1998. "Wages, Employment, and Incentives in the Public Sector in Hungary." Budapest Working Papers on the Labour Market, BWP 1998, 3 March.

e   István, Balázs. 1993. "The Transformation of Hungarian Public Administration" in Hesse 1993, p. 79.

f   Ibid., p. 79.

g   World Bank 2001.

h   Suleiman 2003, p. 300.

i   Gajduschek, György, and Hajnal, György. 2000. "Evaluation of the Hungarian General Civil Service Training Program." Discussion Paper No. 16, Local Government and Public Service Reform Initiative, Open Society Institute.

j   World Bank 2001.

k   헝가리 정부. 2000. *Governance and Public Administration in Hungary*. Budapest.

l   Hungarian Government Information Service.

표 B.2 국가 정부 행정 고용 및 성장률-폴란드[a]

폴란드	오드와이어[b]	LFS	부문별	내무부[c]	언론 및 기타 출처
1989		260,700	161,579	213,600	42,000 중앙 1988년[d]
1990	75,229	259,700	159,000e		
1991	93,294	273,100			53,000 중앙[f]
1992	104,728	296,600	158,000		
1993	115,361	336,600	129,741	238,074 (108,333 지방)	
1994	133,400	375,700	133,400	268,352 (135,022 지방)	
1995	141,508I	381,300	141,508	280,789 (139,295 지방)	89,000 중앙[g]
1996	146,789	402,500	156,800	290,225 (133,369 지방)	70,000 중앙[h]
1997	163,487	423,100	163,487	305,601 (142,114 지방)	140,000 전체[i]
1998	171,246	429,800	171,246	309,473 (138,227 지방)	
1999	179,920	431,500	148,000j	306,390 (158,555 지방)	
2000	178,668	492,600	130,177	305,802 (175,625 지방)	105,000 공무원[k] 164,000 중앙, 113,000 지역[l]
2001		525,700			110,000 중앙[m]
2002		522,200			
성장률(%)	173	200	80	143	261

a 이변량 상관관계-LFS와 오드와이어: .806*; 노동력과 내무부: .947**; 오드와이와 내무부: .773*(*는 .05 수준에서 유의, **는 .01 수준에서 유의, 양측검정)

b 중앙정부 직원에는 각 부처·중앙 관청·해외 주재원·노동청 직원 포함. 지부 직원에는 국가 중앙정부의 지역 관청 직원 포함.

c 부문별 및 지방자치단체 직원. 중앙: 각 부처, 해외 주재 관청, 정부 특별 행정 지역 관청. 지부: 일반 행정부의 지역 관청(보예부츠트보·지역·보조 단위). 지역: 그미나(gmina)와 보예부츠트보. 1998년 이후에는 포비아트(powiat)와 포비아트급 도시, 2000년 이후에는 노동 관청도 포함.

d Taras, Wojciech. 1993. "Changes in Polish Public Administration 1989-1992" in Hesse 1993, p. 29.

e Paradowska, Janina "Pełniący Obowiązki", *Polityka*, 2 June 2001.

f Taras 1993, p. 29.

g World Bank 2001.

h *Polityka*, 10 August 1996

i *Wprost*, 25 January 1998.

j Gorzelak, Grzegorz, Jałowiecki, Bohdan, and Stec, Mirosław, eds. *Reforma Terytorialnej Organizacji Kraju: Dwa Lata Doświadczeń*. Warsaw: Scholar, 2001, p. 67에서 인용한 GUS 자료.

k Suleiman 2003, p. 300.

l World Bank 2001.

m Paradowska 2001.

표 B.3 국가 정부 행정 고용 및 성장률-체코[a]

체코	오드와이어[b]	LFS[c]	부문별[d]	내무부[e]	마하첵[f]	세계은행[g]
1989			91,700			
1990			95,700			
1991			99,100			
1992			123,400			
1993	38,667	308,400	132,700	65,498	212,000	64,000 중앙
1994	40,088	322,400	146,300	68,134	220,000	77,000 중앙
1995	39,950	302,300	161,600	69,022	228,000	
1996	43,922	310,600	167,900	135,861[h]	228,000	
1997	45,334	320,600	180,100	148,479	235,000	90,000 중앙
1998	44,960	322,800	181,200	154,356[i]	231,000	
1999	44,608	336,500	182,800		232,000	155,000 중앙[j]
2000	45,024	342,900	186,800		241,000	490,000 전체
2001		340,000	193,500		245,000	
2002		325,700	193,500		245,000	
성장률(%)	116	106	211	237	116	766

a 이변량 상관관계-부문별과 오드와이어: .935**; 부문별과 LFS: .678*; 마하첵과 오드와이어: .857**; 부문별과 마하첵: .961**; 마하첵과 LFS: .663*(* .05 수준에서 유의, ** .01 수준에서 유의, 양측검정)

b 중앙정부 직원에는 각 부처·중앙 관청·해외주재원·노동청 직원 포함. 지부 직원에는 국가 중앙정부의 지역 관청 직원 포함.

c *Trh Práce v České republice*, publication 3103-03, December 2003, Prague.

d *Časové řady základních ukazatelů statistiky práce*, 1948~2002, 2003. 프라하: 체코 통계청 Český Statistický Úřad, ČSÚ. 통계는 NACE에서 수집.

e 중앙 행정부 수치. Národní Vzdělávací Fond. 1998. "Analýza veřejné správy České republiky", 9월. 데이터에는 14개 부처, 대통령실, 대법원을 비롯한 국가 행정부의 중앙 기관 포함. 또한 노동청, 금융청, 교육기관평가소, 화폐검질소를 비롯한 국가 규제 및 서비스 기관도 포함.

f Macháček, David. 2003. "Úředníků už je přes čtvrt milionu", *Hospodariké Noving*. Ihned.cz, 9 (October). 공공 행정 직원에는 중앙 행정 관청, 지역 및 지방 관청(2002년까지 오크레스okresni)뿐만 아니라 금융, 교육, 고용 및 기타 관청에 고용된 직원도 포함.

g World Bank. 2001. *Cross-National Data Set on Government Employment and Wages*. Available at http://ww1.worldbank.org/publicsector/civilservice/development.htm.

h 1995년과 1996년 데이터 사이의 큰 변화는 회계 처리 방식이 변했기 때문이다. 교도소 및 법원 공무원, 경찰, 국가 중앙 행정부 및 지역 관청, 국방부 직원은 NACE를 준수하기 위해 포함.

i Nunberg, Barbara. 2000. "Ready for Europe: Public Administration Reform and EU Accession in Central and Eastern Europe." World Bank Technical Paper No. 466, 2000, p. 85, citing the Czech Ministry of Labor.

j Národní Vzdělávací Fond 2001.

표 B.4 국가 정부 행정 고용 및 성장률-슬로바키아[a]

슬로바키아	오드와이어[b]	LFS[c]	부문별	기타
1989			32,833	
1990		49,053	47,715	
1991		56,531	56,531	
1992		83,591	83,767	
1993	22,123	72,739	72,739	
1994	22,977	126,600	72,775	
1995	25,147	137,300	78,000	67,000 중앙[d]
1996	29,342	157,200	81,647	
1997	40,819	160,300	84,951	
1998	40,288	153,900	84,355	
1999	38,430	150,400	84,900	40,092 중앙[e]
2000	37,880	158,300	80,195	340,000 전체[f]
2001		157,800	80,507	
2002		149,700	82,834	
성장률(%)	171	306	252	

a 이변량 상관관계-부문별과 오드와이어: .776*; 부문별과 LFS: .905*; LFS와 오드와이어: .822*(*.05 수준에서 유의, *.01 수준에서 유의, 양측검정)

b 중앙정부: 각 부처·중앙 관청·해외 주재원·노동청, 지부: 중앙부처의 지부 행정기관 및 지방 행정기관(지방청)

c Štatistická Ročenka Slovenskej Republiky. 1993, 1996, 1999, 2002, 2003. Bratislava: Veda.

d World Bank 2001.

e INEKO for the Slovak Government. 2000. "Záverečná správa o výsledkoch a odporúčaniach auditov činnosti a financovania ústredných orgánov štátnej správy", August, p. 2.

f Nižňanský, Viktor, and Kňažko, Miroslav. 2001. "Public Administration," in Mesežnikov et al., p. 114.

표 B.5 전체 고용 비율 및 절대 수치로 본 국가 행정부, 1989~2004년[a]

	헝가리		에스토니아		슬로베니아		리투아니아	
1989	5.8	297,900		n/a		n/a		n/a
1990	5.9	302,200	3.9	32,000	2.9	26,776		n/a
1991	6.2	285,840	3.9	31,500	3.5	25,02		n/a
1992	7.6	293,700	4.3	32,400	3.9	27,658	2.7	49,900
1993	7.8	299,500	4.9	34,500	4.3	35,022	3.4	56,600
1994	8.5	320,200	5.2	35,300	4.5	38,042	3.6	59,600
1995	8.1	318,100	5.5	34,500	4.6	40,146	4.1	67,600
1996	8.4	306,600	5.4	33,700	4.7	41,000	4.1	68,800
1997	8.0	293,800	5.3	32,300	4	36,000	4.1	69,200
1998	7.9	294,000	5.4	34,700	4.5	41,000	4.3	71,100
1999	7.9	301,900	6.0	34,600	5.5	49,000	4.4	72,400
2000	7.8	299,000	5.9	33,900	5.9	53,000	5.3	73,400
2001	7.5	289,000	5.9	34,200	5.3	48,000	5.1	67,700
2002	8.0	316,000	5.7	33,100	5.3	46,853	5.3	81,200
2003	8.7	320,900	5.8	35,700	5.7	48,085	5.7	75,800
2004	9.7	318,200	5.8	37,100	6.1	49,932	6.1	82,400
증가율(%)	167	107	149	116	210	186	211	165
연평균 성장[b]		.49		1.14		5.07		4.55

a NACE L 부문별 평균 등록 직원 수. OECD 국가 총고용 대비 평균 정부 고용 비율: 4.2%. 개발도상국의 총고용 대비 평균 정부 행정 고용 비율: 1.7%. Schavio-Campo, Salvatore, de Tommaso, Giulio, and Mukherjee, Amitabha. 1997b. "An International Statistical Survey of Government Employment and Wages." World Bank Policy Research Working Paper No. 1806.

b 연평균 성장: $\Sigma T_1-T_0/T_0 + T_2-T_1/T_1 \cdots + T_n-T_{n-1}/T_{n-1}/n$. T_0는 기준("이전") 연도, T_1은 다음 연도, n=연수

	폴란드		체코		슬로바키아		불가리아		라트비아	
1989	1.6	260,700	1.7	91,729	1.4	32,833	1.3	53,270		n/a
1990	1.6	259,700	1.7	95,743	2.2	47,715	1.3	49,364	1.5	21,000
1991	1.8	273,100	3.0	99,098	2.6	56,531	1.4	50,454	1.7	23,700
1992	1.9	296,600	2.5	123,448	3.9	83,767	1.6	51,753	2.8	32,914
1993	3.3	298,400	2.7	132,675	3.4	72,739	2.1	67,146	3.5	37,332
1994	3.6	330,400	3.0	146,266	3.5	72,775	2.3	75,263	4.7	45,328
1995	2.6	384,800	3.2	161,640	3.6	78,000	2.3	76,084	5.4	57,000
1996	2.6	402,100	3.3	167,917	3.9	81,647	2.2	73,831	6.0	61,000
1997	2.7	423,100	3.5	180,100	4.2	84,951	2.5	78,689	6.1	63,000
1998	2.7	430,300	5.1	181,200	4.2	84,355	2.6	80,723	6.1	64,000
1999	2.8	439,500	5.5	182,800	4.1	82,102	2.9	89,959	6.3	61,490
2000	3.2	492,600	5.8	186,800	4.1	80,195	3.1	91,700	7.5	71,000
2001	3.5	525,700	6.1	193,500	4.0	80,507	5.0	95,825	7.1	68,000
2002	3.5	522,200	6.2	193,500	4.2	82,834	5.2	96,892	6.9	68,000
2003	3.7	528,000	6.4	195,154	4.2	88,334	5.5	117,445	6.9	67,000
2004	3.9	535,100	6.8	205,769	4.2	86,499	5.6	118,186	7.0	69,000
증가율(%)	244	205	400	225	300	263	431	223	467	329
연평균 성장[b]	5.02		5.70		5.95		7.57		7.54	

출처　폴란드 통계 연감Rocznik Statystyczny, 1990~2006. 바르샤바, 폴란드 중앙 통계청Główny Urząd Statystyczny, GUS; 헝가리 통계 연감Magyar Statisztikai Évkönyv, 부다페스트, 헝가리 중앙 통계청Központi Statisztikai Hivatal, KSH; 체코 통계 연감Statistická Ročenka České Republiky, 프라하, 체코 통계청Český Statistický Úřad, ČSÚ; 노동 통계 주요 지표 시계열Časové řady základních ukazatelů statistiky práce 1948~2002. 2003. 프라하, 체코 통계청; 슬로바키아 통계 연감Statistická Ročenka Slovenskej Republiky, 브라티슬라바, 베다; 슬로베니아 통계 연감Statistični Letopis, 류블랴나, 슬로베니아 통계청Statistični Urad RS; 불가리아 통계 연감 Статистически Годишник, 소피아, 불가리아 통계청Национален Статистически Институт, НСИ

C. 비네트 고정법

이 책은 부패에 대한 인식 조사를 국가 자원 전용의 주요 지표로 사용하지 않는다. 기존의 설문조사는 시민보다 기업 엘리트와 소유주에게 초점을 맞춰왔다. 가령 BEEPS와 국제투명성기구TI는 기업인만을 대상으로 설문조사를 실시했고, TI는 국제 기업 대표만을 대상으로 설문조사를 실시했는데, 이는 사업 방식이 익숙하지 않은 국가에서는 추가적인 장벽에 부딪힐 수 있다.* 다른 조사에서는 이러한 질문을 산발적으로만 던지기도 했다. 예를 들어 새로운민주주의척도New Democracies Barometer는 1998년 체코에서만 뇌물 수수에 관한 질문을 했다.** 국가 효율성과 부패에 관한 여론을 조사한 경우에도 지표에 문제가 있다.*** 응답자들은 이전 조사 결과에 의존하여 의견을 형성한다. 국가 간 비교 가능성이 심각하게 제한된다. "효과성", "부패", "정당성"은 측정하기 어려운 개념이며, 국가마다 기준선이 매우 다양하다.

사소한 부패가 대규모 재앙이라는 인식을 불러일으킬 정도로 공론화될 수도 있다. 따라서 점점 더 많은 국제기관이 부패에 관심을 기

• Sik, Endre. 2002. "The Bad, the Worse, and the Worst: Guesstimating the Level of Corruption" in Kotkin, Stephen, and Sajo, Andras. *Political Corruption: A Sceptic's Handbook*. Budapest: CEU Press, pp. 91–114.

•• 국내 여론 조사 기관에서도 간혹 이 같은 질문을 던지곤 하지만 연구자들이 데이터베이스에 접근할 수 없다.

••• Ades, Alberto, and Di Tella, Rafael. 1997. "The New Economics of Corruption: A Survey and Some New Results", *Political Studies*, 496–515; Treisman 2000. Lancaster, Thomas D., and Montinolla, Gabriella. 2001. "Comparative Political Corruption: Issues of Operationalization and Measurement", *Studies in Comparative International Development*. Fall: 3–28은 예외 중 하나로, 질적 비교 분석qualitative comparative analysis, QCA을 활용한다.

울이기 시작하면서 1997년 이후 아시아·태평양 지역의 모든 국가가 더 나쁜 순위를 받은 것은 놀라운 일이 아니다. 부패와 정치화에 대한 이러한 인식의 변화는 실제 수준의 증가보다 변화된 형태와 더 관련이 있을 수 있다. 일부 분석가들은 이러한 여론조사는 비용이 많이 들지만 수요가 많으므로, 정보의 가치가 있을 것이라고 주장하며 이러한 여론조사를 옹호하기도 한다.[•] 그러나 높은 가격은 기법의 타당성보다는 신뢰할 수 있는 다른 측정 방법이 없다는 사실을 반영하는 것일 수 있다.

이러한 문제를 해결하고, 더 비교 가능한 결과를 얻기 위해 나는 설문조사에 "비네트 고정법"을 사용한다.[••] 이는 엘리트층의 부패 인식에 의존하는 설문조사에 비해 몇 가지 장점이 있다. 첫째, 이 방법은 비교 기준선을 제공함으로써 국가 간 비교 가능성 문제를 해결한다. 설문조사 질문에는 측정된 개념의 다양한 경험에 해당하는 여러 시나리오를 보여주는 2~3개의 문장으로 구성된 짧은 구절(비네트 문항)이 제시된다. 응답자가 주어진 시나리오와 동일시하면 설문조사 질문에 대한 응답을 고정하는 데 도움이 되며, 유효한 교차 표본 비교가 가능하다. 응답자는 정당 소속의 유용성과 공무원의 뇌물 수수 성향에 대한 개인적인 경험을 평가하도록 요청받는다. 그런 다음 모든 응답자에게 공통으로 적용되는 객관적인 기준이 제시되면, 가상의 개인의 경험을 같은

[•]   Kaufmann, Daniel, Kraay, Aart, and Zoido-Lobatón, Paolo. 1999. "Governance Matters", World Bank Policy Research Working Paper No. 2196, October. Mauro 1998. 또한 Ades and Di Tella 1997; Mauro, Paolo. 1998. "Corruption: Causes, Consequences, and Agenda for Further Research", *Finance and Development* March: 11-14 참조.

[••] 게리 킹Gary King은 이 기술과 그에 수반하는 소프트웨어를 개발했다. http://gking.harvard.edu/vign 참조.

척도로 평가하여 응답자의 답변이 "고정"되도록 한다. 따라서 이 기법을 통해 응답자의 평가가 의미하는 바가 무엇인지, 그리고 응답자가 평소에 평가 순위를 어떻게 매기는지 모두 조사할 수 있다.

설문조사 준비, 관리 및 분석

설문조사 설문지는 불가리아어·체코어·라트비아어·폴란드어·슬로바키아어로 번역한 후 현지 협력자들과 협의하여 다시 영어로 번역했다. 설문 문항의 내부 타당성을 확인하기 위해 미국과 국내 사례 모두에서 사전 시험을 실시했다. 그 결과 세금 징수에 관한 추가 질문은 삭제됐으며, 세금 징수 방법의 차이—폴란드에서는 개인 소득세 신고가 보편적이지만, 슬로바키아와 체코에서는 추가 환급 및 세금 감면을 원하는 사람만 신고를 한다—를 고려할 때, 비교 가능성에 의문이 제기됐다.

국가별로 응답자 수가 1000명을 넘었다. 예를 들어 CBOS는 18세 이상 성인을 대상으로 한 3단계 확률 표본을, CVVM은 15세 이상 성인을 대상으로 한 2단계 대표 할당 표본을, Focus는 할당 표본을 사용하는 등 조사 기관마다 조금씩 다른 표본 추출 방법을 사용했다. 설문조사는 각 국가의 여론조사 기관에서 실시했다.

비네트 고정법-국가의 유효성과 부패

1. [정부 일자리/서비스의 임의적 제공]

A. 질문: 정부 부문에서 일자리를 얻는 데 정당 소속이 얼마나 중요한가?

답변:

1. 필수   2. 매우 중요   3. 보통   4. 약간 중요   5. 중요하지 않음

B. 비네트: 이제 이 가상의 개인이 정부 부문에서 일자리를 얻는 데 정당 소속이 얼마나 중요한지 평가하시오.

(**순서를 무작위로 지정하고,** 위와 동일한 응답 범주를 사용하십시오.)

X는 관공서에서 회계사로 일하기 원한다. 그는 학력과 경력만 묻는 공식 지원서를 제출했다. 그는 야당에서 활동했으나 지원 과정에서 누구도 이에 관해 묻지 않았고, 그는 취업에 성공했다. X가 정부 부문에서 일자리를 얻는 데 있어 정당 소속이 얼마나 중요한가?

X는 정부 기관에서 회계사로 일하기 원한다. X는 집권당의 당원이며, 이 정당의 추천을 받았다. 그는 어려운 자격 시험에서 다른 응시자와 같은 점수를 받았다. X가 합격했다. X가 정부 부문에서 일자리를 얻는 데 있어 정당 소속이 얼마나 중요한가?

X는 정부 기관에서 회계사로 일하기 원한다. 입사 지원에는 5년의

경력이 필요하다. X는 회계사 경력이 3년으로 다른 지원자보다 자격이 부족하다. 그러나 그는 여당에서 활동 중이며, 일자리를 얻었다. X가 정부 부문에서 일자리를 얻는 데 있어 정당 소속이 얼마나 중요한가?

X는 정부 기관에서 회계사로 일하기 원한다. 다른 지원자들은 훨씬 더 자격이 있지만 여당 소속이 아니며, 공식 지원서에서 정당 소속을 요구한다. X는 오랫동안 여당 활동가로 활동해왔고, 결국 취업에 성공했다. X가 정부 부문에서 일자리를 얻는 데 있어 정당 소속이 얼마나 중요한가?

잠재적 변형(사용되지 않음): 사법부 서기, 주 보건 검사관, 세금 징수원

2. 〔뇌물 만연 정도〕

A. 질문: 정부 서비스를 받기 위해 공무원에게 비공식적으로 추가 비용을 지불하는 것이 어느 정도 유용하다 생각하는가?

답변:

1. 필수   2. 매우 중요   3. 보통   4. 약간 중요   5. 중요하지 않음

B. 비네트: 이제 이 가상의 개인이 정부 서비스를 받기 위해 정부 공무원에게 비공식적으로 추가 비용을 치르는 것이 어느 정도 유용한지 평가하시오.

(순서를 무작위로 지정하고, 위와 동일한 응답 범주를 사용하십시오.)

X는 건축 허가가 필요하다. 비공식 추가 지불은 지방정부 공무원의 중요한 수입원이며, X는 이러한 지불 없이 신청서를 승인받은 적이 없다. X가 정부 서비스를 받기 위해 정부 공무원에게 비공식 추가 비용을 치르는 것이 어느 정도 유용한가?

X는 건축 허가가 필요하다. 비공식 추가 지급은 얼마든지 괜찮다. X는 보통 신청서에 비공식 추가 지급을 포함시킨다. 그렇지 않다면 신청서가 분실되거나 크게 늦춰져 다시 제출해야 하는 경우가 종종 있었다. X가 정부 서비스를 받기 위해 공무원에게 비공식적으로 추가 비용을 치르는 것이 어느 정도 유용한가?

X는 건축 허가가 필요하다. 비공식 추가 지불을 용인한다. X는 특히 허가가 빨리 필요한 경우에만 그러한 지급을 한다. X가 정부 서비스를 받기 위해 공무원에게 비공식적으로 추가 비용을 치르는 것이 어느 정도 유용한가?

X는 건축 허가가 필요하다. 그가 아는 그 누구도 비공식적으로 추가 비용을 치른 적이 없다. 그는 신청을 앞당기기 위해 돈을 치르려 하지만, 공무원 모두가 받기를 거부한다. 그들은 이런 시도만으로도 그를 질책한다. X가 정부 서비스를 받기 위해 공무원에게 비공식적으로 추가 비용을 치르는 것이 어느 정도 유용한가?

잠재적 변형(사용되지 않음): 소규모 사업자의 사업자등록증, 출생증명서 사본, 운전면허증

옮긴이의 말

이 책은 저자의 문제의식과 방법론을 세시하는 서론 격의 1장과 본문에 해당하는 2~5장, 그리고 결론으로 이뤄져 전형적인 연구서의 구성을 갖추고 있다. 이 책의 본문은 분석 대상 국가의 탈공산주의 이행에서 드러나는 4가지 주요 특징을 다룬다. 우선 2장은 개별 정당의 국가 자원을 향한 경쟁을 다루는데, 저자에 따르면 정당들은 안정적인 재원이 없는 상황에서 국가를 물질적 자원의 가장 수익성 높고 쉽게 구할 수 있는 원천으로 여겼다. 따라서 민주주의의 형식에 벗어나지 않으면서도 부족한 물적·조직적 기반에 따른 문제를 해소하려 했으며, 저자는 신생 정당들의 이러한 행위를 국가 착취state exploitation라고 칭한다. 정당들의 국가 착취 수단은 각각 공식 제도의 발전과 국가 행정부 규모의 확대를 다루는 3장과 4장에서 잘 드러난다. 국가 착취는 공식적인 감시·감독 기관을 설치하여 정치적 경쟁자들이 국가 자원을 취하지 못하도록 저지하는 것과 국가 행정부의 규모를 확장하는 것—정치적 협력자들의 공직 고용 또는 국가 착취를 위한 예산 외 기금을 조성—이 병행됐다. 이러한 현상이 가장 두드러지게 나타난 영역이 5장에서 다루는 민영화와 정당 자금 지원에 대한 규제였다.

기본적으로 이 연구는 강건한 정당 경쟁(독립변수)과 현직자들의 국가 착취 정도(종속변수) 간의 인과성에서 출발한다. 전자는 경험적으로 관찰할 수 있는 세 가지 요소, 즉 명확성·집권 가능성·비판의 강도로 분석한다. 이 중 첫 번째는 쉽게 식별할 수 있는 야당 정치 진영의 존재, 두 번째는 야당(특히 잠재적인 연정 구성이 가능한)의 의회 내에서의 권력, 세 번째는 정치적 현직자들에 경쟁자들이 가하는 지속적인 비판의 범위와 강도로 구성된다. 저자는 강력한 정치적 경쟁의 존재가 지배 엘리트와 야권 세력 모두에 비용을 높이고, 그렇게 함으로써 국가 착취를 제한한다고 주장한다. 한편 국가 착취는 1) 공식적인 감시·감독 제도의 수립 2) 국가 행정 고용, 자금 및 기관의 확대, 그리고 3) 민영화 이익 및 기타 보조금의 채널링이라는 세 영역에서 검토한다. 요컨대 민주주의 정치체제와 시장 경제 질서로 이행하려는 탈공산주의 민주주의 국가 중 정당 경쟁이 긍정적으로 치열한 국가에서는 정당들이 국가를 착취하여 정당 혹은 정치인 개인의 사익을 추구하기 어렵다는 것이다.

기실 해당 분야의 전공자가 아닌 사람이 특정 연구의 연구사적 의의를 논하는 것은 가당치 않은 일이다. 그렇기에 번역하는 과정에서 저자를 비롯한 유관 연구자들의 여러 연구를 읽었다 한들, 비전공자인 역자가 이 책에 대해 갖고 있는 인상이 이 책의 의의와 한계를 적확하게 포착했다고 하기는 힘들다. 다만 타인의 저작을 소개하는 역할을 하는 역자가 아무 말도 남기지 않은 것 또한 저자에 대한 도리에 어긋날 것이다. 이에 역자는 이 책의 의의와 한계에 관한 나름의 생각을 풀어내 보고자 한다. 이는 역자 개인의 비평에 불과하며, 독자들은 이 책에서 더 많은 의미를 끌어낼 수 있으리라 기대한다.

이 책은 사회과학 연구로서의 강점(분류화·이론화)이 매우 두드러지는 저작이다. 특정 주제에 대한 이러한 접근에 익숙하지 않은 역자로서는 저자의 주장을 좇는 것이 꽤 버거웠다. 일례로 저자는 각국의 여야 주요 정치 세력 혹은 유력 정치인의 이력에 관하여 명료하게 양분―공산당의 후신과 그렇지 않은 정당―하여 서술한다. 그 과정에서 저자는 이 책에서 본격적으로 다루는 탈공산화 시기에 활약한 여야 정치인이 그 이전 시기―즉, 사회주의 체제 시기―에는 공적 영역에서 어느 정도의 명성과 영향력을 지닌 인물들이었는지 들여다보지 않으며, 그럼으로써 그들의 이력이 분석에서 어떤 변수로 작용할 수 있을지 검토하지 않는다. 가령 여야 정치 지도자들이 모두 공산당 청년 조직 간부 출신(대표적으로 헝가리에서 장기 집권 중인 총리 빅토르 오르반)이란 이력을 공유하고 있음을 생각한다면, 경쟁의 질을 분석하는 저자의 새로운 기준이 과연 얼마나 유의미할지 의문이다. 혹자는 이를 두고 과거 공산당 출신들이 서로 다른 간판을 내걸고 요란법석을 떠는 것에 불과하다 여길 수도 있을 텐데 말이다.

저자가 분석 대상을 선정하는 기준도 선뜻 받아들이기 힘들다. 무엇보다 제목에 비하면 분석 대상이 너무 협소하다. 아시아 지역 탈공산 국가를 전부 배제한 것은 차치하더라도, 저자가 전제하는 "온전한" 민주주의의 조건을 제시하지 않은 채 크로아티아·세르비아·러시아 등을 "온전한" 민주주의 국가가 아니라며 분석 대상에서 제외한 것은 받아들이기 힘들다. 소비에트 연방의 구성국들과 개별 인민공화국들(혹은 사회주의 공화국들), 유고슬라비아연방의 구성국들이 서로 동질적인 정치·사회 질서를 지니고 있었다고 전제하는 것 역시 문제다. 결정적으로 저자가 제시한 여러 기준에 부합하는 루마니아가 (당시 불가리아와 함께 EU 가입국이었음에도) 분석에서 배제됐는데, 이로써 저자가 분석 대상을 선정하는 기준부터 꽤 편향되어 있다는 인상을 지우기 어렵다.

경쟁이 강고하면 사정司正 기관이 설치되어 비정치적으로 제 기능을 하면서 집권 정당의 국가 착취를 방지한다는 저자의 논의는 현상적인 인과관계를 파악하는 데 그치고 있다는 인상을 지우기 어렵다. 왜 어떤 탈공산 국가는 정당 경쟁이 강고하고, 어떤 탈공산 국가는 그렇지 않은가. 게다가 저자가 경쟁이 강고하다고 분류한 국가 중 폴란드와 헝가리에서는 일당이 장기 집권하는 현상이 벌어졌고, 저자가 제시했던 강고한 경쟁을 구성하는 요소들이 사라졌다.* 그렇다면 강고한 경쟁이란 요소도 특정 정치체의 고유한 특성으로 볼 수 없고, 오히려 어떤 조건의 결과물인 셈인데, 저자가 강고한 경쟁의 구성 요소로 제시한 것은 근본적인 원인보다는 현상적인 특성들로밖에 보이지 않는다. 체제 이행기 간에 어떤 조건이 형성되어 경쟁이 강고할 수 있었고, 따라서 국가 착취에 대한 제약이 발달하여 실질적으로 그것을 제약할 수 있었는지에 대한 더 근원적인 접근이 필요하다.

끝으로 여러 서평에서 (각주의 남발이나 본문에서 활용하지 않은 비네트 고정법 등 외에도) 몇몇 구체적 사실에 관하여 오류가 있을지라도 그 흠결을 뛰어넘는 연구사적 의의가 있다고 평하는데, 이 평가의 의미 역시 비전공자로서는 가늠하기 어려웠다. 분석의 세포 역할을 해야 할 사실

---

* Grzymala-Busse, Anna, "Global Populisms and Their Impact," *Slavic Review*, Volume 76, Supplement S1, August 2017, pp. S3 – S8; Grzymala-Busse, Anna, "How Populists Rule: The Consequences for Democratic Governance," *Polity*, 2019, Vol.51 (4), p.707-717; Grzymala-Busse, Anna, "The Failure of Europe's Mainstream Parties," *Journal of Democracy*, Volume 30, Number 4, October 2019, pp. 35-47.

관계에 오류가 있는데, 어째서 그 기관이라 할 수 있는 주제(혹은 주장)가 정상적으로 기능한다는 것일까. 해당 분야의 전공자가 아닌 입장에서는 이 역시 다소 의아했다.

이 책은 2~3개 수준에 머무르기 마련인 비교 분석의 규모를 대폭 늘리고, 기존 분석 방법의 한계를 극복할 대안을 제시하는 등 연구서로서 갖춰야 할 미덕을 제시하고 있는 저작임에는 분명하다. 무엇보다 분석한 9개 국가 모두 언어가 달라 이들을 아우르는 질적 연구를 시도했다는 것만으로도 큰 박수를 받을 만하다. 이 책을 기점으로 이들 지역에 대하여 관광지로서 뿐만 아니라 사회적 현안에 관심을 두고 더 깊은 이해를 갈구하는 독자들이 늘어나는 계기가 될 수 있길 바란다.

이 책은 대중서보다는 연구서로서의 성격이 더 두드러지기에, 전공자가 아닌 역자가 해당 분야의 논의에 무지하여 오역하거나, 일반 독자의 이해를 돕기 위해 달은 주석이 충분하지 않을 수 있다. 독자 여러분의 너른 이해를 구한다. 아울러 나의 불찰로 촉박해진 기한에도 치열하게 교열을 봐준 회화나무 편집자에게 송구함과 감사함을 표한다. 또한 물질적으로 빠듯한 대학원 생활에 한 줄기 빛을 내려준 서세동 선배에게도 감사한 마음을 전한다.

2024년 1월
이태영

참고문헌

Ades, Alberto, and Di Tella, Rafael. 1999. "Rents, Competition, and Corruption," *American Economic Review*, 89, 4 (September): 982–93.

—1997. "The New Economics of Corruption: A Survey and Some New Results," *Political Studies*, 45, 3: 496–515.

—1995. "Competition and Corruption." Applied Economics Discussion Paper Series No. 169. Oxford University.

Ágh, Attila, ed. 1994. *The First Steps*. Budapest: Hungarian Center of Democracy Studies.

Ágh, Attila, and KurtÁLn, SÁLndor. 1996. " 'Parliaments' and 'Organized Interests' in Civil Society: Local Government Legislation and Elections in Hungary (1990–1995)," in Ágh, Attila, and Ilonszki, Gabriella, eds. *Parliaments and Organized Interests: The Second Steps*. Budapest: Hungarian Center for Democracy Studies.

Ákos, Róna-Tas. 1997. *The Great Surprise of the Small Transformation*. Ann Arbor: University of Michigan Press.

Albats, Yevgenia. 2003. *The State Within a State: The KGB and Its Hold on Russia*. Ph.D. Dissertation, Harvard University.

Aldrich, John. 1995. *Why Parties?* Chicago: University of Chicago Press.

Allina-Pisano, Jessica. 2005. "Informal Politics and Challenges to Democracy: Administrative Resource in Kuchma's Ukraine." Unpublished Manuscript, Harvard University.

Amsden, Alice, Kochanowicz, Jacek, and Taylor, Lance. 1994. *The Market Meets Its Match*. Cambridge: Harvard University Press.

Ansell, Christopher, and Burris, Arthur. 1997. "Bosses of the City Unite! Labor Politics and Political Machine Consolidation, 1870–1910," *Studies in American Political Development*, 11 (Spring): 1–43.

Appel, Hilary. 2004. *A New Capitalist Order: Privatization and Ideology in Russia and Eastern Europe*. Pittsburgh: University of Pittsburgh Press.

—2001. "Corruption and the Collapse of the Czech Transition Miracle," *East European Politics and Societies*, 15, 3: 528–53.

Arian, Alan, and Barnes, Samuel. 1974. "The Dominant Party System: A Neglected Model of Democratic Stability," *Journal of Politics*, 36, 1: 592–614.

Auers, Daunis. 2002/2003. "Latvia's 2002 Elections: Dawn of a New Era?" *East European Constitutional Review*, 11/12, 4/1 (Fall/Winter): 106–10.

Axelrod, Robert. 1970. *Conflict of Interest*. Chicago: Markham.

Baldersheim, Harald, et al. 1996. "New Institutions of Local Government: A Comparison," in Baldersheim, Harald, Illner, Michal, Offerdal, Audun, Rose, Lawrence, and Swaniewicz, Pawel, eds. *Local Democracy and the Processes of Transformation in East-Central Europe*. Boulder: Westview Press.

Barnes, Andrew. 2003. "Comparative Theft: Context and Choice in the Hungarian Czech, and Russian Transformations 1989–2000," *East European Politics and Societies*, 17, 3: 533–65.

Bartlett, David. 1997. *The Political Economy of Dual Transformations*. Ann Arbor: University of Michigan Press.

—1996. "Democracy, Institutional Change, and Stabilization Policy in Hungary," *Europe-Asia Studies*, 48, 1: 47–83.

Bartolini, Stefano. 1999–2000. "Collusion, Competition, and Democracy," *Journal of Theoretical Politics*, 11, 4: 435–70; 12, 1: 33–65.

Bartolini, Stefano. 2002. "Electoral and Party Competition: Analytical Dimensions and Empirical Problems," in Gunther, Richard, Montero, Jose Ramon, and Linz, Juan, eds. *Political Parties*. Oxford: Oxford University Press, pp. 84 – 110.

Bartolini, Stefano, and Mair, Peter. 1990. *Identity, Competition, and Electoral Availability*. Cambridge: Cambridge University Press.

Barzelay, Michael. 1997. "Central Audit Institutions and Performance Auditing," *Governance*, 10, 3: 235 – 60.

Bates, Robert. 1981. *Markets and States in Tropical Africa*. Berkeley: UC Press.

Bendor, Jonathan, Glazer, A., Hammond, T. 2001. "Theories of Delegation," *Annual Review of Political Science*, 4: 235 – 69.

Bennett, Colin. 1997. "Understanding Ripple Effects: The Cross-National Adoption of Policy Instruments for Bureaucratic Accountability," *Governance*, 10, 3: 213 – 33.

Benoit, Kenneth. 2004. "Models of Electoral System Change," *Electoral Studies*, 23: 363 – 89.

Benoit, Kenneth, and Hayden, Jacqueline. 2004. "Institutional Change and Persistence: The Evolution of Poland's Electoral System, 1989 – 001," *Journal of Politics*, 66, 2: 396 – 427.

Bercík, Peter, and Nemec, Juraj. 1999. "The Civil Service System of the Slovak Republic," in Verheijen, Tony, ed. *Civil Service Systems in Central and Eastern Europe*. Cheltenham: Edward Elgar, pp. 184 – 210.

Bernhard, Michael. 2000. "Institutional Choice After Communism," *East European Politics and Societies*, 3: 316 – 47.

Bielasiak, Jack. 1983. "The Party: Permanent Crisis," in Brumberg, Abraham, ed. *Poland: Genesis of a Revolution*. New York: Vintage.

Birch, Sarah. 2002. *Electoral Systems and Political Transformation in Post-Communist Europe*. London: Palgrave MacMillan.

—2001. "Electoral Systems and Party System Stability in Post-Communist Europe." Paper presented at American Political Science Association Annual Meeting, 30 August – 2 September 2001, San Francisco.

Birnir, Jóhanna Kristín. 2005. "Public Venture Capital and Party Institutionalization," *Comparative Political Studies*, 38, 8 (October): 915 – 38.

Bruszt, Laszlo, and Stark, David. 1991. "Remaking the Political Field in Hungary: From the Politics of Confrontation to the Politics of Competition," *Journal of International Affairs*, 45, 1 (Summer): 201 – 45.

Brym, Robert, and Gimpelson, Vladimir. 2004. "The Size, Composition, and Dynamics of the Russian State Bureaucracy in the 1990s," *Slavic Review*, 63, 1: 90 – 112.

Buchanan, James, and Tullock, Gordon. 1963. *The Calculus of Consent: Logical Foundations of Constitutional Democracy*. Ann Arbor: University of Michigan Press.

Bugaric, Bojan. 2005. "The Europeanization of National Administrations in Central and Eastern Europe: Creating Formal Structures Without Substance?" Paper prepared for the Apres Enlargement Workshop, EUI, Florence, 29 – 30 April.

Bukowska, Xymena, and Czesnik, Mikolaj. 2002. "Analiza Treści Programów Wyborczych," in Markowski, Radoslaw, ed. *System Partyjny I Zachowania Wyborcze*. Warsaw: ISP PAN.

Bunce, Valerie. 2001. "Democratization and Economic Reform," *Annual Review of Political Science*, 4.

—1999. "The Political Economy of Postsocialism," *Slavic Review* 58, 4: 756 – 93.

Calvo, Ernesto, and Murillo, Maria Victoria. 2004. "Who Delivers? Partisan Clients in the Argentine Electoral Market," *American Journal of Political Science*, 48 (4 October): 742 – 57.

Carey, John. 2000. "Parchment, Equilibria, and Institutions," *Comparative Political Studies*, 33, 6/7: 735 – 61.

Carpenter, Daniel. 2001. *The Forging of Bureaucratic Autonomy*. Princeton: Princeton University Press.

CBOS. 2000. "Finansowanie partii politycznych," Komunikat z badań (Fall).

Cekota, Jaromir, Gönenç, Rauf, and Kwang-Yeol Yoo. 2002. "Strengthening the Management of Public

Spending in Hungary," OECD Economics Department Working Paper No. 336 (30 July).

Center for Study of Democracy. 2004. Brief. Bulgaria Sofia (July). Available at http://www.csd.bg, accessed 19 November 2004.

Čigāne, Lolita. 2002. "A Reflection of the Shortcomings in Legislation on Party Financing in the 2001 Finance Declarations." Soros Foundation Latvia and Transparency International "delna," Riga Latvia (April). Available at http://www.politika.lv.

Cirtautas, Arista. 1995. "The Post–Leninist State: A Conceptual and Empirical Examination," *Communist and Post-Communist Studies*, 28, 4: 379 – 92.

Colazingari, Silvia, and Rose–Ackerman, Susan. 1998. "Corruption in a Paternalistic Democracy: Lessons from Italy for Latin America," *Political Science Quarterly*, 113, 3: 447 – 70.

Collier, David, and Levitsky, Steven. 1997. "Research Note: Democracy with Adjectives: Conceptual Innovation in Comparative Research," *World Politics*, 49, 3: 430 – 51.

Colomer, Josep. 1995. "Strategies and Outcomes in Eastern Europe," *Journal of Democracy*, 6, 2: 74 – 85.

Comisso, Ellen. 1986. "State Structures, Political Processes, and Collective Choice in CMEA States," in Comisso, Ellen, and Tyson, Laura D'Andrea, eds. *Power, Purpose, and Collective Choice: Economic Strategy in Socialist States*. Ithaca: Cornell University Press.

Coppedge, Michael. 2001. "Political Darwinism in Latin America's Lost Decade," in Larry, Diamond, and Richard, Gunther, eds. *Political Parties and Democracy*. Baltimore: Johns Hopkins Press, pp. 173 – 205.

—1993. "Parties and Society in Mexico and Venezuela: Why Competition Matters," *Comparative Political Studies*, 26, 1 (April): 253 – 74.

Cotta, Maurizio. 1996. "Structuring the New Party Systems after the Dictatorship," in Pridham, Geoffrey, and Lewis, Paul, eds. *Stabilising Fragile Democracies*. London: Routledge, pp. 69 – 99.

Crenson, Matthew, and Ginsberg, Benjamin. 2004. *Downsizing Democracy*. Baltimore: Johns Hopkins Press.

Crombrugghe, Alain de. 1997. "Wage and Pension Pressure on the Polish Budget." Report for World Bank Project RPO 678 – 6, Policy Research Working Paper No. 1793.

Czaba "L nski, Krzysztof. 2003. "Rywin TV." *Wprost*, 26 October.

Dallek, Robert. 1998. *Flawed Giant: Lyndon B. Johnson, 1960–1973*. New York: Oxford University Press.

De Mesquita, Bruce Bueno. 1974. "Need for Achievement and Competitiveness as Determinants of Political Party Success in Elections and Coalitions," *American Political Science Review*, 68, 3: 1207 – 20.

Della Porta, Donatella. 2000. "Political Parties and Corruption: 17 Hypotheses on the Interactions Between Parties and Corruption." EUI Working Papers RSC 2000/60, European University Institute, Fiesole, San Domenico, Italy.

Della Porta, Donatella, and Meny, Yves, eds. 1997. *Democracy and Corruption in Europe*. London: Pinter.

Della Porta, Donatella, and Vannucci, Alberto Vannucci. 1997. "The 'Perverse Effects' of Political Corruption," *Political Studies*, 45, 3: 516 – 38.

Demsetz, Harold. 1982. *Economic, Legal, and Political Dimensions of Competition*. Amsterdam: North-Holland.

Di Palma, Giuseppe. 1990. "Establishing Party Dominance," in Pempel, T. J., ed. *Uncommon Democracies: The One-Party Regimes*. Ithaca: Cornell University Press.

Diermeier, Daniel, and Merlo, Antonio. 2000. "Government Turnover in Parliamentary Democracies," *Journal of Economic Theory*, 94: 46 – 79.

Dnitrova, Zoya. 2002. *Financing Election Campaigns*. Unpublished Manuscript. Ljabljana: Peace Institute.

Downs, Anthony. 1957. *An Economic Theory of Democracy*. New York: Harper and Row.

Duverger, Maurice. 1965. *Political Parties*. New York: Wiley and Sons, p. 308.

Dyson, Kenneth. 1977. "Party, State, and Bureaucracy in Western Germany." Sage Professional Papers in Comparative Politics, No. 01-063. Beverly Hills: Sage.

East European Constitutional Review. 2001. (Winter). Available at http://www.balticsworldwide.com/wkcrier/0301 0322 99.htm, accessed February 9, 2006. RFE/RL OMRI Daily Digest Report, 29 July 1996.

Ekiert, Grzegorz. 2001. *The State After State Socialism: Poland in Comparative Perspective.* Unpublished Manuscript. Harvard University.

Ekiert, Grzegorz, and Zielonka, Jan. 2003. "Introduction: Academic Boundaries and Path Dependencies Facing the EU's Eastward Enlargement," *East European Politics and Societies,* 17, 1 (Winter): 7 – 23.

Elster, Jon, Offe, Claus, and Preuss, Ulrich K. 1998. *Institutional Design in Post-Communist Societies.* Cambridge: Cambridge University Press.

Enyedi, Zsolt. 2006. "Party Politics in Post-Communist Transition," in Katz, Richard, and Crotty, William, eds. *Handbook of Party Politics.* London: Sage.

—2003. "Cleavage Formation in Hungary: The Role of Agency." Paper presented at the 2003 Joint Sessions of the ECPR Edinburgh.

—1996. "Organizing a Sub-Cultural Party in Eastern Europe," *Party Politics,* 2, 3: 377 – 96.

Epstein, David, and O'Halloryn, Sharyn. 1994. "Administrative Procedures, Information, and Agency Discretion," *American Journal of Political Science,* 38/3: 697 – 722.

European Union Commission. 2000. *Regular Report on the Czech Republic's Progress Towards Accession.* Brussels: EU.

Evans, Peter, Rueschemeyer, Dietrich, and Skocpol, Theda, eds. 1985. *Bringing the State Back In.* Cambridge: Cambridge University Press.

Eyal, Gil, Szel"Lenyi, Ivan, and Townsley, Eleanor. 1998. *Making Capitalism Without Capitalists.* London: Verso.

Fainsod, Merle. 1963. *Bureaucracy and Modernization.* Stanford: Stanford University Press.

—1958. *Smolensk Under Soviet Rule.* Cambridge: Harvard University Press.

—1953. *How Russia Is Ruled.* Cambridge: Harvard University Press.

Fearon, James. 1999. "Electoral Accountability and the Control of Politicians: Selecting Good Types Versus Sanctioning Poor Performance," in Stokes, Susan, Przeworski, Adam, and Manin, Bernard, eds. *Democracy, Accountability, and Representation.* Cambridge: Cambridge University Press.

Ferejohn, John. 1999. "Accountability and Authority: Toward a Theory of Political Accountability," in Stokes, Susan, Przeworski, Adam, and Manin, Bernard, eds. *Democracy, Accountability, and Representation.* Cambridge: Cambridge University Press, pp. 131 – 53.

—1986. "Incumbent Performance and Electoral Control," *Public Choice,* 30: 5 – 25.

Fidrmuc, Jan, Fidrmuc, Jarko, and Horvath, Julius. 2002. "Visegrad Economies: Growth Experience and Prospects." GDN Global Research Project: Determinants of Economic Growth.

Firmin-Sellers, Kathryn. 1995. "The Politics of Property Rights," *American Political Science Review,* 89, 4: 867 – 81.

Fish, M. Steven. 1998. "The Determinants of Economic Reform in the Postcommunist World," *East European Politics and Societies,* 12: 31 – 78.

Freedom House. 2002. *Nations in Transit, 2001.* Washington: Freedom House.

Frič, Pavol, et al. 1999. *Korupce na český způsob.* Prague: G Plus G.

Friedrich, Carl, and Brzezinski, Zbigniew. 1956. *Totalitarian Dictatorship and Autocracy.* Cambridge: Harvard University Press.

Frydman, Roman, Murphy, Kenneth, and Rapaczynski, Andrzej. 1998. *Capitalism with a Comrade's Face.* Budapest: Central European University Press.

Frye, Timothy. 2002. "The Perils of Polarization," *World Politics,* 54 (April), pp. 308 – 37.

—1997. "A Politics of Institutional Choice: Post-Communist Presidencies," *Comparative Political Studies,* 30: 523 – 52.

Ganev, Venelin. 2005. *Preying on the State: State Formation in Post-Communist Bulgaria (1989–1997).* Unpublished Manuscript.

—2000. "Post–Communism as a Historical Episode of State Building, or Explaining theWeakness of the Post–Communist State." Paper presented at the twelfth International Conference of Europeanists Chicago, March.

Gazsó, Ferenc. 1992. "Cadre Bureaucracy and the Intelligentsia," *Journal of Communist Studies* (September): 76 – 90.

Geddes, Barbara. 1994. *The Politician's Dilemma.* Berkeley: University of California Press.

Geddes, Barbara, and Neto, Artur Ribeiro. 1992. "Institutional Sources of Corruption in Brazil," *Third World Quarterly*, 4: 641 – 2.

Gimpelson, Vladimir, and Treisman, Daniel. 2002. "Fiscal Games and Public Employment," *World Politics*, 54: 145 – 83.

Goetz, Klaus H. 2001. "Making Sense of Post–Communist Central Administration: Modernization Europeanization or Latinization?" *Journal of European Public Policy*, 8, 6 (December): 1032 – 51.

Goetz, Klaus, and Margetts, Helen. 1999. "The Solitary Center: The Core Executive in Central and Eastern Europe," *Governance*, 12, 4 (October): 425 – 53.

Golden, Miriam, and Chang, Eric. 2001. "Competitive Corruption: Factional Conflict and Political Malfeasance in Postwar Italian Christian Democracy," *World Politics*, 53: 588 – 622.

Goldsmith, Arthur. 1999. "Africa's Overgrown State Reconsidered," *World Politics*, 4: 520 – 46.

Government of the Czech Republic. 1998. "Programové prohlašeni Vlády České Republiky" [Programmatic declaration of the Government of the Czech Republic] (27 January). Available at http://www.vlada.cz/ASC/urad/historie/vlada98/dokumenty/progrprohl.il2.htm.

Government of the Republic of Slovakia. 2001. "Správa o boji proti korupcii na Slovensku." [Report of the Slovak government]. October.Available at http://www.government.gov.sk, accessed 23 November 2002.

Grabbe, Heather. 2001. "How Does Europeanization Affect CEE Governance?

Conditionality, Diffusion, and Diversity," *Journal of European Public Policy*, 8, 6

(December): 1013 – 31.

Greene, Kenneth. 2004. *Defeating Dominance: Opposition Party Building and Mexico's Democratization in Comparative Perspective.* Ph.D. Dissertation, University of California at Berkeley.

Gros, Daniel, and Suhcrke, Marc. 2000. "Ten Years After: What Is Special About Transition Countries?" EBR DWorking Paper No. 56, August.

Grzymala–Busse, Anna. 2004. "Informal Institutions and the Post–Communist State." Paper prepared for the Conference on the Role of Ideas in Post–Communist Politics: A Re–Evaluation Havighurst Center, Luxembourg, 5 – 9 July.

—2003. "Political Competition and the Politicization of the State," *Comparative Political Studies*, 36, 10 (December): 1123 – 47.

—2002. *Redeeming the Communist Past.* Cambridge: Cambridge University Press.

Grzymala–Busse, Anna, and Innes, Abby. 2003. "Great Expectations: The EU and Domestic Political Competition in East Central Europe," *East European Politics and Societies*, 17, 1: 64 – 73.

Grzymala–Busse, Anna, and Jones Luong, Pauline. 2002. "Reconceptualizing the Post–Communist State," *Politics and Society*, 30, 4 (December): 529 – 54.

György, Istvan. 1999. "The Civil Service System of Hungary," in Verheijen, Tony, ed. *Civil Service Systems in Central and Eastern Europe.* Cheltenham: Edward Elgar: 131 – 58.

Habermas, J "N urgen. 1975. *Legitimation Crisis.* Boston: Beacon.

Hadenius, Stig. 1985. *Swedish Politics During the 20th Century.* Boras: Swedish Institute.

Heged"N us, J "L ozsef. 1999. "Hungarian Local Government," in Kirchner Emil, ed., *Decentralization and Transition in the Visegrad.* Basingstoke: Macmillan.

Heidenheimer, Arnold J., Johnston, Michael, and Levine, Victor, eds. 1989. *Political Corruption.* New Brunswick: Transaction.

Hellman, Joel. 1998. "Winners Take All: The Politics of Partial Reform," *World Politics*, 50, 2 (January): 203–34.

Hellman, Joel, and Kaufmann, Daniel. 2001. "Confronting the Challenge of State Capture in Transition Economics," *Finance and Development*, 38, 3 (September).

Hellman, Joel, Jones, Geraint, and Kaufmann, Daniel. 2000. "Seize the State, Seize the Day."World Bank Policy Research Paper No. 2444.

Hendley, Katherine. 1996. *Trying to Make Law Matter*. Ann Arbor: University of Michigan Press.

Herrera, Yoshiko. 2001. "Russian Economic Reform 1991–998," in Barany, Zoltan, and Moser, Robert, eds. *Challenges to Democratic Transition In Russia*. New York: Cambridge University Press.

Hesse, Joachim Jens. 1993. "From Transformation to Modernization: Administrative Change in Central and Eastern Europe," in idem. ed. *Administrative Transformation in Central and Eastern Europe*. Oxford: Blackwell.

Heywood, Paul. 1997. "Political Corruption: Problems and Perspectives," *Political Studies*, 45, 3: 417–35.

Hirszowicz, Maria. 1980. *The Bureaucratic Leviathan*. Oxford: Martin Robertson.

Hojnacki, William. 1996. "Politicization as a Civil Service Dilemma," in Bekke, Hans, Perry, James, and Toonen, Theo, eds. *Civil Service Systems in Comparative Perspective*. Bloomington: Indiana University Press, pp. 137–64.

Holmes, Stephen. 1996. "Cultural Legacies or State Collapse: Probing the Post-Communist Dilemma," in Mandelbaum, Michael, ed. *Postcommunism:Four Perspectives*. New York: Council on Foreign Relations.

Holmstrom, Bengt. 1982. "Managerial Incentive Problems: A Dynamic Perspective," in *Essays in Economic and Management in Honor of Lars Wahlbeck*. Stockholm: Swedish School of Economics.

Horowitz, Shale, and Petr"Le ˜ s, Martin. 2003. "Pride and Prejudice in Prague: Understanding Early Policy Error and Belsteol Reform in Czech Economic Transition," *East European Politics and Societies*, 17, 2: 231–65.

Horráth, Tamás, ed. 2000. *Decentralization:Experiments and Reforms*. Budapest: Open Society Institute.

Hough, Jerry. 1969. *The Soviet Prefects*. Cambridge: Harvard University Press.

Hough, Jerry, and Fainsod, Merle. 1979. *How the Soviet Union Is Governed*. Cambridge: Harvard University Press.

Howard, Marc Morj"Le. 2003. *The Weakness of Civil Society in Post-Communist Europe*. Cambridge: Cambridge University Press.

Huber, John, and Shipan, Charles. 2002. *Deliberate Discretion?*Cambridge: Cambridge University Press.

Humphrey, Caroline. 2002. *The Unmaking of Soviet Life*. Ithaca: Cornell University Press.

Hutchcroft, Paul. 1998. *Booty Capitalism*. Ithaca: Cornell University Press.

Ichino, Nahomi. 2006. *Thugs and Voters:Political Tournaments in Nigeria*. Ph.D. Thesis Department of Political Science, Stanford University.

Ikstens, J"Panis, Smilov, Daniel, and Walecki, Marcin. 2002. "Campaign Finance in Central and Eastern Europe," *IFES Reports* (April).Washington: IFES.

Ilonszki, Gabriella. 2002. "A Functional Clarification of Parliamentary Committees in Hungary, 1990–1998," in Olson, David, and Crowther, William, eds. *Committees in Post-Communist Democratic Parliaments:Comparative Institutionalization*. Columbus: Ohio State University Press, pp. 21–43.

—2000. "The Second Generation Political Elite in Hungary: Partial Consolidation," in Frentzel–Zag "L orska, Janina, and Wasilewski, Jacek, eds. *The Second Generation of Democratic Elites in East and Central Europe*. Warsaw: PAN ISP.

—1998. "Representation Deficit in a New Democracy: Theoretical Considerations and the Hungarian Case," *Communist and Post-Communist Studies*, 14: 157–70.

INEKO for the Slovak Government. 2000. "Zaverečná správa o výsledkoch a odporučaniach audity súladu činnosti a financovania úsredných orgánov štátnej správy," August.

Innes, Abby. 2002. "Party Competition in Post-Communist Europe: The Great Electoral Lottery," *Com-*

parative Politics, 35, 1: 85 – 105.

International Monetary Fund. 1999. Report on Observance of Standards and Codes, August 1999/March 2000.

Ishiyama, John. 1997. "Transitional Electoral Systems in Post-Communist Eastern Europe," *Political Science Quarterly*, 112, 1: 95 – 115.

Issacharoff Samuel, and Pildes, Richard. 1998. "Politics as Markets: Partisan Lockups of the Democratic Process," *Stanford Law Review* (February): 642 – 717.

Iversen, Torben, and Wren, Anne. 1998. "Equality, Employment, and Budgetary Restraint," *World Politics*, 50, 4: 507 – 46.

Jabloński, A. 1998. "Europeanization of Public Administration in Central Europe: Poland in Comparative Perspective." NATO Individual Democratic Institution Research Fellowships, Final Report 1995 – 7.

Jackman, Robert. 1993. *Power Without Force*. Ann Arbor: University of Michigan Press.

Jacoby,Wade. 2004. *The Enlargement of the EU and NATO: Ordering from the Menu in Central Europe*. New York: Cambridge University Press.

Jarosz, Maria. 2001. *Manowce Polskiej Prywatyzacji*. Warszawa: PWN SA.

Jednotka boji proti korupci, Ministry of Interior. 2001. *Zpráva o korupci v ČR a o plnění harmonogramu opatření vládního programu boje proti korupci v ČR.*

Johns, Michael. 2003. "Do as I Say and Not as I Do: The European Union, Eastern Europe, and Minority Rights," *East European Politics and Societies*, 17, 4 (November): 682 – 99.

Jones Luong, Pauline. 2002. *Institutional Change and Political Continuity in Post-Soviet Central Asia: Power, Perceptions, and Pacts*. Cambridge: Cambridge University Press.

Jones Luong, Pauline, and Weinthal, Erika. 2004. "Contra Coercion: Russian Tax Reform, Exogenous Shocks and Negotiated Institutional Change," *American Political Science Review*, 98, 1: 139 – 52.

Jungerstam-Mulders, Susanne, ed. 2006. *Post-Communist EU Member States: Parties and Party Systems*. London: Ashgate.

Kalniņš, Valts, and Čigāne, Lolita. 2003. "On the Road Toward a More Honest Society." Policy Report, January. Available at http://www.politika.lv.Kaminski, Antoni. 1992. *An Institutional Theory of Communist Regimes: Design, Function, and Breakdown*. San Francisco: ICS Press.

Kang, David. 2002. *Crony Capitalism: Corruption and Development in South Korea and the Philippines*. Cambridge: Cambridge University Press.

Kaplan, Karel. 1993. *Aparát ÚV KSČ v letech 1948–1968*. Sesity Ústavu pro Soudobé Dějiny AV ČR Sv. 10.

—1987. *The Short March: The Communist Takeover of Power in Czechoslovakia, 1945–1948*. Boulder CO:Westview Press.

Karasimeonov, Georgii. 1996. "Bulgaria's New Party System," in Pridham, Geoffrey, and Lewis, Paul, eds. *Stabilizing Fragile Democracies*. London: Routledge.

Karklins, Rasma. 2002. Typology of Post-Communist Corruption, *Problems of Post-Communism*, 49 (July/August): 22 – 32.

Karl-Heinz, Nassmacher. 1989. "Structure and Impact of Public Subsidies to Political Parties in Europe," in Alexander, Herbert, ed. *Comparative Political Finance in the 1980s*, Cambridge: Cambridge University Press, pp. 236 – 67.

Katz, Richard, and Mair, Peter. 1995. "Changing Models of Party Organization and Party Democracy," *Party Politics*, 1: 5 – 28.

Kaufman, Daniel. 2003. "Rethinking Governance: Empirical Lessons Challenge Orthodoxy."World Bank Working Paper.

Kaufman, Daniel, Kraay, A., and Mastruzzi, M. 2005. *Governance Matters IV: Governance Indicators 1996–2004*.Washington:World Bank.

Keri, Laszlo. 1994. *Balance: The Hungarian Government 1990–1994*. Budapest: Korridor.

Kettle, Steve. 1995. "Straining at the Seams." *Transition* (April). Available at http://www.tol.cz.King, Roswitha. 2003. "Conversations with Civil Servants: Interview Results from Estonia, Lithuania, Czech Republic and Poland." Manuscript, University of Latvia Riga.

Kiss, Csilla. 2003. "From Liberalism to Conservatism: The Federation of Young Democrats in Post-Communist Hungary," *East European Politics and Societies*, 16, 3, 739 – 63.

Kitschelt, Herbert. 2001. "Divergent Paths of Post-Communist Democracies," in Diamond, Larry, and Gunther, Richard, eds. *Political Parties and Democracy*. Baltimore: Johns Hopkins Press, pp. 299 – 323.

—2000. "Linkages Between Citizens and Politicians in Democratic Polities," *Comparative Political Studies*, 33, 6/7: 845 – 79.

Kitschelt, Herbert, Mansfeldová, Zdenka, Markowski, Radoslaw, and Toka, Gábor. 1999. *Post-Communist Party Systems*. Cambridge: Cambridge University Press.

Kitschelt, Herbert, and Wilkinson, Steven. Forthcoming. "Citizen-Politician Linkages: An Introduction," in Kitschelt and Wilkinson, eds. *Patrons, Clients, and Linkages*. Manuscript, Duke University.

KNAB. 2003. "Progress and Results in the Field of Corruption Prevention and Combat," Periodic Update 24 (November). Available at http://www.knab.gov.lv/ru/actual/article.php?id=18863, accessed 12 February 2004.

Knight, Jack. 1992. *Institutions and Social Conflict*. Cambridge: Cambridge University Press.

Kochanowicz, Jacek. 1994. "Reforming Weak States and Deficient Bureaucracies," in Nelson, Joan M., Kochanowicz, Jacek, Mizsei, Kalman, and Munoz, Oscar, eds. *Intricate Links: Democratization and Market Reforms in Latin America and Eastern Europe*. Washington: Overseas Development Council, pp. 194 – 206.

Koole, Ruud. 1996. "Cadre, Catch-all or Cartel? A Comment," *Party Politics*, 4: 507 – 23.

Kopecký, Petr. 2006. "Political Parties and the State in Post-Communist Europe: The Nature of the Symbiosis," *Journal of Communist Studies and Transition Politics*, 22, 3 (September): 251 – 73.

Kopstein, Jeff, and Reilly, David. 2000. "Geographic Diffusion and the Transformation of the Postcommunist World," *World Politics*, 53, 1: 1 – 37.

Körösényi, Andras. 1999. *Government and Politics in Hungary*. Budapest: CEU Press.

Krasner, Stephen. 1984. "Approaches to the State: Alternative Conceptions and Historical Dynamics," *Comparative Politics*, 16, 2 (January): 223 – 46.

Krašovec, Alenka. 2001. "Party and State in Democratic Slovenia," in Lewis, Paul G., ed. *Party Development and Democratic Change in Post-Communist Europe*. London: Frank Cass, pp. 93 – 106.

Krause, Kevin Deegan. 2006. *Elected Affinities*. Stanford: Stanford University Press.

Krueger, Anne. 1974. "The Political Economy of the Rent-Seeking Society," *American Economic Review*, 64, 3: 291 – 303.

Krupavičius, Algis. 1998. "The Post-Communist Transition and Institutionalization of Lithuania's Parties," *Political Studies*, 46, 3: 465 – 91.

Kunicová, Jana, and Rose-Ackerman, Susan. 2005. "Electoral Rules and Constitutional Structures as Constraints on Corruption," *British Journal of Political Science*, 35: 573 – 606.

Kurczewski, Jacek. 1999. "The Rule of Law in Poland," in Přibáň, Jiří and Young, James, eds. *The Rule of Law in Central Europe*. Aldershot: Ashgate.

Lancaster, Thomas D., and Montinolla, Gabriella. 2001. "Comparative Political Corruption: Issues of Operationalization and Measurement," *Studies in Comparative International Development*, 36, 3 (Fall): 3 – 27.

La Palombara, Joseph. 1994. "Structural and Institutional Aspects of Corruption," *Social Research*, 61, 2 (Summer): 325 – 50.

Laver, Michael, and Shepsle, Kenneth. 1999. "Government Accountability in Parliamentary Democracy," in Stokes, Susan, Przeworski, Adam, and Manin, Bernard, eds. *Democracy, Accountability, and Representation*. Cambridge: Cambridge University Press, pp. 279 – 96.

Lawson, Stephanie. 1993. "Conceptual Issues in the Comparative Study of Regime Change and Democratization," *Comparative Politics*, 25, 2 (January): 183 – 205.

Levi, Margaret. 1997. *Consent, Dissent, and Patriotism*. Cambridge: Cambridge University Press.

—1988. *Of Rule and Revenue*. Berkeley: University of California Press.

Levite, Ariel, and Tarrow, Sidney. 1983. "The Legitimation of Excluded Parties in Dominant Party Systems," *Comparative Politics*, 15, 3 (April): 295 – 327.

Levitsky, Steven. 2003. *Transforming Labor-Based Parties in Latin America*. Cambridge: Cambridge University Press.

Lewanski, Rudolf. 1997. "Italian Civil Service: A Pre-Modern Bureaucracy in Transition?" Paper prepared for the Conference on Civil Service Systems in Comparative Perspective, Indiana University, 5 – 8 April.

Lewis, Paul, and Gortat, Radzislawa. 1995. "Models of Party Development and Questions of State Dependence in Poland," *Party Politics*, 4: 599 – 608.

Lewis, Paul G. 2000. *Political Parties in Post-Communist Eastern Europe*. London: Routledge.

Lieven, Anatol. 1994. *The Baltic Revolution*. New Haven: Yale University Press.

Lijphart, Arendt. 1999. *Patterns of Democracy: Government Forms and Performance in Thirty Six Countries*. New Haven: Yale University Press.

—ed. 1992. *Parliamentary Versus Presidential Government*. Cambridge: Oxford
University Press.

Lindberg, Staffan. 2004. *The Power of Elections: Democratic Participation, Competition, and Legitimacy in Africa*. Lund: Lund University.

Linek, Lukáš. 2002. "Czech Republic," *European Journal of Political Research*, 41: 931 – 40.

Linek, Lukáš. and Rakušanová, Petra. 2002. "Parties in the Parliament: Why, When, and How Do Parties Act in Unity?" Institute of Sociology, Czech Republic Sociological Paper No. 02:9.

Linz, Juan. 1994. "Introduction: Some Thoughts on Presidentialism in Post-Communist Europe," in Taras, Ray, ed. *Postcommunist Presidents*. Cambridge, Oxford University Press: 1 – 14.

Lippert, Barbara, Umbach, Gaby, and Wessels, Wolfgang. 2001. "Europeanization of CEE Executives: EU Membership Negotiations as a Shaping Power," *Journal of European Public Policy*, 8 (6 December): 980 – 1012.

Logue, John, and Einhorn, Eric. 1988. "Restraining the Governors: The Nordic Experience with Limiting the Strong State," *Scandinavian Political Studies*, 11, 1.

Loš, Maria, and Zybertowicz, Andrzej. 1999. "Is Revolution a Solution?" in Krygier, Martin, and Czarnota, Adam, eds. *The Rule of Law After Communism*. Aldershot: Ashgate.

Lucking, Richard. 2003. *Civil Service Training in the Context of Public Administration Reform*. New York: United Nations Development Program.

Lupia, Arthur, and McCubbins, Matthew. 2000. "The Institutional Foundations of Political Competence," in Lupia, Arthur, McCubbins, Mathew D., and Popkin,

Samuel L., eds. *Elements of Reason: Cognition, Choice, and the Bounds of Rationality*. New York: Cambridge University Press, pp. 47 – 66.

—2000. *Privatizing the Police State*. New York, St. Martins.

Luther, Kurt Richard, and M"N uller, Wolfgang. 1992. *Politics in Austria: Still a Case of Consociationalism?* London: Frank Cass.

Mainwaring, Scott. 1993. "Presidentialism, Multipartism, and Democracy: The Difficult Combination," *Comparative Political Studies*, 26, 2 (July): 198 – 228.

Mair, Peter. 1997. *Party System Change: Approaches and Interpretations*. Oxford: Clarendon Press.

—1995. "Political Parties, Popular Legitimacy, and Public Privilege," *West European Politics*, 18, 2 (July): 40 – 57.

—1994. "Party Organizations," in Katz, Richard, and Mair, Peter, eds. *How Parties Organize*. New York: Sage, pp. 134 – 57.

Majone, Giandomenico. 1994. "The Rise of the Regulatory State in Europe," *West European Politics*, 12, 3 (July): 77 – 101.

Malcická, Lenka. 2001. "Vybrané aspekty financovania politických strán a hnutí v SR" [Selected aspects of party and movement financing in Slovakia]. Manuscript, Bratislava. Available at http://politika.host.sk/prispevky/prispevok malcicka financovaniestran.htm, accessed 21 June 2001.

Malová, Darina. 1997. "The Development of Interest Representation in Slovakia After 1989," in Szomol"Lanyi, So ˇna, and Gould, John, eds. *Slovakia: Problems of Democratic Consolidation*. Bratislava: Friedrich Ebert Foundation.

Mann, Michael. 1988. *States, War, and Capitalism*. Oxford: Basil Blackwell. "Marching Backwards: Slovakia's Counterrevolution." 1995. October. Available at http://project-syndicate.org/surveys/marching bac.php4, accessed 10 September, 2004.

Mattli, Walter, and Pl "N umper, Thomas. 2002. "The Demand-Side Politics of EU Enlargement: Democracy and the Application for EU Membership," *Journal of European Public Policy*, 9, 4: 550 – 74.

Mauro, Paolo. 1998. "Corruption: Causes, Consequences, and Agenda for Further Research," *Finance and Development* (March): 11 – 14.

—1995. "Corruption and Growth," *Quarterly Journal of Economics*, 110, 3:
681 – 712.

McChesney, Fred. 1987. "Rent Extraction and Rent Creation in the Economic Theory of Regulation," *Journal of Legal Studies*, 16: 101 – 18.

McCubbins Matthew, Noll, Roger, and Weingast, Barry. 1989. "Structure and Process; Politics and Policy: Administrative Arrangements and the Political Control of Agencies," *Virginia Law Review*, 75, 2: 431 – 82.

—1987. "Administrative Procedures as Instruments of Political Control," *Economics and Organization*, 77 (March): 243 – 77.

McFaul, M. 1995. "State Power, Institutional Change, and the Politics of Privatization in Russia," *World Politics*, 47, 2: 210 – 43.

McMann, Kelly. 2003. "The Civic Realm in Kyrgyzstan: Soviet Economic Legacies and Activists' Expectations," in Jones Luong, Pauline, ed. *The Transformation of Central Asia: States and Societies from Soviet Rule to Independence*. Ithaca: Cornell University Press, pp. 213 – 45.

McMenamin, Iain, and Schoenman, Roger. 2004. "Political Competition: The Rule of Law and Corruption in Successful Post-Communist Countries," *Working Papers in International Studies*, 7.

Meltzer, Allan H., and Richard, Scott F. 1981. "Rational Theory of the Size of Government," *Journal of Political Economy*, 89, 5: 914 – 27.

Mendilow, Jonathan. 1992. "Public Party Funding and Party Transformation in Multiparty Systems," *Comparative Political Studies*, 25, 1 (April): 90 – 117.

Mesežnikov, Grigorij. 2002. "Domestic Politics," in Mesežnikov, Grigorij, Kollár, Miroslav, and Nicholson, Tom, eds. *Slovakia 2001*. Bratislava: Institute for Public Affairs, pp. 21 – 92.

—1997. "The Open-Ended Formation of Slovakia's Political Party System," in Szomolányi, Soňa, and John, Gould, eds. *Slovakia: Problems of Democratic Consolidation*. Bratislava: Friedrich Ebert Foundation.

Meyer-Sahling, Jan-Hinrik. 2006. "The Rise of the Partisan State? Parties, Patronage, and the Ministerial Bureaucracy in Hungary," *Journal of Communist Studies and Transition Politics*, 22, 3 (September): 274 – 97.

Miller, William, Grodeland, Ase, and Koshechkina, Tatyana. 2001. *A Culture of Corruption? Coping with Government in Post-Communist Europe*. Budapest: CEU Press.

Moe, Terry M. 1990. "Political Institutions: The Neglected Side of the Story," *Journal of Law, Economics and Organization*, 7: 213 – 53.

Moe, Terry M., and Caldwell, Michael, 1994. "The Institutional Foundations of Democratic Government:

A Comparison of Presidential and Parliamentary Systems," *Journal of Institutional and Theoretical Economics*, 150/1: 171−95.

Moe, Terry, and Miller, Goney. 1983. "Bureaucrats, Legislators, and the Size of Government," *American Political Science Review*, 77: 297−323.

Montinola, Gabriella, and Jackman, Robert. 2002. "Source of Corruption: A Cross−Country Study," *British Journal of Political Science*, 32, 1 (January): 147−70.

Moravcsik, Andrew, and Vachudová, Milada Anna. 2003. "National Interests, State Power and EU Enlargement," *East European Politics and Societies*, 4, 17, 1 (Winter): 42−57.

Morlino, Leonardo. 2001. "The Three Phases of Italian Parties," in Diamond, Larry, and Gunter, Richard, eds. *Political Parties and Democracy*. Baltimore: Johns Hopkins Press, pp. 109−42.

Müller−Rommel, Ferdinand, Fettelschoss, Katja, and Harst, Philipp, 2004. "Party Government in Central East European Democracies: A Data Collection (1990−2003)," *European Journal of Political Research*, 43: 869−93.

Müller, Wolfgang. 2006. "Party Patronage and Party Colonization of the State," in Katz Richard, and Crotty, William, eds. *Handbook of Party Politic*. London: Sage, pp. 189−95.

—1992. "Austrian Governmental Institutions: Do They Matter?" in Luther, Kurt Richard, and Müller, Wolfgang, eds. *Politics in Austria: Still a Case of Consociationalism?* London: Frank Cass, pp. 99−131.

Munck, Gerardo, and Verkuilen, Jay. 2002. "Conceptualizing and Measuring Democracy: Evaluating Alternative Indices," *Comparative Political Studies*, 35, 1: 5−34.

Myerson, Roger. 1993. "Effectiveness of Electoral Systems for Reducing Government Corruption," *Games and Economic Behavior*, 5: 118−32.

Nassmacher, Karl−Heinz. 1989. "Structure and Impact of Public Subsidies to Political Parties in Europe," in Alexander, Herbert, ed. *Comparative Political Finance in the 1980s*. Cambridge: Cambridge University Press, pp. 236−67.

Nello, Susan Senior. 2001. "The Role of the IMF," in Zielonka, Jan, and Pravda, Alex, eds. *Democratic Consolidation in Eastern Europe. Vol. 2: International and Transnational Factors*. Oxford: Oxford University Press.

Nørgaard, Ole, Ostrovska, Ilze, and Hansen, Ole Hersted. 2000. "State of the State in Post−Communist Latvia: State Capacity and Government Effectiveness in a Newly Independent Country." Paper presented at the 2000 European Consortium for Political Research (ECPR) Joint Sessions, Copenhagen.

North, Douglass. 1990. *Institutions, Institutional Change, and Economic Performance*. Cambridge: Cambridge University Press.

—1981. *Structure and Change in Economic History*. New York: W.W. Norton.

North, Douglass, and Weingast, Barry. 1989. "Constitutions and Commitment: The Evolution of Institutional Governing Public Choice in Seventeenth−Century England," *Journal of Economic History*, 49, 4 (December): 803−32.

Novotný, Vít. 1999. "Deset lat po listopadu: Omézme Moc české Politické Oligarchie," *Britské Listy*, 29 November.

Nunberg, Barbara. 2000. "Ready for Europe: Public Administration Reform and European Union Accession in Central and Eastern Europe." World Bank Technical Paper No. 466. Washington: World Bank.

—ed. 1999. *The State After Communism*. Washington: World Bank.

O'Dwyer, Conor. 2004. "Runaway State Building: How Political Parties Shape States in Postcommunist Eastern Europe," *World Politics*: 520−53.

. 2003. "Expanding the Post−Communist State? A Theory and Some Empirical Evidence." Paper presented at the Annual Convention of the American Association for the Advancement of Slavic Studies (AAASS) Toronto, Canada.

—2002. "Civilizing the State Bureaucracy: The Unfulfilled Promise of Public Administration Reform in Poland, Slovakia, and the Czech Republic (1990−2000)." Occasional paper, Berkeley Program in Soviet and Post Soviet Studies.

OECD. 2001a. *Issues and Developments in Public Management: Czech Republic–2000.*

OECD. 2001b. *Issues and Developments in Public Management: Hungry–2000.*

Olson, David. 1998. "Party Formation and Party System Consolidation in the New Democracies of Central Europe," *Political Studies*, 46, 3: 432 – 64.

Olson, Mancur. 1993. "Dictatorship, Democracy and Development," *American Political Science Review*, 87 (3 September): 567 – 76.

O'Neil, Patrick. 1998. *Revolution from Within.* Cheltenham: Edward Elgar.

—1996. "Revolution from Within: Institutional Analysis, Transitions from Authoritarianisms, and the Case of Hungary," *World Politics*, 48, 4 (July): 579 – 603.

—1993. "Presidential Power in Post–Communist Europe: The Hungarian Case in Comparative Perspective," *Journal of Communist Studies*, 9, 3: 177 – 201.

Orenstein, Mitchell. 2001. *Out of the Red: Building Capitalism and Democracy in Postcommunist Europe.* Ann Arbor: University of Michigan Press.

Örkény, Antal, and Scheppele, Kim Lane. 1999. "Rules of Law: The Complexity of Legality in Hungary," in Krygier, Martin, and Czarnota, Adam, eds. *The Rule of Law After Communism.* Aldershot: Ashgate.

Ost, David. 1991. "Shaping a New Politics in Poland." Program on Central and Eastern Europe Working Paper Series, Center for European Studies (CES) Harvard University, No. 8.

Panków, Irena. 1991. "Przemiany środowiska spolecznego Polaków w latach osiemdziesiatych," *Kultura i Spoleczenstwo*, 1: 53 – 65.

Parlamentní Zpravodaj. 1999. "Jaké jsou klady a zapory aktuálního navrhu novely zakona o politických stranach" [What are the bases for the current proposal for the novelization of the law on political parties].

Pempel, T. J. 2000. *Regime Shift: Comparative Dynamics of the Japanese Political Economy.* Ithaca: Cornell University Press.

Peltzman, Sam. 1998. *Political Participation and Government Regulation.* Chicago: University of Chicago Press.

Perkins, Doug. 1996. "Structure and Choice: The Role of Organizations, Patronage, and the Media in Party Formation," *Party Politics*, 2, 3: 355 – 75.

Persson, Torsten, Tabellini, and Guido. 2002. *Political Economics.* Cambridge: MIT Press.

Persson, Torsten, Tabellini, Guido, and Trebbi, Francesco. 2001. *Electoral Rules and Corruption.* Manuscript, June.

Petroff, Wlodzimierz. 1996. *Finansowanie partii politycznych w postkomunistycznej Europie* [The financing of political parties in Europe]. Warsaw: Polish Parliamentary Bureau of Analyses and Expertise.

Pettai, Vello. 1997. "Political Stability Through Disenfranchisement," *Transition*, 3, 6 (4 April).

Pettai, Vello, and Kreuzer, Marcus. 2001. "Institutions and Party Development in the Baltic States," in Lewis, Paul, ed. *Party Development and Democratic Change in Post-Communist Europe.* London: Frank Cass, pp. 107 – 25.

PHARE and NVF. 1998. "An Analysis of Public Administration of the Czech Republic." Summary Report, Prague, September.

Piattoni, Simona. 2001. "Introduction," in Piattoni, Simona, ed. *Clientelism, Interests, and Democratic Representation.* Cambridge: Cambridge University Press, pp. 1 – 30.

Pierre, Jon, Svasand, Lars, and Widfeldt, Anders. 2000. "State Subsidies to Political Parties: Confronting Rhetoric with Reality," *West European Politics*, 23, 2 (July): 1 – 24.

Pinto-Duschinsky, Michael. 1985. "How Can Money in Politics Be Assessed?" Paper presented at the International Political Science Conference Paris.

Plakans, Andrejs. 1998. "Democratization and Political Participation in Post-Communist Societies: The Case of Latvia," in Dawish, Karen, and Parott, Bruce, eds. *The Consolidation of Democracy in East-Cen-*

tral Europe. Cambridge: Cambridge University Press.

Plasser, Fritz, Ulram, Peter, and Grausgruber, Alfred. 1992. "The Decline of 'Lager Mentality' and the New Model of Electoral Competition in Austria," in Luther, Kurt Richard, and M "N uller,Wolfgang, eds. *Politics in Austria:Still a Case of Consociationalism?*London: Frank Cass.

Poggi, Gianfranco. 1990. *The State: Its Nature, Development, and Prospects*. Stanford: Stanford University Press.

Powell, Bingham. 2000. *Elections as Instruments of Democracy*. New Haven: Yale University Press.

Protsyk, Oleh. 2003. *Reforming Cabinets in Post-Communist Countries:Political Determinants of Cabinet Organization and Size*. Manuscript, University of Ottawa, Canada.

Przeworski, Adam. 1999. "Minimalist Conception of Democracy: A Defense," in Shapiro, Ian, and Hacker-Cord "L on, Casiano, eds. *Democracy's Value*. Cambridge: Cambridge University Press, pp. 23 – 55.

—1997. "The State in a Market Economy," in Nelson, Joan,Tilly, Charles, and Walker, Lee, eds. *Transforming Post-Communist Political Economies*. Washington: National Academy Press, pp. 411 – 31.

—1991. *Democracy and Market*. Cambridge: Cambridge University Press.

—1990. *The State and the Economy Under Capitalism*. London: Harwood Academic.

Przeworski, Adam, et al. 1995. *Sustainable Democracy*. Cambridge: Cambridge University Press.

Pujas, V "Leronique, and Rhodes, Martin. 1999. "Party Finance and Political Scandal in Italy, Spain, and France," *West European Politics*, 22, 3: 41 – 63.

Raiser, Martin, Di Tommaso, Maria, and Weeks, Melvyn. 2000. "The Measurement and Determinants of Institutional Change: Evidence from Transition Economies." EBRDWorking Paper No. 60.

Reed, Quentin. 2002. "Corruption in Czech Privatization: The Dangers of 'Neo-Liberal' Privatization," in Kotkin, Stephen, and Sajos, Andras, eds. *Political Corruption:A Skeptic's Handbook*. Budapest: CEU Press, pp. 261 – 86.

—1996. *Political Corruption,Privatization and Control in the Czech Republic*. Unpublished Doctoral Dissertation, Oxford University.

Regulski, Jerzy. 1999. "Building Democracy in Poland: The State Reform of 1998." Discussion Paper 9, Local Government and Public Service Reform Initiative. Budapest: Open Society Institute.

Remington, Thomas, and Smith, Steven. 1996. "Institutional Design, Uncertainty, and Path Dependency During Transition," *American Journal of Political Science* 40, 4: 1253 – 79.

Rice, Eric. 1992. "Public Administration in Post-Socialist Eastern Europe," *Public Administration Review*, 52, 2 (March/April): 116 – 24.

Richardson, Bradley. 2001. "Japan's '1995 System' and Beyond," in Diamond, Larry, and Gunther, Richard, eds. *Political Parties and Democracy*. Baltimore: Johns Hopkins Press, pp. 143 – 69.

Riker, William. 1982. *Liberalism Against Populism*. Prospect Heights: Waveland Press.

Riker,William, and Ordeshook, Peter. 1968. "A Theory of the Calculus of Voting," *American Political Science Review*, 62: 25 – 43.

Robinson, James, and Verdier, Therry. 2002. "The Political Economy of Clientelism." Centre for Economic Policy Discussion Paper Series No. 3205.

Roland, Gerard. 2001. "Ten Years After ... Transition and Economics." IMF Staff Papers, No. 48,Washington: International Monetary Fund.

Róna-Tas, Ákos. 1997. *The Great Surprise of the Small Transformation*. Ann Arbor: University of Michigan Press.

Rose-Ackerman, Susan. 1999. *Corruption and Government: Causes, Consequences, and Reform*. Cambridge: Cambridge University Press.

—1978. *Corruption*. New York: Academic Press.

Roubini, Nouriel, and Sachs, Jeffrey. 1989. "Government Spending and Budget Deficits in the Industrial Economies." NBER Working Papers No. 2919, National Bureau of Economic Research.

Rus, Andrej. 1996. "Quasi Privatization: From Class Struggle to a Scuffle of Small Particularisms," in Benderly, Jill, and Kraft, Evan, eds. *Independent Slovenia: Origins, Movements, Prospects*. New York: St. Martin's Press, pp. 225 – 50.

Rybář, Marek. 2006. "Powered by the State: The Role of Public Resources in Party-Building in Slovakia," *Journal of Communist Studies and Transition Politics*, 22, (September): 320 – 40.

Rydlewski, Grzegorz. 2000. *Rzadzenie Koalicyjne w Polsce*. Warsaw: Elipsa.

Sadurski, Wojciech, ed. 2002. *Constitutional Justice, East and West: Democratic Legitimacy and Constitutional Courts in Post-Communist Europe*. The Hague: Kluwer Law International.

Sajo, Andras. 1998a. "Corruption, Clientelism, and the Future of the Constitutional State in Eastern Europe," *East European Constitutional Review*, 7, 2. Available at http://www.law.nyu.edu/eecr/vol7num2.

—1998b. "How the Rule of Law Can Facilitate the Spread of Sleaze," *East European Constitutional Review*. 7, 2. Available at http://www.law.ngu.edu/eecr/vol7num 2.

Samuels, David. 2001. "Does Money Matter? Credible Commitments and Campaign Finance in New Democracies," *Comparative Politics*, 34, 1 (October): 23 – 42.

Sartori, Giovanni. 1976. *Parties and Party Systems: A Framework for Analysis*. Cambridge: Cambridge University Press.

Scarrow, Susan. 2002. "Parties Without Members?" in Dalton, Russell, and Wattenberg, Martin, eds. *Parties Without Partisans: Political Change in Advanced Industrial Democracies*. Oxford: Oxford University Press.

Schamis, Hector E. 2002. *Re-Forming the State: The Politics of Privatization in Latin America and Europe*. Ann Arbor: University of Michigan Press.

Schavio-Campo, Salvatore, do Tommaso, G., and Mukherjee, A. 1997a. "Government Employment and Pay in Global Perspective." Washington: World Bank

Policy Research Working Paper No. 1771.

—1997b. "An International Statistical Survey of Government Employment and Wages,"World Bank Policy Research Working Paper No. 1806.

Scheppele, Kim Lane. 2002. "Democracy by Judiciary." Paper presented at the conference. Rethinking the Rule of Law in Post-Communist Europa: Past Legacies, Institutional Innovations, and Constitutional Discourses, EUI, Florence, 22 – 3 February.

Scherpereel, John. 2003. "Appreciating the Third Player: The European Union and the Politics of Civil Service Reform in East Central Europe." Paper prepared for presentation at the Annual Meeting of American Political Science Association (APSA), Philadelphia, 28 – 31 August.

Schumpeter, Joseph. 1948. *Capitalism, Socialism, and Democracy*. Chicago: University of Chicago Press.

Scott, James. 1972. *Comparative Political Corruption*. Englewood Cliffs: Prentice Hall.

Shefter, Martin. 1994. *Political Parties and the State: The American Experience*. Princeton: Princeton University Press.

Shleifer, Andrei, and Vishny, Robert W. 1998. *The Grabbing Hand: Government Pathologies and Their Cures*. Cambridge: Harvard University Press.

—1993. "Corruption," *Quarterly Journal of Economics*, 108: 599 – 617.

SIGMA. 2002a. "Bulgaria: Public Service and the Administrative Framework: Assessment 2002."

—2002b. "Czech Republic: Public Service and the Administrative Framework: Assessment 2002."

—2002c. "Latvia: Public Service and the Administrative Framework: Assessment 2002."

—2002d. "Slovakia: Public Service and the Administrative Framework: Assessment 2002."

—1999. Public Management Profiles of Central and East European Countries: Estonia. October.

Sikk, Allan. 2006. "From Private Organizations to Democratic Infrastructure: Political Parties and the State in Estonia," *Journal of Communist Studies and Transitional Politics*, 22, 3 (September): 341 – 61.

—2003. "A Cartel Party System in a Post-Communist Country? The Case of Estonia." Paper prepared for the European Constitution for Political Review (ECPR) General Conference, 18 – 21 September, Marborg, Germany.

Sjöblom, Gunnar. 1983. "Political Change and Political Accountability: A Propositional Inventory of Causes and Effects," in Daalder, Hans, and Peter, Mair, eds. *West European Party Systems*. London: Sage.

Skach, Cindy, and Stepan, Alfred. 1993. "Constitutional Frameworks and Democratic Consolidation: Parliamentarianism Versus Presidentialism," *World Politics*, 46, 1: 1 – 22.

Slovak Government Information Service. 2000. "Audit súladu činností a financovania ústredných orgánov štátnej správy" [Audit of the activities and finances of the central institutions of public administration]. August. Also available at http://www.vlada.gov.sk/INFOSERVIs/.

—1999. *"Analysis of the Inherited State of the Economy and Society."* Smith, David, Pabriks, Artis, Purs, Aldis, and Lane, Thomas. 2002. *The Baltic States*. London: Routledge.

Smith, Karen. 2001. "The Promotion of Democracy," in Zielonka, Jan, and Pravda, Alex, eds. *Democratic Consolidation in Eastern Europe. Vol. 2: International and Transnational Factors*. Oxford: Oxford University Press, pp. 31 – 57.

Smithey, Shannon Ishiyama, and Ishiyama, John. 2000. "Judicious Choices: Designing Courts in Post–Communist Politics," *Communist and Post-Communist Studies*, 33: 163 – 82.

Snipe, Arta. 2003. *Financing of Political Parites: Effectiveness of Regulation. The Latvian Example*. Master's Thesis, Riga Graduate School of Law, Riga, Latvia.

Spar, Deborah. 1994. *The Cooperative Edge: The Internal Politics of International Cartels*. Ithaca: Cornell University Press.

Spruyt, Hendrik. 1992. *The Sovereign State and Its Competitors*. Princeton: Princeton University Press.

Staniszkis, Jadwiga. 1999. *Post-Socialism*. Warsaw: PAN.

Stark, David, and Bruszt, Laszlo. 1998. *Postsocialist Pathways*. Cambridge: Cambridge University Press.

Stein, Jonathan. 1998. "Still in Bed Together." *New Presence* (January). Available at http://www.new-presence.in.

Stepan, Alfred. 1994. "Corruption in South America," in Trang, Due, ed. *Corruption and Democracy*. Budapest: CEU.

Stigler, George. 1975. *The Citizen and the State*. Chicago: University of Chicago Press.

—1972. "Economic Competition and Political Competition," *Public Choice*, 13: 91 – 106.

Stroehlein, Andrew. 1999. "The Czech Republic 1992 to 1999," *Central Europe Review*. (13 September). Available at http://www.ce-review.org.

Strom, Kaare. 2000. "Delegation and Accountability in Parliamentary Democracies," *European Journal of Political Research*, 37: 261 – 89.

—1990. *Minority Government and Majority Rule*. Cambridge: Cambridge University Press.

—1989. "Inter-Party Competition in Advanced Democracies," *Journal of Theoretical Politics*, 1, 3: 277 – 300.

Suleiman, Ezra N. 2003. *Dismantling Democratic States*. Princeton: Princeton University Press.

Swaniewiuz, Pawet. 2004. *Consolidation or Fragmentation*? Budapest: Open Society Institute.

Szabó, Gábor. 1993. "Administrative Transition in a Post–Communist Society: The Case of Hungary," Hesse, Joachim Jens, ed. *Administrative Transformation in Central and Eastern Europe*. Oxford: Blackwell.

Szczerbak, Aleks. 2006. "State Party Funding and Patronage in Post-1989 Poland," *Journal of Communist Studies and Transition Politics*, 22, 3 (September): 298 – 319.

Szelenyi, Ivan, and Szelenyi, Sonya. 1991. "The Vacuum in Hungarian Politics: Classes and Parties," *New Left Review* (May – June): 121 – 37.

Szoboszlai, Gy"N orgy, 1985a. "Bureaucracy and Social Control," in Szoboszlai, György, ed. *Politics and Public Administration in Hungary*. Budapest: Akadémiai Kiadó.

—ed. 1985b. *Politics and Public Administration in Hungary*. Budapest: Akadémiai Kiadó.

Szomolányi, Soňa. 1997. "Identifying Slovakia's Emerging Regime," in Szomolányi, Soňa. and Gould,

John, eds. *Slovakia: Problems of Democratic Consolidation.* Bratislava: Friedrich Ebert Foundation, pp. 9 – 34.

Tarrow, Sidney. 1990. "Maintaining Hegemony in Italy: 'The Softer They Rise, the Slower They Fall,'" in Pempol, T. J., ed. *Uncommon Democracies: The One-Party Dominant Regimes.* Ithaca: Cornell University Press, pp. 306 – 32.

Terra, Jonathan. 2002. "Political Institutions and Post Communist Transitions." Paper prepared for the Fourth Annual Society for Comparative Research Graduate Student Retreat, Budapest, May.

Thayer, Nathaniel. 1969. *How the Conservatives Rule Japan.* Princeton: Princeton University Press.

Tilly, Charles. 1990. *Coercion, Capital, and European States.* Cambridge: Blackwell.

Tisenkopfs, T"Palis, and Kalnin"C ˜ s, Valts. 2002. "Public Accountability Procedures in Politics in Latvia." Report, Baltic Studies Center, Riga, Latvia, February.

Todorova, Rossitsa. 2001. "EU Integration as an Agent of Public Administration Reform." Unpublished Manuscript, American University in Bulgaria.

Toonen, Theo. 1993. "Analysing Institutional Change," in Hesse, Joachim Jens, ed. *Administrative Transformation in Central and Eastern Europe.* London: Blackwell.

Torres–Bartyzel, Claudia, and Kacprowicz, Gra ˙ zyna. 1999. "The National Civil Service System in Poland," in Verheijen, Tony, ed. *Civil Service Systems in Central and Eastern Europe.* Cheltenham: Edward Elgar, pp. 159 – 83.

Trang, Duc, ed. 1994. *Corruption and Democracy.* Budapest: CEN Press.

Treisman, Daniel. 2000. "The Causes of Corruption: A Cross–National Study," *Journal of Public Economics,* 76: 399 – 457.

—1998. "Dollars and Democratization: The Role and Power of Money in Russia's Transitional Elections," *Comparative Politics,* 31, 1 (October): 1 – 21.

Tullock, Gordon. 1967. "The Welfare Costs of Tariffs, Monopolies and Theft," *Western Economic Journal,* 5: 224 – 32.

Turner, Arthur. 1993. "Postauthoritarian Elections: Testing Expectations about 'First' Elections," *Comparative Political Studies,* 26, 3 (October): 330 – 49.

USAID public opinion poll. 1999. Radio Free Europe/Radio Liberty broadcast, Slovakia, 10 November.

Úsek pro Reformu Veřejné správy. [Section for the Reform of the Public Administration]. 2001. "Veřejné správy z projekty PHARE CZ 9808.01 Posílení institucionálních a administrativních kapacit pro implementaci *acquis communautaire.*" Prague.

Vachudová, Milada Anna. 2005. *Europe Undivided: Democracy, Leverage and Integration After Communism.* Oxford and New York: Oxford University Press, ch. 1.

Vanagunas, Stan. 1997. "Civil Service Reform in the Baltics." Paper presented for conference on Civil Service Systems in Comparative Perspective, Indiana University Bloomington, 5 – 8 April.

Van Biezen, Ingrid. 2004. "Political Parties as Public Utilities," *Party Politics,* 10, 6: 701 – 22.

—2000. "Party Financing in New Democracies," *Party Politics,* 6, 3: 329 – 42.

Van Biezen, Ingrid, and Kopeck"Ly, Petr. 2001. "On the Predominance of State Money: Reassessing Party Financing in the New Democracies of Southern and Eastern Europe," *Perspectives on European Politics and Society,* 2, 3: 401 – 29.

Vass, Lászlo. 1994. "Changes in Hungary's Governmental System," in Ágh, Attila, ed. *The Emergence of West Central European Parliaments: The First Steps.* Budapest: Hungarian Center for Democracy Studies, pp. 186 – 97.

Verheijen, Tony. 2002. "The European Union and Public Administration Development in Central and Eastern Europe," in Baker, Randall, ed. *Transitions from Authoritarianism: The Role of the Bureaucracy.* London: Praeger.

—1999. "The Civil Service of Bulgaria: Hope on the Horizon," in Verheijen,

Tony, ed. *Civil Service Systems in Central and Eastern Europe.* Cheltenham: Edward Elgar, pp. 92 – 130.

Vinton, Lucy. 1993. Poland's New Election Law: Fewer Parties, Same Impasse? *RFE/RL Report* (8 July): 7–17.

Vládní program boje proti korupci v Česke Republice. [Government program for the fight against corruption in the Czech Republic]. 1998. "Zpráva o korupci v České republice a možnostech účinného postupu proti tomut negativním spolécenskému jevu." [Report about corruption in the Czech Republic and the possibilities of an active approach against this negative social development], 17 February.

Vreeland, James Raymond. 2003. *The IMF and Economic Development*. Cambridge: Cambridge University Press.

Walecki, Marcin, ed. 2002. *Finansowanie Polityki*. Warsaw: Wydawnictwo Sejmowe.

Warner, Carolyn. 2001. "Mass Parties and Clientelism: France and Italy," in Piattoni, Simona, ed. *Clientelism, Interests, and Democratic Representation*. Cambridge: Cambridge University Press, pp. 122–51.

Wasilewski, Jacek. 2000. "Polish Post-Transitional Elite," in Frentzel-Zagórska, Janina, and Wasilewski, Jacek, eds. Warsaw: PAN ISP. *The Second Generation of Democratic Elites in East and Central Europe*.

Waterbury, John. 1973. "Endemic and Planned Corruption in a Monarchical Regime," *World Politics*, 25, 4 (July): 533–55.

Weber, Max. 1947. *Wirtschaft und Gesellshaft*. T"N ubingen: Mohr.

Weingast, Barry. 1997. "The Political Foundations of Democracy and the Rule of Law," *American Political Science Review*, 91 (June): 245–63.

Weingast, Barry, and Marshall, William. 1988. "The Industrial Organization of Congress; or, Why Legislatures, Like Firms, Are Not Organized as Markets," *Journal of Political Economy*, 96, 1: 132–63.

Winiecki, Jan. 1996. "Impediments to Institutional Change in the Former Soviet System," in Alston, Lee, et al., eds. *Empirical Studies in Institutional Change*. Cambridge: Cambridge University Press, pp. 63–91.

Wittman, Donald. 1995. *The Myth of Democratic Failure*. Chicago: University of Chicago Press.

World Bank. 1999. *Corruption in Poland: Review of Priority Areas and Proposals for Action*. Warsaw: World Bank.

Zemanovičová, Daniela, and SičLaková, Emília. 2001. "Transparency and Corruption," in Mese ˘ nikov, Miroslav, Grigorij, Koll"Lar, and Nicholson, Tom, eds. *Slovakia 2001*. Bratislava: Institute for Public Affairs, pp. 537–52.

Zielonka, Jan. 1994. "New Institutions in the Old East Bloc," *Journal of Democracy*, 5: 87–104.

Žižmond, Egon. 1993. "Slovenia – ne Year of Independence," *Europe-Asia Studies*, 45, 5: 887–905.

Zuckerman, Alan. 1979. *The Politics of Faction: Christian Democratic Rule in Italy*. New Haven: Yale University Press.

찾아보기

리바이어던의 재건

지은이 안나 M. 그지마와 부세
옮긴이 이태영
펴낸이 강지영
디자인 스튜디오글리
펴낸곳 (주)회화나무

출판신고번호 제2016-000248호   **신고일자** 2016년 8월 24일
주소 04072 서울시 마포구 합정동 독막로 8길 16 302호
전화 02-334-9266   **팩스** 02-2179-8442   **이메일** hoewhanamoo@gmail.com

1판1쇄 인쇄 2024년 2월 15일
1판1쇄 발행 2024년 2월 25일

ISBN 979-11-983-3571-5 (03340)